泰禹慈善基金全程资助文化项目

中華老學

第三辑 文以載道

——第二届道德经文化及应用博士论坛论文集

主编 詹石窗 宋崇道 谢清果

九州出版社 JIUZHOUPRESS | 全国百佳图书出版单位

图书在版编目（CIP）数据

中华老学. 第三辑，文以载道 ：第二届道德经文化
及应用博士论坛论文集 / 詹石窗，宋崇道，谢清果主编
. -- 北京 ：九州出版社，2020.8
ISBN 978-7-5108-9492-3

Ⅰ．①中… Ⅱ．①詹… ②宋… ③谢… Ⅲ．①道家②
《道德经》－研究 Ⅳ．①B223.15

中国版本图书馆CIP数据核字(2020)第165448号

中华老学·第三辑·文以载道：第二届道德经文化及
应用博士论坛论文集

作　　者	詹石窗　宋崇道　谢清果　主编
出版发行	九州出版社
地　　址	北京市西城区阜外大街甲 35 号（100037）
发行电话	(010)68992190/3/5/6
网　　址	www.jiuzhoupress.com
电子信箱	jiuzhou@jiuzhoupress.com
印　　刷	北京九州迅驰传媒文化有限公司
开　　本	720 毫米 ×1020 毫米　16 开
印　　张	21.25
字　　数	416 千字
版　　次	2020 年 10 月第 1 版
印　　次	2020 年 10 月第 1 次印刷
书　　号	ISBN 978-7-5108-9492-3
定　　价	78.00 元

第二届道德经文化及应用博士论坛论文集

中华老学编委会

文以载道（序）

——第二届《道德经》文化及应用博士学术论坛开幕式致辞

秋天，是硕果累累的季节，也是收获的季节。感谢大家对中华原典——《道德经》文化的热爱，更感谢今天这样美好的新时代，让中华优秀传统文化如此焕发新机。今天，第二届道德经文化及应用博士论坛开幕式之所以在囍都宜春办得如此隆重，就是为了感恩这样一个伟大的新时代，感恩大家对中华原典的炽热情怀。我仅代表主办方中华老学研究会、道德经文化国际促进会和承办方宜春市袁州区道教协会以及新余市道教协会向参会的十方专家学者大德表示最诚挚的谢意和敬意。

一、文化是国家和民族的核心灵魂。

文化自信是一个民族对自身文化价值的充分肯定，对自身文化生命力的坚定信念。

习近平总书记曾在《求是》杂志发表署名文章《坚定文化自信，建设社会主义文化强国》中这样论述阐明了文化自信对民族复兴的极端重要性："坚定文化自信，是事关国运兴衰、事关文化安全、事关民族精神独立性的大问题"，"没有中华文化繁荣兴盛，就没有中华民族伟大复兴。一个民族的复兴需要强大的物质力量，也需要强大的精神力量"。建立一个国家和民族的文化自信，是一个国家走向新时代强盛的重要标志。国无精神不强，人无精神不立。中华民族之所以历经磨难而不屈，饱经风霜犹自立，主要就在于"培育和发展了独具特色、博大精深的中华文化，为中华民族克服困难、生生不息提供了强大精神支撑"。

文化自信，是更基础、更广泛、更深厚的自信，是更基本、更深沉、更持久的力量。

二、研讨是以文载道的重要手段。

《道德经》有言："将欲取之，必固与之。"举办这样隆重的《道德经》文化及应用博士学术论坛，除了让社会重视中华自身文化的传承和发展外，还有三个目的：一是让社会充分快速了解道德经文化及应用领域及相近领域的文化学术前沿在做什么，做到了什么程度，怎么做才有意义和价值。二是让更多有《道德经》文化情怀的专家、学者、大德分享研究成果，从而帮助大家启发研究思路。大家在一起的思想碰撞，可以开拓新的研究应用思路，进而丰富、发展自己当前的研究，优化自己的学术体系。三是屏蔽扑风捉影、偏听偏信，帮助大家在听别人研究、看别人成果的同时，重新认识自己、评估自己、激励自己，同时通过横向比较，帮助提高自己的文化与学术鉴赏能力。

文以化人、文以育人、文以载道。同样，我们之所以回到中华原典《道德经》，就是要响应政协主席汪洋"诠释好老子思想"的号召，贯彻习总书记的讲话精神，"中华文化既坚守本根又不断与时俱进，使中华民族保持了坚定的民族自信和强大的修复能力，培育了共同的情感和价值、共同的理想和精神"。

三、应用是体现文化价值的最终使命。

"上士闻道，勤而行之，中士闻之，若亡若存，下士闻道，大笑之。"学好经典，更重要的是用好经典。我们需要有人做好经典的分析、经典的诠释、经典的考据、经典的延伸，但更重要的是经典的应用。不能实践的文化是死水，无法滋养生命，只有能践行的文化，才会有无穷的魅力。《道德经》虽精短五千言，内容涵盖哲学、伦理学、政治学、军事学等诸多学科，但却是世界发行量之首的文化经典，其蕴含的宝藏取之不尽，用之不绝，也是我们可以奉之为治国、齐家、立德、修身、为学的圣典。可以说，《道德经》，谁学谁受益，谁精谁受益，谁用谁受益。

"落其实者思其树，饮其流者怀其源。"中华文化既是历史的，也是当代的，既是民族的，也是世界的，文化兴则国运兴，文化强则民族强。

"善行无辙迹，善言无瑕谪。"让我们自当下开始，以清净之心，以虔诚之心，研、习、用好《道德经》文化，坚定文化自信，保护好中华民族的精神命脉，保留好中华文化基因，留住文化根脉，守住民族之魂，为民族复兴赋予强大的精神能量，不忘本来、萃取外来、面向未来，在继承中转化，在习研中超越，希望通过第二届道德经文化及应用博士论坛的习研，祝愿本次与会的各位专家学者大德们个个都能如求所愿，愿愿得成！

宋崇道

2020.8

（作者系维多利亚大学管理学院工商管理博士，道德经国际文化交流促进会会长、华夏老学研究会常务副会长、《中华老学》主编、中国宗教学会理事、宜春学院宗教文化中心兼职研究员、宜春市袁州道教协会会长、宜春市崇道宫住持）

目　录

特　稿

老子"乐天知命"思想考论

——《道德经》第二十四章发微

詹石窗[*]

（四川大学道教与宗教文化研究所）

内容提要："乐天知命"作为一个成语，在人们的日常生活中经常被使用。其明确提法最早见于《周易·系辞传》，而其思想端倪可以追溯于老子《道德经》。尽管《道德经》八十一章中没有"乐天知命"的字眼，却贯穿着"乐天知命"的精神，尤其是第二十四章更是如此。从某种意义上讲，"天命"代表了自然宇宙运转的大趋势，这种大趋势规定了万物发生与存在的样态。生命体顺应了自然宇宙运转的大趋势就能够获取必要的能量而存活和发展；反之，违背了自然宇宙运转的大趋势，就会失去能量的来源，最终走向衰败，人类也不例外。老子所说的"跂者不立，跨者不行"实际上是通过反面例证来启迪人们：不懂得"乐天知命"的道理，就会犯上偏执的怪病，最终处处碰壁。从实践哲学角度看，"乐天知命"本身就是一个蕴含辩证法精神的课题。一方面，唯有"乐天"，才能"知命"，即认清自己的本来面目，准确地自我定位；另一方面，唯有"知命"了，才能根据自己的实际情况，去看待天地间的各种复杂现象，从而实现自我与天地的感通。

这一章，河上公章句名为"苦恩"，宋常星《道德经讲义》称作"不处"，邓锜《道德真经三解》直接取首句为名。

如何理解"苦恩"这个题目呢？"苦"这个字源于"古"，用以表示历时很久的植物，例如《诗经·唐风·采苓》谓："采苦采苦，首阳之下。"此之"采苦"即采摘

---

* 詹石窗（1954—），男，福建厦门人，哲学博士、教育学名誉博士，现为四川大学文科杰出教授，任四川大学道教与宗教文化研究所教授委员会主席、国家"十三五"规划文化重大工程《中华续道藏》首席专家等职，研究方向：道教思想史，中国宗教学。

苦菜，据说这种苦菜的味道类似黄连，入口苦涩，却能够治病，所以先民们乐于采摘，并且食用。然而，这种苦菜毕竟不像稻谷、水果之类，不能常吃。随着时代变更，植物之苦味就被引伸出"痛苦"与"苦难"的意义，用以形容不幸遭遇，例如《史记·陈涉世家》所谓"天下苦秦久矣"，即表明天下百姓受到压迫、煎熬，痛苦不堪。

与"苦"关联密切的是"恩"。其字源是"因"，表示依靠。在金文里，"恩"的字形结构，上"因"下"心"，表示有了依靠而心生谢意。《说文解字》称："恩，惠也。"什么叫"惠"？就是好处，意即得到了好处。如果把"好处"比作甜头，那么"恩"也就与"苦"形成了鲜明对照。从这个意义上讲，"恩"与"苦"就是一对反义词。

在现有文献里，最早将"苦"与"恩"合成为一个词组的是《道德真经河上公章句》。此后，说"苦恩"者渐多，例如宋代陈思编《两宋名贤小集》卷三百七十六《翠寒集》之《寄眠云处士》诗有"尚迟甘旨奉，更被苦恩牵"之句，无名氏所撰《弘阳苦功悟道·拜朱师傅修行品第七》则称："大慈大悲拔济我，怎忘师父拔苦恩？"这两个例证从一个侧面反映了人们对"苦恩"的态度。

在一般人心目中，"恩"是好的，"苦"是坏的，所以就会设法获得恩惠，而避免痛苦。然而，客观生活中，"恩"与"苦"却可以相互转化，"苦"可以转化为"恩"，而"恩"也可以转化为"苦"。一方面，吃得"苦中苦"，就会有机会获得认可，得到某种恩惠；另一方面，"恩"又有"恩爱"的意思，从凡俗的眼光看，男女夫妻恩爱，无可厚非。然而，恩爱过了头，以完全占有的心态来"恩爱"对方，就会造成困扰。从道学与佛学的修行立场看，"恩"与"苦"，都是一种情欲的牵扯，如果无法摆脱这种牵扯，就会在凡庸的世道里轮回。基于这种看法，修行之人要求超越"苦恩"的牵挂，力图回归内心平静。《道德真经河上公章句》以"苦恩"作为第二十四章的标题，正是从精神修养的角度提出来的。

对于修行的人来说，既然"苦恩"会造成精神困扰，那就应该设法予以避免。如何避免呢？宋常星用"不处"二字来提醒人们。所谓"不处"，就是不让自己陷入私欲的泥潭，而有精神境界的升华。对此，宋常星有一个题解，他说：

> 恭闻无私无欲者，圣人之心也。有机有智者，常人之心也。圣人性太极至诚之理，心合天地自然之用。养深积厚，休休焉，如青云出岫，而意念无为。乐天知命，湛湛兮，似明月临潭，而身心自在。是故虚心应物，不肯先己以后人；体道用柔，定是去高而就下。与物无争，物亦莫能与之争也。

意思是讲，我恭敬地听先贤说：做事不从个人的私利出发，也不会被情欲所干扰，这就是圣人的心态；相反地，处处都从个人利益的角度考虑问题，太过于机智，时时、事事都工于谋略，这就是凡人的心态。圣人为什么没有私心？因为他以天道太极的阴阳法则为旨归，永葆赤子的大诚本色，所以能够与天地自然相契合。圣人涵养道德，极为深厚，却不露声色，像远山那样被笼罩于青云之中，所以能够摒除偏执念想；他乐于接受天地给自己的一份安排，从不挑挑拣拣，所以思绪透彻，像一轮明月映照在清澈的水潭一样，身心达到非常放松的状态。因此，圣人能够虚心地应对眼前所发生的一切事物。在利益面前，圣人从来是先考虑别人，而把自己放在后面；他体悟大道的本性，用柔而不用刚，所以不会伤害他人，而且时刻提醒自己应该谦下而不傲慢。他真正做到了不与天下万物相争，所以能够得到真正的尊重。

宋常星的题解，最为重要的是"乐天知命"四个字。我以为：这四个字很好地概括了《道德经》第二十四章的核心精神。因此，以下就围绕这四个字来讨论本章内容。

一、"乐天知命"与"企跨"之败

"乐天知命"，作为一个成语，在人们的日常生活中经常被使用。查找基本古籍库，可以看到关于"乐天知命"的1486条记录，涉及经史子集各个领域。其中，《周易·系辞上》的一段话被摆在检索系统最前端：

> 原始反终，故知死生之说。精气为物，游魂为变，是故知鬼神之情状。与天地相似，故不违；知周乎万物，而道济天下，故不过；旁行而不流，乐天知命，故不忧。

《系辞上》这段话告诉我们：推究事物的本始，反求事物的终结，所以能够明白生死进程及其规律。考察精气如何凝聚为物体形态，探索气魄发散而造成事物的变化，因此能够明白"鬼神"出没的真实情况。事实上，《周易》讲述的道理是与天地运行法则相近的，能够遵照《周易》的道理而恰当行动，就不会违背天地法则；格物致知，使得知识足够宽广，以至于能够从纷繁复杂的万物中抽象出一般规律，进而运用这种规律来治理天下，就不会产生过错；行使权利恪守中道，即便有所扩展，也不会流于泛滥，知晓天道运行法则而乐于接受事物发展的大趋势，这就叫作"知命"，也就是明白生命的由来与归宿，因此也就没有忧虑了。

《系辞上》关于"乐天知命"这个命题并不是突然提出来的，而是遵循"观象比类"思维方式的推理结果。在展开"原始反终"的推演之前，《周易·系辞上》有个基本论断，叫作"《易》与天地準"。这个"準"字很重要，所谓"準"，本是借助眼光锐利的猎鹰，来形容观察的精确度。古时候的工匠，单眯着一只眼，对刨光的木质材料进行观察，看看是否符合水平。在篆书里，"雉"的写法，左边是一条江流的样子，右边是佳鸟之形，表示既要如猎鹰一样具有锐利的观察能力，又要能够判断水平线的精确位置。《说文解字》称："准，平也。从水，隼声。"由此看来，"准"代表了客观的指标，所以有"水平"的名称。"与天地准"就是以天地为衡器来度量，从而做出精确判断。正是在这种精确衡量和判断的前提下，"乐天知命"才得以可能；否则，一切茫然无知，也就"乐"不起来了。

无独有偶。《周易》这种"乐天知命"的论述在道家典籍《列子》中也可以找到佐证。该书卷四《仲尼》篇记载：

有一天，孔子闲坐于家中，学生子贡入内伺候。子贡看见孔子面有忧愁之色，却不敢问什么原因，就走到门外把这个情况告知颜回同学。颜回一听，也不做声，便开始弹琴唱歌。孔子听到了琴声，便叫颜回入内。孔子没好声气地问："颜回，你为什么独自快乐呢？"颜回反问："老师，您为啥独自忧愁呀？"孔子说："嗨！颜回，你还是先说说自己的想法吧。"颜回说："我过去听老师讲过，'乐天知命，所以就没有忧愁。'这就是我为什么快乐的原因。"孔子听颜回这样回答，脸色突然变得凄凉起来，说："哦，我说过这话吗？不过，你把意思领会错了。这是我过去说的，请以今天的话为准。你只知道乐天知命可以没有忧愁，这只是问题的一面，其实，乐天知命也有忧愁的另一面。现在我告诉你关于这个问题的正确看法：

注重自身修养，听任命运的穷困与富贵，懂得生死都不由自己安排，所以内心不会被外界改变和扰乱，这就是你所理解的'乐天知命'而无忧愁的意思。以往的日子，我整理《诗经》《尚书》，订正礼制与乐律，准备以这些经典讲述的原则和方略来治理天下，使之流传后世。我这样做，并不仅仅是为了要达到修养自身、治理鲁国的目的。你看鲁国的国君和大臣们丧失秩序的问题是一天比一天严重，而仁义道德也一天比一天衰败了，人本有的善性情义一天天减弱，变得刻薄起来。我建立的这个学说在一个国家的今天况且还行不通，又怎能对整个天下的当今与后世产生作用呢？我冷静地进行思考，这才发现：《诗经》《尚书》以及礼制乐律对于治理乱世没有什么作用，但却不知道如何来改革它。这就是乐天知命的人所感到忧愁的事情。所以我现在要告诉你，我们所说的乐天知命，不同于古人所说的那样仅仅是主观顺从于客观。因为那样，还是有忧愁。只有自己的内心深处达到了'没有乐、没有知'的虚空状态，这才有真正的乐和真正的知。因此，你要明白：没有不快乐的事，没有不知道的事，没有不忧愁的事，也没有不能做的事。也就是说，要使自己内心深处的一切都归于'没有'。依照这样的思路来看《诗经》《尚书》以及礼制乐律，我们便能够发现其中丧失了什么，又为什么要对它们进行改革。"

颜回听了孔子的教导，面朝北拱手作揖说："我也明白了。"他出来后把老师说的话告诉子贡，可是子贡却莫名其妙。子贡回家深思了七天，他不吃饭不睡觉，以至骨瘦如柴。颜回知道了子贡的境况，就去开导，于是子贡又回到孔子门下，也和颜回一样，弹琴唱歌，诵读诗书，一生都没有停止过。

我们知道，《列子》是道家典籍，可是它的"乐天知命"思想，却通过儒家宗师孔子及其门徒的对话来表达。查孔子的《论语》以及《孟子》《荀子》原文，并没有"乐天知命"的说法，只是后人的注释才予以引入。关于《列子》这本书，过去有一段时间，学术界常常把它当作伪书看待，后来有北京大学许抗生教授撰《列子考辨》，发表于陈鼓应先生主编的《道家文化研究》第一辑中，证明《列子》不是伪书。根据许抗生先生的考辨，我们有理由认定《列子》提出的"乐天知命"命题早于《周易·系辞上》。换一句话来讲，《周易·系辞上》关于"乐天知命"的说法乃是渊源于《列子》，其所表现的是道家关于天人关系的基本立场。

《列子》"乐天知命"的提法又是从哪里来的呢？该书《仲尼》篇在追溯其缘由时说"老聃之弟子有亢仓子者，得聃之道"。这个老聃是谁？司马迁《史记·老庄申韩列传》谓老子姓李、名耳、字聃，故"老聃"当是撰著《道德经》的老子。《列子》关于"乐天知命"的说法也应该从老子《道德经》中找到源头。

在老子《道德经》八十一章中虽然没有"乐天知命"的字眼，但却贯穿着"乐天知命"的精神，尤其是第二十四章更是如此。何以见得？这首先涉及"天"与"命"怎样理解。在甲骨文中，"天"字作"𣇃"，其上为"太阳"，其下为一成年人的样态，表示人的头顶上方是日月星辰所在的广袤空间。另外，这个字形也象征人头顶着天空，反映了先民们把"人"与"天"连为一体的思考；换一句话来说，"𣇃"这个象形文字，显露了上古时期"天人合一"的思想萌芽，先民们因为不把"人"与"天"分离，故而能够以得天为"乐"。至于"命"，原出于"令"。甲骨文写法，"𠓤"字像头戴礼冠的人静静地跪着聆听上苍神明的启示。因此，"令"也就意味着人对神意的接收与执行。后来，加上了"口"，代表人与神相通的一个器皿。按照先民们的想法，有了这个器皿，人就可以通过祈祷而更快地得到上苍的旨意，这就叫做"天命"。《论语·尧曰》有云："不知命，无以为君子也。"孔子所谓"知命"就是知"天命"。从某种意义上讲，"天命"代表了自然宇宙运转的大趋势，这种大趋势规定了万物发生与存在的样态。生命体顺应了自然宇宙运转的大趋势就能够获取必要的能量而存活和发展；反之，违背了自然宇宙运转的大趋势，就会失去能量的来源，最终走向衰败，人类也不例外。正是有感于此，老子《道德经》第二十四章一开头就告诫：

> 企者不立，
> 跨者不行。

此句之"企"，出于王弼《道德真经注》本。按陆德明《经典释文》的说法，早先的《河上公章句》本作"跂"，其音齿；但《道藏》本以及《四部丛刊》本的《河上公章句》均作"跂"。此所谓"跂"与"企"谐音，系通假字，传抄过程中常相互替代。

"企"字，甲骨文作"𠈈"，上下结构，上面是一个人形，下面画着一个大大的脚趾头，表示一个人踮起脚跟站立远望。与"企"相对而有"跨"，何谓之"跨"？《说文解字》言："跨，渡也，从足，夸声。"许慎用"渡"来解释"跨"，意味深远，"渡"是三点水，与过河有关，形容步伐迈得过大、过宽，像一条船横渡河面，实在夸张。《道德经》此章将"企"与"跨"两种行为放在一起描述，产生一种强调的效果，让人们看到了违背常规、悖逆大势的结局必然失败。唐代著名道教学者杜光庭解释说：

> 延颈举踵者，陈后《长门赋》望幸之辞也。跨挟于物而求久行，亦不可得也。①

意思是讲：伸长脖子且踮起脚后跟，这与司马相如《长门赋》所描述的陈皇后渴望皇帝"临幸"的情境差不多。至于想跨大步远行，这就像两腿间挟着重物走路一样，根本不可能走快，更无法走远。

杜光庭这段话言及的《长门赋》，最早见于南朝梁萧统编著的《昭明文选》。根据序言的介绍可知，这是汉代文学家司马相如所写的一篇"骚体赋"。所谓"陈后"即"陈皇后"，名叫阿娇。她本是汉武帝刘彻姑母之女。刘彻当太子时娶之为妃，继位后就把这位表妹立为皇后，她受到宠爱十多年。后来，汉武帝有了新宠，就把陈皇后贬到了位于长安城南部的长门宫，她虽然终日以泪洗面，却不死心，于是吩咐一个心腹内监，带了黄金百斤，请求当时的大文豪司马相如写一篇赋，表达她深居长门宫的闺怨。据说司马相如奉命而创作了《长门赋》。这篇"骚体赋"以一个受到冷遇的嫔妃口吻写成。大概意思是讲：君主许诺朝往而暮来，可是天色已经暗了，却不见您的临幸。我独自徘徊，对爱充满期盼，却一次次地失望。登上兰台，踮起

脚尖，久久遥望，唯有浮云笼罩，天日窈冥。霎时间，听见雷声震响，我以为是君主的车辇到达。当我清醒过来，却只见风卷帷幄，一片渺茫。

杜光庭以陈皇后阿娇求皇帝临幸而不可得，比喻"跂立跨行"之徒劳。为什么徒劳呢？因为大势已去，无法挽回，一味强求，实在是痴心妄想。从杜光庭这种比喻，我们可以得到什么启迪呢？清代的宋常星提供了答案。他说：

> 大道本是自然，一毫不容造作之义。少有造作，便是不自然，如跂者之难立，跨者之难行。吾见世人，或妄信于异端之为，或泥执于讹谬之见，认假为真，指邪为正，不悟大道之自然真实，头头错乱，此即是跂者不立，跨者不行之病。[①]

大道的运作本来就是天然的，完全不会矫揉造作。稍微有了造作，就违背了自然的法度。像踮起脚后跟而仰高观望，自是难于站立很久，而大跨度地抬脚，企图走远，也是不可能的。我看见世间许多人，或者不加分辨地相信异端邪说，或者陷入了偏执的泥潭而不能自拔，他们把假的当作真的，把歪的当作正的，全然不明白大道其实就是自然之道。因为没有求实的客观态度，所以处处违规，错乱不堪，这一切都属于老子批评的"跂跨"之毛病。

宋常星这一段解释阐明了老子《道德经》第二十四章"跂者不立，跨者不行"的思想内涵。从中我们可以看出，老子所说的"跂者不立，跨者不行"实际上是通过反面例证来启迪人们：不懂得"乐天知命"的道理，就会犯上偏执的怪病，最终处处碰壁。因为"跂者不立，跨者不行"的问题，首先是对客观状态、条件没有基本的认知。用传统哲学的语言来讲，其弊病发生的根源就在于"不知天"，即不了解客观世界运化的自然态势。既然"不知天"，也就不能"乐天"了。其次，是对自我能力的判断有误。事实上，人的行动是受到诸多条件限制的，人不可能样样事情都能做。除了客观条件限制和影响人的能力发挥之外，不同的天赋也规定了个人能力的大小，这就是"命"。知道自己的天赋能力，就是"知命"。这不是什么"宿命论"，更不是悲观主义情调的表露，而是告诫人们：如何才能理性地生活，如何有效地工作，如何运用可能的条件来进行新的创造。

二、"乐天知命"的自我践行

从实践哲学的角度看，"乐天知命"本身就是一个蕴含辩证法精神的课题。一方面，唯有"乐天"，才能"知命"即认清自己的本来面目，准确地自我定位；另一方

---

① 宋常星：《太上道德经讲义》第二十四章，《老子集成》第九卷，北京：宗教文化出版社 2011 年版，第 169 页。

面，唯有"知命"了，才能根据自己的实际情况，也就是自我悟性、智慧状态去看待天地间的各种复杂现象，从而实现自我与天地的感通。这就是说，"乐天"与"知命"是相辅相成的，没有乐天的态度，就不能真正"知命"；没有实现"知命"，也不能最终达到"乐天"的境界。如何从"乐天知命"自我践行的角度来领悟老子《道德经》第二十四章的思想意蕴？概括起来，大体有三个层面：

首先，"乐天知命"是以明天之数为前提的。什么叫"天之数"？这是"天地之数"的略称。在天地大系统里，地从顺于天，所以简括为"天数"。

关于"天地之数"，《周易·系辞上》说：

> 天数五，地数五，五位相得而各有合。天数二十有五，地数三十，凡天地之数五十有五，此所以成变化而行鬼神也。

所谓"天数五"是指一、三、五、七、九这五个奇数；而"地数五"是指二、四、六、八、十这五个偶数；"五位相得"指的是五个奇数与五个偶数相互配合而有所得；五个奇数即是天数，一、三、五、七、九，其和为二十五；五个偶数即是地数，其和为三十，天地之数加起来是五十五。本来，这是很简单的数学运算，为什么说"此所以成变化而行鬼神也"？其关键就在"合"与"变"。所谓"合"指的是天地之数相配而与金木水火土五行和合。天一与地六相配，合于水；地二与天七相配，合于火；天三与地八相配，合于木；地四与天九相配，合于金；天五与地十相配，合于土。这种配合，既遵循阴阳的对应原则，也纳入"五行"的相生相克法度。依照《易经》的架构，"五行"既按照春夏秋冬轮转，又分布于东西南北中五方。推而广之，五行又可以表征人体五脏的相互关系。由此我们看到，《易经》所谓天地之数，实际上暗藏着一个巧妙的宇宙时空架构和万物变化的符号模式体系，这个模式体系代表着事物发展的原动力和趋势，一切事物之变化出于此，而所谓"鬼神"说到底也是由此玄妙造就的。用今天的话来讲，"知天地之数"就是弄清楚天地存在与变化的大数据，了解天地大数据形成的各种因素以及主导事物存在与变通的"理"，进而弄清楚个体生命与宇宙天地诸般事物相互联系的奥妙，这就叫作"穷理尽性以至于命"。

其次，"乐天知命"也意味着要"顺天之化"。孔颖达《周易注疏》在解释"乐天知命"时说："顺天之化，故曰乐也。"紧接着又说：

> 顺天施化，是欢乐于天；识物始终，是自知性命。顺天道之常数，知性命之始

终，任自然之理，故不忧也。①

　　所谓"顺天施化"就是遵循天道常理来辅助万物的化育，而天道常理乃是通过一定的象数表现出来的，"象"就是纷繁复杂的各种存在；"数"是各种复杂现象区别于他者的内在根据。从这个角度来看，"顺天之化"的基础是"知天之数"，也就是了解、掌握人类生存环境的各种实在数据。在此基础上，有针对性地采取措施。由于积极、主动，实践主体在行动中就会产生愉悦感，即便是碰到困难，但最终克服了，也会有"苦尽甘来"的特别快乐，这就叫作"欢乐于天"。有了这种"欢乐于天"的态度，才能原始反终，保持认识事物和生活践行的连续性，而不至于半途而废。基于这种态度和方法，践行主体在内心上和行动上真正得到了体验，知道自我性命的本原与归宿，这就叫作"自知性命"。顺应了天道运行的基本规律，明白了性命的本来面目和最后归宿，就能够以效法自然的方式处理各种问题。因为内心冷静，忧虑也就消除了。

　　复次，"明天之数"与"顺天之化"，其根本目的是为了修养自我的品德，实现人格的自我完善。老子《道德经》第二十四章正是基于这样的考虑，形成了践行"乐天知命"的四条告诫，这就是：

　　自见者不明；
　　自是者不彰；
　　自伐者无功；
　　自矜者不长。

　　老子这四条告诫，都是针对人格修养主体提出来的，具有防微杜渐的警示意义。什么叫"自见"？这就是自我显露和张扬。唐玄宗《御制道德经疏》卷三说：

　　夫自见之人，失之殷鉴，露才扬己，欲以自明。殊不知动则见尤物，无与者。己之事业，终于昧然。故云自见者不明。②

　　唐玄宗在这里指出了"自见"的人是因为失去了"殷鉴"。所谓"殷鉴"就是殷商灭亡的历史教训，它本来是一面镜子，可以使人有所借鉴，而不至于发生错误，

---

① （三国）王弼、（晋）韩康伯注、（唐）孔颖达疏：《周易注疏》卷七，《十三经注疏》本。
② （唐代）唐玄宗：《御制道德经疏》卷三（一），《道藏》第11册第767页。

可是"自见"的人却全然不知这样的教训，所以洋洋得意，四处显露，大肆张扬。

"殷鉴"这个典故最早出于《诗经·大雅·荡》。该诗最后两句云："殷鉴不远，在夏后之世！"作者将殷商与夏朝并列，追溯历史教训。意思是讲，殷商灭亡的教训并不是很远的，就接续于夏后氏。众所周知，夏朝是由大禹开创的，他因为治水有功，被奉为圣王。岂料夏禹的不肖子孙夏桀荒淫无度，十分暴虐。人民忍无可忍，终于爆发起义。商汤高举义旗，号令天下，推翻了夏朝。商汤本来也很有作为，其所管辖的天下曾经生机勃勃，所以也被后人尊为圣王；可是到了末期，出了个纣王，骄奢淫逸，腐败不堪。当时的诸侯之长"西伯侯"（也就是后来的周文王）曾给予劝告，然而，纣王不但不听，反而把西伯侯囚在羑里。幸有周国大臣散宜生重价购得珍奇宝物，连同美女有莘，一并进献，纣王看见美女，无比欢喜地说：仅此一物足矣！于是下令赦免了西伯侯姬昌。西伯侯出狱后，勤修道德，天下民心归向，尊奉为文王。其后武王率军征战，建立了周王朝。

然而，历史往往有惊人的相似之处！周王朝延续至第十代，是谓厉王，他在位期间，横征暴敛，垄断财富资源，致使民不聊生，百姓义愤填膺。为了压制国人的不满情绪，周厉王派人四处监视，一旦发现指责朝政者即刻处死。于是，国都之人敢怒而不敢言，真是万马齐喑啊！针对此等情状，周召公曾上朝进谏："防民之口，甚于防川！"警示周厉王：水流不可堵，人言不可禁。人言的潮流要是决口，要比江河堤坝崩垮严重得多！但周厉王却将召公之谏当作耳边风，一意孤行，民众的愤怒终于化成暴动，揭竿而起，袭击周厉王，他仓惶出逃，死于外地。这就是《诗经·大雅·荡》问世的社会背景。诗人借助周武王的口谴责昏君厉王，可谓发人深省！

唐玄宗采撷这个历史典故，以诠释老子批评的那种一味"自见"而飞扬跋扈的行径，相当深刻！他指出，那些"自见"的人想靠文过饰非的手段来提高知名度，四处张扬，他们一睁开眼只看到迷惑人的"尤物"，实际上却得不到，真可谓"望梅止渴"，对于自己的事业毫无帮助，直到后来一派茫然，不知所措，所以说"自见者不明"。

唐末五代著名道士杜光庭对唐玄宗引述的"殷鉴"典故进行意义申发，他指出：

圣人之明也，精神四达，无所不极，上际于天，下蟠于地，犹泛然若无，不以为有也；凡人以己之见，蔽人之光。露其微才，扬其斥善，以此为明，其可得乎？①

---

① （五代）杜光庭：《道德真经广圣义》卷二十，《道藏》第14册第410页。

意思是讲：圣人的明澈与那些"自见"者根本不同。圣人不会只看到自己，而是把眼界投射到四面八方，上至于天，下达于地，真是穷尽了感官可以感受的一切方面，这就叫作"无所不极"。然而，圣人却隐没了自己，好像自己从来不存在一样。相比之下，凡俗之人总是妄图通过显摆自己来遮蔽别人的光芒。凡俗人这样做，恰恰暴露了自己才能的微小，所谓"善举"也无足挂齿，将这些微不足道的东西大肆宣传，能有什么价值呢？言外之意："自见"的行为是很愚蠢的，对于生命道德的涵养没有丝毫帮助。杜光庭这个解释可以说对老子"自见者不明"的内涵进行了淋漓尽致的发挥！

什么叫"自是"？唐代蜀郡人张君相解释说："自以为是而非人。"① 这句话指出了"自是"者的两个特点：一是"自以为是"，二是"非人"。所谓"自以为是"，即认为自己的看法、行为是完全正确的；所谓"非人"就是否定别人的观点和做法。"自以为是"与"非人"，这是一个问题的两个侧面，"自以为是"的人把主观意志当作绝对真理，必然否定别人。这样的结果如何呢？张君相进一步分析说："众共弊之，使不得彰明也。"② 意思是讲，自以为是的人，他总是非议、否定他者，众人看不下去，一定会起来揭露其弊端。如此一来，自以为是的人，无法得到别人的认可，终将销声匿迹。

关于"自是者不彰"这一句，前代学者有许多精辟解说。清代宋常星的说法也别有理趣，他指出：

> 有自然之自是，有有我之自是。自然之自是，未尝有彼此，未尝有分别，古今不易，独立而不改者也。如此自是，天地人物，不言而理自着；鬼神幽显，不校而义自明。经中之自是，乃是有我之自是也。我见不忘，人我两立。我以己之是，取胜于人；人亦必以人之是，取胜于我。我之是既不信于人，终是私慧小智，不可公诸天下后世，岂非不彰乎？③

宋常星把"自是"分为两种。一种叫"自然之自是"，一种叫"有我之自是"。前者的特点是：人不分彼此，物没有差别，皆一视同仁。这种"自是"，基于客观立场，古往今来，没有改变。这样的"自是"，适用于天地万物、社会人间，其道理不用宣传也能够为广大的人们所接受；冥冥之中，鬼神考校，其思想大义总能得到支

---

① （唐）张君相：《道德真经集解》卷三，清嘉庆《宛委别藏》本。
② 同上。
③ 宋常星：《太上道德经讲义》第二十四章，《老子集成》第九卷，北京：宗教文化出版社2011年版，第170页。

持。与"自然之自是"形成鲜明对比的乃是"有我之自是"，《道德经》批评的正是这种"有我之自是"。它有什么特点呢？这就是"我见不忘"，也就是时时刻刻仅记住自己的一孔之见，并且以此作为评判是非的标准。其结果便造成了自我与他人的对立。因为"自是者"总想以自己的见解、看法去战胜他人，但他人也一样用自己的看法、见解去战胜"自是者"，最终也就势不两立。个人的一孔之见，既然经不起实践检验，不过是小小机巧，不可能流传于天下后世，怎会彰显呢？

宋常星分别说明"自然之自是"与"有我之自是"之后，进行思想概括，他说：

圣贤因物之是而是之，譬如五行顺布，四时顺序，此便是天地之是处。可生则生，可成则成，此便是万物之是处。因天地万物之是，与天下后世共明其是，故无往而不是，无往而不彰矣。①

照宋常星的说法，圣贤是根据客观事物的实际情状做出判断，做出结论的，譬如木火土金水五行依一定规程而布列，春夏秋冬四时交替也体现自然秩序，这就是天地呈现出来的客观趋势。按照这种趋势，到了生的季节，事物一定会生；到了该成的季节，事物也一定能成。这就是万物呈现出来的具体情状。根据天地万物呈现出来的客观趋势与情状来做出判断，将这种判断留给后世继续探究，后世的人们照此准则努力发明，这样形成的共识便有恒久的真理性，所以传到哪里都被认可，因此能够发扬光大。宋常星肯定了圣人"因物之是而是"，让人们可以看准路向，尽量避免主观武断，的确抓住了老子思想的要领。

什么叫"自伐"？唐玄宗《御注道德真经》说："专固伐取。"②这里的"专"即专门，而"固"是"执意"的意思；"伐"字，作砍伐解，也就是手持戈矛之类武器击杀人；"取"是夺取。唐玄宗的注释，整句连起来是说：为了私利，固执地进行砍伐、力图夺取自己看重的东西。根据唐玄宗的这种解读，我们看老子说的"自伐"，就可以明白那是指为了一己私利而大开杀戒。这样做的结果如何呢？老子回答说"无功"。为什么"无功"呢？唐玄宗继续说："物所不与，故无功。"③从字面的直观意义来看，"物所不与"似乎是讲所需之物不给予；可是联系上文，又觉得这样解释不符合逻辑。因为"物"不是人，它没有意识，不可能在被砍伐时主动不给予。既然这样理解的路子走不通，我们不妨看看唐玄宗《御制道德真经疏》是如何解释的。该书卷

---

① 宋常星：《太上道德经讲义》第二十四章，《老子集成》第九卷，北京：宗教文化出版社2011年版，第170页。

② （唐）唐玄宗：《御注道德真经》卷二，《道藏》第11册第725页。

③ （唐）唐玄宗：《御注道德经》卷二，《道藏》第11册第725页。

三疏曰：

　　夫谦者德之柄，让者礼之文，苟失斯道，无从而可。况自专固伐取，欲以求功，不让则争，功斯滥矣。故云自伐者无功。①

　　首句"谦者德之柄"是从孔子所言"三陈九卦"来的。据说当年孔子讲授《易经》，特别重视"六十四卦"中的"九卦"，用以阐发人生所应有的道德修养。所谓九卦指的是：履、谦、复、恒、损、益、困、井、巽。其说见于《周易·系辞下》，大抵是叫人依卦之象而涵养品行。唐玄宗挑选了第二卦"谦"作为诠释老子关于"自伐无功"的理论依据。"谦者德之柄"是一种比喻，即把谦虚的品德比作一把斧头的手柄，表示谦虚态度对于品德修养而言具有关键作用。由此申发开去，进而阐明礼让斯文的重要性。谦虚、礼让合起来就叫作"谦让"，这是儒道文化都十分强调的。《汉书·艺文志》曾言及道家精神可以总括为一个"谦"字，谓"一谦而四益"，可见要有所得益，首先就得谦让。唐玄宗进一步解释说：如果丧失了谦让的品德，便会无所适从。尤其是为了一己私利，执意地攻伐夺取，最终必然事与愿违。为什么？因为每个人都互不相让，其结果是你争我夺，邀功的事泛滥成灾，即便一时有所得，也会失去，所以老子才说"自伐者无功"啊！

　　为了阐明"自伐者无功"的道理，唐玄宗于《御制道德真经疏》里还引用了《春秋左传》关于流放大夫高止的故事，予以佐证。《春秋》记载：襄公二十九年，齐国流放大夫高止于北燕。高止为什么被流放？这是因为他喜欢生事，而且好大喜功，同时又蛮横，所以祸难就临头了。对于这样的历史典故，唐末五代的杜光庭做了引伸性的评论，他指出：

　　圣人之业也，操天为盖，无不覆也；以地为车，无不载也。四时为马，无不使也；阴阳为御，无不备也。而犹因自然之用，不以为功也。凡人以己之美，掩人之能，内怀专伐，外无谦让，以此为功其可全乎？②

　　意思是讲：圣人的事业，以苍天为盖子，普天下没有不被覆盖的；以大地为车乘，没有不运载的；以春夏秋冬四时为奔马，没有不奔跑的；遵循阴阳的道理，驾驭时间的快马，没有不完备的。圣人效法自然之道，从来不把功劳归于自己，这就

---

① （唐）唐玄宗：《御制道德真经疏》卷三，《道藏》第 11 册第 767 页。
② （五代）杜光庭：《道德真经广圣义》卷二十，《道藏》第 14 册第 411 页。

是厚德载物精神的体现。然而，凡人却大不相同，他们从个人利益出发，总是以自己的一点功劳去掩盖别人的能力，内心专于攻伐，外体又不谦让，以这样的方式行事，难道能够全身而安吗？杜光庭的评述以诘问结尾，无疑是振聋发聩的。

什么叫"自矜"？宋常星说："文饰而求胜于人，此是自矜其长。"意思是讲：通过文饰的办法，夸大自己的长处，以达到胜过别人的目的。"矜"的意义比较复杂，早期甲骨文、金文，查不到此字，但古籀文有之，写作"𩠈"，左边为"吊"，有吊唁之意；右边为"今"，系"吟"的本字，表示吊唁时发出哀婉之声。这样看来，"矜"本与死难有关。后来的篆书写法，左边变成"矛"字，右边依然是"今"，所以许慎《说文解字》谓："矜，矛柄也。从矛，今声。"如此，则"矜"字被赋予"武器"的意涵了。因为被用以表征矛枪之柄，握着它便有威风，于是用以形容"傲气""自得"。老子《道德经》第二十四章正是从后一种意义上来使用的。

为什么说"自矜者不长"呢？杜光庭解释说：

凡人以己之短，易人之长，缘丑饰非，炫耀名器，以此为长，其可久乎？[1]

杜光庭指出：凡俗之人，用自己的短处，去换别人的长处，把丑陋的东西打扮成美丽的，到处吹牛。以此见长，岂能长久呢？当然不能长久，因为骄傲自满，刚愎自用，又弄虚作假，众所厌恶，一定会被识破，所以妄图长久是不可能的。

既然"自矜者不长"，什么样的品德应该提倡呢？杜光庭又说：

盛德若愚者，《史记》云：君子盛德，容貌若愚是也。《论语》云：回也终日如愚，斯之谓矣，胥相也。[2]

照此描述，具有高尚品德的人，看起来却很愚钝。司马迁《史记》说：君子品德圆满，而外表却像个智商不高的样子。《论语》说，颜回整天显得很愚昧，这就是道德修养的典型吧。孔子以颜回为正面形象，正如一面镜子，把"自矜"者的傲慢与虚伪彻底地暴露在光天化日之下了。

讲到这里，我们回头再仔细体会一下老子的忠告，就可以明白：乐天知命，既是认知自然环境的过程，也是一个加强自我修养、超凡入圣的过程。事实上，人的性命也是自然的构成部分。当一个人感受到自然的无穷乐趣的时候，也就逐步回归

---

[1] （五代）杜光庭：《道德真经广圣义》卷二十，《道藏》第 14 册第 411 页。

[2] 同上。

于纯朴与本真，这就是"乐天知命"的应有态度。

三、"乐天知命"归本真

对照《道德经》第二十二章与二十四章，我们可以看到，老子的忠告是从正反两个方面说的。在二十二章里，老子告诫世人：不自见、不自是、不自伐、不自矜，这是以防为主，类似于中医从养生角度开出了保健药品。在二十四章中，老子换了一个角度，指出自见、自是、自伐、自矜，实为四种病，这四种病处于病灶活动期，如果不根治，就会危及生命体。于是，老子在描述了疾病的四种症状后开出了标本兼治的处方，他说：

> 其于道也，
> 曰余食赘行。
> 物或恶之，
> 故有道者不处。

意思是讲，从大道的立场来看，自见、自是、自伐、自矜，这四种病，正像一个人吃饭已经饱了，但看到好吃的，又拿起碗筷继续吃，以至于把肚子撑坏了；也像一个人的手，多出一两个指头，虽然不至于造成死亡，但也是异类；又像人的脖子上生了个肿瘤，越来越大，不仅影响自由行动，也有可能发生恶变，那是非常危险的。无论是谁，对此病况都不喜欢。物体如果有意识和情感，也恐怕会厌恶的。所以，修道的人是不会任其发展下去的。这里，老子用了"不处"两个字，鲜明地表达了修道者的鲜明态度。正如一个外科医生，拿起手术刀，果断地切除了病人身上的赘肉。

对于老子指出的"自见、自是、自伐、自矜"四种病状，宋代林希逸有一段精到的分析。他说：

> 自见、自是、自伐、自矜，皆是有其有而不化者。不明，自蔽也；不彰，名不显也；不长，不可久也。《易》曰：盈不可久也。亦是此意。余食赘行，皆长物也。道者无迹，有迹者则为长物矣。曰余曰赘，《庄子·骈拇》枝指之意也。食之余弃，形之赘疣，人必恶之。此有道者，所以不处也。言不以迹自累也。①

----

① （宋）林希逸：《老子鬳斋口义》卷上，元初刻本。

　　什么叫作"有其有"？第一个"有"字作动词，第二个"有"作名词，而"其"是代词，此处代表"自见、自是、自伐、自矜"四种自恋狂。三个字连起来的意思是讲，这些自恋狂，被贪得无厌的欲望所牵引，内心总是以自我为优先，处处考虑一己私利。什么叫作"不化"？就是固执到变态，像是吞进石头不能消化。因为贪得无厌，有用、无用的，全都吸入自己的肚子里，结果臌胀了。这是多么可悲的结局啊！因此，修道人应该避免，这就叫作"不处"，也就是不要以外在的行迹牵累自己。

　　"不处"两个字，是老子《道德经》第二十四章的"落槌"之点，敲得既精准又及时。对于有严重过错的人而言，"不处"意味着"刮骨疗伤"，只有把那些被病毒侵袭而腐烂的部分割除，才能避免病情的进一步恶化。对于初学道的人，"不处"又是长鸣的警钟，听着它，可以时时提醒自己免于陷入"自见、自是、自伐、自矜"的四病陷阱。

　　"不处"意味着"知止不殆"，也暗示修行人要把"行善积德"奉为圭臬，牢记于心，从而顺应天地、把握阴阳，造就美好的人生、美好的社会。对此，唐代著名道士李淳风《乙巳占》卷三《修德第十九》说：

　　　　大人顺天之化而临照万方，故物莫之违。及其行，不符道理，不合义则，示之以灾，教之从善不息，补过自新，故盛德必昌也。[①]

　　所谓"顺天之化"就是顺应自然化育万物的法则。在李淳风看来，具有美好品德的人是顺应天地自然造化规律的，他视野非常宽广，能够了解四面八方的情况，所以不会做出违背物理的事情。因为能够顺应天地自然，所以天地自然就会在其处事过程中给予启迪，凡是行为不符合天道、不符合义理者，就通过灾变来警示，教导他不停止地行善，改正错误，日日更新，所以顺道而有盛德的人必然昌盛。

　　为了说明顺天行善的道理，李淳风引用《尚书》的话来佐证，他说：

　　　　惟圣人罔念作狂，惟狂克念作圣。此之谓也。盖善不积不足以成名，恶不积不足以灭身。恶虽小不可去，善虽小不可不为。[②]

　　李淳风这段话开头两句出自《尚书·周书》。根据汉代孔安国的解释，这两句话

---

①　（唐）李淳风：《乙巳占》卷三《修德第十九》，清《十万卷楼丛书》本。
②　（唐）李淳风：《乙巳占》卷三《修德第十九》，清《十万卷楼丛书》本。

的意思是：圣人心里如果不念善，产生妄念，就变为凡夫；俗子心中念善，并且能够行善，就变为圣人。由此，李淳风进一步指出：念善、行善应该长期积累，唯有如此，才能成就善功之名；而作恶积累了，就会引来杀身之祸。修行人应该注意，恶性虽然很小，但也不能做，否则就会像大堤溃于蚁穴一样，导致严重的后果。李淳风引述《尚书·周书》言辞来说明行善去恶，这对于理解老子的"不处"精神颇有裨益。

老子告诫人们"不处"，从思想本旨上追溯，就是要引导人们脱离精神污染地带，回归于自然本真。这一点，清代魏源有一段概要性说明：

> 道本自然，人每以造作失之，无非自取。故王弼有云：以无为为君、不言为教，而物得其真，与道同体。①

魏源说，道本来就是自然而然的。可是，世间的人却矫揉造作，结果就把大道弄丢了。怎样重新找到这个大道呢？那就是按魏代经学家王弼所讲的：以自然为统领，让客观事实来检验，这就叫作"不言为教"，通过具体实践来检验认识，调整行为方式，就能使认知与行为符合客观实际情况，这就叫作"物得其真"。按照这种方向不断探索，就能领悟大道的至真、至纯、至广、至通的特质。

---

① （清）魏源：《老子本义》第二十章注，清光绪渐西村舍本。按，魏源之《老子本义》分章与河上公本、王弼注本不同。根据其说明，他是遵循吴澄注本。

新新文化建设：以老学为核心，重塑中国价值

——五四百年对中国文化建设的思考

叶自成 *

五四百年纪念日，中国五千年历史上盛大而隆重的日子。

回顾历史，梳理百年来中国走过的道路，发扬五四精神，巩固五四运动的政治成果，接续五四运动的解放思想的火炬，在五四新文化运动的基础上，接续五四的道路，重张新文化大旗，继续破旧立新，让新文化运动再出发，完成五四运动没有能够完成的文化使命，传承优秀传统文化，顺应历史发展新潮流，构建中华民族安身立命、国家长治久安的新新文化。

一、五四爱国救亡运动两大政治成果：共产党、新中国

五四有两个伟大的主题，一是救亡，一是启蒙。前者表现为五四爱国运动，后者是五四新文化运动。

五四爱国救亡的使命，是由五四运动及其之后的政治革命完成的。五四运动爆发于中华民族生死存亡的危难之际。五四运动的旗帜是爱国救亡。中国是一战的战胜国，但却要被列强强迫签订辱权卖国的"巴黎和约"，北京的爱国青年揭竿而起，奋起抗争，在广大民众的响应支持下，五四运动逼迫民国政府拒签各约。五四爱国救亡运动提出的"外争国权，内惩国贼""废除二十一条"的直接目标基本实现。

中国要在弱肉强食的世界丛林社会中生存，必须要有强大的国家。如何使国家强大起来？五四运动发展的历史和政治的逻辑就是，组织能吸引广大群众参与和支持的革命政党，推翻腐朽的旧政权，废除列强强加给中国的不平等条约，建设一个强大的国家。五四运动所激发的爱国救亡运动的最终结果，一是产生建立了五千年

---

* 作者简介：叶自成（1956— ），男，四川荣县，北京大学国际关系学院教授、博士生导师，研究方向：中国外交、老子政治哲学。

中国历史上最强大的政治主体——中国共产党，一是建立了五千年历史上最强大的国家——中华人民共和国。这是五四爱国救亡运动的两大成果，由于这两个成果，最终完成了五四运动的政治历史使命。

今天的中国，不仅已经完全实现了当年的独立、自由、不再受西方列强欺凌的民族救亡的目标，而且已经从一个国际体系的边缘国家，上升为在国际社会中有越来越大影响力的中心国家之一。五四百年前召开的第二届"一带一路高峰论坛"见证了五四爱国救亡运动政治使命的实现。

二、五四新文化运动：未竟的事业

以破旧立新为使命的五四新文化运动，则比五四爱国救亡政治运动复杂得多。

以启蒙为核心的五四新文化运动，有三个方面，一是破旧，二是引新，三是建新。这一历史使命，完成了一半，还有一半没有完成。

广义上，中国文化的破旧立新，自1840年的鸦片战争之后就已经开始了。三千年历史上的大变局，迫使所有有抱负和理想的先进人士思考未来中国应当如何走，大多数人的结论是，以传统的儒家为主流的旧文化适应不了这个空前复杂的"以夷变夏"的环境，必须向西方学习。不同的是，形成了中体西用的洋务派、西体中用的西化派和中间道路的改良派。五四之前，中国处于旧文化正在破、西方思潮正在进，但有社会共识的新文化尚未形成的彷徨阶段。五四新文化运动实际上接续这个思想的变革向前走了一大步。

五四新文化运动，在破除旧文化、引进新思想、形成新文化三个方面，也有三个历史性的成果。

一是在破除旧文化方面，五四新文化运动在"打倒孔家店"的旗帜下，文言文被白话文取代，旧式的科举教育制度被新式的西方教育制度所取代，摧毁了传统儒家在中国的主导地位和影响，极大地解放了当时中国的思想界；

二是在引进新思想方面，五四新文化运动全面引进了西方科学与民主的两大思潮，一是十月革命给中国人民送来了马克思列宁主义，二是以自由民主平等为核心的西方国家的文化；

三是建设形成新文化新思想方面，五四引进的新思想，很快发生了分野，以李大钊为代表的激进派接受了马克思列宁主义，然后通过中国共产党的政治革命，成了中国新思想的主流；而以胡适为代表的自由派主张的西方自由民主的新思想，由于种种原因，没能在中国发挥重大影响。

中国逐渐形成了中国共产党主导的新政治文化，并先后形成了毛泽东思想、邓小平理论和习近平新时代有中国特色的社会主义思想。中国共产党的思想体系，成为指导中国前进方向的新的政治文化。就治国理政的政治实践造成的总体结果来看，这一新的政治文化，取得了举世瞩目的巨大成就。

但是，五四新文化运动的使命，无论是破旧，还是立新，都没能最后完成。

在破旧方面，首先就是没有搞清楚破旧破什么？什么是旧文化？是否过去的就应该完全废除否定？五四的学生们出于救亡救国的满腔热血，不可能理性地完成这项工作。所以，五四的破旧，有两大负面影响：一是破除旧文化还不够彻底，遗留了大量的等级尊卑、权力崇拜、官本位、家长制、人治等垃圾。二是破旧又有走过头的负面影响，在打倒孔家店时，把孔孟文化中的人文、人本、人道的好东西也一起否定了。

胡适先生当年提出过整理国故，梳理国粹与国渣，但这一任务没有人进行过认真的努力，更谈不上完成。胡适和鲁迅是五四新文化的两位主将，他们对旧文化的立场有代表性；他们都基本上否定儒家和法家，只对道家有所肯定；但儒家和法家有没有积极的东西，传统文化中哪些应当发挥光大，哪些应当扬弃，是一笔糊涂账，胡、鲁都没有结论。

在某种程度上，1949—1976 的时间中，中国一直都在破旧，而且破旧的形式比五四还激进得多。但由于思想上缺乏什么是国粹、什么是国渣的引导，所以，这一时期对中国传统文化的破坏也是最厉害的。这一时期，全国不知拆了多少古建筑、烧了多少文物、毁了多少文化人……有些旧文化中的官本位等糟粕，还越破越多。相反，传统文化中本来应当继承的国粹，却被严重破坏。

二是立新方面，有普遍共识的主流的新文化还没有完全形成。因为五四所打倒的孔儒文化，不仅是一种官方的意识形态，而且也是一种社会信仰和生活方式，有较高的社会共识，这是官方的意识形态所不能取代的。作为社会共识的主流文化，要比官方意识形态有更普遍、更深远、更长久的影响。

而在社会、民间，除爱国主义为全社会接受外，文化意识是多元化的、分裂的、对立的，没有一种主导的、影响广泛的文化共识。无论是传统文化中的儒家、道家还是法家，还是西方的思想，都没有达到过去儒家在汉唐、宋明清的影响力；而且在互联网和微信时代，社会和民间的社会意见更加碎片化。多元化可能就是新文化的一种要素，但对一个社会来说，主流的有广泛共识基础的社会文化的缺位，是一个不好的兆头。

所以，五四新文化运动，是一个未完成的事业。

三、新新文化再出发：回归本位

孔夫子还是那个孔夫子，五四还是那个五四。

但无论是重建孔孟文化，还是再次清算孔孟文化，都不可能了。

孔夫子已经不是那个百年前的孔夫子了。他已经被五四新文化运动从孔家店中解放出来，恢复了他的人性，恢复了他作为中华民族的一个精神文化导师的本性，他走下神坛，步入了课堂。

五四也不再是百年前的五四。五四的那些青年们都已经老去，如今是八〇后、九〇后甚至〇〇后的时代了。青春不再燃烧，恢复了她的理性；激情不再燃烧，不再是游行口号的时代。

因为，时代已经不是那个时代了。

独尊文化的时代已经过去了，今天是多元文化；无论儒家、道家、法家，都只是百家中的一家。

激进狂飙的年代过去了，今天是重新启蒙的时代，是互联网、微信的时代，是网络化、扁平化、碎片化的时代。

五四百年，总结和反思过去的文化革命和文化建设的经验教训，中国需要接过五四新文化的大旗，以自觉的姿态、清醒的头脑、高度的智慧、世界的视野，再次前行，再次出发，来一次真正的文化革命，彻底清算旧文化的糟粕文化、垃圾文化、奴性文化、等级尊卑文化、蒙昧文化，高张传统文化中的自由文化、法治文化、人文主义、人本主义、人道主义、君子精神，把百年来从西方引进的民主文化、科学文化结合起来，真正为中华民族建树一个人民安身立命、国家长治久安的新文化。这就是新新文化。

新新文化的路如何走？

新新文化之路，首先要回归、确立中国思想的主体性。

一个言必称古希腊罗马，或言必称西方谁谁谁说了什么的民族，是没有前途的。中国作为世界上人口最多、历史最悠久、文化博大精深的大国，主体思想长期缺位，是很不正常的。这一点，中国甚至不如朝鲜。

五四新文化，打倒了中国占主流的儒家文化，但没能为中国重新建树一个文化主体、文化本位。五四新文化在学习外国的大潮中迷失了方向，丢失了文化本位。

中国新新文化的建设，一定要确定自己思想的主体性。

思想主体性，是一个国家一个民族文化自信的基本标志。

中华民族是一个善于学习外来文化的民族。中国的历史文化受到外来文化冲击，到近代已经不能适应国际社会的变化和内部变革的需要，中华民族的精英，不得不重新思考和反思中国的文化思想，向外国人学习，成了百多年来中国文化的主潮。中国的精英一次双一次地引进外来思想，试图以西方列强抗争，以图民族自救和国家振兴。

中国向西学，那里有欧美文化。当年的严复、胡适、蔡元培、梁启超、陈寅恪、冯友兰等人，作为五四新文化时从欧美归来的文化人，在五四文化中发挥了重要作用。一战结束和巴黎和会，为西学热浇了凉水，原来欧美文化中不只有民主科学、自由法治，也有弱肉强食、以强凌弱、野蛮屠杀、种族歧视……

中国向东学，那里有中国的近邻日本。当年的康有为、孙中山、鲁迅、郭沫若到日本，研究日本同为东亚国家，同样是君主专制，为何短期能超越中国并把中国打得落花流水。1931 年日本侵略中国，为东学浇了凉水。原来日本不只有明治维新、君主立宪，还有吞并中国的野心对中国人的野蛮屠杀……

中国向北学，那里有苏俄。世界上第一个社会主义国家，工农当家作主的世界。蒋经国、瞿秋白、王明、邓小平、刘伯承等曾到莫斯科，学习列宁主义、斯大林主义。1949 年新中国建立，几乎全盘照搬苏联模式。苏联就是中国的老大哥、好朋友，苏联的今天就是中国的明天……1956 年苏共二十大为学苏潮浇了凉水，原来斯大林如此专制，苏联的官僚主义这样严重……1991 年苏联没了，原来苏联没有明天。

中国向南学，那里有新加坡、马来西亚。后来国家可能通过发展出口经济，对接世界市场，发挥自己的后发优势，取得良好的经济发展。1998 年的东亚经济危机为学南风浇了凉水。原来外向型经济风险很高……

自 1840 年到 20 世纪，中国几乎学遍了世界上所有被认为可学的国家，引进了世界上主要国家的主要思想意识形态，对中国的思想文化的影响之大也是空前绝后的。在学西方的百多年中，中国取得了长足的进步。但学外国的一个负面结果，就是中国文化自信心全无，丧失了文化主体性。我们一会儿学日本，学德国，一会儿学苏俄，学美国，我们自己在干什么？我们的文化主体性何在？我们的五千年历史文化何在？

因此，中国思想文化的发展，必须回归中国文化的主体性、自体性、原创性。

我们还要继续学习一切外国的好东西，但大规模学习外国的时代结束了。眼光要从东西南北，回归中国之"中"位。

习近平在十八后，既强调中国继续学习一切外国的好经验好思想，也大力倡导立足中华优秀传统文化，培育社会主义核心价值体系，并且身体力行，在自己的国务党务活动中大量引用中华优秀传统文化的经典，实际上是在发起一场新的文化革新，旨在恢复中国思想的主体性、自体性、原创性。

文化的主体性的形成，有一个如何对待外来文化与本土文化关系的问题。晚清以来中国的文化建设话题是中学为体，还是西学为体？现在这一两分可以打破了。

应当倡导中学为主体，西学为辅体。

只要符合中国国情和世界发展的潮流，中学西学都可以是体，也可以是用；中学可以为体，西学也可以为体；但既然中学是基础、命脉、基因，所以应当是中体为主，西体为辅。

具体要分领域和问题而言，比如，在法治建设、科学体制上，西学是体，中学是用；在医学健康上，西学中学可以并举为体；而在国家统一还是地方民族自决、是实质民主还是选票民主，是无神论还是有神论，是佛教道教还是基督教天主教等问题上，应当是中学为主。中学为主体，就是恢复中华民族的主体性，当然这个中学必须是返本开新的，是创造性继承创新性发展的。

习近平用典所张显的文化革新，与过去洋务派的体用论不同，与维新派的制度全变论不同，也与五四之后以外来思想对中国文化的全盘否定论不同。习近平主张，无论中外，也无论古今，只要好的、适合中国的，适合现代的，都可以采用借鉴，该厚则厚，该薄则薄，中国的好思想可以为体，外国的好思想也可以为体，古人的好思想可以为体，今天的现代的好思想也可以为体，彻底打破了过去的中体西用或西体中用的两分观点，也打破厚古薄今或厚今薄古的两分，充分表现出文化自信。

没有中国文化的主体性、自体性、原创性，就没有中国的文化自信。没有文化自信，就不可能有道路自信、制度自信和理论自信。

新新文化的建设，从回归中国本位、建设中华民族文化主体开始。

四、以老学为核心，重塑中国价值

中国文化主体，以什么来体现？

文化是个大概念，简而言之，可以分为器物文化、科学文化、艺术文化，但文化的核心还在于价值文化。价值文化是一个国家、一个民族文化的主干。一个国家最持久、最深层的力量是有社会基本共识的核心价值观。

中国的主体文化，有什么价值？应该有什么价值？关键在于批判什么否定什么，肯定什么继承什么。这也是五四新文化运动没有解决的问题，也是新新文化必须解决的问题。

传统文化中的各家各派，都有所长，有所短，要从时代的高度进行梳理，这就要求人们在学习、研究、应用传统文化时坚持古为今用、推陈出新，结合新的实践和时代要求进行正确取舍，而不能一股脑儿都拿到今天来照套照用。

新新文化的中国价值观，要以成于历史、适用当下、指导未来和社会共同认可为标准进行取舍。

大体说来，中国百家争鸣，百花齐放，但对中国政治经济文化影响最大最久远的，实则只有道儒法三家。

儒家文化中的的讲仁爱、重民本、守诚信、崇正义、尚和合、求大同等内容有其时代价值，但儒家文化的许多主要内容，如亲亲、尊尊、贤贤、长长等，具有浓重的等级尊卑色彩，适应过去的君主制度时代，难以适应当下，更不能指导未来。

法家思想以商鞅为主，是为君主服务的，糟粕内容也很多，但其所长，不在政道，在治道，商鞅主张的以法治国、国家统一（权、法、军、税、度量衡、文统一）、法律面前人人平等、以法治邪官、治不听君民不从官、缘法而治、法官独立、普及法律、变法自强、实事求是、抓战略产业（当时就是三农）、唯才是用（以军功粮功政功选用人才）等，在过去有影响，也有很强的时代价值。

老子思想，其核心是道法自然、无为而治、以百姓心为心、民众自化自富自正自朴、知止不殆（权力限制）、反对专制、损补抑举、道法有则、反战自卫，老子思想中既有马克思主义的部分精华，有自由主义的部分精华，也有儒家修德的精华，有法家法治的内容。李约瑟曾说，中国文化的精华全在道家，道家有科学民主的内涵。

简言之，老子重道，有德，有法；孔子重德，有道，少法；商子重法，有道，少德。

三家精华正好可以互补，合在一起，可以构成一个完整的新新文化的中国价值体系。

三家合流的趋势，其实在战国中后期和汉前期已经开始了，战国有齐下稷下学宫，体现为《管子》，秦体现为《吕氏春秋》、汉初有陆贾的《新语》、刘安的《淮南子》等，它们都有程度不同的道儒法三家合流的趋势。后来的董仲舒提倡罢黜百家，独尊儒术，中断了这一趋势，但其实也有一些合流的内容。宋时的理学和明时的心学，其实也有儒释道三合一的倾向。

现在新新文化再出发，就是接续这一中断的三家合流的趋势，以新的标准、新的目标对三家进行取舍。过去中国的文化，说一千，道一万，大多是为统治者服务的。新新文化的一个重要内容，就是培育和发展以人民为中心的社会共识。凡是不利于这一思想培育的文化，就是旧文化，凡是有利于这一思想传播实现的，就是新新文化。

新新文化的发展，必须打破原来的独尊儒家、罢黜百家和道儒法三家对立的文化格局，对三家的文化进行大梳理大融合。

春秋战国末期的旧文化，以法家为主；

君主制时期的旧文化，以儒家为主；

民国时期的新文化，以西学为主；

现在的新新文化，以老子为核心，兼容孔子、商子思想中的精华。

实现这一目标，即是破旧，也是立新。

就是以"道"为核心、以"德""法"为辅的中国价值观，其具体内容如下：

1. 道法自然（老子主张无为而治——按规律办事），以本然心做本然事就是功成事遂我自然；孔子和儒家主张天人合一）

2. 损补抑举（老子孔子都有，体现公平正义价值，不能贫者太贫富者过富，政府应在财富、教育、劳动等方面对社会资源再分配，以更好地体现社会的公平正义）

3. 以民为心（老子主张以百姓心为心，儒家主张民为本）

4. 中庸包容（体现多元、宽容思想，反对极端主义，就是孔子主张的和而不同，己所不欲，勿施于人，老子主张的去甚、去奢、去泰）

5. 图强变革（道儒法三家都有。老子主张无执顺势；孔子主张损益之道、时中权变、君子自强；商子主张实事求是，变法创新，反对教条，顺势而为）

6. 以法治国（老子主张知止不殆——限制权力，恒有司杀者杀，不能代大匠斫；孔子主张宽猛结合，荀子主张隆礼尊法，商子主张法治，法强国强，从上到下人人守法，治邪官，自上而下，治不听君，民不从官，一切缘法而治）

7. 仁义诚信（孔子主张仁者爱人，友善诚信，文明有礼，见利思义，君子之道，老子主张作而弗始，生而不有，为而弗恃，功成而弗居等玄德，商子变法徙木立信）

8. 统一富强（道儒法都有主张，老子主张道莅天下，执大象天下往，孔子主张四海之内皆兄弟，以商子为代表的法家主张中央集权，同权同法同文同轨同度同钱，统一的政治经济文化空间，民富国强，抵御外敌）

"中国价值观"具有五千年历史文化的强大支撑，又与当今的时代要求和发展潮流合拍，具有强大的生命力；既有鲜明的中国特色，其中有些与外国相同，有些对外国具有借鉴意义。

所以，新新文化再出发，其根本目标，就是实现中国文化主体的回归，实现中国价值观的重塑。

一个国家一个民族，因政治清明而贤达，因军队雄健而强大，因经济繁荣而发达，因文化昌盛而伟大。

没有新新文化的建设，就不能说实现了中华民族的文化复兴；没有中华民族的文化复兴，就不能说实现了中华民族的伟大复兴。

五四百年，新新文化再出发：向着中国文化主体建设，向着中国价值观的建设！

老子哲学思想研究

《道德经》中的"水喻"与道家理想人格

李春尧*

内容提要:《道德经》内涵广博,既讲修身养生,也论用兵治国,同时也是先秦文学中的珍品。《道德经》善用比喻说理,其中,"水"是一个较为常用的喻体。水,是大自然中最为常见的物质之一,它刚柔并济,滋养涵容,其特质既符合"道""德"的根本精神,又可以视作君子修养的至高境界。《道德经》以水为喻,对道家的理想人格做了形象的描述。道家的人格观,不论对文化传统,还是对现代生活,都具有重要意义。在中国古代,道家与儒家互补,共同支撑起士人的精神世界,并构建了三教融合的文化格局。在现代社会,道家的人生观也是一笔巨大的精神财富,它对平衡人际关系、缓和内心焦虑、保持心理健康具有重要价值。

关键词: 道德经　理想人格　水喻

一、"水"及其特性

水,是大自然中最常见的物质之一。它极为普通,存在于一切有生命的地方;同时,它又极为重要,一旦它不存在,所有的生命都面临消失的危险(比如沙漠之中)。据现代科学,水是生物体最重要的组成部分,因此,它被视为"生命之源"。对于地球而言,它表面积的百分之七十多是被水覆盖的,空气中也含有一定量的水分;对于人类而言,(正常中年人)体重的 70% 也是水分。水是人体新陈代谢必需的物质,众所周知,人在不进食的情况下有可能存活七天,而在不喝水的情况下仅能维持三天,其重要性不言而喻。

由于水至关重要,又极其普通,因此,在人类文明之起始,先贤就开始关注其价值。古希腊哲学家泰勒斯被誉为"西方哲学之父""科学和哲学之祖",他提出了

---
* 李春尧(1981—),男,江苏扬州人,中国人民大学哲学博士,暨南大学历史学博士后,暨南大学中印比较研究所副研究员。研究方向:中国哲学与宗教、中印文化交流。

西方哲学史上第一个命题"万物的本原是水"①。在最早的那批哲学家看来，"一样东西，万物都是由它构成的，都是首先从它产生、最后又化为它的，那就是万物的元素、万物的本原了"②。亚里士多德认为：泰勒斯可能在日常生活中意识到了水的重要，同时，他把握到了"水"之"湿"性，认识到"湿"能生"热"，而"热"能维持生命。因此，他推定"水"为万物之本原。"他得到这个看法，也许是由于观察到万物都以湿的东西为养料，热本身就是从湿气里产生、靠湿气维持的。他得到这个看法可能是以此为依据，也可能是由于万物的种子都有潮湿的本性，而水是潮湿本性的来源。"③

上古时期，各个地区的思想家都倾向于用"元素说"理解物质世界。在古印度，思想家们认为，物质世界最基本的构成元素为"四大"，曰：地、水、火、风。按照佛教的解释，"四大"之中的"水"并非狭义之"水"，而是"本质为湿性，而有摄集作用者"。可见，佛教更多地从"性质（湿）""作用（摄集）"的角度来把握"水"这种物质。

与古印度"四大说"类似，古代中国亦有"五行"之说。④ "五行"出自《尚书》，《尚书·洪范》记载："五行：一曰水，二曰火，三曰木，四曰金，五曰土。水曰润下，火曰炎上，木曰曲直，金曰从革，土爰稼穑。润下作咸，炎上作苦，曲直作酸，从革作辛，稼穑作甘。"《洪范》尚未对"五行"相生相克的关系加以探讨，但强调了"水"的性质和作用就是"润下"，后世"五行生克"理论对"水"的阐发即由"水曰润下"而展开。

总而言之，中、西、印的思想家很早就关注到水的特殊性，他们将"水"视作物质世界的重要元素，甚至是"世界之本原"，中国思想家很早就认识到，水的根本特性是"滋润（润）"和"下行（下）"。相对老子对"水性"的理解，早期思想家的观念虽然显得比较浅显，但不容否认，这可能也是老子思想的一个重要源头。

概括而言，"水"这种物质具有以下几种特性：

（1）湿润。水性湿，因湿，故能润万物。按亚里士多德的推测，泰勒斯之所以以"水"为万物之本原，就是因为他认识到了"水"有"湿"性，"湿"可以滋养生命，所以"一切都来源于水"。

（2）涵容。用现代科学的话说，"水分子的正负电荷中心不重合"，所以水是一种很好的溶剂。在日常生活中，很多固体都可以溶解于水；氢氧等常见气体也可以

① 《西方哲学原著选读》上卷，北京：商务印书馆，1981年，第15页。
② 《西方哲学原著选读》上卷，北京：商务印书馆，1981年，第15页。
③ 《西方哲学原著选读》上卷，北京：商务印书馆，1981年，第16页。
④ 有人认为"四大说"属于"元素说"，而中国思想中的"五行"并非元素。本文不拟深入。

溶解于水；水更加可以和大多数液体互融（所谓"水乳交融"）。金属、石头等物质虽不能溶于水，但"水"可以将其吞没，甚至任意裹挟而动。能淹没、能容纳、能瓦解几乎所有物质，此即"水"之"涵容"之性。

（3）静柔。从物理学角度说，水是一种"流体"，"是一种受任何微小剪切力的作用都会连续变形的物体"。通俗地讲，水没有固定的形状，也没有固定的状态，它可静可动，平静的时候，它表现得毫无力量感。此即"静柔"之性。

（4）动刚。同理，作为一种"流体"，"水"很容易从"平静"状态切换到"动荡"状态，在"动荡"状态，水会产生极大的力量，这种力量可能会比来自固体物质的力量大十数倍，极具摧枯拉朽之势。此即"动刚"之性。

（5）居下。水能流动，但也有重量，因此，在一般情况下，由于地心引力，"水往低处流"。由于这个特点，"水"大多数情况下能像"地"一样，处于最为卑下的位置，看似低贱，但又保有"上冲"的可能。此即"居下"之性。

以上的诸种特点，都是"水"的自然属性。老子在其《道德经》之中，则"以水为喻"，描绘了他理想中的完美人格。

二、《道德经》中的"水喻"

在读者的印象中，《道德经》堪称一部颂扬"柔弱"的经典，其中理应有很多赞美"水"的段落。但事实上，据笔者的初步统计，《道德经》中仅有两处经文正面称颂"水"的美德。[①] 第一处是第八章："上善若水。水善利万物而不争，处众人之所恶，故几于道。居善地，心善渊，与善仁，言善信，正善治，事善能，动善时。夫唯不争，故无尤。"第二处则是第七十八章："天下莫柔弱于水，而攻坚强者莫之能胜，以其无以易之。弱之胜强，柔之胜刚，天下莫不知，莫能行。是以圣人云：受国之垢，是谓社稷主；受国不祥，是为天下王。正言若反。"

在老子的思想中，"道"是万物的本原："有物混成，先天地生。寂兮寥兮，独立而不改，周行而不殆，可以为天地母。吾不知其名，强字之曰'道'，强为之名曰'大'。"（第二十五章）作为"道""德""生之畜之"的人，其行为应该努力"合道"，如此方可臻于理想。老子认为，人的成长就是对"道"的效法和回归。正所谓"人法地，地法天，天法道"。我们可以认为，人越是接近"道"，就越是臻于至善，至善之人，也就是老子所理解的"圣人"。在老子的观念里，圣人的品性正是与"水"接近的，此即"上善若水"。

老子在二十五章最后提出的一个命题是"道法自然"。这一命题历来有两种解法，

---

① 本文所使用的《道德经》为通行本，暂不涉及版本问题。

一是承前句之势，解做"道效法自然"，如此，"自然"比"道"的地位还要高一点；二是与前述断开，解作"道自然而然"，如此，"道"与"自然"地位平齐。① 这两种解释皆可说通，不论取哪种解释，有一点可以肯定：人效法"道"的过程，也是效法自然的过程，二者的方向是一致的。因此，效法"水"也是人趋近"道"的方式，"上善若水"也就成了圣人的追求。

　　具体而言，在"上善若水"这个命题中，老子首先强调了以下两种"水德"：一是"湿润"，即老子所谓"善利万物"；二是"居下"，即老子所谓"处众人之所恶"。在老子看来，拥有全部的"水德"是不现实的，如果能做到其中最关键的两点，也可算作"得道之人"，故称其"几于道"。但老子接下来还是称颂了其他几点"水德"："居善地，心善渊，与善仁，言善信，正善治，事善能，动善时。"

　　苏辙在其《老子解》中做了一番发挥："（水）避高趋下未尝有所逆，善地也；（水）空处湛静深不可测，善渊也；（水）挹而不竭施不求报，善仁也；（水）圆必旋、方必折、塞必止、决必流，善信也；（水）洗涤群秽平准高下，善治也；（水）以载则浮、以鉴则清、以攻则坚强莫能敌，善能也；（水）不舍昼夜盈科后进，善时也。"用现代语言来解说，老子认为，圣人效法水，除了要能"居下"，还要做到六点：深沉（渊）、友好（仁）、守规（信）、洁净（治）、有力（能），另外，要动静合乎时宜（时）。按照本文第一部分的解说，水的"涵容"之性对应了深沉、友好、洁净之"三德"，而"静柔动刚、刚柔并济"之性则对应了守规、有力、合乎时宜之"三德"。

　　总而言之，"上善若水"命题是老子对理想人格的期望，其中包括了水的以下几种品性：湿润、居下、涵容、刚柔并济。

　　在第七十八章中，老子再次强调，水具有"刚柔并济"的特质，平静时"柔弱"，动荡时"坚强"。水可以适时改变自己的状态，所以，它能以"柔弱"体显"坚强"之用，但于其本身，刚柔二者是其性中兼备，显隐自如的。圣人如果能效法水的这种特质，便既可以以柔弱的状态"居下"，又可以以坚强的状态治国。

　　直接称颂"水德"的经文仅此两章（八章、七十八章）。我们在经文之中翻检不出更多对"水"的议论，但同时，我们又切实感受到了《道德经》全书对"水德"的推崇，其原因就在于：老子将其"上善若水"的期望贯注于全经，很多处表达了对"水"的推崇，却或有意、或无意地回避了"水"这个字眼。

　　据笔者初步统计，全经中还有大约十章的内容涉及了"水德"，表述则使用了"海""谿""川谷"等名词，或"涣""汜"等动词。以下试举几例说明。

　　在第十五章中，老子提到了"古之善为道者"，他们表现得"微妙玄通"，只能

---

① 笔者倾向后说。

"强为之容":"豫焉若冬涉川;犹兮若畏四邻;俨兮其若客;涣兮若冰之将释;敦兮其若朴;旷兮其若谷;混兮其若浊。"其中,"混"谓其"涵容"之性;"涣"则言其灵动之态。在这一章的后半部分,老子感慨:"孰能浊以静之徐清?孰能安以久动之徐生?"平静时沉淀污浊,动荡时滋养生命,这也是"水"的德性之一。老子理想中的圣人可以实现"浊以静之徐清,安以动之徐生",这也是对"水"的效法。

第二十章中,老子以"愚人"的姿态出场,与"俗人"的表现构成了强烈反差:"我愚人之心也哉!沌沌兮!俗人昭昭,我独昏昏。俗人察察,我独闷闷。澹兮其若海,飂兮若无止。"此处,老子自谓"我独异于人,而贵食母",也就是"得道之人",至少是"近道之人",和一般人比较起来,便显得"澹兮若海"。澹,正是水的"涵容"之性。

第二十八章中,老子比较了雌雄、黑白、荣辱,认为圣人的人生态度应该是:"知其雄,守其雌,为天下溪。为天下溪,常德不离,复归于婴儿。"即,应该保持柔顺、居下的状态,如此即可以和永恒之"德"同在。这种守雌、卑下的姿态,也正是对"水"的效法。

在第六十六章中,老子讨论了圣人如何领导民众。他认为,圣人应该把民众置于上位,自己置于下位,民众利益置于先,个人利益置于后,如此自然可以得到民众爱戴。这个道理就和自然界水流的规律一样:"江海之所以能为百谷王者,以其善下之,故能为百谷王。"人如果可以效法"居下"的"水德",那么自然可以得到众人的拥戴。"是以天下乐推不厌。以其不争,故天下莫能与之争。"圣人要像水一样"善居人下",这个道德第六十八章也有提及:"善用人者,为之下。是谓不争之德,是谓用人之力,是谓配天,古之极。"

在《道德经》的经文中,直接的"水喻"较少,间接的较多。但总的来说,这些论述都表达了老子对圣人的期望:如果像水一样滋润他人、涵容他人,像水一样居下谦卑,像水一样能在适当的时候转换状态,可刚可柔,那么,这样的人格一定能臻于完美,也一定可以成为民众拥戴的领袖。

三、道家理想人格及其现代意义

人格,既是一个日常用词,也是一个心理学术语。作为心理学术语的"人格"(personality)或译为"个性",可定义为:"个体在遗传素质的基础上,通过与后天环境的相互作用而形成的相对的和独特的心理行为模式。"[①] 简而言之,人格是个体的一种"心理行为模式",因不同个体有不同模式,所以个体与个体得以区别,这就好像

---

① 郑雪主编:《人格心理学》,广州:暨南大学出版社,2001年,第6页。

在戏剧舞台上，面具（persona）① 指示出不同角色的身份和特点。

道家人格，即"那种体现道家思想价值观和行为准则的人格。"② 杨玉辉先生进一步指出，道家人格可有广义和狭义之分③，狭义道家人格"主要是指以老庄为代表的道家人格，而不包括道教人格"④。在前辈定义的基础上，本文所谓"道家理想人格"是指，老庄等思想家所推崇的独特的个体特质。杨玉辉先生认为，按照老子的看法，"人格的最理想状态是与道合一"，具体可分作五个方面："自然无为的生活准则、清虚静泰的精神状态、质朴节俭的生活方式、柔顺不争的处事态度、慈爱和善的道德情操等。"⑤ 杨玉辉先生分析得非常详细，但按笔者浅陋的理解，道家理想人格其实可以归结为《道德经》里的一个核心命题，即：上善若水。

本文第二部分已大略阐述了这一命题，并引用了《道德经》若干经文与之呼应。在第三部分，笔者拟简要阐发这一命题的现代意义，即，"上善若水"的人生态度如何可以帮助现代人保持心理健康、缓解精神压力。

现代化的过程同时也是全球化的过程，在这一过程中，东方民族的传统价值观正经历崩塌并亟待重建。与之相对，伴随着全球化，西方价值观正时刻影响着我们的生活并改变我们认知世界的方式。毋庸置疑，西方并不意味着先进，东方并不意味着落后，反之亦然。西方的价值观有其优势，它带来了科学的思维方式，并全方位地改变了我们的生活，但另一方面，它的弊端也很明显。按铃木大拙的归纳，西方的思维有以下特点："分析的、分辨的、分别的、归纳的、个体化的、智化的、客观的、科学的、普遍化的、概念化的、体系的、非人性的、合法化的、组织化的、应用权力的、自我中心的、倾向于把自己的意志加在他人他物身上等等。"⑥

在这种思维的控制下，人与自然的关系失去了自古以来的平衡，人与人的关系也变得紧张甚至敌对，对于生活在现代社会的每个个体而言，我们很容易焦虑、恐惧、孤独、担忧，我们变得缺乏安全感，我们担心对未来失控、被外界抛弃，我们变得像行尸走肉或是一部部上紧发条的机器，每天会拖着疲惫的身体回家但却失眠在床；我们也担心上司的责骂、下属的议论，我们害怕失去权力，害怕被他人控制……这仿佛是现代人的宿命，而现代科技对此完全无能为力。

那么，我们从何处可以找到出路？改变这个世界是不太现实的，我们不可能已一己之力中断现代化的进程，甚至把人类社会拉回前现代。改变思维方式和人生态

---

① "人格（personality）"正是由"面具（persona）"这个拉丁文词汇发展而来。
② 杨玉辉：《道家人格研究》，成都：四川出版集团巴蜀书社，2010 年，第 3 页。
③ 本文不涉及"广义道家人格"，此处不做展开。
④ 杨玉辉：《道家人格研究》，成都：四川出版集团巴蜀书社，2010 年，第 4 页。
⑤ 杨玉辉：《道家人格研究》，成都：四川出版集团巴蜀书社，2010 年，第 5 页。
⑥ 铃木大拙、弗洛姆等著：《禅与心理分析》，孟祥森译，海口：海南出版社，2012 年，第 10 页。

度或许是最为现实的选择。回归东方古代经典，我们或许可以找到另一种生活态度来应对现代化的种种心灵危机。

按照老子的思想，人是相对渺小的，人无法违抗自然，只有依循"人法地，地法天，天法道"的次第，去领悟自然中所蕴藏的"道"，个体生命方可能重焕光彩。老子思想中的"至善者"有"水"一样的人格特质，因为这种特质，他可以应对人生之中的各种情境，既保全自己，也滋养他们，这种人生态度在今天同样是适用且有效的。

对于现代人来说，最重要的是领悟"水"的"涵容"之性。现代世界是复杂多元的，不同的观念充斥在一起，必定有碰撞、有争执、有冲突，争强好胜、排斥异己是人的本能，在分辨你我、输赢、强弱的过程中，人的心理能量被耗散，所谓的强弱、输赢也并没有持久的意义，现代人的焦虑在很大程度上恐怕也要归咎于此。"水"教给我们这样一种智慧：不同的东西可以被容纳为一体，容纳异己或为异己所容纳未必会产生灾难，被涵容的所有异己之物都有可能成为自己的资源和力量。

其次，"水"的状态是不稳定的，人生亦复如是。柔弱或者坚强、进取或者退缩都只是诸多变化中的一个状态，作为生命的掌舵者，我们的使命不是去强行改变某一个状态，而是因势利导，顺势而为。坚强背后潜藏着危险，"水"告诉我们要时刻预备恢复柔弱状态以蓄积能量；进取通常伴随着损耗，"水"告诉我们"居下"在很多时候是一种更为明智的选择。

总的来说，相对于西方思维方式的"刚性"，老子教会我们的是一种"柔性"艺术。老子以草木之枯荣类比于人类之生死："人之生也柔弱，其死也坚强。草木之生也柔脆，其死也枯槁。故坚强者死之徒，柔弱者生之徒。"（第七十六章）西方文化给现代人灌输了进取精神，改变了这个物质世界，却硬化了我们的心灵；老子则向我们传授了"柔弱"的智慧，描绘了"上善若水"的人格，这或许是他赐予现代读者的最大恩惠吧。

老子"道生万物"命题的哲学释辨

内容提要: "道生万物""无生万物"是老子哲学中的重要命题。如何理解"道"与"无"的关系? 学界有不同的意见。如果对《道德经》中"有""无"的理解,做适当不同层次的分疏,不把哲学形而上学意义的"有、无",等同于形而下现象经验层面的"有、无",就会避免对老子的误解,就不会造成理论上、逻辑上的混乱。"道生万物"中的"道",既具有自然客观的宇宙论意义,又具有主体或主观的精神意义。"道"是世界"宇宙之本体",又是"吾心之本体"。如果从主观或主体意义上理解老子的"道",老子所主张的"道生万物",旨在说明道境并非脱离宇宙万物,而是心、物的圆融合一,"道"既超越玄远,又内在真切。"道生万物"中的"生"并非创生之生,而是不生之生。道与客观物质世界的关系,不是创生而是彰显。"道生万物"表明唯有"道"才是天地万物的本原,天地万物只有一个本原,没有第二个本原,所谓的"物"(气)必须遵循"道","物"没有资格构成与"道"并列的地位,老子哲学并不是"道""物"(气)二元论,严格说来,老子是"道""物"(气)一元论者。

关键词: 老子　道　一元论

　　《道德经》① 第四十二章提出"道生万物"的哲学命题:"道生一,一生二,二生三,三生万物。"《道德经》第十四章提出"无生万物"的哲学命题:"天下万物生于有,有生于无。"如何理解老子的"道生万物"? "道生万物"的"道",是否可以理解为"无生万物"中的"无"? 这是必须首先要思考的问题。

---

　　* 蒋九愚(1972—),男,湖南邵阳人,博士,江西师范大学宗教研究所教授。研究方向:中国哲学史、宗教学。刘昊洋(1995—),男,江西九江人,江西师范大学马克思主义学院 2018 级硕士研究生,研究方向:中国哲学。
　　① 本文引用《道德经》原文,均参考:陈鼓应:《老子注译及评价》,北京:中华书局,1984 年。

一、"道"与"有""无"

老子在《道德经》第一章说：

> 道可道，非常道；名可名，非常名。无，名天地之始；有名，万物之母。故常无，欲以观其妙；常有，欲以观其徼。此两者，同出而异名，同谓之玄。玄之又玄，众妙之门。

对第一章的断句及其思想意义，历史上和当今学界有不同的理解。王安石在《老子注辑本》，苏辙在《老子解》，俞樾在《诸子评议》，朱谦之在《老子校释》，严灵峰在《老子章句新编》，陈鼓应在《老子注译及评价》中，都将"无""有"作为一对范畴看待，并进一步认为"'无''有'是指称'道'的，是表明'道'由无形质落实向有形质的活动过程"①。陈鼓应先生在综合历史上和众多学者的研究成果的基础上，进一步论证、总结说：

> "无""有"乃是哲学上的一个常用的词字。十四章上有："天下万物生于有'有'，'有'生于'无'"之说，这里应以"无""有"为读。主张"无名""有名"为读的人，也可在《老子》本书上找到一个论据，如三十二章："道常无名，始制有名。"然而若以三十二章的"无名""有名"作为本章上标点的根据，则"无名"尤可通，而"有名"则不可通。因为"始制有名"的"名"是指区分尊卑名分的"名"，这种"名"乃是引起争纷的根源。引起争纷的"名"，则不当成为万物的根源（"万物之母"）。再说，"名"是跟着"形"而来的，如《管子》说："物固有形，形固有名。""有形"不当成为万物之母。所以似不宜以"有名"为读。②

本章各句，常因标点读法不同，在解释意义上产生了很大的差别。如"常无欲以观其妙，常有欲以观其徼"。有以"无""有"为读，有以"无欲""有欲"为读。王弼以"无欲""有欲"作解，后人多依从，然本章讲形而上之"道"体，而在人生哲学中老子认为"有欲"妨碍认识，则"常有欲"自然不能观照"道"的边际。所以这里不当"无欲""有欲"作解，而应承上文以"无""有"为读。③

另一种意见，如历史上的严遵、王弼等主张"无名""有名""无欲""有欲"连接在一起，主张断句为："无名，天地之始；有名，万物之母。故常无欲，以观其妙；

① 陈鼓应：《老子注译及评价》，第 55 页。
② 陈鼓应：《老子注译及评价》，第 57 页。
③ 陈鼓应：《老子注译及评价》，第 60 页。

常有欲，以观其徼。"当代学者张松辉先生在《老子研究》①一书中特别对以陈鼓应先生为代表的学术界的普遍看法提出了理性的反省和批评②。张先生批评的理由主要有：

第一，"有名"和"无名"是《老子》中的常用词，如三十二章所说的"道常无名，……始制有名"，四十一章中所说的"道隐无名"等等。

第二，《道德经》第一章所讲的主要问题之一就是"可名"与"不可名"所谓"可名"的东西就是"有名"的东西，所谓"有名"的东西就是指叫出名字的具体事物。所谓"不可名"的东西，就是"无名"的东西，所谓"无名"的东西就是叫不出名字的事物，"实际就是虚无，用今天的概念讲，就是'空间'"。

第三，"此两者"只能指理解为"无名"和"有名"，"无名"和"有名"同时出现，就是《道德经》第二章所讲的"有无相生"，也就是空间与物质同时相对立而出现。如果说"无名"指道，"有名"指物质，那么这两者不可能是"同出"，"因为道在物先是老子的一个非常明确的思想"。如果把"无"（或无名）和"有"（或有名）都理解为"道"，那么"无"和"有"就不是"两者"，而是"一者"，因此再讲"此两者，同出而异名，同谓之玄。玄之又玄，众妙之门"就成为多余无用的话。如果把"无名"和"有名"理解为"空间"和"物质"，就非常通畅，它们不仅是"两者"，而且还是"同出"，更重要的是，空间和物质的内涵和作用都是非常微妙的，不断探索它们的微妙之处，就能把握"众妙之门"。

张松辉先生的反省和批评，固然有其新的理解和新的道理，但是并未充分驳倒陈鼓应先生的观点。关于张松辉先生第一点批评理由，陈鼓应先生已经意识到"无名"也是老子常用的词，但是陈先生反对"有名"是"万物之母"，因为有形质经验的东西不可能成为万物的基础。关于第二点、第三点批评理由，张松辉先生将"无名"理解为物理意义上的"空间"，将"有名"理解为物理意义的"物质"，并没有直接驳倒陈鼓应先生从哲学意义上或形而上学意义上对"无""有"的理解。仔细考量陈先生与张先生的理解的差异，集中到一点，背后体现出来的是两种解读思路的差异，陈鼓应先生的理解是哲学（形而上学）的思路，张松辉先生的理解是物理学（自然哲学）的思路。

《道德经》第一章讨论的核心思想就是对"道"的含义的理解，"道"的含义究竟如何理解？老子的意思很明确，作为哲学本体意义上的"道"，不是自然物理意义上的经验概念，不是自然天地万物中的"一物"，凡是自然经验概念，都是可以用语言名称去指称的，而作为本体意义上的超越之"道"（"常道"），却不可言说，"不可

---

① 张松辉：《老子研究》，北京：人民出版社，2009年。张先生的《老子研究》是近些年来老学研究领域里的一部力作，颇具学术价值，富有启发意义。

② 参见张松辉：《老子研究》，第88—89页。

名","道隐无名"(四十一章),"道常无名"(三十二章)。凡是"可名"的东西,都是有规定性、确定性或已经定型的东西,而哲学本体意义上的"道"却是没有规定性、确定性,是"不可名"的,正因为"道"无具体确定性、无具体规定性,从此意义上说,"道"也就是"无",可以说"无,名天地之始"。从另一个方面看,"道"虽然不可言说,但是不能由此把"道"简单理解为纯粹的、根本不存在的"虚无"(零)或物理意义上的"空间",因为"道""可以为天地母",天地万物的出现、存在都不能脱离"道","道"先于天地万物,从此意义上讲,"道"也是客观存在的"有",即"有,名万物之母"的"有",但不是具体万物之"有"①。正如有学者指出,"无和有这两方面同出一源而称谓不同,两者都是形而上的(无不是虚无,是一般;有不是某一实有而是普遍存在),它们玄妙又玄妙,是造物奥妙的总根源。""道是有与无的统一,这就是道的本质。"② 蔡仁厚先生指出:"无与有即是道之双重性","无与有合,便是玄,由'玄'而恢复'道'创生万物的具体作用;'玄之又玄,众妙之门'的'玄',即是创造万物的根据。由无与有之综合,见道之真实义、具体义,而万事万物即由此'玄'而得以实现与成就"③。老子在《道德经》第二十五章说:

有物混成,先天地生。寂兮寥兮,独立而不改,周行而不殆,可以为天地母。吾不知其名,强字之曰道,强为之名曰大。

作为形而上学意义上的"道"是"先天地生""独立而不改",因此不能把"道"理解为具体的天地万物之"有",经验现象层面上的"有"。作为宇宙本体意义上的"道",从究竟意义上说,不可言说,"不可道""不可名",类似于禅宗"不立文字";但是从方便意义上说,不得不言说,"道"一方面是"无",同时另一方面是"有",是"有""无"的统一。"道"难以用名言去描述,只好"强为之名"。胡适先生说,在老子时代,"名词不完备,故说理不能周密",并据"不知其名""强为之名"而证明老子有"用名词的困难"④。这是对老子之"道"的误解。超越性的形而上学意义上的"道","逻辑地要求赋予道以玄秘性质,以此来丰富、完善以及契合既已设定的具有特定旨味的道之超越性"⑤。《道德经》二十一章说:"道之为物,惟恍惟惚。惚兮

---

① 冯友兰先生说:"道、有、无是异名同谓,这个有时抽象的有,与天地万物的有是不同的。这个不同,一直到魏晋玄学才分辨清楚。魏晋玄学称抽象的有为有,天地万物为众有或万有。这个分别《老子》没有弄清楚。"(冯友兰:《中国哲学史新编》上卷,北京:人民出版社,2007年,第243页)

② 孙以楷:《道家文化寻根》,合肥:安徽人民出版社,2001年,第89页。

③ 蔡仁厚:《中国哲学大纲》,长春:吉林出版集团有限责任公司,2009年,第32页。

④ 胡适:《中国哲学史大纲》,上海:华东师范大学出版社,2013年,第39页。

⑤ 徐小跃:《禅与老庄》,杭州:浙江人民出版社,1992年,第4页。

恍兮，其中有象；恍兮惚兮，其中有物。窈兮冥兮，其中有精。"老子赋予"道"以玄秘的色彩，并非因为当时名词不完备而出现"用名词的困难"，更不是说理不周密，而是旨在说明"道"的超越无法再被超越。

作为形而上学（本体论）意义上的"道"，一方面玄之又玄，"惟恍惟惚"，显得很玄秘；另一方面，老子说"道""其中有象""其中有物"，旨在表明玄秘的"道"是客观真实存在，并非子虚乌有。《道德经》第一章，主要是从形而上学的领域，讨论"道"的"有""无"问题，此处的"有""无"，不能等同于形而下的经验现象层面上的有、无。作为哲学形而上学意义上的"有""无"，是用来描述"道"的，可以说"道"即是"无"又是"有"，所以《道德经》第十四章说："天下万物生于有，有生于无。"此处的"有""无"，与《道德经》第一章中的"无，名天地之始，有，名万物之母"中的"有""无"，都是同一个层次意义上（哲学形上学意义）的"有""无"，都是"指超越现象界的形上之'道'"①。陈鼓应先生的解释，立足于哲学形上学。他认为"天下万物生于有，有生于无"中的"有""无"，不同于《道德经》第二章"有无相生"和第十一章"有之以为利，无之以为用"中的"有无"，因为后者中的"有"，"是指现象界的具体存在物"；后者中的"无"，"是指现象界的非具体存在物"②。作为形而下意义上的有、无，则是彼此相互依赖、相互转化的，如《道德经》第二章所说，"有无相生，难易相成，长短相形"。《道德经》所体现出来的辩证法，是指形而下的经验现象层面，作为形而下的万事万物，都是相反相成，彼此相依相待，彼此可以相互转化。

如果对《道德经》中"有""无"的理解，做适当不同层次的分疏，不把哲学形上学意义的"有、无"等同于形而下现象经验层面的"有、无"，就会避免对老子的误解，就不会造成理论上、逻辑上的混乱。张松辉先生没有自觉做这个不同层次的分疏，把"有无相生"中的"有无"，理解等同于哲学形上学中的"有无"，那么"有无相生"就成了"道与道相生"，"这在逻辑上显然是说不过去的"。张松辉先生批评说：

像陈鼓应先生说的那样："'无'是天地的本始，'有'是万物的根源。'无''有'是指称道的，是表明'道'由无形质落实向有形质的活动过程。"把"有"和"无"都解释为"道"，那么"有无相生"就是"道与道相生，换句话说，就是自身与自身相互生出，这在逻辑上显然是说不过去的。"③

---

① 陈鼓应：《老子注译及评价》，第224页。
② 陈鼓应：《老子注译及评价》，第224页。
③ 张松辉：《老子研究》，第92页。

张松辉先生引用著名学者杨柳桥先生在《老子译话》中的观点为自己佐证，杨先生批评老子说："既主张'万物生于有，有生于无'，又说'有无相生'，他的思想体系是不周延的。"在杨先生看来，"有生于无"中的"无"是宇宙本体，"有无相生"中的"无"是"有"存在的条件（空间），那么老子使用"无"这一概念的时候，自然是不周密的、是自相矛盾的。杨先生批评老子思想"不周延"，有自相矛盾之处，这仅仅是表面现象，若把老子"有无"思想做出不同层次的分疏，上述"不周延"的矛盾，自然就不存在了。

二、"道生万物"的双重意义

老子《道德经》第四十二章提出了"道生万物"的哲学命题：

道生一，一生二，二生三，三生万物。万物负阴而抱阳，冲气以为和。

上述"道生万物"的哲学命题，主要从宇宙生成论上解释天地万物的形成过程，确实具有某种气本论或气化论的色彩[1]。此处的"一"，应该如何理解？历史上主要三种不同的理解。一种意见认为，此处的"一"混沌未分的元气；一种意见认为，"一"指"冲气以为和"的"冲气"，"冲气"就是"在阴阳二气开始分化而还没有完全分化的时候，在这种情况中的气"，"这种尚未完全分化的气，与道还差不多，所以叫冲气，也叫作一"[2]。上述观点，共同的地方就是都将"一"理解为"气"。第三种意见认为，"一"就是指"道"，如宋代的苏辙《老子解》说："夫'道'非一非二，及其与物为偶，'道'一而物不一，故以一名'道'。"当今也有学者批评把理解成"一"即"道"的观点，"如果说这里的'道'就是'一'，以此类推，岂不可以说，一就是二，二就是三，三就是万物，更进而岂不可以说，道就是万物。显然，这不但抹杀了宇宙生成的过程，而且在逻辑上也是说不通的。"[3]

应该理解"道"即"一"，"道"自身表现出来的一种自我同一性。《淮南子·天

---

[1] 台湾学者蔡仁厚先生完全从纯粹的形上学视角解释"道生万物"的哲学命题。他说：一、二、三，皆应就形上之道而言，是对于道之展示（不可做数字看）。"一"与"无"相应合，指导之"无"性；"二"与"有"相应合，指导之"有"性；无与有合一，便是玄，"三生万物"之"三"，正与"玄"相应合，于此可见道之真实义。（参见蔡仁厚：《中国哲学大纲》，第33页）

[2] 冯友兰先生持此说，参见《老子哲学讨论集》第41页，中华书局，1959年。后来冯友兰先生在《中国哲学史新编》中依然坚持这种观点："一就是气，二就是阴阳二气，三就是阴阳二气之和气。"（冯友兰：《中国哲学史新编》上卷，第242页）

[3] 公木、邵汉明：《道家哲学》，长春出版社，2007年，第63页。

文训》解释为："道始于一，一二不生，故分而为阴阳，阴阳和而万物生，故曰：'道生一，一生二，二生三，三生万物。'"陈鼓应先生据此而主张"一"即统一的"道"本身。"二"可以理解为阴阳二气，也有学者把它理解为"二即天地"①。"三"的理解，也主要有两种意见，一种意见认为"三"就是阴阳相合所形成的一种均衡和谐的状态，一种意见认为"三"就是阴阳相合所形成的"和气"。陈鼓应认为"'三'应是指阴阳两气相互激荡而形成的适均状态"②。"道生万物"中的"生"，不能理解为创生的生，理解为基督教上帝创造物万物的"创造"，因为老子的"道"不是神、不是上帝，它只是宇宙万物之生存、变化之普遍原理或普遍规律，天地万物的形成及其变化，必须遵循"道"的普遍法则，不能把此处的"生"理解为"直接生出"③。张松辉先生对此段话的解释很准确，既浅显又深刻。他解释说："所谓的道生万物，只是说道是万物产生的前提，没有道的安排和支配，就不会有万物的产生，而不是说道可以像母亲生孩子那样，直接生出了天地万物。"④上述方面对"道"的解释，是着重于从自然客观方面来说的。

如果从主体方面来说，老子的"道"不仅仅是指自然万物的普遍法则或普遍规律，它隐含着老子预设的价值理想或人文价值准则，老子自然宇宙论意义上的"道"，实际上是老子人生哲学的产物。换句话说，老子所主张的"道"，既具有自然客观的宇宙论意义，又具有主体或主观的精神意义。"道"是世界"宇宙之本体"，又是"吾心之本体"。民国时代的钟泰先生曾在二十年代末指出，老子之道即宇宙本体，而"宇宙之本体，即吾心之本体，非有二也"⑤。此言大致揭示了老子的"道"并非脱离吾心的客观的"实有形态的形而上学"（牟宗三语）之本体。徐复观先生在《中国人性论史》中指出："老学的动机与目的，并不在于宇宙论的建立，而依然是由人生的要求，逐步向上面推求，推求到作为宇宙根源的处所，以作为人生安顿之地。因此，道家的宇宙论，可以说是他的人生哲学的副产物。"⑥这比较深刻地揭示了作为宇宙

---

① 刘笑敢：《庄子哲学及其演变》修订本，北京：中国人民大学出版社，2010年，第109页。

② 陈鼓应：《老子注译及评价》，第236页。

③ 刘笑敢先生进一步认为："'道生一，一生二，二生三'的说法不是对宇宙产生的实际过程的真实描述，而只是对宇宙生发过程的一个模式化处理，也就是说，这里的一、二、三都不必有确切的指代对象，一是气还是道，二是阴阳还是天地，都不影响这一模式的所要演示的实际内容。这里的生不必是母生子之生，不必是实际的生产或产生之生。"（刘笑敢：《老子：年代新考与思想新诠》，台北：东大图书公司，2015年，第205页）

④ 张松辉：《老子研究》，第77页—78页。

⑤ 钟泰：《中国哲学史》，沈阳：辽宁教育出版社，1998年，第13页。近代日本学者三浦藤作早期指出："老子之宇宙论，不论漠然之外界现象，认宇宙与心灵间有密接关系，以宇宙之本体为吾心之本体，以宇宙之现象当吾心之现象。"参见（日）三浦藤作：《中国伦理学史》上册，张宗元、林科堂译，太原：山西人民出版社，2015年，第126页。

⑥ 徐复观：《中国人性论史》，上海：三联书店，2001年，第287页。

本体的"道"之真实含义和老子建构宇宙本体论的思维路向。现代德国哲学家、神学家阿尔伯特·史怀哲 (1875—1965) 就指出:"对于世界的精神本质的领悟,按老子的观点,要靠人本来已具有的精神。一个人只有能不为感性世界的各种感官所左右,这样他才是本来的他,才具有了开启内心的眼睛去观察、用内心的耳朵去谛听的能力。世界的道只能通过人内心中的道去获知,所以这不是一个认识道的过程,而是一个体验道的过程。"①"世界的道只能通过人内心中的道去获知",表明老子作为宇宙本体的道("世界的道")不能脱离"吾心之本体"("内心中的道")。《道德经》的"道"虽然是宇宙万物之本体,但它并不是唯物主义的"自然界及其规律",也不是超越、脱离万物的类似西方哲学的形上实体,而是一种既超越又内在、既主观又客观的心境,"即吾心之本体"。老子从人的主体心灵和人文价值要求出发,去建构自己的宇宙本体论。这种宇宙本体论并不是以自然为中心的客观的形上实体论,而是以人为中心的价值本体论,作为宇宙本体的"道"实际上是主观的,同时具有客观的普遍性。

如果从主体意义上理解老子的"道",老子所主张的"道生万物",旨在说明道境并非脱离宇宙万物,而是心、物的圆融合一,"道"既超越玄远,又内在真切。正因为"道"是种主观的精神境界,"即吾心之本体",所以要达到这种境界并非靠经验知识的增加。精神境界是精神修养的问题,而不是学问知识的问题,尽管二者有联系。老子把"为学"与"为道"区别开来,为学日益,为道日损,只有不断超越(损之又损),才能达到玄之又玄的境界。老子说"五色令人目盲;五音令人耳聋;五味令人口爽;驰骋畋猎,令人心发狂。"(十二章)要超越,就要否定自然生命的纷驰,心理的情绪和意念的造作,就要"去甚,去奢,去泰"(二十九章),就要"无为""无执"(六十四章)。老子的超越之道境,并不是脱离现实生活,彻底否定经验知识。老子说"挫其锐,解其纷,和其光,同其尘,是谓'玄同'。"(五十六章)此处的"同其尘",并不是混同尘俗,不问是非,而是在世俗生活中保持超越的"玄同"境界。何谓"玄同"境界?如同陈鼓应先生所言:"'玄同'的境界是消除个我的固蔽,化除一切的封闭隔阂,超越于世俗褊狭的人伦关系之局限,以开豁的心胸与无所偏的心境去对待一切人物。"②

"道"是种超越的主观心境,那如何理解老子的"道生万物"?此处的"生"并非创生之生,而是不生之生。道与客观物质世界的关系,不是创生而是彰显。"道"对万物而言,"衣养万物而不为主"(三十四章),"不禁其性,不塞其源"(王弼语),

---

① [德]阿尔伯特·史怀哲:《中国思想史》,常暄译,北京:社会科学文献出版社,2009 年,第 57 页。

② 陈鼓应:《老子注译及评价》,第 283 页。

万物自生自长。万物从"遮蔽"状态走向显现状态，是因为"道"的徼向性。从自然客观意义上讲，客观事物的存在并非因为"道"的直接创造而有；从主观意义上讲，正因为"道"具有徼向性，才能不断地把客观存在之物摄入人之主体心灵范围之内。心灵收摄物的能动性之大小，因不同的人而不同。对于心胸宽广、精神修养高的人来说，其心灵就收摄视域大、包容范围广。若人的心灵能收摄、包容宇宙万物，与宇宙同体，这将是多么开放、自由、绝对的超越心境！牟宗三先生说："道家的道是无，无起徼向性，从徼向性说生万物。因此首先不能客观地说客观世界有个东西叫无来创生万物，而要收进来主观地讲，靠我们无限妙用的心境，随时有徼向性，由徼向性说明客观事物的存在。"[①] 这可看作对老子"道生万物"的一种境界哲学意义上的哲理诠释。

三、"道""物"二元论的质疑

张松辉先生在《老子研究》一书中，主张老子是"道""物（气）"二元论者，反对"道"一元论的说法，其理由是：老子主张"丰富多彩的天地万物是由道和物（气）相互配合共同造就成的。"[②]"道生一，一生二，二生三，三生万物"的过程中，需要有属于"气"的"二""三"的参与。《道德经》五十一章说：

道生之，德蓄之，物形之，势成之。是以万物莫不尊道而贵德。

万物的生成，应该具备四个条件：道（规律）、德（本性）、物（物质）、势（环境）。陈鼓应先生的翻译为："道"生成万物，"德"蓄养万物，万物呈现各种形态，环境使各物成长。

张松辉先生批评陈先生的第三句翻译，用"万物呈现各种形态"去翻译"物形之"，"不仅意思错了，就连句式也不对"[③]。张先生认为，如果明白老子是道、物二元论者，那么"道生之"这段话就好理解，翻译出来就是：规律使万物得以产生，本性（具体事务的具体规律）使万物得以蓄养，物质使万物得以成形，环境使万物得以成长。

张先生的翻译比陈鼓应先生的翻译更准确。正因为具体万物的形成需要一定的经验条件（"物"），张先生据此而认为"老庄不是'道'一元论者，而是'道'、'物'

① 牟宗三：《中国哲学十九讲》，上海：上海古籍出版社，1997年，第101页。
② 张松辉：《老子研究》，第75页。
③ 张松辉：《老子研究》，第79页。

（或叫作气）二元论者"①。说老子是"道""物（气）"二元论者，看起来有一定道理，但是并不能由此批评老子是道一元论者的观点"是完全错误的"。首先，需要理解哲学上所讲二元论的含义。所谓二元论（Dualism），从哲学形上学来说，在任何既有的领域之内，主张都有两个独立而不可相互还原的实体（Substance），宇宙最根本的实在是二而非一。西方哲学史上典型的哲学二元论者笛卡儿主张有两个根本实体，一是思维性的（Thinking）实体，即精神实体，一是具有广延性的（Extended）实体，即物质实体。西方哲学有个强大的二元论哲学传统，而中国哲学不同于西方哲学，主张天人合一，并无精神与物质（心与物）、理性与感性、理念与现象等绝对对立的二元论传统。其次，我们不能因为老子主张"道生万物"的过程中，需要"物"（气）的参与，就简单说他是二元论者。"道生万物"的过程中，不仅需要"物"的参与，也需要"势"的参与，就此而言，为什么不说老子是三元论者或多元论者？"物""势"是"道生万物"过程中的"条件"，而不是哲学意义上的"本原"或"本体"，"道"才是唯一真正的"本原"或"本体"。老子强调天地万物的真正本原是"道"，老子说"道""似乎万物之宗"（第四章），"惟道是从"（二十一章），"万物恃之（按："道"）以生"（三十四章），"夫惟道，善贷且成"（四十一章）等等，都旨在表明唯有"道"才是天地万物的本原，天地万物只有一个本原，没有第二个本原，所谓的"物"（气）必须遵循"道"，"物"没有资格构成与"道"并列的地位，所以用"道""物"二元论去批评道一元论的主张，并不恰当。张松辉先生自己也意识到这个问题，"道"比"物"更为重要，他最后又说："从这个角度讲，说老子是'道'一元论者也可以。"②

从本体论上讲，老子是严格的一元论者，因为只有"道"才是宇宙万物的总根源、总依据。早在近代的日本学者渡边秀方就指出："这种绝对的一元论，才是他（按：老子）的本体观，才是他的本体观的极致。他的本体，全然是'无'（按："道"即"无"）那一元。"③老子是严格的道一元论者，他不是道气二元论者。

---

① 张松辉:《老子研究》，第 81 页。
② 张松辉:《老子研究》，第 82 页。
③ ［日］渡边秀方:《中国哲学史概论》上册，刘侃元译，太原：山西人民出版社，2015 年，第 107 页。

减损有道：老子"知止"思想的系统考察

程浩炜*

内容提要："知止"是《道德经》第四十四章所提出的重要思想。关于"知止"要义的论述，古代各家虽对其有形形色色的解释，但又殊途同归，共同指向了自我克制的"减损"之道。这种"减损"之道，一方面在实践操作层面彰显老子"无身之教"的思考，另一方面从哲学本体层面阐扬老子"为道日损"的智慧。

关键词：老子　知止　无身之教　为道日损

引言

老子是中国伟大的思想家，其《道德经》一书历来被视为"君王南面之术"的重要读物，但其实《道德经》一书除了治国理政的政治意蕴外，其于个人层面"修身养性"的功用亦不容小视。"知止"便是老子《道德经》一书中关于"修身"的重要概念，其提出见于《道德经》第四十四章，全文摘录如下：

> 名与身孰亲？身与货孰多？得与亡孰病？甚爱必大费，多藏必厚亡。故知足不辱，知止不殆，可以长久。①

在该章中，老子从"名""货"与"身"的关系出发，尖锐地指出声名财利皆是依托"身体"而方得以存在，而对声名、财利的过度追求必然导致"身体"的消耗竭损。因此，"知止"于个人层面的修心养性有重要意义；而除此之外，"知止"在

---

　　* 作者简介：程浩炜（1999—），男，福建福州人，厦门大学中文系学生，研究方向：中国古代文学研究。
　　①本文所引《道德经》原文章句均来自陈鼓应《老子注译及评介》一书（中华书局1984年版），后文引用只标注章节，不再加以注释。

当下也具有社会性意义。①2010 年 1 月 3 日，习近平总书记在中央财经委员会第六次会议中指出："要坚持生态优先，绿色发展，从过度干预、过度利用向自然修复、休养生息转变，坚定走绿色、可持续的高质量发展之路。"这其实正是"知止"观念在当下的应用。综合以上两个层面考量，对"知止"概念的分析颇具意义。

本文注重从《道德经》一书出发，坚持"以老解老"的原则，分析老子"知止"思想的意涵及其与老子思想体系的系统性关联。笔者拟首先从"知止"的本义出发，联系《老子》中各家对"知止"的论述，先对"知止"进行初步的概念界定；其次，引入"无身之教"概念，并就其与"知止"思想的联系展开分析；最后，将"知止"置于老子"尊道贵德"的核心思想中加以考量，揭示其与"为道日损"的哲学精神的相通性。

一、"知止"智慧的要义类别与理论维度

对于"知止"这一语词的理解，绝大多数学者将其看作动宾式短语，其核心概念在于"止"字。而根据"止"的古文字形，可知"止"本像足趾之形，"止"乃"趾"之本字这一点是无疑的，②因此，"止"字的本义也可从"趾"字中分析而来。而联系"趾"这一字来看，"趾"代表着人的脚趾，可理解为人体的底端、边界处，由此便可引申出诸如"终止""界限"等意涵。而"止""趾"二字既然相通，其含义亦当属一致。因此综合来考量，从字源的角度出发，"知止"即具有知晓事物的边界、终止点，由此而在适当的位置懂得停止等含义。

由上文所述出发，可知"知止"的关键其实在于"止"的对象确立问题，即关于"止于何处"的这一问题的探讨。而对此，古往今来，研究《道德经》的各家对此的理解也不尽相同。综合各家对"知止"的注解，笔者以为大体上可分为以下几类：

其一，认为"知止"即是不贪图功名富贵，持这一观点的如陈景元、范应元等人，陈景元在《道德真经藏室纂微篇》中说，"知止者，不贪名位也。不贪名位，终无危殆之忧。"③、范应元则在《老子道德经古本集注》中认为，"知足则箪食瓢饮而自乐，知止则功成名遂而身退。"④可见二者皆认为"知止"是"知道止步于对功名的追

---

① 现代学者在研究该章节时，也多将"知止"与生态文明建设的现实意义相联系。后文中也将就此展开阐述。

② 于省吾主编：《甲骨文字诂林（第 1 册）》，北京：中华书局，1996 年，第 758 页

③ 陈景元：《道德真经藏室纂微篇》，熊铁基、陈红星编：《老子集成（第 2 册）》，北京：宗教文化出版社，2011 年，第 621 页

④ 范应元：《老子道德经古本集注》，熊铁基、陈红星编：《老子集成（第 4 册）》，北京：宗教文化出版社，2011 年，第 426 页

求"，在功名面前能够静心节欲，从而不为声名所累。

其二，认为"知止"即是不贪财利的积累，持这一观点的有河上公、李霖等人，河上公在《道德真经注》中说："知可止则须止，乃财利不累于身心。"① 李霖在《道德真经取善集》中则认为："夫不迳声名，知足也。不殖货财，知止也"。② 可见二者皆认为"知止"是在货财物欲面前的理性止步。

其三，将"名""利"二者统一起来考虑，认为"知止"是"止于名利"，持这一观点的如寇才质、董思靖等人，寇才质在《道德真经四子古道集解》一书对于"知止"的注解中，所引的是《冲虚经》的例子："不贪货，何羡利？不贪贵，何羡名？"③ 可见，其并没有就"知止"本身意涵给出侧重于"名"或"利"的区分，而是将"名""利"二者的范畴结合起来考虑。持类似观点的还有如董思靖的《道德真经集解》，其中说道："惟审于内外之分，则知足知止，而无得失之患，故能安于性命之常。"④ 而据道家的观点，"名""利"二者皆是"外物"，属于"内外之分"中"外"的层面，因此，可以说董思靖所采用的也是将"名""利"混融起来考虑，将其皆纳入"知止"的行列。

其四，认为"知止"是"止于道，止于德"的一种修炼境界。持这一种观点的最为典型的是宋常星。宋常星在《道德经讲义》中说道："知止者，止之于事也，知止之人止于道，止于德，道德仁义，止之而不啻饥渴。"⑤ 可见，宋常星对"知止"的理解并不仅仅局限于上文所述的止于"名"或"利"的行为，而对"知止"提出了更高层次的要求，即应"止于道""止于德"，这就从道家修身层面对"知止"提出了全新的阐释。

其五，认为"知止"是"因时而止"、顺时而动的一种机变。持这一种观点的典型是邓锜。邓锜在《道德真经三解》中说，"知止不殆，时止则止也。如是则可以长久而不已。"⑥ 由此观之，邓锜所认为的"知止"，又与前文所述各家略有不同，其所强调的"知止"意涵，又带有"知时"的意味，是顺天而为，遵循自然规律，而给

① 河上公：《道德真经注》，熊铁基、陈红星编：《老子集成（第 1 册）》，北京：宗教文化出版社，2011 年，第 159 页
② 李霖：《道德真经取善集》，熊铁基、陈红星编：《老子集成（第 4 册）》，北京：宗教文化出版社，2011 年，第 177 页
③ 寇才质：《道德真经四子古道集解》，熊铁基、陈红星编：《老子集成（第 4 册）》，北京：宗教文化出版社，2011 年，第 86 页
④ 董思靖：《道德真经集解》，熊铁基、陈红星编：《老子集成（第 4 册）》，北京：宗教文化出版社，2011 年，第 377 页
⑤ 宋常星：《道德经讲义》，熊铁基、陈红星编：《老子集成（第 9 册）》，北京：宗教文化出版社，2011 年，第 215 页
⑥ 邓锜：《道德真经三解》，熊铁基、陈红星编：《老子集成（第 5 册）》，北京：宗教文化出版社，2011 年，第 454 页

自己的行为划定边界，使之合乎"自然之时""自然之道"。

其六，将"知止"与生态和谐相联系，认为"知止"体现了老子的"生态自律观"，持这一派观点的有詹石窗、谢清果等现代学者，在两位老师的《中国道家之精神》一书中，就提到"知足""知止"思想对当代建设生态文明的价值。如《道德经》第四十六章所说："祸莫大于不知足，咎莫大于欲得。"在自然面前的思想"知足"与行为"知止"，对自我欲望进行节制，方可实现人与生态可持续的长足发展。①

综上各家观点，笔者认为各家对"知止"的论述可以根据其侧重点，再主要切分为三个层次，亦即功利层面、道德层面与行为层面。

首先，功利层面。这一层面主要体现上文所述前三类观点。不论认为"知止"是止于"名"或"利"，或是将二者等量齐观，前三类观点皆认为"知止"是针对"名利"而言的，因此其皆是从功利层面出发考虑问题；

其次，道德层面。这一层面主要体现宋常星这一派的观点。将"知止"理解为止于"道"、止于"德"，这可看作从个人修身层面提出的要求，是从道德层面出发考虑问题。

最后，行为层面。这一层面主要体现邓锜一派的观点。无论将"知止"理解为"时止则止也"，抑或从生态保护出发，强调人类行为的自我约束，实际上皆是从实践层面强调一种遵循天道的行为，可看作从行为层面出发考虑问题。

而这三个层面，对"知止"分析的侧重角度不同，却实际上又殊途同归，共同诠释了"知止"所具有的意涵——克制个人欲望的过度膨胀，进行"减损"而使其合乎于"道"。

二、"知止"智慧与"无身之教"的操作运思

上文所述，已经从古文字和各古文注家出发，对"知止"的意涵进行了分析，其实综合各家所论，在笔者看来，"知止"实际上体现的重点在于一种"减损"之道，"知止"的旨归在于通过自我克制，实现避患保身。然而，联系现代社会对此进行考虑，这一要求从表面上看，似乎也与强调积极有为的社会期待构成了难以调和的矛盾，但实际上二者之间并不构成冲突。对于这一问题的解决路径即是对"知止"概念进行一个"度"的限定，即将其"减损"区间控制在一个合理的界域内。而关于这一界域的划定标准，本节在此引入老子思想体系中的"无身之教"加以分析。

在《道德经》第十三章，老子就一针见血地指出："吾所以有大患者，为吾有身。及吾无身，吾有何患？"可见，在老子的视域中，身体作为肉体欲望的承载者，容

---

① 詹石窗、谢清果：《中国道家之精神》，上海：复旦大学出版社，2009 年，第 262—263 页

易牵引起人的各种感官欲望，而这些欲望如若是无节制的、超越合理区间的，就会为身体招致祸患。成玄英对此有如下阐释："执着我身，不能忘遗，为身愁毒，即是大患，只为有身，所以有患。"[①] 可见，遭遇祸患的原因先验条件在于有"身"的存在，（身体为肉体欲望提供了一个承载的"容器"。）而直接条件却是"执着"于欲望的追求，而这恰恰就是不"知止"的一种表征。因此，可以说，有患的原因在于有"身"之下的执着、贪欲，也就是不懂得"知止"所导致的。因此，欲求无患，则须"知止"、行"无身之教"，"知止"与"无身之教"，正是在这一意义上联结起来的。下简析之。

首先，从理论层面分析，"无身"之教强调一种"减损"的智慧，这与"知止"的意涵是相近的。反溯"知止"这一语词出现的第44章，其全文为："名与身孰亲？身与货孰多？得与亡孰病？甚爱必大费，多藏必厚亡。故知足不辱，知止不殆，可以长久。"可以看出，老子在这一章中尖锐地提出了名声、货利的过度追求对人的有害性，因而告诫人们要去"甚爱"、避"多藏"，通过知足知止的方式臻于长久，以达长生久视。这实际上就是一种"减损"之道——亦即削去过度的欲望需求，给贪欲做"减法"。而"无身之教"亦是如此，之所以强调"无身之教"，在于"有身"所带来的利欲心的过度膨胀，因而"无身"即强调一种"减损"，是以"无身"来规避欲望泛滥的一种手段。因此，"无身之教"与"知止"二者，皆贯通于"减损"有道的这一内核之下，皆是一种自我减损、规避祸患的行为逻辑。

其次，从实践层面考虑，"知止"与"无身"具有实践层面的充分可能性，其方法论即是老子所言的"见素抱朴，少私寡欲"（第十九章）。关于这一句话，河上公对此的解释为："见素者，当抱素守真，不尚文饰也。抱朴者，当抱其质朴，以示下，故可法则。少私者，正无私也。寡欲者，当知足矣。"[②] 可见，其中的"素朴""少私""寡欲"等概念，实际上皆是从实践层面出发所提出的"自我减损"的可行性措施，而"减损"的关键正在于着眼纯素、保持真朴的内心纯净，以及减少私心、寡淡欲望的行为操守。所谓"见素抱朴"，也正是"要令自我心性归属于此素朴无私"[③]。而如若成功克制自我欲望，实现利诱面前的自我减损，也就能在践行中体悟"知止"的无穷智慧，而这一点，在古人事迹上体现得更为显明。如春秋时期的范蠡、孙武，都有助国君开国的巨大功勋，而却能止步于名利的巨大诱惑，优游自如地归隐山林；而相比之下，同为功臣的伍子胥、文种，不愿在名利面前止步，却落得"鸟尽弓藏、

① 成玄英：《老子道德经开题序诀义疏》，熊铁基、陈红星编：《老子集成（第1册）》，北京：宗教文化出版社，2011年，第296页
② 王卡主编：《老子道德经河上公章句》，北京：中华书局，1993年，第133页
③ 谢清果：《道德真经精义》，北京：宗教文化出版社，2015年，第138页

兔死狗烹"的下场。二者之分异，正在于名利面前的"知止"与否，因此，老子教导世人当"功遂身退"，不要迷恋于成功，否则终将陷入"执者失之"的境地。① 而要避免"执者失之"的这一困境，践行"见素抱朴，少私寡欲"的行事准则，及时"知止"于名利漩涡之前，实乃理固宜然。

最后，从学说概念出发，值得注意的是："知止"所蕴含的"无身"之教并不等同于摒弃身体的所有欲望，而是强调去除损害灵魂纯净、对内心构成遮蔽的过度外欲。老子在《道德经》第十二章指出："五色令人目盲；五音令人耳聋；五味令人口爽；驰骋畋猎，令人心发狂；难得之货，令人行妨。"其中的"五色""五音""五味""驰骋畋猎""难得之货"，皆体现着纷繁复杂的外在欲望，而所谓的"知止"与"无身"，也就是在这些形形色色的物欲面前保持清醒、冷静，避免人的"理性"为"肉体欲望"所缚，从而不至于产生"目盲""耳聋""口爽""心发狂""行妨"等一系列问题。因此，所谓的"无身之教"的旨归其实在于一种理性克制的精神，从而使人之"灵"不至于沦为"肉"的奴隶，而葆有其本真面目。"知止"所强调的也正是在诱惑泛滥的世界面前，及时自我减损对欲望的过度追求，将其止步于不至于破坏生命"灵"之本真的维度，从而规避为物欲所缚的"蒙蔽"状态。

综上所述，"知止"的精神与老子"无身之教"是相通的。其共同强调一种方法论上的"划界意识"，即将欲望把控于合理区间内，实现"见素抱朴，少私寡欲"的精神追求，从而使其合乎大道。

三、"知止"智慧与"为道日损"的哲学本体旨趣

前文所述，已经涉及了"知止"与"自我减损"之间的内在联系，而实际上，这种"自我减损"若从本体层面考虑，并不局限于现实层面在利欲面前的审慎止步，而可上升到"为道日损"这一层次。这就在于："知止"作为一种强调"减损"的自我修炼之道，若置于老子思想大体系中加以考量，其与《道德经》中"道"的修炼过程有异曲同工之妙。"知止"智慧的背后体现着"为道日损"的修道法门。

首先，"知止"与"为道日损"共同彰显着"去私""去妄"的精神内核。前文所述，已经提及了"知止"所带有的"边界意识"，即止于个人私心、贪欲的边界，这即是"去私"；而"知止"之"时止则止矣"则是顺应自然规律，在自然天道面前的不妄为，是为"去妄"；② 因此，"知止"的思想内核中有"去私""去妄"这两大要素。而反观"为道日损"这一道家本旨，实际上其要核亦为"去私""去妄"。"为道

---

① 谢清果：《道德真经精义》，北京：宗教文化出版社，2015年，第149页
② 这种"去X"式的哲学表示，笔者以为是老子思想中习见的一种"减损"思维，如《道德经》第二十九章即有"去甚、去奢、去泰"的表述。

日损"见于《道德经》第四十八章："为学日益，为道日损，损之又损，以至于无为，无为而无不为。"对此，许永璋的解释为："旧妄方损，新妄复萌，故必须损之又损，始能达于无为之境。"①可见，为道之所以需要"日损"，正在于"去妄"之必然必要，而反溯"妄"产生之原因，正在于人心之"私"的存在，因此"去妄"的过程本身亦即"去私"的过程，"为道日损"即在于去除个人私心、人欲所导致的"妄"，从而使其合乎于大道。因此，从这一维度来说，"知止"与"为道日损"的精神内核正是相通的。

其次，"知止"的最高归宿即是"止于道"，是"孔德之容，唯道是从"（第20章）的至高境界。关于"知止"乃"止于道"这一点，前文所论宋常星的注解时已有涉及，这实际上是"知止"中"止于何处"问题的终极回答，是"止"这一最终边界的确立点。联系《道德经》第五十三章来看，"行于大道，唯施是畏"一句正可看作对其绝好的阐释。最高的敬畏目标正是"道"这一本体层面的东西、这一万事因循的最终本原、这一一切自然规律的象征性载体。因此，"道"是践行"知止"所必然遵循的最原初也是最本质的法则，无论是止于名、利，抑或时机，都是对于"道"之规律的体认与遵循。因此，"知止"的本身其实也可看作"为道日损"的一个过程，是通过日复一日的"止妄""止私"，从而不断体悟并最终接近"道"的这一过程。

最后，值得注意的是，"知止"与"为道日损"虽然表面上强调"止"与"损"，但二者绝不等同于消极"不为"，而应理解为"无为而治""无为而无不为"的一种境界。"无为"的背后乃是"不妄为"与"应天而为"②，这是顺随天道规律的一种处事原则，也正是"知止"与"为道日损"二者在思想本质层面的相通之处。这种"止""损"精神背后的"无为而无不为""无为而天下治"，在《道德经》其他章节中亦有体现。如《道德经》第二十二章有"洼则盈，弊则新，少则得，多则惑，是以圣人抱一为天下式"的表述，其中的"洼""弊""少"皆可看作有所止损而不盈满的境地，而也正是这种"不盈满"，造就了其容纳事物的可能。这就在于，不盈满的状态好比"虚空"，而惟其处于"虚空"状态，方可容物。因而"洼"有向"盈"变化的趋势，"弊"有向"新"转化的动力，"少"有为"得"孕育积淀的可能。而道家所强调的"无为而无不为"的境界，也正是在无数个"洼则盈，弊则新，少则得"转化的过程中得以彰显，圣人之"抱一为天下式"，也正是践行着这一贯通万物的原则。河上公注本曰："一，无为，道之子也。"由此正可见，"知止"所蕴含的

---

① 黄友敬：《老子传真》，香港：儒商出版社，2003年，第400页
② 黄友敬：《老子传真》，香港：儒商出版社，2003年，第405页

"止"与"损"之智慧与"无为而天下治"之道家精神的关联。

因此，综上所述，"知止"与"为道日损"的道家哲学在精神意涵上有很大程度的相通之处。从某种程度来说，"知止"正是"为道日损"的道家哲学在行为层面的具体显现。

结语

综全文所论，"知止"的核心要义在于"止"的智慧，"知止"的背后是自我克制的精神与顺天道而为的行事原则。一方面，从具体操作层面考虑，"知止"境界的达成可与老子的"无身之教"进行类比，二者皆遵循"见素抱朴，少私寡欲"的"自我减损"之逻辑。另一方面，从哲学本体的层面考量，"知止"又蕴藉着道家"为道日损"的无穷智慧，是由"止"、"损"而"去私""去妄"，从而日趋接近于道并最终实现"无为而天下治"的不二法门。

老子范畴研究

对老子"无为"观念的几点重新考量

齐　云[*]

内容提要："无为"在老子那里指的是与"道"合一的天地万物的行为状态，在人那里还体现为一种自觉行为状态。"无不为"指的是与"道"合一的天地万物的行为，在人那里指的是一种自然行为状态，其与"无为"具有内在的绝对统一性；"为无为，则无不治"指的是政治生活领域的一种理想政治状态；"自然"指的是天地万物存在的必然状态，又是"道"在天地万物之中的显现，从人的角度来说，人能自觉地意识到其行为是"自然"的，也就达到了行为的自觉，也就是"无为"。

关键词：无为　无不为　无不治　自然

谈及老子的"无为"思想，很多学者都将其理解为不妄为或将其与《论语·卫灵公篇》所提到的"无为而治"混为一谈。这就导致很多人仅仅把老子的"无为"思想当作一种方法论或政治手段，也就是把老子的"无为"思想仅仅看成一种行之有效的"君人南面之术"，由此，很多人把老子视为专注于权术的阴谋家。本文并不否认《道德经》里的很多思想在成书之初的确是针对统治者而言，但随着时间的推移，各家注释层出，其中的很多思想已经不再仅仅局限于政治领域，而具有更广泛的适用性，尤其是老子的"无为"思想。本文分别从"无为与无不为""无为与无不治"以及"无为与自然"的关系入手，重新审视一下老子"无为"的思想。希望能够从老子"无为"思想中挖掘出更为丰富而深刻的思想内涵。

一、无为与无不为

仅仅从字面意思看，很容易把老子的"无为"简单理解为什么都不做，也就是

---

[*]　齐云（1995—），男，山东淄博人，哲学学士，湖南师范大学公共管理学院哲学系在读研究生，主要研究方向：中国哲学。

不为①，而把"无不为"看成没有什么不能做，也就是无所不为②。这种理解虽然非常粗陋，却也最直观。本文在此就是采用这种最简单直观的解释。不列颠哥伦比亚大学森舸澜教授同样也注意到了这个问题，在他看来："在《老子》那里，'无为'理想在字面上与'什么也不做'最为接近，而非隐喻上的'自如自在'。"③但他似乎对自己的判断有所迟疑，因此他也认为老子的"无为"思想与"什么也不做"接近，仅仅体现在字面上。不可否认的是老子的"无为"思想绝不是我们一般意义上所理解的什么都不做。而本文要弄明白的则是在何种意义上不为，在何种意义上无所不为，尤其要弄清"无为"与"无不为"二者的关系问题。在谈及二者关系时，有学者把"无为"视为达到"无不为"的一种功夫，就像冯友兰在《三松堂全集》中提到的："以无为为之，以不治治之；无为反无不为，不治反无不治矣。"④还有学者如牟宗三先生把"无为"当成一种"高度精神生活的境界"，⑤而"无不为"则是这种境界作用的显现。而刘笑敢先生在总结前人对该问题研究的基础上，把"无为"视为一种"原则性方法"，⑥而"无不为"则是针对这种原则性方法的肯定说法。以上这些说法，无论是从功夫论、境界论还是原则性方法看"无为"与"无不为"的关系，都是将其分开来看，这样就容易导致不能准确把握二者之间内在的绝对统一性的问题。这种绝对统一性有点类似明代思想家王阳明"知行合一"的思想。王守仁说："行之明觉精察处，便是知；知之真切笃实处，便是行。若行而不能精察明觉，便是冥行，便是'学而不思则罔'，所以必须说个知；知而不能真切笃实，便是妄想，便是'思而不学则殆'，所以必须说个行；元来只是一个功夫。"⑦（《书·答友人问》）在王阳明那里"知"与"行"并不是相互分离的两个方面，而其本身具有一种内在的绝对统一性。"知"不离"行"，"行"不离"知"，即谈"知"必有"行"，谈"行"必有"知"，也就说即使只讲其中的一个，另一个也已经内涵其中了。我们今天所讲的"无为"与"无不为"之间就带有这种绝对统一性的影子。从"道"⑧与万物的关系来看，

---

① 不为：本文中的"不为"与老子"无为"概念相对应，不是一般意义上的什么都不做，其指的是与"道"合一的天地万物的行为状态。

② 无所不为：本文中的"无所不为"与老子"无不为"概念相对应，其指的是与"道"合一的天地万物的行为。

③ 森舸澜：《自然与〈老子〉的"无为"》，《沈阳师范大学学报》2018年第5期。

④ 冯友兰：《三松堂全集》（第11卷），郑州：河南人民出版社，2000年，第175页。

⑤ 牟宗三：《中国哲学十九讲》，上海：上海古籍出版社，2005年，第71页。

⑥ 刘笑敢：《老子哲学的思想体系：一种模拟性重构》，《南京大学学报》（哲学·人文科学·社会科学）2018年第2期。

⑦ （明）王阳明：《王阳明全集》卷一《书·答友人问》，上海：上海古籍出版社，2014年编校本，第232页。

⑧ 道：本文将老子的"道"视为超越于天地万物之上的至高的绝对存在，其本身又因"自然"而显现于万物之中，其与天地万物是合一的。

"道"生万物,而万物又归于"道",那么天地万物的运行变化与发展也必然在"道"之中。既如此,无论天地万物如何为,都可以看成不为,也就是"无为",同样,天地万物没有什么不能为,也就是"无不为"。换句话说,因为天地万物与"道"是合一的,所以"无为"就是不为,"无不为"就是无所不为。同时,不为而又可以无所不为,无所不为就是不为,也就是我们所说的"无为而无不为"。①

从"道"与万物的关系来看,"无为"就是不为,"无不为"就是无所不为。从"道"与人的关系来看,"无为"又是人自觉行为状态②的体现,"无不为"则是人自然行为状态③的体现。老子注意到,如果在人的现实生活中只谈"无为",就很容易被人理解成不作为或不妄为。其实,无论是不作为还是不妄为都是一种"为"而非"无为"。为避免这种情况,老子才又在"无为"之上提出"无为而无不为"的思想。这里的"无为而无不为"有点类似儒家《论语》中讲到的"无可无不可"。只是儒家在此强调的是"义之与比",凡事合于"义"即可,而老子所认为的则是"道法自然",凡事合于"自然"即可,合于"自然"也就是合于"道"。老子在《道德经》第三十七章中提到:"覚(道)亘(恒)亡爲也,候王能守之,而万勿(物)牆(将)自愚(化)。"④道生万物而不自恃其功,任物自化。老子认为统治者也该以"道"为法,"为无为",人类社会也将自行运作,变化和发展。当然这是一种理想的政治状态,现实生活是不可能达到的。所以老子在《道德经》第四十八章中也提到:"为学日益,为道日损。损之又损,以至于无为。无为而无不为。"⑤一般认为老子于此主张学习知识,即"为学"会一天天增加,而追求大道,即"为道"则需要一天天减

---

① 陈鼓应:《老子注译及评介》(修订增补本),北京:中华书局,1984 年(2017.3 重印),第 243 页;此处根据高明先生在《帛书老子校注》里的考证,最后一句"无为而无不为"当为"无为而无以为"(高明:《帛书老子校注》,北京:中华书局,1996 年,第 54 页。)然而高明先生在此只是提出一种可能,并没有确切的证据。而且很显然高明先生在此还尚未看到之后郭店出土的楚墓竹简,其中记载得很清楚:"亡为而亡不为"(武汉大学简帛研究中心、荆门市博物馆:《楚地出土战国简册合集(一)》,北京:文物出版社,2011 年,第 13 页。)很明显竹简中所记载的与王弼本相同,所以本文此处所引依从王弼本。下文所引亦多从王弼本。

② 自觉行为状态:人之为人能自觉地意识到其行为是与"道"相合的,而非向外求"道"的行为状态。"道"生万物,而内化于万物之中,作为人只有自觉地意识到这一点,其行为才能与"道"相合,也就是"无为"。劳思光先生在其书中就已经注意到了这一点:"所谓'无为',即指自觉心不陷溺于任一外在事物。"(劳思光:《新编中国哲学史(卷一)》,桂林:广西师范大学出版社,2005 年,第 179 页。)但在他那里,把"无为"视为一种精神境界,而"无不为"是由"无为"所生出的实用主张。这样,一方面导致割裂了"无为"与"无不为"之间的内在的绝对统一性;另一方面其将"无为"给抽象化了。

③ 自然行为状态:人之为人无论其是否能自觉地意识到其行为与"道"相合,其行为都与"道"相合,故其可以无所不为,也就是"无不为"。

④ 武汉大学简帛研究中心、荆门市博物馆:《楚地出土战国简册合集》(一),北京:文物出版社,2011 年,第 2 页。

⑤ 陈鼓应:《老子注译及评介》(修订增补本),第 243 页。

少对知欲和私利的追求，以此达到对"无为"的"道"的体悟。但这样就忽略了老子"道"的真正意涵。在老子那里，"道"无所不在，无所不包，何须日损以求之？所以"为道"并非是追求"道"，因为"道"生万物，而万物又各具一完满的"道"，并无一特殊的"道"。"为道"应该是"以道为"，就是顺应大道而为，此即"无为"，以此行事，也就做到了"无为而无不为"。"日损"也并非是追求大道的途径，因为"道"无所不容，无所不在，故无须外求，然人性之中本有"有求之心"，故须"日损之"。可以说只有在与"道"合一的层面，也就是人们只有自觉到要以"道"为之，才能做到真正意义上的"无为而无不为"。

二、无为与无不治

一提到"无为而治"，很多人都认为是老子的思想。其本出自《论语·卫灵公篇》："无为而治者，其舜也与？夫何为哉？恭己正南面而已矣。"[①] 这恰恰体现出儒家所推崇的一种高明的政治手段。舜何以能无为而治？《大戴礼·主言篇》说："昔者舜左禹而右皋陶，不下席而天下治。"也就说舜能任用大禹和皋陶这样的贤臣去帮他打理各种事物，其自然也就可以"垂拱而治"了。王中江先生对此有过专门的研究，他说："总而言之，作为远古治道而存在的'垂拱''垂衣裳''共己'和'恭己'，是对古帝王统治方式的形容和其姿态的直观性描述，它的主旨是英明的帝王善用贤臣，使其各司其职，而帝王不加干涉、无为、无事，安逸谦恭，清静无扰。"[②] 但是他在这里却认为老子的"无为而治"与儒家所推崇的这种高明的治道"垂拱而治"有某种内在的关联，这显然是一个值得商榷的问题。还有像学者张尚仁先生直接将孔子所说的"无为而治"视为对老子思想的总结，他说："孔子讲的'无为而治'本来就是对老子思想的概括。"[③] 老子的确讲"无为"，并在《道德经》中也多次提到，如《道德经》第四十三章提到的："天下之至柔，驰骋于天下之至坚，无有入无间，吾是以知无为之有益。"还有在《道德经》第六十三章所提到的："为无为，事无事，味无味。"但其并没有单独提出"无为而治"的主张，或者可以说老子"无为而治"的思想是后期学者对老子思想的一个提炼与总结，且不同于儒家所推崇的那种政治手段。将老子的"无为而治"与儒家所推崇的"无为而治"混为一谈，多受到《道德经》第三章的影响："是以圣人之治，虚其心，实其腹，弱其志，强其骨。常使民无知无

---

① （宋）朱熹：《四书集注》，长沙：岳麓书社，1985 年点校本，第 196 页。
② 王中江：《老子治道历史探源——以"垂拱之治"与"无为而治"的关联为中心》，《中国哲学史》2002 年第 3 期。
③ 张尚仁：《道家哲学》，北京：人民出版社，2011 年，第 138 页。

欲。使夫智者不敢为也。为无为，则无不治。"①其实老子在此所强调的正是其"无为而无不为"的思想，"无不治"在这里应当作动词，即没有什么不能治理，也就是无所不治。在老子那里并不反对圣人或统治者对人民进行治理。在他看来圣人之治是圣人之所以为圣人对人民所应承担的责任，圣人本该如此，但作为圣人或统治者必须自觉地认识到这一点，才能把自己该做的事情做好，才能把国家和人民治理好。圣人或统治者在治理国家时，如果能做到"无为"，便没有什么不能治理，也就是无所不治，即"无不治"。而后世将其误解为儒家孔子所讲的那种"无为而治"的政治手段。在老子看来作为一个好的统治者或圣人理应以"道"为法，任万物自行生化。"道"虽生万物而并不干涉万物的生长发育，万物皆自然而然，且合于道。正如《道德经》第三十二章所说："天地相合，以降甘露，民莫之令而自均。"作为一个统治者若能像"道"一样"无为"，治而不显其功，人民虽受其治而不觉功高，便能达到"无不治"。由此我们看到老子与孔子在对待"无为而治"这一思想时的差异。孔子所代表的儒家所强调的是一种统治者任贤使能而解放自我的"无为而治"的理想的政治手段。而老子所追求的则是一种通过"为无为"，而无所不治，也就是"无不治"的理想的政治状态。

同时，我们还应看到孔子所提倡的那种"无为而治"的政治手段是自上而下来说的，也就说此种手段是作为统治者为解放自身而行的一种治术。这种政治手段后来被法家的韩非所发挥和推广，将其完全地发展为一种以上治下的权术。这样一种治术，在儒家那里，其本身具有不可逆性。也就说这种政治手段只适合于上对下，不能下对上。如果一旦上下颠倒，其结果翻翻历史书也就知道了。我们从孟子那里也可以看出此种政治手段的端倪。孟子在《孟子·滕文公上》中提道："或劳心，或劳力，劳心者治人，劳力者治于人，治于人者食人，治人者食于人，天下之通义也。"②我们都知道孟子于此所强调的是社会的分工问题，但不难想到"劳心者"就是高高在上的统治者，"劳力者"就是统治者之下的臣工和子民。作为一个统治者只要动动心思就好了，至于各项事务自然有其臣民而为。而老子所讲的"无为"则不存在这种绝对的上对下的特点。他的"无为"思想对统治者适用，对一般人甚至是天地万物都适用。因为其所提倡的"无为"本来就是天地万物与"道"合一的行为状态的显现。故其才于《道德经》第八十章提出了要构建"邻国相望，鸡犬之声相闻，民至老死不相往来"的"小国寡民"的"理想国"。在老子所构建的"理想国"当中人民之间的关系是不受统治者的力量所干扰的。

---

① 陈鼓应：《老子注译及评介》（修订增补本），第 67 页。
② （宋）朱熹：《四书集注》，第 321 页。

另外，我们要看到孔子所主张的"无为而治"是一种理想的政治手段，并不完全等同于法家所提倡的那种权术。其对于统治者自身的素质要求非常高，也就是要求统治者要做到《庄子·天下篇》中所提到的那种"内圣外王"。也就说作为一个统治者首先要做的就是"修身"，唯有此，才能"平天下"。这也就是《大学》中所提到的"自天子以致庶人，壹是皆以修身为本"，也就是《论语·为政》中所提到的"为政以德"。不仅如此，作为一个合格的统治者还要为下做表率。故《论语·颜渊》中才说："君子之德风，小人之德草。草上之风，必偃。"《论语·子路》中也提道："其身正，不令而行；其身不正，虽令不从。"老子所提倡的"无为"则不然。因为"无为"本身所强调的就是万物自行生化。故老子才说要"绝圣弃智""绝仁弃义""绝巧弃利"。所以他才在《道德经》第三章中提道："不尚贤，使民不争；不贵难得之货，使民不为盗；不见可欲，使民心不乱。"自"道"与万物的关系观之，天地万物之变化皆自然而然。统治者之于社会同样也是如此，无须恪守什么终身而行之的"忠恕之道"（这里所说的"道"特指儒家所追求的伦理道德之道，而非老子《道德经》中所说的道）。对于一个国家的统治者来说，最理想的统治状态就是"无不治"。作为统治者而言，要想达到这种状态，最佳的办法就是"无为"，也就是自觉地认识到其行为是与"道"相合的。真正做到"太上，下知有之"，"功成事遂，百姓皆谓：我自然"。

三、无为与自然

针对"无为"与"自然"的关系问题，在刘笑敢先生看来："'自然'是老子哲学的核心价值，而'无为'是实现这种价值的原则性方法。"[1]学者叶树勋对此也有类似的看法："'自然'便代表了道家所追求的一种重要价值，而'无为'则是实现这一价值的基本方式。"[2]不过，叶先生认为老子的"自然"是"自己如此、不受他者影响"[3]，刘先生在讲老子"自然"的现代标准时，也提到"自然"具有"外力作用的间接性"[4]的特点。在这里所牵扯到的一个问题是"自然"的价值到底是否承认外力的作用？或者说自然之外有没有一个他者（非自然）的存在？是否承认外力或他者其实是针对"自然"[5]的内在意含而言的，通过对"自然"做出不同的解释，对该问题

---

① 刘笑敢：《老子哲学的思想体系：一种模拟性重构》，《南京大学学报》（哲学·人文科学·社会科学）2018年第2期。

② 叶树勋：《早期道家"自然"观念的两种形态》，《哲学研究》2017年第8期。

③ 叶树勋：《早期道家"自然"观念的两种形态》，《哲学研究》2017年第8期。

④ 刘笑敢：《老子之自然与无为概念新诠》，《中国社会科学》1996年第6期。

⑤ 自然：本文将老子的"自然"视为天地万物存在的必然状态，同时又是"道"在天地万物之中的显现。

的回答也不相同。一般看来老子的"自然"就是"自己如此",这样也就无疑为"自然"加入了一个自体性①的要求,也就是说在"自然"之外,依然还存在一种"非自然"。这显然是一个值得商榷的问题。如果我们消解掉在"自然"那里所存在的自体性,将"自然"解释为"就是如此",这样"自然"之外就不再有"非自然"了。万事万物皆是自然的,"自然"是万事万物存在的一种必然状态。既然万事万物的存在皆是自然的,那么也就不存在外力作用了。一件事物为何是这样不是那样,为何是那样不是这样,也无论其经历了什么,这一切都是"自然"状态的一种显现。学者萧平老师曾提到"无为是对自然的规范"②,在这里萧老师所强调的是人的自觉意识的发挥,但具有自觉意识的人的行为其本身也是"自然"的。在人那里,"无为"并非是对"自然"的规范,而恰恰是对"自然"的自觉,人能自觉地意识到其行为是"自然"的,也就达到了行为的自觉,也就是"无为"。

还有很多学者认为老子的"无为"与"自然"之间具有不同的指向对象。王中江先生指出:"正如'道无为'与'万物自然'是宇宙的运行原理那样,'圣王无为'与'百姓自然'则是政治运行的原理。"③日本的学者池田知久先生也说:"在哲学上,以'道'的'无为'为原因,其结果导致了'万物'的'自然'。同时,在政治思想上,以'圣人'及'侯王'的'无为'为原因,其结果导致了'民'及'百姓'的'自然'。"④另外,像学者曹峰先生也有类似的看法:"其一,有明确主语的'自然',即万物'自然'。这一'自然'强调造成'自然'的原因来自他者,那就是掌握'道'的'圣人'的'无为'。"⑤我们可以看到,这几位学者的观点多是在政治领域的发挥,而且都认为"无为"与"自然"其指向对象有所不同。我们不能否认老子的"无为"与"自然"的思想可以用于政治方面,但其绝不仅仅体现在政治领域,其应该能适用于天地万物,当然从以上几位学者的观点来看,他们也并不否认这一点。但从他们将"无为"视为"道"与"圣人"之事,而将"自然"指向"万物"与"百姓"这一点来说,还值得进一步讨论。本文前面已经提到老子的"自然"指的是天地万物存在的必然状态,同时又是"道"在天地万物之中的显现,而"无为"指的是与"道"合一的天地万物的行为状态,在人那里体现为一种自觉行为状态。既然天地万物的存在皆是"自然"的,那么他们的运行、变化和发展就都是"无为"的,同时

---

① 自体性:这里指的是万事万物自身所具有的自在本性。这里主张要消解掉这种本性,并非是否认万物自身具有这种本性,而是要表明在谈及"自然"这个概念时,不应受其影响。

② 萧平:《老庄自然观念新探》,新北市:花木兰文化出版社,2015 年,第 124 页。

③ 王中江:《"道法自然"本义》,《寻根》2009 年第 3 期。

④ 池田知久、曹峰:《〈老子〉的形而上学与"自然"思想——以北大简为中心》,《文史哲》2014 年第 3 期。

⑤ 曹峰:《〈文子·自然〉研究——兼论对"道法自然"的理解》,《现代哲学》2018 年第 5 期。

也都归于"道"。但我们也要明白，在人那里，并非每个人都能（自觉地）明白这个道理，就像老子所言："知我者希，则我者贵"，道无所不包，无所不在，人人皆有，然人仍然还要向外求道，岂不远矣！故老子才说要"为道日损"，才会感慨"不出户，知天下，不窥牖，见天道，其出弥远，其知弥少"。

　　我们能看到自老子之后研究老子思想的学者有很多，把老子的思想当作为人生处世之"法宝"的人也不在少数，尤其是老子的"无为"思想。本文希望通过对"无为与无不为""无为与无不治"以及"无为与自然"这三个方面的分析，对该问题的研究能够有所补益。很多人要么把老子的"无为"当成一种消极的处世态度，觉得无为就是一般意义上的什么都不做，要么就将其"无为而无不为"的思想过分地发挥，变得无所不用其极，这就是不能正确理解"无为"与"无不为"的内涵及其关系的表现。我们还该看到"为无为，则无不治"放在政治生活中是一种理想的政治态度，而我们的现实生活恰恰是不理想的，故不能过分地引申与发挥。我们还应该看到，虽然万事万物的存在都是"自然"的，但我们也不能因此就变得毫无节制，无所顾忌。我们还应该注意到人类社会也有自己的社会伦理准则、道德规范和法律法规，而且人行为本身也会对人的行为做出"自然"的反应，这就要求我们应该变得更加自知与自觉。

《老子》的自然作为一个哲学概念何以可能？

萧无陂*

内容提要:《老子》中的重要词语"自然"蕴含着丰富的哲学意涵，具备了成为哲学概念的条件：其一，"自"的"初始"含义表达了对万物存在状态与依据的哲学追问；作为反身代词，"自"不仅具有普遍指代的功能，符合哲学概念的抽象化思维要求，并且还消解了二元对立的思维模式，终止了无限的因果链追问，体现了言说者对自身的反思，彰显了人的主体性精神。其二，"然"作为指示代词，概括了万物的各种具体存在状态或过程，使"自然"一词成为"自化""自均""自正"等词的抽象表达，最终使"自然"得以成为一个哲学概念。

关键词: 自然　哲学概念　自　然

基金项目: 国家社科基金项目"魏晋以前道家自然观念的演变及其历史影响研究"（13CZX030）

"自然"是老子哲学中的一个重要概念，这一点几乎已经成为当前研究者们的共识。然而，"自然"为何能成为一个哲学概念呢？它具备成为哲学概念的条件吗？这一点却鲜有人追问[①]。笔者对老子的自然概念有过一些思考，在前期研究的基础上，现进一步反思"自然"成为哲学概念的条件，以加深对老子自然概念的理解。

---

* 萧无陂（1979—），男，湖南长沙人，哲学博士，湖南师范大学公共管理学院哲学系副教授。研究方向：中国古代哲学，主要是先秦诸子，道家道教和宋明理学。

① 这一追问是有意义的，因为关于自然是否为先秦道家哲学中的一个重要观念，并非毫无争议，如钱穆先生就曾指出，"似庄子心中，自然尚未成一特定之观念"，"其后《老子》书始屡屡言自然，……然寻其所谓自然之含义，则犹近庄书，并无异致"，由此"则自然二字，在先秦道家观念中，尚未成熟确立，因亦不占重要之地位可知"。参见钱穆：《庄老通辨》，北京：三联书店，2005年，第426页。

一、成为哲学概念的一般条件

当我们追问《老子》中的"自然"作为一个哲学概念何以可能时，问题其实可以转化为"自然"一词是否具备成为一个哲学概念的条件。由此，我们似乎首先要界定成为哲学概念的条件。刘笑敢先生曾专门提出哲学概念的四个标准：第一，具有普遍意义；第二，具有固定的语言形式；第三，具有名词的属性；第四，被用作判断的主词或宾词①。这些标准基本上是按照西方哲学以及现代哲学术语规范确立起来的，但若严格以此标准去探讨先秦思想家们的话语，恐有不妥。因为与西方哲学的表达方式很不一样，先秦道家思想家们并没有严格确定一些概念，然后围绕概念进行论证，以建立一套哲学体系。相反，先秦的思想家们尤其是道家总是通过比喻、寓言、诗歌等方式来言说，他们所使用的词汇十分丰富，形式自由，但又并不影响主旨的归一。然而现代哲学的研究首先要求清晰地呈现哲学文本的含义，明确所使用的术语，因而必然要确定概念，进而准确地使用这些概念。为了完成本文预定的工作，在参考刘先生的哲学概念"四标准说"的基础上，笔者尝试做以下四个方面的补充说明：

其一，哲学本来就是使用抽象的概念，借助一定的逻辑进行理论建构，因此哲学概念必须具有一定的抽象性、概括性，而不能是表达具体含义的词汇。其二，考察中国古代思想家们所使用的哲学术语，可知这些古汉语词汇本身往往具有深刻的意蕴，通常代表着某种追问或思考。因此，构成哲学概念的古汉语词汇本身应当具有一定的哲学意涵。其三，中国古代哲学概念通常并非全部以名词的形式出现，还有可能是动词或形容词，在句子中也不一定作主语或宾语，还可以作谓语，甚至在词语的形式上也有差异。因此，只要这些词语表达的核心意蕴一致，并且可以由一个形式固定的词语来统一表征或概括，那么这个固定的词语就应当看作一个哲学概念。其四，一个词要升格为一个哲学概念，还必须被哲学家反复使用，偶尔使用并不能使一个词成为一个哲学概念。这是我们在探讨"自然"概念时必须注意的地方。

"自然"作为一个合成词，纯粹从字面上来理解，既表示"原初状态""原始样子"，又表示"自己如此""自己而然"②。通常我们只将"自然"诠释为"本性""原初性"，认为"自然"就是不受外力影响，只有反对"人为"，才能实现这种本性。于是，"自然"与"人为"对立，"自然"与"他然"对立。然而这种理解都缺乏对"自然"的深入追问："自然"作为事物之本性是如何形成的呢？是外在的上帝或神灵创造的？还是事物自身先天具备的？要回答这些问题，必须重新考察"自然"一词

---

① 刘笑敢：《老子古今：五种对勘与析评引论》（上卷），北京：中国社会科学出版社，2006年，第274—275页。

② 萧无陂：《论早期道家自然概念的双重意蕴》，《中州学刊》2010年第5期。

本身所具有的哲学意蕴，尤其是"自"这个词的哲学意蕴。

二、"自"对道与万物存在状态的终极追问

"自"是一个象形字，指鼻子，这是"自"的本义。段玉裁的《说文解字注》对"自"进行了解释，给出了三个引申义：从也，己也，自然也。而实际上"自"还有一种建立在其本义基础上的重要引申义，"自"有"始"的含义。《说文解字》解"皇"字曰：

> 皇，大也。从自。自，始也。始皇者，三皇，大君也。自，读若鼻，今俗以始生子为鼻子。

自的本义是指鼻子，而"鼻"训为"始"在古文中很常见。如《汉书·扬雄传》曰："或鼻祖于汾隅。"鼻祖亦即始祖。扬雄《方言·十三》曰："鼻，始也。兽之初生谓之鼻，人之初生谓之首。梁益之间谓鼻为初，或谓之祖；祖，居也。""自"有"始"义，指的是原初性、本根性，代表事物发展的开端、根源。这层含义本身就具有浓厚的哲学色彩。为何这么说呢？因为"当人们接触到自己所生活的世界并尝试认识它时，总会产生一些问题：宇宙万物是什么？它们究竟起源于哪里？它们是怎么产生的？这就是事物的根源问题。早期人类就是这样提出问题的。他们面对种种自然现象，感到惊异，也要追问它们的根源"[1]。带着这些疑问，人类开始对宇宙万物之本源进行思考与探索，而那些具有"初始""根源"含义的词往往被早期哲学家、宗教学家用来指称宇宙万物之本原，或最初始的结构。以古希腊哲学为例，至少有两个重要的词被哲学家们所使用，第一个就是"arche"。古希腊的泰勒斯第一个用抽象的哲学语言提出万物的根源或来源的问题，而阿那克西曼德则最早使用"arche"这个词来讲述万物的根源，"arche"一词有"开始、发端、起源"的含义。亚里士多德在《形而上学》第五卷中详细分析了三十个哲学范畴，其中第一个就是arche[2]。"arche"，旧译为"始基"，现多译为"本原"[3]。亚里士多德主要分析了"arche"这个词的六种含义，并总结道："所谓'原'就是事物的所由成，或所从来，或所由以说明的第一点；这些，有的是内含于事物之中，亦有的在于事物之外，所以'原'是

① 汪子嵩、范明生、陈村富、姚介厚：《希腊哲学史》第一卷，北京：人民出版社，1988年，第151—153页。
② 亚里士多德：《形而上学》，吴寿彭译，北京：商务印书馆，1959年，第83页。
③ 北京大学哲学系外国哲学史教研室编译：《西方哲学原著选读》（上卷），北京：商务印书馆，1981年，第15页。

一事物的本性。"① 第二个重要的词就是 "physis"。"physis" 首先意味着一个万物发生和成长的过程，由此引申出万物的起始和事物的始基的意思②。更为有意思的是，"physis" 的拉丁文译名就是 "natura"，即英文 "nature"，荷兰语 natuur，19 世纪被日本学者翻译成 "自然"。与亚里士多德探讨 "arche" 相似，早期道家也在思考着万物本原问题③，在第二十五章中，老子将 "先天地生" 的 "混成之物" 命名曰 "道"，"道" 是天地万物之 "母"，是宇宙万物的本原。那么是否还有比 "道" 更为终极的本原呢？《老子》一书对此的回答主要有两处：其一是 "吾不知谁之子，象帝之先。"（《老子》第四章）这句话表明 "道" 并不是任何其他更为终极的本原之子，并且 "道" 还是上古时期被尊奉为至上神的 "帝" 之先祖。这实际上是以否定的方式近乎独断地宣称 "道" 为天地万物的终极本原。其二是 "道法自然"（《老子》第二十五章）。根据 "先天地生" 与 "象帝之先" 这两种论断所赋予 "道" 的特征，可知 "道" 就是终极性的，因此 "道法自然" 显然不是去效法另外一个超越道的对象，这一命题实际上是以肯定的方式表明 "道" 所要效法的是其自身的初始状态。由此可知，"自然" 首先是对 "道" 的存在状态之描述，以此表明 "道" 是自本自根的存在状态，这就从形上角度为天地万物的自然存在状态奠定了基础。"自然" 就是 "原初的样子""本原状态"，我们通常据此将自然诠释为 "本性"，代表着对道以及万物存在状态的终极追问与思考。在 "自然" 一词中，"自" 的 "初始""本原" 含义带有独断或预设的色彩，阻止我们进一步去追问终极本原，这是 "自然" 成为哲学概念的重要基础。

三、"自" 对人自身行为的反思

"自" 的另一个重要含义就是反身代词 "自己"，指代的是事物自身。"自己" 的含义对 "自然" 一词成为哲学概念影响极大，而通常我们忽视了这一点，从而造成对 "自然" 的种种误解。下面将着重剖析反身代词 "自" 的独特用法及其意涵，进而指出这种用法及其意涵对于 "自然" 一词成为哲学概念究竟起着什么样的作用。

（一）反身代词 "自" 的形式上独立使用与普遍指代功能

一般人称代词可以独立使用，如 "我""你""他""她" 等，这些人称代词在单

---

① 亚里士多德：《形而上学》，第 84 页。
② 张汝伦：《什么是 "自然"》，《哲学研究》2011 年第 4 期。
③ 高亨先生以一系列疑问句概述了早期道家对宇宙本原问题的思考，参见《老子正诂》，《高亨著作集林》第五卷，北京：清华大学出版社，2004 年，第 21—22 页。

独使用时意义特定；但"自"作为反身人称代词，实际上并不能真正独立使用①。在句子或词语中，"自"（自己）这个词必须指代一个对象，否则无法呈现出意义。我们不妨比较以下两个句子：

（1）我自己打开了电脑。

（2）自己打开了电脑。

句子（1）表示打开电脑的人是我自己，而不是"我"之外的其他人。这里的"自己"强调了行为的实施者是"我"，同时也依赖于"我"才能呈现其确切意义。这个句子的句义明晰。而句子（2）则无法呈现具体的含义，是谁自己打开了电脑呢？这里的"自己"在句中没有明确的指代对象，亦即找不到具体的主词。严格来说，如果没有上下文，孤零零的这个句子是一个病句。由此可知，"自己"这个词在独立使用时，并不能表达任何具体意义，它必须有一个指代的对象，故被称为"重指代字"②"互指代字"③，或称为"复称"④，即重复指称前文的代词或主语。但值得指出的是，这种被指称的主词既可以是现实的，也可以是潜在的。所谓现实的主词，意味着句中有明确的主词存在，如："上自将击灭布。"（《汉书·淮南衡山济北王传》）这里"上"就是"自"所指代的主词。再如"天行健,君子以自强不息。"（《易经·乾卦·象传》）这里的"君子"就是"自"所指代的主词。所谓潜在的主词，是指当"自"形式上独立使用时，虽然句中缺省主词，但有一个或一些潜在的指代对象。如："天作孽,犹可违,自作孽,不可活。"（《孟子·离娄上》引《尚书·太甲》，《礼记·缁衣》亦引，略有不同）这里的"自"作为反身代词，在句中并没有指代一个具体的主词，因而属于形式上的独立使用。但实际上，"自"并不能真正独立使用，必须指代一个潜在的主词，尽管这个主词在句中缺省了。主词缺省并没有妨碍我们对这句话的理解：谁作孽，谁就不可活，亦即作孽者最终使得作孽者本人不可活。这里的"自"指代的是不特定的人。与此相似的还有很多成语，如"自强不息""自力更生"等。至此，我们发现了"自"的一个重要特征：当"自"在句子或词组中有具体的特定指代对象时，它表达具体的意义；而当"自"在句中没有具体指代对象，在形式上独立使用时，它所指代的对象其实是潜在的，对一切合适的主词是开放的。正是在这种情形之下，反身代词"自"所构成的词组或句子恰好表达了一种普遍性的

---

① 王力认为，"自"字实际上是一个末品代词。它非但永远不能居于主位，严格地说，它也永远不居于目的位。"自"字在古代，永远在叙述词的前面，就只是借用代词做一种方式限制，表示那行为只是施于主事者自己，并不影响及于别人或东西。参见王力：《中国语法理论》，《王力文集》（第一卷），济南：山东教育出版社，1984年，第284页。

② 马建忠：《马氏文通》，北京：商务印书馆，1983年，第55页。

③ 马建忠：《马氏文通》，第87页。

④ 黎锦熙：《新著国文法》，北京：商务印书馆，1984年，第89页。

意义，这种用法与"己身称"的"己"字用法相似，如"己所不欲，勿施于人"（《论语·颜渊》），这里的"己"在句中亦无明确的指代对象，但却具备普遍指代的功能，表达普遍的意义。这就是"自"的普遍性指代功能，而这正好符合哲学概念的抽象化思维要求。"自然"一词在哲学上的意蕴显然借助了反身代词"自"的这一用法和功能，从而形成了抽象的观念，表达一种普遍性意义。

（二）反身代词"自"消解了二元对立的思维模式

反身代词"自"消解了二元对立的思维模式与无限的因果链追问，体现了言说者对自身的追问与思考、对自身的存在及其作用的强调。其他人称代词（第一、二、三人称代词）都是在一种二元对立格局中形成的，也只有在对待中使用才能呈现其意义。如"我"总是与"我"之外的"他者"（第二、三人称代词，如"你""他"等）相对待而成立的，"我"与"他者"是两个不同的独立存在者。我们不妨把上文的例句稍做改变来考察这一点：

（1）甲：我打开了电脑。

（2）甲：我自己打开了电脑。

当"甲"说出"我"这个词时，他意指有一个"乙"在对立面，不管这个"乙"指的是人还是物。用结构表示就是：

甲 ⟷ 乙

句子（1）表明打开电脑的人是"我"，而不是"我"之外的与"我"同样存在着的其他人或物。甲和乙是两个不同的具体存在者。而反身代词"自"（自己）在使用时则不然，首先它不是在一种二元对立的语境中形成的，而是一种重复指代，返回指代，即所指代的对象正好是事物本身。用一种结构图表示就是：

甲 ⟵

在句子（2）中，当"甲"说出"我自己"时，"自己"这个词使得甲的意识指向了他本人，甲意识到是他本人实施了某行为，并且进一步强调了行为的实施者。言说者与指代者实现了同一。由此可知，反身代词"自"本身不能独立使用为存在主格词，它要由其他人称代词或名词（对象）来赋予意义，故"自"并不与独立存在的"他者"形成对待。真正与"他者"相对待的是"自"所指代的具体对象"我"，而当我们说出"自"时，我们的意义仅在于自身，并不涉及外在的与我相对的他者。通常我们忽视了这一点，在探讨"自然"时一直受日常思维影响，将"自"与"他"对举，划分出"自己"与"他人"相对，以及所谓的"自然"与"他然"。这种理解都误认为"自己"与"他者"对立，从而想当然地将"自"置于一个主客对立的结构中。其实所谓的"自己"与"他人"相对立，不过是"自己"所指代的对象与"他"的对立，而"他然"也是一种"自然"，不过不是属于"我"的"自然"，而是属于"他"的"自然"。正是因为反身代词"自"与一般人称代词的如上区别，故其意义非同一般。"自"对主词的复指消除了二元对立的思维模式，体现了"自""所指对象"的自主性与能动性，表明了施事对自身行为的掌控与主导。"自然"一词在哲学上的意蕴也正是借助了反身代词"自"这一特殊功能，从而蕴含了一种面向自身的思考与追问，"自然"不是一种对象性的描述词汇，不是一种外在原则，而是个体自身的内在原则。

（三）反身代词"自"蕴含着人的主体性精神

无论是"自然"理解为"原初状态""初始样子"，还是解作"自己如此""自己而然"，纯粹从语义学角度来看，"自然"就是指天地万物自身内在本性，并且形成这种本性的最终原因是事物自身，即天地万物通过自己而然，造就了自身的本性。在"自然"一词中，反身代词"自"有普遍性指代功能，"自"可以指代一切事物，亦即一切事物都通过自己而然形成本性。

与此相应，在自然科学的视域中，"自然"作为对象是被给定的、现成的，它的存在是无可置疑的、自明的[1]，换言之，自然科学主张天地万物各有其本性且不随人的意志而转移，自然科学就是要探究这种客观存在的自然世界的结构、属性，寻找其规律。所以在自然科学研究者看来，天地万物当然各有其自身，具体而微地研究天地万物自身的结构、规律是自然科学的任务。

但从哲学上来看，这种不言自明的前提必须重新接受考问，因为并非一切事物都真正拥有其自身，并非所有事物都能自觉地意识到"自己"，进而自觉地做出抉择，自己而然。当我们认为玫瑰花自己在绽放时，这个"自己"对于玫瑰花来说毫无意义。同理，当我们认为马戏团的猴子自己在钻火圈或舞枪弄棍时，即使没有人在驯服它们，纯粹是它们自己在耍弄，但猴子并没有意识到它们正在钻火圈或舞枪弄棍。很显然，它们的"自己"及其观照系统都是我们建立的，它们并没有真正意义上的"自己"，也不能认识"自己"，更遑论有自觉意义上的"自己而然"。进而言之，"自具有一种自我保持的特性，是一个内在目的"[2]，一切没有自我意识的事物并没有"自己"，它们的"自己"并不存在，它们的"自然"也不是精神独立与自觉、自由意义上的"自己而然""自己如此"。它们只是本性使然，不得不然，全是不

---

① 陈其荣:《自然哲学:自然科学与形而上学的交融》,《自然辩证法研究》1999 年第 6 期。

② 邓晓芒:《什么是自由?》,《哲学研究》2012 年第 7 期第 64 页。

自觉的、盲目的①。我们之所以赋予了它们"自己"的内涵，认为它们正在如其所是地向我们显现，是因为它们作为意识的对象进入到我们的世界，被称谓的对象已经构成了言说者自身所处情境的一部分。这种说法或许会被认为是"移情"（empathy）或"拟人"（personification），但正如卡西尔指出的，人文科学是无法否认其拟人主义（anthropomorphismus）和人类本位主义(anthropozentrismus) 色彩的②。从哲学的角度来看，"人"始终在将"物"纳入自身的视域之中，纯粹的客观存在物不仅不"客观"，也不存在，更无意义。这种思想无论是在康德那里还是在马克思那里都有经典的表达，康德的"人为自然立法"广为人所熟知，而马克思在《1844 年经济学哲学手稿》中也指出："被抽象地理解的，自为的，被确定为与人分隔开来的自然界，对人来说也是无。"③

　　由此可知，作为事物本性的"自然"并不是纯粹对象化的自然界，事物的本性始终是从人类生存的角度来考察的。老子推崇天地万物之本性，倡导自然，看重的正是天地万物之本性对人类生存与发展的意义与价值。然而，老子更关心作为理性存在者的人的本性，这种本性是怎么形成的呢？是不是像天地万物一样，处在一种自我意识缺位、没有任何自觉意识的本性使然、不得不然的状态之中呢？事实上，只有"人"才是"自己"这一称谓真正意义上的承受者。只有"人"才能在称谓"自己"时意识到自身的行为，从而自觉地实施行为，这才是真正意义上的"自己如此""自己而然"。"自"作为反身代词在哲学上的意蕴主要在于它凸显了人的主体地位，即"自然是内在于人而存在的，自然就是人的内在本性"④。"人"才是哲学的终极关怀与本体性存在，也是哲学存在与反思的起点。"自然"作为一种价值或原则是从人类自身出发，而不是从外在的"客观存在的自然界"的原则或规律出发。天地万物之"自然"只是一种本性呈现，是一种必然，误将天地万物的无意识存在状态，即现代自然科学上所说的自然界的"自然状态"，以及对这种状态的探寻与研究作为哲学的起点，这是典型的本末倒置，是自然（界）的本体化误置⑤。这样做的后果必

---

　　① 恩格斯在《德维希·费尔巴哈与德国古典哲学的终结》一书中指出，社会发展史却有一点是和自然发展史根本不相同的，在自然界中 (如果我们把人对自然界的反作用撇开不谈) 全是不自觉的、盲目的动力，这些动力彼此发生作用，而一般规律就表现在这些动力的相互作用中。在所发生的任何事情中，无论在外表上看得出的无数表面的偶然性中，或者在可以证实这些偶然性内部的规律性的最终结果中，都没有任何事情是作为预期的自觉的目的发生的。"参见《马克思恩格斯选集》第四卷，北京：人民出版社，1974 年，第 243 页。

　　② 卡西尔：《人文科学的逻辑》，关子尹译，上海：上海译文出版社，2004 年，第 123 页。

　　③ 马克思：《1844 年经济学哲学手稿》，北京：人民出版社，2000 年，第 116 页。

　　④ 蒙培元：《老庄哲学思维特征》，《道家文化研究》第二辑，陈鼓应主编，上海：上海古籍出版社，1992 年，第 112 页。

　　⑤ 吴国盛：《追思自然：从自然辩证法到自然哲学》，沈阳：辽海出版社，1998 年，第 234 页。

然导致人的主体性丧失，自觉意识与独立精神的沉沦。老子反复言说"自"，整个《老子》文本一共使用了三十二个"自"，除了一个作介词外（即第二十一章的"自今及古"），其他全部作反身代词"自己"解。老子对"自己"的重视，旨在强调对人类自身的反思与追问，警醒人性的丧失。"自"的这一层意涵对于"自然"成为一个哲学概念具有十分重要的作用。

四、"然"对万物存在状态的抽象指代

最后，我们还得简单考察一下"然"这个词。"然"作为指示代词，并非特指某一具体行为状态或过程，而是各种具体状态或过程的概称，因而具有较强的概括性，这一点正是哲学概念所要求的。考察历代的老庄注释文本，不难发现一个很重要的现象，那就是注释者们都会使用大量带"自"的词，如自化、自正、自成、自得、自尔等等，郭象的《庄子注》无疑是使用这些词组最多的著作，如"自得"一词出现了 90 多次，"自尔"一词出现了 40 多次，"自生""自为"一词均出现了 30 多次。那么有没有一个词可以统一概括这些词组的意蕴呢？我们不妨考察下"自尔"一词。"尔"这个词也是一个指示代词，意为这样、如此，段玉裁认为"尔"是"然之转语"，故与"自然"之"然"的指代功能相同，因此"自尔"与"自然"的含义最为接近。但"自尔"并没有成为一个哲学概念。而"自成""自化""自得"等则更难说是一个独立的哲学概念，关键就在于"自"后所带的这些词概括性还不够强，还不足以成为一个哲学概念。因此，任务最终只能落在"自然"一词身上。"然"的这种高度概括性是"自然"能成为一个哲学概念的重要条件。在《老子》中，"自然"作为一个合成词使用了五次，并不算多。但老子在使用"自然"一词的同时，还使用了很多带"自"的词组，如"自宾""自均""自正""自化""自朴""自富"等等，这些词组与"自然"的结构相同，属于同构词，"然"是对"宾""均""正""化""朴""富"等状态词的抽象概括，这些词共同表达了"自然"的意蕴。"然"的这种概括性特征也正好解决了前文提及的哲学概念形成的一个重要条件，即"自然"及其同构词在《老子》中反复出现。

五、结语

在"自然"这个词中，"然"所指代的状态引发了我们对"所以然"的进一步追问。因为任何一种状态或结果终究有原因，追问这种状态或结果产生的原因使我们将焦点集中到"自"身上。因此，"自然"的关键与核心主要在"自"，"自"限定和主导了"然"，没有"自"，也就无所谓"然"。"自"所指代的对象正是造成"然"的原因。但如果我们进一步追问"自"的原因，我们便发现再也无法追溯下去了，

因为"自"有"始"义，表示一种原初性、本源性，"自"就是最原始的、最根本的原因。由此，"自然"便截断众流，将最终原因直接归结为"自"所指代的对象自身。至此，我们不难看出，在"自然"一词中，一方面，事物之本性是事物自身的行为造就的，或曰终极原因根源于事物自身；另一方面，事物只有真正自己而然，自己如此才能形成自身本性。"自然"的两层内涵保持着贯性。自然既是对事物存在状态的描述，同时又是对事物存在状态之原因的追问。

综上所论可知，"自然"绝不是一个普通词汇，它具备了成为哲学概念的条件，并且这些条件就隐藏在"自"与"然"这两个单纯词的含义及用法之中。老子反复使用"自然"及其同构词旨在进行一系列重要的哲学追问：一方面追问宇宙万物的存在状态，探究万物本性的根源；一方面追问人性，反思人的生存现状，探寻人的自由。这两方面的追问共同体现了老子自然概念的双重哲学意蕴。

老子章句研究

传世本《老子》首章"此两者"指正

付瑞珣　王思齐[*]

内容提要：传世本《老子》第一章是《老子》思想的核心，而其中的"此两者"究竟所指为何，学界仍然没有共识。通过对《老子》核心概念——道的认识，以及对《老子》第一章中三对概念——"常道"与"常名"、"始"与"母"、"妙"与"徼"的解读，《老子》第一章"此两者"当理解为"妙"与"徼"。

关键词：老子　道　有无　此两者

传世本《老子》第一章至关重要，其论述了"道"是世界的本源且不为人所认知，这是老子思想的逻辑起点。然而在这十分重要的开篇之章中[①]，有一个关键词——"此两者"，有关"两者"所指，历代学者有不同的看法。

目前学界对此大致有如下五说：其一，"有欲""无欲"说，代表是河上公的《老子章句》；其二，"常无""常有"说，代表是范应元的《老子道德经古本集注》；其三，"有""无"说，代表是王安石的《老子注》和陈鼓应的《老子注释及评价》；其四，"始""母"说，代表是王弼的《道德真经注》与高明的《帛书老子校注》；其五，混同说，代表是张松如的《老子校读》与童书业的《先秦七子思想研究》。[②] 这些说法各有所依据，是非难断。笔者试图从《老子》文本以及《老子》思想的逻辑进行

---

* 付瑞珣（1990—），男，辽宁本溪人，历史学博士，现于青海师范大学历史学院任讲师，研究方向：先秦史。王思齐（1993—），女，重庆人，东北师范大学历史文化学院博士生，研究方向：先秦史。

① 今本《老子》又称《道德经》，《道经》在前，《德经》在后。而马王堆帛书《老子》甲、乙本和郭店楚简的《老子》都是《德经》在前，《道经》在后。无论怎样，此章为《道经》开篇之章，从本体论与认识论总结了"道"的基本特征，这是没有疑问的。

② "混同说"是指对"两者"有不止一种解释。张松如说："细审文义，当是承上两句'其妙'、'其徼'而言，也就是说的无名自在之道的微妙与有名自我之道的运行这两个方面。或曰：'两者'遥指'道'与'名'，即'恒道'与'可道'或'无名'与'有名'，此意自可与'其妙'、'其徼'相通。"而童书业说："'无'和'有'或'妙'"和'徼'，这是'同出而异名'的。从'同'的方面看，混沌而不分，所以称之为'玄'。"详见高明：《帛书老子校注》，北京：中华书局，1996年，第227—228页。陈鼓应：《老子注释及评价》，北京：中华书局，2009年，第57页。

分析，提出一点意见。为叙述方便，兹列传世本《老子》第一章如下：

> 道可道，非常道；名可名，非常名。
>
> 无名天地始；有名万物母。
>
> 常无欲以观其妙；常有欲以观其徼。
>
> 此两者同出而异名，同谓之玄，玄之又玄，众妙之门。

另，近年出土简帛文献中也有多种《老子》文本发现，通过与传世本对读，梳理字、词的变化，能更好地理解《老子》原意，因此也兹列简帛各版本中的相同段落于此：

> 道，可道也，非恒道也。名，可名也，非恒名也。
>
> 无名，万物之始也；有名，万物之母也。
>
> （故）恒无欲也，以观其眇（妙）；恒有欲也，以观其所噭（徼）。
>
> 两者同出，异名同胃（谓），玄之有（又）玄，众眇（妙）之（门）。
>
> （马王堆帛书《老子》甲本）

> 道，可道也，（非恒道也。名，可名也，非）恒名也。
>
> 无名，万物之始也；有名，万物之母也。
>
> 故恒无欲也，（以观其妙）；恒又（有）欲也，以观其所噭（徼）。
>
> 两者同出，异名同胃（谓），玄之又玄，众眇（妙）之门。
>
> （马王堆帛书《老子》乙本）

> 道可道，非恒道殹（也）；名可名，非恒名也。
>
> 无名，万物之始也；有名，万物之母也。
>
> 故恒无欲，以观其眇（妙）；恒有欲，以观其所佹（徼）。
>
> 此两者同出，异名同谓。玄之有（又）玄之，众眇（妙）之门。
>
> （北京大学藏西汉竹简《老子》）

马王堆帛书《老子》有甲、乙两个版本，整理组根据两个版本避讳的不同判断甲本抄写于刘邦称帝（前206年）前，乙本抄写于刘邦在位期间。[①] 甲、乙本用字一

---

① 湖南省博物馆编：《马王堆汉墓帛书（一）》，长沙：岳麓书社，2013年，"前言"，第6页。

致，乙本所缺字均可依据甲本补足，则两个版本出于同一系统。北京大学藏西汉竹简《老子》（后文简称北大《老子》）抄写于汉武帝后期，字体较帛书本成熟，而个别用字与帛书本有差异，可知两者源自不同底本。① 总之，出土文献与传世本《老子》第一章在内容上并无较大差异，因此本文的研究仍以传世本为主，谈到具体问题时辅以简帛材料补充说明。

欲明"此两者"之所指，必须要理解第一章中提出的三对概念——"常道""常名"与"无名"、"始"与"母"、"妙"与"徼"，这样才能理解《老子》的文本语意与思想逻辑。

一、"常道""常名"与"无名"

"常道"与"常名"在马王堆帛书《老子》与北大《老子》中均写作"恒道""恒名"，今本《老子》的"常"应为避汉文帝刘恒之讳而改。"恒"为永恒之意，在古代哲学体系中，本体往往都具备永恒的意义，如古希腊米利都学派的泰勒斯认为"水"是世界的本源，而"水"是循环往复的永恒存在；柏拉图认为"理念"是世界的本源，"理念"也是永恒的存在的；在朱熹的"理气"思想体系中，"理"是永恒存在的世界本源。《老子》在"道"之前冠以"恒"（"常"）字，来区别作为本体的"道"与人们生活习惯的具体的道理。而"恒名"指的是什么？"恒名"与"恒道"又有怎样的关系？

陈鼓应解释"恒名"说："第三个'名'字为《老子》特用术语，是称'道'之名。"② 高明对此做了更详细的说明："'恒名'指永存恒在之名，老子用以异于世人习惯用百物之名也。老子把'道'与'名'作为同一事物之两个方面提出讨论，第一次指出名与实，个别与一般的区分；同时他以'恒道'、'恒名'与'可道'、'可名'，即'无名'与'有名'，阐明事物实体与现象的辩证关系。"③ 两说均将"恒名"与"恒道"联系起来，认为"恒名"即是"恒道"之名。但是"恒道"是不可言的，不能被理解，不能被概念化，更不能以"恒名"称呼，因此"恒名"势必被"无名"所替代，《老子》第二十五章载："有物混成，先天地生。寂兮寥兮，独立而不改，周行

---

① 北大汉简整理组认为此段首句之"殹"为秦系文字，且全文仅见一例，推测其祖本中有秦系抄本（北京大学出土文献研究所编：《北京大学藏西汉竹简（二）》，上海：上海古籍出版社，2012年，第144页）。实际上"殹"字常见于楚系文献中，包山楚简与上博简中均有词例，马王堆帛书《老子》乙本卷前古佚书中也有使用，可见"殹"字并非秦系专字。"殹"与"也"的使用存在时代差异，"殹"多见于先秦时，推测是书手抄写时据较古的版本并无意保留这一写法。北大《老子》与帛书、传世本最大的差别在于后句"名可命"，若抄写无误，则这一版本中对"名"的理解区别于传世本，可能来源于另一套解释体系。

② 陈鼓应：《老子注释及评价》，第54页。

③ 高明：《帛书老子校注》，第222页。

而不殆，可以为天地母。吾不知其名，字之曰道，强为之名曰大。"即可看出《老子》认为"恒道"不当有"恒名"，而为"无名"。①这是《老子》本体论哲学思想的一大智慧。古今哲学家面对本体论或谓"第一哲学"时，都无法描述其"名"，奥地利哲学家维特根斯坦说："对于不可说的东西我们必须保持沉默。"②《老子》以"无名"来所指本体的"道"无疑是智慧的。而相应地，"有名"便是指"可言之道"了。

这样，关于"无名天地始，有名万物母"这句话的句读就有了一定的启发。学界对于这句话有两种句读方式：其一，在"无"与"有"后面断；其二，在"无名"与"有名"后面断。笔者由以上的分析认为"无名"与"有名"可能更符合《老子》的思想逻辑和文本含义。

二、"始"与"母"

由上文，笔者认为"无名"是为"恒道"，"有名"则是"可言之道"，《老子》说："无名，天地之始"也就是"恒道"是"天地之始"。在《老子》中，"恒道"既是本体论，又是宇宙发生论的起点，《老子》四十二章中有"道生一，一生二，二生三，三生万物"可与"无名，天地之始"互证。"始"便是源始之意，是在"恒道·无名"的范畴下而言的。

而"有名，万物之母"的"母"字，则需要详细的分析。除了此处的"母"字之外，《老子》中还提及六次"母"字，兹列如下：

"我独异于人，而贵食母"（第二十章）

"寂兮寥兮，独立不改，周行而不殆，可以为天下母"（第二十五章）

"天下有始，以为天下母。既得其母，以知其子；既知其子，复守其母，没身不殆"（第五十二章）

"有国之母，可以长久"（第五十九章）

陈鼓应将这六个"母"字解释为"道"。③此解释有扦格难通之处。"有名"指的是"可言之道"，将"可言之道"说成是"万物之恒道"是违背《老子》思想的。因

---

① 既然如此，《老子》为何还要说"名可名，非常名"呢？曹峰先生提出了两点原因，即修辞需要与道、名关系成为时代讨论的热点，可从。详见曹峰：《〈老子〉首章与"名"相关问题的重新审视》，《哲学研究》2011 年第 4 期。

② ［奥］维特根斯坦：《逻辑哲学论》，贺绍甲译，北京：商务印书馆，2010 年，第 105 页。

③ 陈鼓应没有对第二十五章的"可以为天下母"的"母"字注释，但是在译文中将"母"译为"根源"。又在解释第五十二章的"以为天下母"的"母"字为"根源，指道"。可见，在陈鼓应的解释体系中，根源就是"道"。详见陈鼓应：《老子注释及评价》，第 142、164、259、284 页。

此,"母"字不能解释为"道",而只能理解为"本",而这个"本"又必须在"可言"的范畴下讨论。对此,高明先生的解释十分贴切:"《老子》书凡言'本'者常用'母'字,以取叶韵……同是崇本之旨,'食母'、'守母',乃所以为道,不可谓'母'即道也。"①

三、"妙"与"徼"

"妙"与"徼"字仅在在《老子》第一章中出现,因而其内涵只能通过《老子》思想逻辑与第一章语意来理解。因此,必须先明确"故常无欲以观其妙,常有欲以观其徼"的句读以及"其妙""其徼"之"其"字所指问题。

学界此句有两种句读:其一,主张在"无""有"处断,代表人物有王安石、苏辙、王樵、俞樾、易顺鼎、高亨、陈鼓应等;② 其二,主张在"无欲""有欲"处断,代表人物有王弼、高明等。③ 马王堆帛书《老子》甲、乙本均在"无欲""有欲"后有"也"字,因此在"无欲""有欲"处句读是令人信服的。④ 但是,若在"无欲""有欲"句读,就必须解释"有欲"如何能"观其徼"的问题,而此问题的症结在于对"其"字的理解。对于"其"所指代的问题,学界没有详尽的讨论,学者大多认为"其"指的便是"道"。笔者认为将"其"理解为"道"是不符合《老子》思想的,人"有欲"是不能观察到不可言的"恒道"的。显然,"其"字只能指代上文中的"母",即"本"。据上述,"母"应在"有"(可言的)范畴下讨论,这样"有"之"妙"与"有"之"徼"便可以通过"无欲"与"有欲"来体悟(观)。

"妙"字在马王堆帛书《老子》甲本与北大《老子》中都写为"眇"。许慎《说文解字》说:"眇,小目也",段玉裁注:"引申为凡小之称,又引申为微妙之意。《说文》无'妙'字,'眇'即'妙'也。《史记》:'户说以眇论'即'妙论'也。《周易》:'眇万物而为言',《陆机赋》:'眇众虑而为言',皆今之'妙'字也。"⑤ 可见今本的"妙"字与帛书《老子》的"眇"字是同一个意思。王弼注:"妙者,微之极也"说出了"妙"字的内涵,"其妙"也就是极微小的"有",虽是"万物之母(本)",却是可以认知的(可言的)。

"徼"字在马王堆帛书《老子》甲、乙本中均写作"噭",北大《老子》写作

---

① 高明:《帛书老子校注》,第 327 页。
② 陈鼓应:《老子注释及评价》,第 56—57 页。
③ 高明:《帛书老子校注》,第 225—226 页。
④ 北大《老子》中,"有欲"与"无欲"之后并没有"也"字,虽然如此,北大《老子》的整理者依然在"有欲"与"无欲"后断,可见这种句读是学界比较公认的。详见北京大学出土文献研究所编:《北京大学藏西汉竹简(二)》,第 144 页。
⑤ (汉)许慎撰,(清)段玉裁注:《说文解字注》,上海:上海古籍出版社,1981 年,第 135 页。

"徼"而敦煌本《老子》写作"噭"，黄茂材本写作"窍"。《说文解字》解释"徼"说："徼，循也"，段玉裁注："引申为徼求，为边徼"；解释"窍"说："窍，空也"，段注："'空''孔'古今字，《老子》：'常有欲以观其窍'"；解释"噭"说："噭。吼也"，段注："'噭'与'窍'音义相同，俗本《说文》作'吼'者，盖或识'孔'字于'口'字之旁，因误并写一字"；解释"皦"说："皦，玉石之白也"，段注引申为"分明"。①

"徼"字还见于出土文献，《睡虎地秦简·法律答问》载：

害盗别徼而盗，驾（加）罪之。

人臣甲谋遣人妾乙盗主牛，买（卖），把钱偕邦亡，出徼，得，论各可（何）殹（也）？

告人曰邦亡，未出徼阑亡，告不审，论可（何）殹（也）？

第一例为"游徼"之省，为乡一级负责捕"盗"的小官，后两例释为"边塞"。②《汉书·邓通传》也载："人有告通盗出徼外铸钱"，③可知秦汉时"徼"多用作"边塞"义，引申为"边际"是符合字义的。出土文献与传世本用字不同，"噭"，《说文》作"吼也"，《汉书·韩延寿传》："噭咷楚歌"④。《货殖列传》："马蹏噭千，师古曰：'噭，口也'。"⑤可见"噭"的字义都与口有关，放在《老子》中文意不通，两字形似，故应将之视作"徼"的异体或通假。"侥"，《汉书·五行志》引《诗》曰："兕觥其觩，旨酒思柔。匪徼匪傲，万福来求"，师古曰："徼，谓侥幸也。"⑥则二字也可通。简帛本此句写作"恒有欲也，以观其所噭（侥）"，北大汉简整理小组认为传世本无"所"，"徼"因此作名词解；而简帛本有"所"，"徼"应理解为动词。⑦帛书《老子》与北大《老子》并非出于同一系统，却均作"所徼"，由此可知在较早的文本流传过程中，有"所"字的底本应占主流，后在形成定本时可能出于对词句对仗的需求删去了这一字。若按照简帛本将"徼"作为动词，《说文解字》对"徼"释为"循也"，又说"循，行也"，⑧"观其所徼"则可以理解为体悟（有）发展的过程，"有"的发展是有

① （汉）许慎撰、（清）段玉裁注：《说文解字注》，第 76、344、54、364 页。
② 睡虎地秦简整理小组：《睡虎地秦简》，北京：文物出版社，1978 年，第 93—94 页。
③ （汉）班固：《邓通传》，《汉书》卷 93，北京：中华书局，1962 年，第 3723—2724 页。
④ （汉）班固：《韩延寿传》，《汉书》卷 76，第 3214 页。
⑤ （汉）班固：《货殖列传》，《汉书》卷 91，第 3687 页。
⑥ （汉）班固：《五行志》，《汉书》卷 27，第 1358 页。
⑦ 北京大学出土文献研究所编：《北京大学藏西汉竹简（二）》，第 144 页。
⑧ （汉）许慎撰、（清）段玉裁注：《说文解字注》，第 76 页。

限的，会到达终点，而名词义的"边际"也隐含了这层意思。

各种版本虽有时代先后之分，但较晚的版本经过整理可能更贴近原意，因此只能见仁见智了。对此，笔者比较倾向将"微"解释为"边际"，因为"微"应与"妙"相对存在，既然"妙"是"微之极"，是"有"之始的状态，那么将"微"理解为"有"之边际，即"有"的终结状态也可以通顺，王弼注"微"也说："微，归终也。"

综上，笔者认为"其妙"与"其微"指的是"有"的初始和终结，也可以理解为用"有"的两端来指代整个"有"的存在过程。而这一过程对于不可言的"恒道"而言，都是可言的范畴。由此，下文"此两者同出而异名，同谓之玄，玄之又玄，众妙之门"中的"此两者"之所指也就可以理解了。

四、结语

上文所述，《老子》思想中的"道"不仅是世界的本体，也是宇宙生成论的起点，《老子》第四十二章中有"道生一，一生二，二生三，三生万物"，第四十章中有"天下万物生于有，有生于无"，可见在《老子》宇宙生成是"无·一·万物"的模式。而"一"与"万物"都是"有"的范畴，是"有"的初始和"有"的最终形态，也就是"其妙"和"其微"。

"此两者"同出于"玄"，范应元认为："玄者，深远而不可分别之义"；吴澄说："玄者，幽昧不可测知之意"；张岱年认为："'玄'的观念，亦即'道'的观念之变相"。[1] 由此可知，"玄"就是"道"，就是不可知的"无"，"此两者"从"无"中产生，应该是"有"的范畴，其所指正是前文所论的"妙"与"微"。也就是说，"有"的初始阶段、微小形态（"一"）与"有"的最终阶段、具体形态（"万物"）都出于"无"，即"恒道"，故曰"同出"，只是此两者的阶段与形态不同而已，故曰"异名"。

---

① 陈鼓应：《老子注释及评价》，第57—58页。

老学注疏研究

杜光庭《道德真经广圣义》理身理国思想探析

王　卉*

内容提要：唐王朝把老子看成自家的宗本，把《道德经》看成老子启示唐王朝的治身治国的圣典，因此，认为《道德经》的思想核心是治身治国论的理解越来越普遍。本文试图对《广圣义》"理身""理国"思想以及"理身"与"理国"思想的关系分别进行分析，从历史的层面了解杜光庭对前人尤其是唐玄宗"理身理国"思想的继承与发展，从而全面把握《广圣义》的"理身理国"思想。

关键词：杜光庭《道德真经广圣义》　理身理国

基金项目：江西省艺术规划项目"樟树地方道教仪式研究"（YG2017300）

"理身理国"唐以前称"治身治国"，由于避唐高宗李治讳，至唐代如唐玄宗《御注》《御疏》及杜光庭《广圣义》则称"理身理国""经国理身""修身理国"等。日本学者中岛隆藏指出：在《史记·太史公自序》所载的《六家要指》中司马谈已经说过道家思想是统一治身论和治国论的学说，唐王朝把老子看成自家的宗本，把《道德经》看成老子启示唐王朝的治身治国的圣典，因此，认为《道德经》的思想核心是治身治国论的理解越来越普遍。那么，应该做的不是考察《道德经》诸注释有没有治身治国论，而是考察从什么样的观点来发展治身治国理论。[①]厦门大学陈进国先生撰文探讨了秦代以降道家与道教"理身理国"思想，指出道家及道教各派都曾围绕着理(治)身与理(治)国的关系进行过不同层次的探讨，认为"理身理国"思想体现了道家和道教各派对个体生命及其生存状态的深度的人文关注[②]。南京大学孙亦平教授认为杜光庭的"经国理身"思想不仅在理论上确立了与儒、佛有所不同的道

---

* 王卉（1973—），女，甘肃省民勤县人，北京大学哲学系哲学博士，宜春学院宗教文化研究中心副教授，研究方向：道家与道教。

① 中岛隆藏：《从唐代道德经诸注看唐代老学思想的演变》，《宗教学研究》1992年第1—2期。

② 陈进国：《道家与道教的"理身理国"思想——先秦至唐的历史考察》，《宗教学研究》2000年第2期。

教终极理想的内涵，而且为宋代以后道教思想的进一步发展奠定了基础。① 四川大学李刚先生则认为杜光庭《广圣义》发挥唐玄宗注疏《道德经》的"圣义"，以身体作为"身国同治"的出发点，并设计了一整套"身国同治"的规则，如崇道、尚道德、无为、慈俭、不敢为天下先等，以此治身则长生，以此治国则太平。② 前人从不同角度对《广圣义》的"理身理国"思想做了研究，弥足珍贵。本文试图对《广圣义》"理身""理国"思想以及"理身"与"理国"思想的关系分别进行分析，从历史的层面了解杜光庭对前人尤其是唐玄宗"理身理国"思想的继承与发展，从而全面把握《广圣义》的"理身理国"思想。

一、理国思想

杜光庭将《道德经》教义归结为 38 条，依次序直接涉及"理国"者有："教以无为理国"；"教以道理国"；"教诸侯以正理国"。

杜光庭说：

经云：以正理国。又云：以智理国国之贼，不以智理国国之福。又云：民之难理，以其智多，是以难理。③

看得出来，杜光庭所谓的"以正理国"反过来说就是"不以智理国"。他说：

以智理国则乱生，晦智为君则福至。……用智为政，务欲理人。智变奸生，祸乱滋起。所以诈妄贼害之事，勃然而兴矣。……用智谋之臣，则权令起；用忠厚之士，则风教淳。④

但在经文中玄宗《御注》《御疏》均将"以正治国"写作"以政治国"⑤，玄宗注为："在宥天下，贵乎无为。若以政教理国，奇诈用兵，斯皆不合。唯无事无为，可以取天下。"《御疏》疏义为："以，用也。政，教也。言有为之君矜用政教，而欲为理，不能无为，任物自化，欲求致理，未之前闻也。"杜光庭沿用玄宗思想，释义为

---

① 孙亦平：《杜光庭的"经国理身"思想初探——兼论道教的终极理想及其现代意义》，《南京大学学报》2000 年第 2 期。
② 李刚：《杜光庭〈道德真经广圣义〉身国同治的生命政治学》，《宗教学研究》2007 年第 1 期。
③ 《道德真经广圣义》卷八，《道藏》第 14 册，第 314 页下。
④ 《道德真经广圣义》卷八，《道藏》第 14 册，第 536 页中至下。
⑤ 此句经文，王弼本、严遵本等均为"以正治国"，傅奕《道德经古本篇》为"以政治国"，王卡先生提到敦煌所藏唐抄本 P.2639 号卷子"正"作"政"（王卡点校《老子道德经河上公章句》，第 222 页。）

"政教理国,奇诈用兵,岂若无事无为而化天下,民聚国泰以致和平也。"

看来唐玄宗和杜光庭都认为以"政教理国,奇诈用兵"不如"无事无为",唯"无事无为"才可以取天下。也就是说,杜光庭的理国思想总结起来主要有两方面,"以道理国"和"无为理国"。

（一）以"道"理国

历代注老释老,谈到治国理身都比较强调"道"的重要性。例如河上公说:

> 用道治国则国富民昌,治身则寿命延长,无有既尽之时也。[1]

河上公这里所说的"道"是指一种自然规律,既然是一种规律,君主就不能恣意妄为,违道而行,应当根据道的本质来治理国家,统治民众,用道治国则国昌民安,治身则寿命延长。

> 修道于身,爱气养神,益寿延年,其德如是,乃为真人。修道于家,父慈子孝,兄友弟顺,夫信妻贞,其德如是,乃有余庆及于来世子孙。修道于乡,尊敬长老,爱养幼小,教诲愚鄙,其德如是,乃无不覆及也。修道于国,则君圣臣忠,仁义自生,礼乐自兴,政平无私,其德如是,乃为丰厚也。人主修道于天下,不言而化,不教而治,下之应上,信如影响,其德如是,乃为普传[2]。

道既是社会运转的内在本质,又是个人的一种德行,这种德行大至国家,小至身家乡里,培养了这种德行,于国于己都大有益处。

《老子想而注》也强调治国修身"务修道德":

> 治国之君务修道德,忠臣辅佐务在行道,道普德溢,太平至矣。吏民怀慕,则易治矣。奚如信道,皆仙寿矣。[3]

葛洪在《抱朴子内篇》则强调了"身国同治"的理念:

> 夫道者,内以治身,外以为国,能令七政遵度,二气告和……为百家之君长,

① 王卡点校《老子道德经河上公章句》,北京:中华书局,1993年,第140页。
② 王卡点校《老子道德经河上公章句》,第207页。
③ 饶宗颐《老子想尔注校证》,上海:上海古籍出版社,1991年,第38页。

仁义之祖宗也。①

李荣的《老子注》对治国之道也倍加关注：

天王诸侯若能抱道，遐迩人物，自然宾服也。②
国王有道，天清地静，人安神泰，无复倾危。③
有道则国安，无道则国危，国由道生，道为国母，所以长久。④

李荣认为，国由道生，道为国母，大道是治国的根本，故为君治国要得道，不能失道。得道则安，失道则危。

身为帝王的唐玄宗，更加以"道"作为治国之本：

王德如天，乃能行道。道行天下，乃可以久享福祚矣。同天行道，则终殁其身，长无危殆之事。⑤

王为人灵之首，有道则万物被其德，无道则天地蒙其害。故特标而王居其一，欲令法道自然。⑥

帝王执持大道，以理天下，则天下万物归往矣。⑦

人君善能以道建邦立本者，因百姓之所为，任兆人之自化，然后陶以淳朴，树以风声，使仪刑作孚，乐推不厌，则功业深固，万方归德，斯所谓善建者，何可倾拔乎？善以道怀抱百姓者，动而悦随，何可脱离也……修道于家，上和下睦，故其德有余庆也……修道于国，风易俗移，还淳反朴，不偏于所近。⑧

唐玄宗认为作为国家政教的首领，治国的首要任务是行道、法道、持道、体道，以便与天合德、同天行道。道行天下，则可以永享帝王福祚；同天行道，则可以终生常保没有危殆之事；法道自然，则天下万物归往；体道清净，则可以淡然无味，欲念不生，从而能够去除苛察之政，自然训化百姓。作为帝王，有道有德，则国存

① 葛洪：《抱朴子内篇校释》，北京：中华书局，1985年，第53页。
② 蒙文通辑校：李荣《道德经注》，《道书辑校十种》，成都：巴蜀书社，2001年，第606页。
③ 同上，第608页。
④ 同上，第642页。
⑤ 《唐玄宗御注道德真经》卷一，《中华道藏》第9册，第368页上。
⑥ 《唐玄宗御制道德真经疏》卷三，《中华道藏》第9册，第414页下。
⑦ 《唐玄宗御注道德真经》卷二，《中华道藏》第9册，第376页上。
⑧ 《唐玄宗御制道德真经疏》卷七，《中华道藏》第9册，第438页中。

福永；无道无德，则国亡人散，身败名裂。

杜光庭继承并发展了前人的思想，言"理国"处处与"道"相联系：

理国不以道，则开拓边土，侵伐戎夷，封域不宁，征伐无已。①

理国圣人率身从道，道与天和，冥契上玄，万方顺之，应犹响答，不俟行化，而后能知近取诸身者。②

为国失道，众叛亲离；为国以道，人必悦服。……理国圣人以道德聚民而安天下也。③

立国不以道，众叛亲离；立身不以道，犯危蹈祸，败不旋踵，倾拔可期。唯道德为基，则无危殆矣。④

以道理天下者，不言而民信，不令而民从，不刑而民威，不赏而民劝。夫何故哉？民化其上，皆归于善，不在赏而劝也；民禀于和，自革其恶，不待刑而威也；民复朴素，不待令而从也；民齐贞正，不待言而信也。此无言教而理矣。以言教理，民涉有为也，非道也哉。⑤

由上可知，在杜光庭这里，"理国"的方方面面都离不开一个"道"字，以"道"理国则"人民悦服""万物从顺"；不以"道"理国则"众叛亲离""封域不宁"。总之，杜光庭似乎认为，只要认真修道、从道，理国的一切问题均可迎刃而解。

另外，他也提到"冲和之道"，他说：

道常谦虚而不盈满，冲和澄澹，处乎其中。深玄寂静，为物之主。故物失冲和之道必致害亡，人失冲和之道则至死灭，君失冲和之道则政扰民离，臣失冲和之道则名亡身辱。是以知冲和之道，万物恃之以安，为万物之宗矣。⑥

杜光庭认为，理国用"冲和之道"，则"无铦锐之情以伤于物，无劳扰之事以伤于人"。不伤于物，则"万国来庭，四夷向化，兵革不起，怨争不兴，不尚于拓土开疆，凌弱暴寡矣"。不伤于人，则"使之以时，赋役轻省，家给人足矣"⑦。

---

① 《道德真经广圣义》卷三五，《道藏》第14册，第490页上。
② 《道德真经广圣义》卷三五，《道藏》第14册，第492页中。
③ 《道德真经广圣义》卷三六，《道藏》第14册，第494页下。
④ 《道德真经广圣义》卷三八，《道藏》第14册，第508页中。
⑤ 《道德真经广圣义》卷四十，《道藏》第14册，第516页中。
⑥ 《道德真经广圣义》卷八，《道藏》第14册，第355页中。
⑦ 《道德真经广圣义》卷八，《道藏》第14册，第355页下。

杜光庭进而认为侯王"理国理民"用"冲和之道"可以"居尊极，富有万民"，要想"长为人主，理化平正"，还要用"无为之理"以守其位。① 所以，他一方面强调"以道理国"的重要性，另一方面也对"无为理国"给予很大的重视。

（二）"无为"理国

在唐代，唐玄宗是第一个对老子的无为政治思想做出深入细致分析的人。② 《御疏》中有38章论及"无为"命题，体现了唐玄宗希望通过实施"无为"政治，让老百姓接受感化而自致淳德，达到天下大治、皇业稳固的目的，他说：

> 君无为而上理，人遂性而下化，不烦教令，而天下自正平。③
> 有道圣君，无为而理，言教不出于户外，淳风自洽于环区，此可谓知理天下之道尔。④
> 有道之君，无为而理，夫无为则无事，无事则不烦，不烦则百姓自化，而天下太平矣。⑤

这就是说，如果帝王能够体道无为，坚持无为无事的政治原则，君主便可"言教不出于户外，淳风自洽于环区"，无须劳扰即可致政令畅通，使万物万民自然感化、自然宾服；从而可使下民免除烦扰、自然富足。因为无为则无事，无事则不烦，不烦则百姓自化，百姓自化则天下太平。总之，唐玄宗认为，"无为"应当成为帝王治国的政治纲领。

处于唐末五代动乱之世的杜光庭，也希望君主能够"无为"理国，拯救那个失"道"的社会。那么，何谓"理国无为"呢？杜光庭说：

> 无为者，非谓引而不来，推而不去，迫而不应，感而不动，坚滞而不流，卷握而不散也。谓其私志不入公道，嗜欲不枉正术，循理而举事，因资而立功，事成而身不伐，功立而名不有。……圣人之无为也，因循任下，责成不劳，谋无失策，举无遗事，言为文章，行为表则，进退应时，动静循理，美丑不好憎，赏罚不喜怒，名各自命，类各自用，事由自然，莫出于己，顺天之时，随地之性，因人之心，是

① 《道德真经广圣义》卷三一，《道藏》第14册，第464页下。
② 董恩林：《唐代老学：重玄思辨中的理身理国之道》，北京：中国社会科学出版社，2002年，第192页。
③ 《道德真经广圣义》卷二九，《道藏》第14册，第455页中。
④ 《道德真经广圣义》卷三五，《道藏》第14册，第491页中。
⑤ 《道德真经广圣义》卷四十，《道藏》第14册，第517页中。

则群臣辐辏，贤与不肖各尽其用。君得所以制臣，臣得所以事君，此理国无为之道也。^①

圣人"无为理国"就是要"因循任下，责成不劳，谋无失策，举无遗事，言为文章，行为表则，进退应时，动静循理，美丑不好憎，赏罚不喜怒，名各自命，类各自用"，"无为"并非绝对消极的不动，而是要"顺天之时，随地之性，因人之心"，这样才能够"贤与不肖各尽其用"，"君得所以制臣，臣得所以事君"。如果君主能够做到无为理国，则可以使"国泰身安"。

> 理国之道，莫大于无事无为，诚能实而行之，身泰而国理矣。^②
> 圣人无为致理，无事化人，不出户而自知，不窥牖而自见，融神观妙，造化生乎身。垂拱端，宇宙在乎手。民不知有君于上，君无所求用于民。仓庾丰盈，家给人足。夫何故耶？以其上无为而国泰。神既凝寂，故不言而化成矣。^③

他还从"道德""天地""人君"三个方面分析了"无为"的作用：

> 老君垂教以清静为用，无为为宗。清静则国泰身安，无为则道成人化。夫道德无为也，天地成焉，万化行焉，万物生焉。天地无为也，四时运焉，六气和焉，八风鼓焉。圣人虚心以原道德，静气以存神明，弃其聪听于无声，杜其明视于无形，览天地之变动，睹万物之自然。以是而知有为者乱，无为者理。所以至柔之性本无为也，至坚之患由驰骋也。息驰骋之有欲，复柔弱之无为，以教天下，弘益之道广矣。

"道德"无为而生天地万物，"天地"无为而生四时、六气、八风，"人君"无为则可以理国理民。如何理国才能符合无为之道呢？杜光庭从"无事""无味""忘言"三个方面做了说明：

> 夫理国之无为者，不滞于有作，则三时不夺，万姓不劳，垂拱握图，超然宴处矣。无事者不勤力役，不务军功，无瑶台琼室之华，无阿房虎祁之丽，则卑宫茅宇，人力存矣。无味者不酣于酒，不味于珍，飞走遂其生，水陆全其命，菲食自安矣。

---

① 《道德真经广圣义》卷八，《道藏》第 14 册，第 354 下—355 页上。
② 《道德真经广圣义》卷四十，《道藏》第 14 册，第 519 页上。
③ 《道德真经广圣义》卷三五，《道藏》第 14 册，第 493 页上。

忘言者正身化下，言令不烦，澹尔无营，兆人自化。如此则符于无为之道也。

我们看到，杜光庭所谓的"无为"不是无所作为，而是摈除各种欲望贪图之"为"。不贪图"瑶台琼室之华""阿房虎祁之丽"，"不醅于酒"，"不味于珍"。这样，才能挽救唐王朝的颓废和灭亡。不仅如此，和以往不同的是，杜光庭将"无为理国"思想和儒家的"仁义礼智信"结合在了一起，他认为无为之至"包于道德"，"统于仁义"，"合于礼乐"，"制于信智"，"无为"真正的目的是"无不为"，它"囊括万行，牢笼二仪，至广无涯，至细无间"。这也从一个侧面反映了杜光庭希望通过儒家的仁义道德挽救唐王朝的愿望。

二、理身思想

在三十八条教义中与理身相关的依次有："教人理身，无为无欲"；"教人理身，保道养气，以全其生"；"教人理身，崇善去恶"；"教人理身，积德为本"；"教人理身，勤志于道"；"教人理身，忘弃功名，不耽俗学"；"教人理身，不贪世利"；"教人理身，外绝浮竞，不衒己能"；"教人理身，不务荣宠"；"教人理身，寡知慎言"；"教人理身，绝除嗜欲，畏惧谦光"。我们看到，在三十八条教义中，"教人理身"占绝大部分，说明作为道门领袖，比之"理国"，杜光庭更重视"理身"。如果继续进行分析，我们发现，杜光庭教人理身"忘弃功名，不耽俗学"，"不贪世利"，"外绝浮竞，不衒己能"，"不务荣宠"，"寡知慎言"，"绝除嗜欲，畏惧谦光"，其实都是从不同角度让人"无为无欲"，也就是说，杜光庭所说的"理身"无外乎三个方面，即理身须"无为无欲"、理身须"保道养气"、理身须"积德崇善"。

（一）理身须"无为无欲"

"无为"是老子思想的核心，历代老学家都继承并发展了老子"无为"的思想，杜光庭也不例外。杜光庭认为理国"执无为之道"可以使民"复朴而还淳"。而理身"执无为之行"，就会使"神全而气王"且"气王者延年，神全者升玄"①。对于无为和无欲二者的关系而言，无为主要是对理身外在的要求，内在修养则要无欲，无为为外，无欲为内，外为内显，内为外根，内无欲即可外无为，外无为亦会反求诸内②。

关于什么是有欲？什么是无欲？杜光庭说：

夫机械之心藏于胸中，即纯白不粹，神德不全，存身者不和，此有欲也。若欲

---

① 《道德真经广圣义》卷一四，《道藏》第 14 册，第 380 页下。
② 见李大华、李刚等著《隋唐道家与道教》，广州：广东人民出版社，2003 年，第 590 页。

害之心忘于中，即虎尾可履，而况于人乎！此无欲也。有欲者任耳目以视听，劳心虑以为理，视听逾迷，为理愈乱，可谓见边徼矣。无欲者神合于虚，气合于无，无所不达，无所不通，与天地同功，乃合乎大通，可谓观其妙矣。①

这是杜光庭对"常无欲以观其妙；常有欲以观其徼"的释义。这句经文，历史上老学家们断句不同，有以"无""有"为读，有以"无欲""有欲"为读。陈鼓应先生说王弼以"无欲""有欲"作解，后人多依从②。究其文意，杜氏"有欲""无欲"并非依从王弼，而更接近河上公。《河上公章句》云："人常能无欲，则可以观道之要，……常有欲之人，可以观世俗之所归趣也。"

杜光庭认为人性本自清净，"无欲无营"，后"为物所感，因境生欲"，人之所以生欲，是因为人心贪而不足：

贪之与足，皆出于心，心足则物常有余，心贪则物常不足。贪者虽四海万乘之广尚欲旁求；足者虽一箪、环堵之资，不忘其乐。③

理身者声色荡心，珠翠乱目，嗜欲伤性，机智惊愚，真气耗于三田，赤子沦于六藏，尸居余气而徇禄矜夸，斯为盗也。去道迹矣。④

人君贪求珍异，则下怨民残；理身贪求珍异，则行伤身辱。是乖失天倪也。⑤

杜光庭认为理身而贪，将会"嗜欲无猒，魂驰神逝，福善不祐，年夭身殂"。如果能"内制贪源，外息贪取"，则会"无仇怨，身安国昌"，即"知足常足，终身不辱"⑥。

既然"贪"与"不足"是由心而发，那么，知足的关键就在于心知足，杜光庭说："物知足非知足，心足者乃知足。知足者谓足在于心，不在于物。"⑦

那么理身之人，如可才能"无欲"呢？杜光庭说：

所以理身所务，眼绝五色，耳绝五声，鼻绝五香，口绝五味，身绝五触，心绝五缘，即六尘净矣。六尘净则世利不能动，声色不能诱，自归柔弱之道，岂有坚强

---

① 《道德真经广圣义》卷六，《道藏》第 14 册，第 343 页下。
② 陈鼓应：《老子今注今译》，北京：商务印书馆，2003 年，第 76 页。
③ 《道德真经广圣义》卷三五，《道藏》第 14 册，第 491 页中。
④ 《道德真经广圣义》卷三八，《道藏》第 14 册，第 507 页下。
⑤ 《道德真经广圣义》卷十二，《道藏》第 14 册，第 373 页中。
⑥ 《道德真经广圣义》卷三五，《道藏》第 14 册，第 490 页下。
⑦ 《道德真经广圣义》卷三五，《道藏》第 14 册，第 491 页中。

之患哉。①

　　理身无欲就是要六尘清净，杜光庭说："尘者染之于心，关之于念，即名为尘，故六根所起则为六尘。""从根而生，染有轻重，皆在修炼，渐而制之。"要达到理身无欲，做到"六尘"清净，需要经过不断地修炼，从而达到不为世利所动，不被声色所诱，而自归"柔弱之道"。

　　（二）理身须"保道养气"
　　三十八别中第二十一条是"教人理身，保道养气，以全其生"。也就是说，保道养气的目的是全其身，继承了河上公"治身者爱气则身全"的思想，这也正是道教修炼的最终目的。那么道与气有什么关系？如何通过保道养气而全其身呢？
　　1. 道与气
　　唐玄宗在注疏《道德经》时使用"冲气"或者"冲和之气"，有的地方也用"道气"代表"冲和之气"：

　　一者，冲气也。言道动出冲和妙气，于生物之理未足，又生阳气。阳气不能独生，又生阴气。积冲气之一，故云一生二。积阳气之二，故云二生三。阴阳合孕，冲气调和，然后万物阜成。故云三生万物。万物得阴阳冲气生成之故，故负抱阴阳，合养冲气以为柔和。②
　　言道能以冲和妙气，生成万物。物得以生如母之生子，故云以为天下母。始母虽殊于道气，布化常一，……言人既得冲和之气茂养为母，当知其身是冲气之子。人既知身是道气之子，从道气而生，常守道清净，不染妄尘，爱气养神，使不离散。③

　　杜光庭发展了唐玄宗的思想，使用了"冲和道气"一词取代"冲和之气"。他引用《九天经》说："天地未有而先有道气，谓之玄元始三气，而生三清。三清各生三气，合为九气，而成九天。自此而分，方有圆清方浊之别，阳日阴月之异，三才于是乎生焉，万类于是乎立焉。"并说"众经之中，皆明此理，斯则先天地生者，大道也。"④明确指出，道气包含玄、元、始三气，有了道气，才有了天地万物。

---

① 《道德真经广圣义》卷三四，《道藏》第 14 册，第 483 页上。
② 《道德真经广圣义》卷三三，《道藏》第 14 册，第 479 页上。
③ 《道德真经广圣义》卷三七，《道藏》第 14 册，第 503 页上。
④ 《道德真经广圣义》卷二一，《道藏》第 14 册，第 413 页上。

然夫天也，非冲和道气所运，则不能清浮而不息矣。然夫地也，非冲和道气所运，则不能厚载而安宁矣。然夫神也，非冲和道气所运，则不能变化通灵矣。溪谷得冲和道气所运，而水注盈满。①

言天地神谷万物侯王六者，能保其常、安其所者，何哉？由得冲和道气，而各臻其妙也。天以之清，地以之宁，神灵谷盈，万物以生，侯王正平，能不失其道，则各当其分矣。②

谷之所以虚受不竭者，由其得冲和道气，而能无竭。……有形之物，有情无情之众，禀冲和道气则生，失冲和道气则死也。③

我们看到在杜光庭这里天、地、神、谷、万物、侯王等都因道气而生，而各臻奇妙。杜光庭将道和气合二为一，认为天地万物皆是道借助气而生成的，"道"借助"始气"而成为"天"，借助"玄气"而成为"地"，借助"元气"而成为"人"，有形之物、有情无情之众都是禀道气而生，失道气而死。

2. 保道养气以全其生

因为天地万物都禀道气而生，失道气而死，所以要想"全其生"则需"保道养气"。

人禀冲气，百骸以之和柔，百神卫于百关，六气行于六府。所贵者存神养气，体道怀柔。④

道为身母，有生成茂养之恩。身为道子，识茂养生成之本，能知此道当体用于中和，以全其身也。既知身之所禀，道生我身，即洗心返神，复守其道，无是非之惑，绝声利之尘，终身行之，道可得矣。⑤

他说人仙之别在食味还是食气：

夫玄，天也，于人为鼻；牝，地也，于人为口。元和之气，慧照之神，在人身

---

① 《道德真经广圣义》卷三一，《道藏》第14册，第463页下。
② 《道德真经广圣义》卷三一，《道藏》第14册，第465页上。
③ 《道德真经广圣义》卷三一，《道藏》第14册，第466页上至中。
④ 《道德真经广圣义》卷四八，《道藏》第14册，第555页中。
⑤ 《道德真经广圣义》卷三七，《道藏》第14册，第503页中。

中，出入鼻口，呼吸相应，以养于身，故云谷神也。又天之五气，从鼻而入，其神曰魂，上与天通；地之五味，从口而入，其神曰魄，下与地通。言人食气则与天为徒，久而不已，可以长生，阳炼阴也。食味则与地为徒，久而不已，生疾致死，阴炼阳也。老君令人养神宝形，绝谷食气，为不死之道。①

凡人有纤毫之阳气未尽，不至于死；有纤毫之阴气未尽，不至于仙。所以炼阴气尽即超九天而为仙，仙与阳为徒也；炼阳气尽则沦九泉而为鬼，鬼与阴为徒也。故当保守阳魂，营护阴魄，以全其生。抱一者，守道也。拘魂制魄，守道为基。②

食气的阳炼阴的作用是养神宝形，使阴气尽去，本具的"元和之气，慧照之神"与天地感通，打破死亡的制约。反之就会不断耗损宝贵的生命能量，最终趋于死亡。

杜光庭还将人之养气比作国之爱民，他说："爱其民，所以安国也。啬其气，所以全身也。民散则国亡，气竭则身死。"就是说，就像人会气竭身亡一样，如果失去民心，国家就会消亡。提醒统治者理身理国要养气、爱民。这也是对《河上公》思想的继承。《河上公章句》第10章"爱民治国，能无为乎？"的注解就是"治身者，爱气则身全。治国者，爱民则国安。"③

（三）理身须"积德崇善"

1. 教人理身，积德为本

前面说，"教人理身，保道养气，以全其生。"这里讲"教人理身，积德为本"，那么，道与德是什么关系呢？杜光庭认为，道为德之本，德为道之用。他说："道为德体，则澹寂无为，德为道用，则施行有作。"④"道"是万物能够得以生长的根本，所以"保道养气"才能"全其生"。而德的作用就在于表现"道"的存在。"道"通过从无到有地生化万物而落实到经验世界，作用于宇宙、社会和人生，便是"德"。"德者，道之用也，道不立，则德无以生，德不崇则道无以明。道以虚通为意，德以剋获受名。道能通物，物能得道。物得其所得，故谓之德。"⑤"德"使道在万物中得以显现，又使万事万物乃至于人都因为生命中蕴含着"道"而有了根基。

那什么是"积德"呢？杜光庭在释义《道德经》第16章"殁身不殆"时说：

---

① 《道德真经广圣义》卷九，《道藏》第14册，第359页上。
② 《道德真经广圣义》卷一一，《道藏》第14册，第365页中。
③ 王卡点校：《老子道德经河上公章句》，北京：中华书局，1997年，第35页。
④ 《道德真经广圣义》卷二四，《道藏》第14册，第427页下。
⑤ 《道德真经广圣义》卷三十，《道藏》第14册，第456页上。

此教人君积德之谓也。人君虽承平御极，握纪临人，若乖道德，岂能长久，所以先虚其心，次守其静。虚静致道乃复于常，而能公正无私，人所归往，应天合道。行道化人，道化大行，天下欣戴，故能运祚长久，不殆不危，如日之照临，如天之覆育，如雨之润泽，如春之温和，虽终殁其身，盛德不泯。如今之歌咏尧舜，鼓舞羲农矣。①

　　就是说，人君虽然取得天下，如果乖失道德，则不能长久，所以要"虚其心，守其静"，然后才能"公正无私，人所归往，应天合道"，从而达到"运祚长久，不殆不危"。"君积厚德"，则"国有丰财，万寓归王，九围贡赆，人服德化"。

　　而且，杜光庭还说："道德之功，不恃不宰，可谓深玄矣。圣人之德，不恃不矜，可谓广大矣。道德玄深，故常为万物尊贵。圣功广大，固能克永宗祧。修道之士积德而不居，阴功而不恃，享寿弥远，而证道登真可也。"②说明道德深玄广大，修道之士"积德而不居，阴功而不恃"，就可以"享寿弥远，证道登真"，达到修道的最高境界。

　　另外，杜光庭认为积德首先要行节俭：

夫俭者，理务之先。财者，聚人之本。故《易》曰：何以聚人曰财。财者，非俭约则易散；民者，非丰财则难聚。所以节财则省费，省费则人丰，人丰则国安而力足矣。俭啬为政，国必丰财。上无甚贵之奢，下无箕敛之怨。以此理人则人顺，事天则天明，天下之人相率而归其德矣。③

俭以理国，敬以事天，重积其德，四方率化，无思不服矣。……人君以道德养生灵，以俭啬理天下。丰财则国富，积德则祚隆，远近归心，华戎率服。又能母养万物，子爱群生，根深则祚历无疆，蒂固则子孙延永。长生久视，弈叶重光，不可得而伦矣。修道之士，啬神以安体，积气以全和，内固三关，外祛万虑，百神率服，乘行周圆，变化莫穷，享年长久，固蒂于混元之域，深根于何有之庭，与夫九老七元，差肩接武矣。④

　　君王节俭就是积德，节俭才能丰财，丰财才能富国，富国才能万民归心，华戎率服，祚历无疆，子孙延永。

---

①　《道德真经广圣义》卷十五，《道藏》第 14 册，第 387 页下。
②　《道德真经广圣义》卷三七，《道藏》第 14 册，第 503 页上。
③　《道德真经广圣义》卷四一，《道藏》第 14 册，第 521 页下。
④　《道德真经广圣义》卷四一，《道藏》第 14 册，第 524 页上。

2. 教人理身，崇善去恶

杜光庭借用佛教的根业尘缘学说，认为人生而有三业十恶四缘：

> 人之禀生有三业十恶。三业者，一身、二心、三口也。十恶者，身业有三恶，……心业亦有三恶，……口业有四恶。此三业十恶，合为十有三矣。人能制伏三业十恶，则可得道长生，可谓生之徒，由此十有三也。人若纵此三业十恶，则必从生趣死，可谓死之徒，由此十有三也。……此十恶事，又各有四缘，皆为罪恼之本。……凡此十恶三业，计五十三条，动罹此罪，即之死地。[①]

就是说，人生来就有"三业十恶"，"人能制伏三业十恶，则可得道长生"，"人若纵此三业十恶，则必从生趣死"，为此要"得道长生"就必须"崇善去恶"。

在杜光庭看来，人之所以产生恶念，除了主观上的贪欲之外，外在环境的影响也是一个主要原因：

> 心之惠照，无不周遍。因境则智生，无境则智灭，所以役心用智者，因境而起也。境正则心与智皆正，境邪则心与智皆邪。苦乐死生，吉凶善恶，皆由于此也。故心者，入虚室则欲心生，入清庙则敬心生，万境所牵，心随境散。善之与恶，得不戒而慎之乎？[②]

但是杜光庭又指出：

> 随境生欲，谓之缘；因心系念，谓之想。于此门中分为四别。一曰意随善境而生善欲，谓之善缘。二曰意随恶境而生恶欲，谓之恶缘。三曰心系善念，而生善想。四曰心系恶念而生恶想。虽同因境所起，分为善恶。夫初修道者既闭恶缘，又息恶想，以降其心，心澄气定，想念真正，稍入道分，善缘善想，亦复忘之。穷达妙理，了尽真性，想缘俱忘，乃可得道。[③]

就是说，人的欲念会随着环境的变化而变化，遇善境会产生善欲、善念，遇恶境则会产生恶欲、恶念。初修道时，要"闭恶缘""息恶想"，等"稍入道分"时则善缘善想也要忘记，这样才能"穷达妙理，了尽真性"，才可真正得道。

---

① 《道德真经广圣义》卷三六，《道藏》第14册，第498页上。
② 《道德真经广圣义》卷二七，《道藏》第14册，第444页上。
③ 《道德真经广圣义》卷四，《道藏》第14册，第333页上。

三、理身与理国

前面已经谈到，唐王朝把老子看成自家的宗本，把《道德经》看成老子启示唐王朝的理身理国的圣典。那么，关于理身与理国的关系，杜光庭在前人思想的基础上有何发展，接下来分两个部分进行分析。

（一）理国在于谦静，理身在于慈柔

在老子《道德经》中，表达了谦静柔弱、不敢为天下先的思想。老子说："圣人后其身而身先；外其身而身存。非以其无私邪，故能成其私。""不敢为天下先"并不是虚弱无力的表现，而是谦逊精神的升华。关于柔弱，老子说："弱者道之用"（第40章），"绵绵若存，用之不勤"（第6章）。这意思是说，"道"的作用虽然是柔弱的，但却是绵延不绝、作用无穷的。

唐玄宗从人的本性的角度分析了为人持守虚静慈柔的必要性，认为人生的天性、正性就是虚静慈柔，如果能够持守清净，就可复归本性，返于妙本。他说："天之性。感物而动，性之欲。若常守清静，解心释神，返照正性，则观乎妙本矣。若不正性，其情逐欲而动，性失于欲，迷乎道原，欲观妙本，则见边徼矣。"①

唐玄宗还将其引申到政治领域："守柔弱之行者，处不竞之地，人不能加，同道之用，能如此者，可谓之强。"②"理人事，育群生，持本以统末，以务清静之道，则可为天下之正尔。"③持守柔弱之道，就能够处于与世无争的境地，与世无争则人不能扰、心不复躁，便如同至道一样清净。管理国家与社会，同样需要"持本以求末，务清静之道"，这样方可"为天下之正"。

玄宗认为，人君爱养己身、珍惜生命，也就会对老百姓仁慈，从而得到民众的爱戴，长保帝王之位，他说：

谦为德柄，尊用弥光，以言谦下之，百姓欣戴，故处其上而人不以为重；以身退后之，百姓子来，故处其前而人不以为害也。圣人谦退，不与物争，天下共推，谁与争者？④

人君能含受垢秽，引万方之罪在己，则人仰德美，而不离散，社稷有奉，人君能谦虚用柔，受国之不祥，称孤寡不谷，则四海归仁，是谓天下王矣。⑤

---

① 《道德真经广圣义》卷六，《道藏》第14册，第343页中。
② 《道德真经广圣义》卷三七，《道藏》第14册，第504页中。
③ 《道德真经广圣义》卷三四，《道藏》第14册，第489页上。
④ 《道德真经广圣义》卷四四，《道藏》第14册，第539页上。
⑤ 《道德真经广圣义》卷四九，《道藏》第14册，第559页下。

　　就是说，帝王作为社会风化之主，国家存亡所系，天下万目所瞩，如果能够谦卑柔弱、引罪归己，令人景仰其德，思竭其力，物尽其用，人贵其能，便可配天称帝、为物所归，长为社稷之主。总之，唐玄宗认为："柔弱之教为众教之本。"① 持守雌静柔弱是各种修身与教化理论中最根本的方式、最重要的方法。

　　唐代后期的老学家们虽然也论及谦静柔弱的道理，但他们只是就一般意义而言，并没有将柔弱谦静与帝王的修身问题联系起来看。只有杜光庭对这一问题给予了足够的重视，将它摆在十分重要的位置，认为"不与物争，乃全身之道也"②，"处下乐卑，为安国存身之道也"③，"理国以谦静，则万物从顺如水之赴溪矣"④。杜光庭指出：

　　不争之德，德之先也。凡人之性，不能无争，为争之者，其事众也。乱逆必争，暴慢必争，忿恚必争，奢泰必争，矜伐必争，胜尚必争，违慎必争，进取必争，勇怯必争，爱恶必争，专恣必争，宠嬖必争。王者有一于此，则兴师海内；诸侯有一于此，则兵交其国；卿大夫有一于此，贼乱其家；士庶人有一于此，则害成于身。皆起于无思虑、怨礼法、不畏惧，不容忍，争乃兴焉。故争城者杀人盈城。争地者杀人满野。必当察起争之本、塞为争之源，无不理矣。语曰君子无所争，又曰在丑不争，《下经》曰圣人之道为而不争。不争之德何过之有哉！⑤

　　夫好争之人，故非道矣；不争之德，德之大焉。前举曲全、枉直、洼盈、弊新四者，为因修之行；覆明不自见、自是、自伐、自矜四者，彰果应之功。行四行之人，谦虚柔弱，不与物争，故天下莫能与之争，而得故明、故彰、故有功、故长四善之报矣。⑥

　　杜光庭将不争之德看作"德"性中最主要的成分，认为天下争战的根源在于"必争"，"为争之者，其事众也"。故提倡不争之德，就可塞为争之源。而要修成不争之德，则要因修曲全、枉直、洼盈、弊新四行，积不自见、不自是、不自伐、不自矜四功，谦虚柔弱，不与物争，则天下无人可与之争。

　　进而，杜光庭提出了"理国以谦光为本，理身以柔弱为先"的思想，他说：

---

①《道德真经广圣义》卷三三，《道藏》第 14 册，第 482 页上。
②《道德真经广圣义》卷一九，《道藏》第 14 册，第 404 页中。
③《道德真经广圣义》卷一十，《道藏》第 14 册，第 362 页中。
④《道德真经广圣义》卷二四，《道藏》第 14 册，第 426 页下。
⑤《道德真经广圣义》卷一十，《道藏》第 14 册，第 363 页下。
⑥《道德真经广圣义》卷一九，《道藏》第 14 册，第 406 页下。

大此明居人上者，以谦柔为本，卑让为基，故经云欲上人，以其言下之；欲先人，以其身后之。处上而人不重，处前而人不害，天下乐推而不厌。此其谓欤。古人有言曰：有道之君以乐乐人，无道之君以乐乐身，乐人者众悦而身安，乐身者众怨而身殒。理国理人之主，得不戒哉。①

柔弱必全，尊于众教。众教之末，谦柔为先。故《易》曰：谦尊而光，卑而不可逾。言尊者能谦光而益明，卑者能谦不可逾越。《礼》曰：傲不可长，慎以避祸。恭以远耻，敬让以行。皆谦慎之旨也。《尚书》曰：愿而恭。惩愿而恭恪也。柔而立。和柔而立事也。《诗》云：靖恭尔位，守柔敬也。《春秋》曰：使之以和，临之以敬，行之以礼，守之以信，奉之以仁，教之以务，闲之以义。经曰：兵强不胜，木强则共，强大处下，柔弱处上，高者抑之，下者举之。此众教之中皆以柔弱谦敬为本也。为教之父，岂虚也哉？理天下，修其身，守柔行谦，无思不服矣。②

理国以谦光为本，立身以柔弱为先。《易》曰：谦谦君子，卑以自牧。或反于此，必贻其损。《易》说卦曰：缓之必有所失，故受之以损。损而不已必益，故受之以益。益而不已必决，故受之以夬。则损益倚伏，终始相循。若谦已不已，物常益之，故无颠覆。修道之士割荣华，去繁盛，舍悦乐，甘寂寥，损之甚矣。其得道也，延景福，享遐年，逍遥无为，天地齐永，岂非益之乎？故理国理身，谦为本也。③

以上几章都说明理身理国要以谦柔为本，卑让为基。因为"谦乃德基，下为贵本"。④ 理国之君，只有做到谦下才能使小国归仁，万物从顺，国家安定；修道之士，虽割舍了荣华、繁盛、悦乐，一旦得道则可延景福，享遐年，逍遥无为，天地齐永。总之，理身理国都要谦虚柔弱，谦虚柔弱则可使国祚永存、福寿延年。

（二）理国之本，在于理身

唐玄宗《御注》《御疏》，将其主旨概括为"理身理国"自有其政治目的，但他并没有背离道家学派的自明前提——身国同"道"。《御疏》"是以圣人之治"时说："说圣人理国理身以为教本。夫理国者，复何为乎？但理身尔。故虚心实腹，绝欲忘知于为，无为则无不理矣。"⑤

杜光庭释义为：

---

① 《道德真经广圣义》卷三一，《道藏》第 14 册，第 469 页上。
② 《道德真经广圣义》卷三三，《道藏》第 14 册，第 482 页中。
③ 《道德真经广圣义》卷三三，《道藏》第 14 册，第 480 页下。
④ 《道德真经广圣义》卷四二，《道藏》第 14 册，第 526 页下。
⑤ 《道德真经广圣义》卷八，《道藏》第 14 册，第 352 页下。

　　天真皇人谓黄帝曰：未闻身理而国不理者。夫一人之身，一国之象也。胸腹之位，犹宫室也。四肢之别，犹郊境也。骨节之分，犹百官也。神，犹君也。血，犹臣也。气，犹民也。知理身则知理国矣。爱其民，所以安国也。吝其气，所以全身也。民散则国亡，气竭则身死。亡者不可存，死者不可生。所以至人销未起之患，理未病之疾。气难养而易浊，民难聚而易散。理之于无事之前，勿追之于既逝之后。①

　　我们看到杜光庭从身与国的双重层面，以如何重新调整人的生存根基和价值理念的问题做了深刻地反思。他强调凡事要防患于未然，"至人销未起之患，理未病之疾"，"理之于无事之前，勿追之于既逝之后"。因为"气难养而易浊，民难聚而易散"，"民散则国亡，气竭则身死"。所以要"爱其民""吝其气""爱其民"才能安国，"吝其气"才能全身。

　　杜光庭在多处强调理身理国要"防患于未然"。他说："理国理身之道，防患虑祸为先。祸成而救之，患成而攻之，用力益多，而祸患未可除也。"②如果做不到防患于未然，等祸患已成再补救，着力越多越无补于事，悔之晚矣！杜光庭又讲："理者，救理也。嗜欲之生，乱于正性，正性将复，理之为先。于理既明，祸乱息矣！此虽复释易破易散之义，亦存救理之旨。此六句，约之于身，以欲心兴起之渐，修行制伏之门，割欲违情，却祸除患是矣。语之于国，则安不忘危，其安易持也。理不忘乱，理之于未乱也；虑患于冥冥，为之于未有也。慎祸于细微，其微易散也；防萌杜渐，其未兆易谋也；兴小善，去小恶，其脆易破也。勿以小善为无益而不修，勿以小恶为无伤而不去。以斯六者，盖理国之要焉。"③理国理身之道，都要注意"理之于未乱"，防微杜渐，安不忘危。

　　而且，与以往"身国同道"思想相比，杜光庭更加注重"理身"，他说：

　　道之行也，先诸身而后诸物。故曰未闻身理而国乱，身乱而国理也。所以身修于内，物应于外，德发乎近，及乎远。一夫感应尚犹若此，况于帝王乎？天子味道耽玄，敬天顺地，凝心玄默，端己无为，书轨大同，梯航入贡，四夷款附，万国来王，道无不被，故其德周普矣。④

　　① 《道德真经广圣义》卷八，《道藏》第 14 册，第 352 页下。
　　② 《道德真经广圣义》卷 43，《道藏》第 14 册，第 533 页下。
　　③ 《道德真经广圣义》卷 43，《道藏》第 14 册，第 534 页上。
　　④ 《道德真经广圣义》卷 38，《道藏》第 14 册，第 510 页上。

圣人之理，以身观身，身正则天下皆正，身理则天下皆理。①

　　前文提到杜光庭是唐末五代"道门领袖"。作为一个"道门领袖"，他所诠释的《老子》和道门外人士是有所不同的，他除了诠释《老子》学理的层面外，还要弘扬、推广道教教义。所以，在唐末五代局势动荡，社会矛盾交织，道教发展受到阻碍的历史时期，杜光庭作《广圣义》衍释唐玄宗圣义，除了推广唐玄宗"自然无为""理身理国"思想外，主要是希望通过义释《道德经》，从理论上对道教义理进行系统的整理，以"道"来拯救失"道"的社会，重新树立道教的地位。在理国和理身的问题上，杜光庭更加注重理身、修身，因为在他看来，修身就是修道。

紫气重光　琅宇晏清

——《道德悬解》读后

牟　玄[*]

内容提要：《道德悬解》乃清代名医黄元御为《道德经》所做的注释。此书对《道德经》篇章顺序进行了调整，并加简要注释。该书在清代影响不大，《四库全书》不仅未予收录，还对此书加以批评。但黄元御是清代名医，在书中他结合了其重脾胃的医学思想，清楚地提出了从祖气（无）到中气（有）进而由脾胃化生其他脏腑的人体生成序列。在此系统下，提出沟通有无的玄窍的具体位置乃在脾胃，形成了独具一格的丹道思想。

关键词：道德经　道德悬解　黄元御　丹学思想

　　《道德悬解》系乾隆时名医黄元御所著。黄氏医术精湛，曾领御医之职，颇得乾隆帝嘉许。执业之余，又遍注先秦两汉医学经典，其注释及医理于今日医学界亦甚有影响。医学经典之外，晚年仅注《周易》《道德经》两书，足见其对两书的重视。"悬解"之名，出自《庄子》，意为解除倒悬之苦。黄氏认为清时所读之《道德经》有两大主要弊端：1."经文简错，其来久矣"；2."诸家随文谬注，可笑极矣"[1]。甚至在自叙中感叹："荒荒赤县，漠漠玄宗，银题雾锁，琅宇云埋。"[2] 故书名"悬解"，盖对治此两大弊端，益突显出黄氏对自己《道德经》注释水平之自信。

　　但《四库全书》不收此书，仅将其列为存目，并说："是书多以养生家言训释《老子》，于原文章次多所变更，字句亦多有窜乱。谓之《改本老子》可也。"[3] 可见对其

　　* 牟玄（1985—），女，山东栖霞人，浙江大学古籍研究所古典文献学博士研究生，浙江道教学院讲师，研究方向：道学、经学、数术学。

[1] 黄元御撰，任启松校注：《道德悬解》，北京：中国中医药出版社，2012年，第285页。
[2] 黄元御撰，任启松校注：《道德悬解》，北京：中国中医药出版社，2012年，第284页。
[3] 永瑢：《四库全书总目》，北京：中华书局，1965年，第1255页。

评价并不高。现今大概是由于黄氏在医界的影响力颇大，亦有学者注意到该书，书籍得到校注且公开出版。

另外，焦健洋、孙竹青也撰有论文《黄元御儒道易医汇通下的道论——以〈道德悬解〉为中心》，对此书进行专门研究。而同是清代名医的徐大椿也曾著有《道德经注》，《四库全书》正文收录该书，且对该书评价较高①，但徐书在今日学界却无人问津。《道德悬解》一书究竟是否确如四库馆臣所评价的无甚价值呢？在当今中国传统文化伟大复兴的时代背景之下，《道德悬解》又能为我们带来什么样的启发呢？

四库馆臣在《提要》中对此书虽有批评之意，但细味其语又恰恰道出此书特点，即：1. 书中有以养生视角对《道德经》的解读；2. 作者对章节顺序和个别字句有所改动。下文即拟围绕此两者进行论述，不足之处尚希方家指正。

一、《道德悬解》中的丹学思想

四库馆臣以为《悬解》作者以养生视角来注释经文。在已知文献中《庄子》最早出现"养生"字样，以"养生主"为篇名，篇中亦出现"悬解"一词。馆臣大概因为两词相连，书名"悬解"，加上作者著名医师的身份，故有此说，但事实却并非如此。

中国古代一直有以医生为"贱工"，以士人为上的思想存在。《三国志》《后汉书》皆为名医华佗立传，《三国志》中说："然本作士人，以医见业，意常自悔。"②《后汉书》中说华佗："难得意，且耻以医见业。"③名医华佗以医术名留史书，本人却以从事医疗事业为耻，可谓造化弄人。当然，史书非华佗本人所写，是否华佗确有此种思想尚未可知。但中国数千年来，有此思想者绝非仅有华佗或两史书的作者。直至清代，名医徐灵胎在其所著《医学源流论》的自叙中仍然说："医，小道也，精义也，

---

① 《四库全书总目》在徐大椿《道德经注》下云："臣等谨案《道德经注》二卷附《阴符经注》一卷，国朝徐大椿撰。大椿有《神农本草经百种录》已著录。是编以老子旧注从异说而本旨反晦，乃寻绎经文疏解其义。仍分上下二篇，而削其道经、德经之目。仍分八十一章，而削其章名，但以每章第一句标题。其字句参考诸本，取其词意通达者。其训诂推求古义，取其上下融贯者。其所诠释主于言简理赅，大旨与张尔岐《老子说略》相同，而研索较深，发挥较显，在老子注中，尚为善本。附载《阴符经注》一卷，诂以易理，义亦可通。惟其凡例诋诃古人，王弼注谓之肤近，河上公注谓之文理不通，未免过当。又谓老氏之学与六经旨趣各有不同，六经为中古以后文物极盛之书，老氏所云养生修德、治国用兵之法皆本上古圣人相传之精意，故其教与黄帝并称。其用甚简，其效甚速，汉时循吏师其一二，已称极治云云。亦不免务为高论。夫老子生乎乱世，立清净之说以救之，特权宜拯弊之一术，犹曰不药得中医耳。盖公以是术教曹参，亦适当秦虐之后，人思休息，犹适当静摄可愈之病耳。必谓老氏欲以此术治万世，非老氏之本意。至于黄帝以七十战定天下，一切礼乐刑政无一非其所制作。古书具在，班班可考。必谓黄帝以无为治天下，尤非黄帝之实事。大椿此书，于老子之学不为无见，而跻老子于六经上则不可以训，故录存其书而附辨其说如右。"（参见永瑢：《四库全书总目》，北京：中华书局，1965 年，第 1244 页。）

② 范晔撰，李贤等注：《后汉书》，北京：中华书局，1965 年，第 2739 年。

③ 赵幼文著，赵振铎等整理：《三国志校笺》，成都：巴蜀书社，2001 年，第 1065 页。

重任也，贱工也。"①黄元御虽未直接说过类似语句，但其与徐大椿在活动时代、出生地点、家室背景上皆有相似之处，甚至都曾在《周易》《道德经》两书上用功颇深。黄氏少年业儒，用功甚勤，后因眼疾无法出仕，故弃儒从医。其在轻医思想上可能与徐氏相应。医乃诸术之一，养生亦为诸术之一，以所轻之术的视角来注释晚年所推崇之书，可能性似乎并不高。

　　焦健洋、孙竹青在其论文《黄元御儒道易医汇通下的道论——以〈道德悬解〉为中心》中，较为全面系统地梳理了黄氏在《道德悬解》中所倡导的道论思想。黄氏的道论思想明显受到了程朱理学的影响，又颇有独到之处，"朱熹只是强调了理之发用与体立这两种状态，黄氏之'理'则为旋转不息之'理'；朱熹不强调理生气，黄氏则强调理生气。由此可以看出，黄元御是在借鉴了程颐与朱熹两种理气观的基础上创建了其独特的道论思想。"②"黄元御在儒、道、易、医会通的视域下，将'无'看成是道体的本然状态，以'太极'之'理'诠释'道'，结合理学来理解'道'从'无'生'有'的过程，并结合其对内丹学的体悟来理解阴阳五行气机的流转，形成了基于阴阳二气升降流行的脏腑气化理论，从而得出了先后天之本皆脾胃的论断。他所论'中气'不仅具有以往医学中的意义，还具有强烈的形上学意味。"③可见黄氏并非仅从"养生家"视角来注释经书，而是融合儒、道、数术、医学来解释经文，反映出了黄氏心目中的《道德经》必然是包罗广阔的。黄氏本人不仅从多个角度注释了《道德经》，更难能可贵的是书中展现了一套独特的集道、法、术一体的道论系统。

　　养生是一个比较笼统的说法，中国古代养生文化发达，举凡神仙家、医家、道家、儒家都有谈到相关内容。就道教而言，也有丹药、服气、导引、辟谷、房中等纷杂的养生之术。但在《道德悬解》中并未出现过多的养生内容，仅有五段文字涉及养生，且其内容皆与丹道相关，可见馆臣所谓"以养生家言训释"之说并不准确。今将五段文字列于下：

1. 章五（原第十六章）

　　致虚极，守静笃。万物并作，吾以观其复。夫物芸芸，各归其根，归根曰静，静曰复命，复命曰常，知常曰明。不知常，妄作凶。知常容，容乃公，公乃王，王乃天，天乃道，道乃久，没身不殆（道以至无而化至有，既生天地，又生万物，是

---

①　徐灵胎著，刘洋校注：《医学源流论》，北京：中国中医药出版社，2008年，第1页。

②　焦健洋、孙竹青：《黄元御儒道易医汇通下的道论——以〈道德悬解〉为中心》，《周易研究》2019年第1期。

③　同上。

自虚而之实，自静而之动也。道家则不致其实而致其虚，不守其动而守其静。致虚之极，守静之笃即上章"塞兑闭门，复守其母"义。万物并作，春荣秋落，吾不视其方作，而以观其既复即首章"欲以观其徼"义。盖夫万物纷纭繁衍，至于收藏之际，枝叶凋零，春夏生长之气各归其根。归根曰静，静曰复命，是其反本还原，仍归无处，重到母家矣。"致虚守静，以观其复"者，所以归根复命，培我长生久视之祖气也。此气是一身之母，大命之根，不归其根则命原不复。复命曰常，方是此道本色；知常曰明，方是此心真解。不知常而妄作，必遗身之祸殃，无有不凶；知常而后容，乃见天地之宽。身容甫至公大，始觉私意之尽，公乃协乎王度，王乃配乎天行，天乃合乎道体，道乃久而常存，祸殃尽去，没身不殆也。以没身之年正其壮盛之日，是谓没身不殆。上章"没身不殆"由于知止，知止在于守母，此详发其义。道家金书玉诀，泄于此章矣）。

2. 章六（原第二十一章）

道之为物，惟恍惟惚。惚兮恍兮，其中有象；恍兮惚兮，其中有物；窈兮冥兮，其中有精；其精甚真，其中有信。自古及今，其名不去，以阅众甫，吾何以知众甫之然哉，以此（道之为物，惟恍惟惚，是"无"也。然惚兮恍兮而其中有象，恍兮惚兮而其中有物，窈兮冥兮而其中有精，其精甚真而其中有信。盖恍惚窈冥本来无有，而至德之中备含万有之原。其中万有悉是此"无"所化，乃无也而非空也，故其中有象、有物、有精。其精甚真，非是虚言，以其中有信也。信为土德，其位当中，众妙之门于是焉在，是以含孕诸有，真实无妄也。三曰其中，道家玄机于此露矣。土居"无"处，故寄旺四维而无专宫。然而至虚至实，是故有信；以其有信，故自古及今其名不去；名不去者，实不爽也执古之道，以御今之"有"，以其有信，故"无"化为"有"。土德主化，生物之本，以阅众甫甫即物也，皆根于此。吾何以知众甫之然哉？以此土德生化，诚信不虚也）。

3. 章七（原第五章）

天地之间，其犹橐钥乎！虚而不屈，动而愈出，多言数穷，不如守中（天地之间，空洞虚豁，其犹橐钥乎？布囊无底曰橐，竹管主节曰钥。橐以鼓风，钥以吹气者。清气上升，浊气下降，虚而不致于屈匮屈，动而愈复能出，无非太空，即无非积气也。然清自何生，浊自何降，降不由上，升不由下，升降之原皆自当中。旁门歧路之家求上下四旁，多言数穷，无当于是。约而言之，不如守中。中者，道家之黄婆，在水、火、金、木之交，处戊、己二土之介，媒合婴姹坎中阳气曰婴儿，曰铅中金，即壬水也。离中阴精曰姹女，曰砾里汞，即丁火也，交媾龙虎，兑金为白虎，震木为青龙，结仙胎而产灵丹，全在乎此。所谓玄关、黄庭、洞房、鼎器种种色目，皆其别名。守中即是守母，返本还原，归根复命，莫外于此矣）。

4.章八（原第六章）

谷神不死，是谓玄牝。玄牝之门，是谓天地根。绵绵若存，用之不勤（谷神在中，先天之祖气也。人之初生，先结祖气，此气方凝，阴阳未判，混沌鸿蒙，是谓太极。阴阳之内有中气焉，中气左旋而化己土，右转而化戊土。戊己运回，阳动而生则化神魂，阴静而降则化精魄。神藏于心，精藏于肾，魂藏于肝，魄藏于肺，脏腑悉备，形体皆完，乃成为人。己土为脾，戊土为胃。中气在戊己二土之间，冲虚灵动，众妙皆含众妙之门，是曰谷神。脾胃者，仓廪之官，赖谷气培养，使此先天之祖气不至亏败，是曰谷神。以其先天祖气之虚灵，谓之谷神；以其后天谷气之冲和，谓之谷神。其实总是中气而已，非有二也"谷"与"谷"义异而原同，总是先天祖气所化。人之生全在谷神，其死者，谷神败也。谷神不死是谓玄牝，玄牝，母也，窍也鸟兽之母皆曰牝，《书》称牝鸡，《易》称牝牛是也。溪谷虚空之处亦曰牝，韩诗"黄金掷虚牝"是也。《素问》："在天为玄，玄生神。"此窍中有谷神，故曰玄窍，精神血气皆自此生，是乃一身之母"无"为天地之始，亦为人物之始，所谓天下有始，以为天下母者，天人所同也。不曰"玄谷"而曰"玄牝"者，以其中虚如谷，而有含生化之妙也谷言其虚，牝言其虚，空而能生化，既为玄窍，又为玄母，故曰玄牝，所谓"玄之又玄，众妙之门"，即是此义。此上为天，此下为地，而究其根原，玄牝之门是为天地之根。盖阳自此门而升，阴自此门而降己土左旋则此门开，开则阳升；戊土右转则此门阖，阖则阴降。阖开之权，全在此门，故九地之阳不至下陷，九天之阴不至上递也。积阳则为天，积阴则为地，故玄牝之门乃阳升阴降之关，生天生地之本，所谓"无"名天地之始也。道家铅自此升，汞自此降，长生久视之原，于此在焉。是当绵绵若存，用之不勤，鹤胎龟息，复命归根，长养谷神，以培先天祖气，祖气盛大，则久而长存。仙灵秘妙，尽于此矣）。

5.章二十二（原第十章）

载营魄抱一能无离，专气致柔能婴儿，涤除玄览能无疵，爱民治国能无为，天门开阖能无雌，明白四达能无知（肝藏营，肺藏魄，精神之所胎也营，血也。营者，魂之含也。魂生神，魄生精。欲济水火，必交金木。肺金生肾水，肝木生心火。故载其营魄，宁静专一，而后水火交济，不至飞走。此际当抱一能无远离，专气致柔能若婴儿，涤除玄览，远览能无眼疵，爱民治国能无作为，《吕览》："以身为国，以气为民"，天门开阖能无雄雌。天门，顶门。明白四达能无知识，此皆致虚守静之法

则也 ）。

　　黄氏在短短的五章注释中解释了不少炼丹术语，如"黄婆""铅中金""砾里汞"等等。又为我们清晰地描述了其所认为的人体生成序列，即：祖气（无、太极）→中气（有）→己土脾（左旋）→戊土胃（右旋）→神（心）、魂（肝）→魄（肺）、精（肾）。还指出了所谓"道家金书玉诀""道家玄机""仙灵秘妙"，即修炼的关窍在于培祖气，而培祖气的关键在于守中气，守中气的做法在于致虚守静，而致虚守静又具体可分为：载营魄抱一，专气致柔，涤除玄览，爱民治国，天门开阖，明白四达等项，具体做法大抵是要宁静专一，于气上下功夫。

　　虽然注释只是只言片语，却把黄氏理解的丹道讲得清楚明白。其丹道理论与做法和《灵源大道歌》《金丹正宗》等丹经又颇为一致。如《灵源大道歌》说："太极布妙人得一"[①]，"专气致柔神久留"[②]。虽未直接提出"祖气""中气"等概念，但太极一立，其先、后天观念已经明显，且"专气致柔"的修法也与黄氏一致。《金丹正宗》说："聚药物者何？谓存一点先天纯阳祖气。是气生于无形无象之先，聚于无极太极之内，父母未生，二五之精，妙合而凝。未有此身，即有此气；既有此气，即有此身。此气运行，周流六虚，形以之而成，心以之而灵，耳目以之而聪明，元神以之而运行，五行以之而化生。散之则混融无间，聚之则凝结成药，此即修炼金丹之大药。"[③] 又说："先天地生，不依形立。混沌空悬，中藏太极。""先天祖气，一点真精。便是灵药，根蒂相生。""专气致柔，抱元守一。默默成功，用于百日。"[④] 则直接提出"祖气"概念，其修法也与《大道歌》和黄氏注释一致。但《大道歌》和《正宗》都没有如黄氏一样，在祖气下清楚提出"中气"概念。而黄氏也未如两篇丹经一样，明确地揭出日常更具体的修习方法，即"但知恬淡无思虑，斋戒宁心节言语"[⑤]。

　　黄氏的五章注释中复有两点尤需注意，一为"太极"，一为"祖气"。宋代周敦颐在《太极图说》中提出"无极而太极"后，朱熹和陆九渊在鹅湖之会中曾展开关于无极的辩论。实际上，"无极"才真正出自道家经典《道德经》[⑥]，而"太极"一词

---

① 胡海牙编：《仙学指南》，北京：中医古籍出版社，1998 年，第 268 页。
② 同上，第 274 页。
③ 董沛文主编：《南宗仙籍道教南派内丹修炼典籍汇编》，北京：宗教文化出版社，2014 年，第 548 页。
④ 同上，第 550 页。
⑤ 胡海牙编：《仙学指南》，北京：中医古籍出版社，1998 年，第 283 页。
⑥ 《道德经》第二十八章："知其雄，守其雌，为天下溪。为天下溪，常德不离，复归于婴儿。知其白，守其黑，为天下式。为天下式，常德不忒，复归于无极。知其荣，守其辱，为天下谷。为天下谷，常德乃足，复归于朴。朴散则为器，圣人用之，则为官长。故大制不割。"（黄元御撰，任启松校注：《道德悬解》，北京：中国中医药出版社，2012 年，第 304 页）

最早见于儒家经典《周易·系辞》①。故有学者认为："周敦颐借道家之'无极'攻儒家之'太极'，将二者巧妙连合，实际上是对儒家概念内涵的变相扩充。"② 黄氏以为"阴阳未判，混沌鸿蒙，是谓太极"③，其对太极的注释非常明确。在注释"无极"的时候说："复归者，还其本色，是亦归根复命之事也。"④ 仔细体味，似与"太极"意思相当，正与鹅湖之会中朱熹的观点一致。⑤《金丹正宗》也连言无极、太极，大概也依从朱熹的观点。

黄氏认为"祖气"乃先天之气，但人身是后天之物，如欲使祖气不至亏损，当保养培植后天脾胃之气，而人体通祖气之玄窍也正在脾胃之间。但关于通祖气之玄窍在人身体的位置，历史上却有不同说法。如《青华秘文》中说："阳生者，先天之气自气穴中流出，则至于肾中，如喷泡然。盖两肾中间，有一缕透气穴，乃父母交媾之后，始生脉络也。"⑥ 则是认为通先天气之窍在两肾间。《金仙正论》中说："神炁乃坎离之用。且肾非脊肾之肾，乃内肾也。古云：内肾者，即脐下是也。虽在脐下，犹未得其所以然。要必得其神炁相投者，盖其穴正在脐后肾前稍下，前七后三，中间空悬一穴，此正是调药炼精之所。"⑦ 则又认为玄窍在脐肾之间。无论位置在哪，此二者大抵都本于穷取生身之源的观念，而黄氏的看法明显在于后天化生或者说是运气之源。

黄氏以中土为玄窍的重土观念不仅表现在其丹学思想上，在其医学思想中也贯穿着"土枢四象"说，也与金元时期脾胃论大家李东垣的思想遥相呼应。据说黄本人因眼疾就医，医生开了过多寒凉之药，伤及脾阳，至其左眼失明，只能告别举业，故其本人对脾阳的重要性也是深有体会⑧。通观黄氏的丹学理念，可以发现他在宋元儒、道汇通的丹学理论之下，结合了医家气化周流、土执其中的思想，形成了独具特色，较为明晰，又对清修有重要指导意义的内丹思想。

---

① 《系辞上》有："故易有太极，是生两仪，两仪生四象，四象生八卦。"（黄寿祺、张善文：《周易译注》，北京：中华书局，2016年，第498页）。

② 魏后宾：《从太极图解〈太极图说〉——兼论太极图儒家化的重要意义》，《船山学刊》2019年第4期。

③ 黄元御撰，任启松校注：《道德悬解》，北京：中国中医药出版社，2012年，第292页。

④ 黄元御撰，任启松校注：《道德悬解》，第304页。

⑤ "朱熹辩解老氏是'以有无为二'，周子是'以有无为一'，认为'太极'之上加'无极'是'周子恐人于太极之外更寻太极，故以无极言之'"是朱熹以为周敦颐的无极与太极实质为一（魏后宾：《从太极图解〈太极图说〉——兼论太极图儒家化的重要意义》，《船山学刊》2019年第4期）。

⑥ 张伯端：《玉清金笥青华秘文金宝内炼丹诀·采取图论》，《道藏》第4册，北京：文物出版社；上海：上海书店出版社；天津：天津古籍出版社，1988年，第367页。

⑦ 柳华阳：《金仙证论·风火经第六》，伍守阳、柳华阳：《古本伍柳仙宗全集》（下），上海：上海古籍出版社，1990年，第451页。

⑧ 黄氏大体生平可参见潘秋平：《话说国医北京卷》，郑州：河南科学技术出版社，2017年，第57页。

二、黄元御对《道德经》之态度

四库馆臣说黄氏的书因为改动了不少章节次序和字句，可以更名叫《改本老子》，言辞当中有相当大的讽刺意味。但称"老子"和称"道德经"意思并不相同，称"子"只是以诸子之书目之，称"经"则是以千载不移的经典目之。黄元御书名《道德悬解》，虽省"经"字，但仍用"道德"，未用"老子"，可见黄氏内心对本书之恭敬。而反观四库编修者将道家列于子部最末，且直称"老子"，其轻蔑的态度跃然纸上。

传世本《道德经》分道和德两篇，但观其内容却是道经并非通篇论道，德经并未全篇说德，而是道中有德，德中有道。可见其篇名与内容并不相符，其命名大概与《论语》等书相同，不过取篇首文字而已。黄氏在书中并未沿用道、德篇名，而仅是以上、下卷括之，上卷四十章，下卷四十一章，基本平分。可见黄氏征实的态度。《悬解》对经文章节顺序多有变更，四库编者对此也是颇为不满。黄氏的理由是："经文简错，其来久矣。西汉河上公时已失其旧，世代湮远，章句凌乱，推求文义，半不可通。今为详细移正，考部就班，使圣经复故。"[①] 黄氏敏锐地发现了传世本经文不少章节文义不同，大概是由于错简的缘故。后世在马王堆、郭店分别出土了帛书版、竹简版《道德经》，其分章和排列次序与传世本多有不同，虽然其分章和次序也与黄氏不尽相同，但黄氏的慧眼和胆识也是令人颇为感佩。时至今日，不少《道德经》注家对经文顺序仍按其意义进行调整，似乎也不必苛责故人。

值得注意的是，黄氏在分章上虽与传世本不同，但最后章数仍然保持八十一，与传世本一致。战国时候，阴阳家邹衍认为九州之外复有九州，共九九八十一州。《道德经》分八十一章并非偶然，也是有其特定数理内涵的，大概是虽只有五千言，但其内容宏博澜淼："其言无所不谈，凡养生、涉世、治国、用兵，以至立言修德，成功遂名，诸大事业莫不宜之。"[②] 黄氏仍用此数，表明了其对章数数理内涵的认同。而清末魏源注释《道德经》，虽题名《老子本义》，但用"老子"，不用"道德"，且将经文更合并为六十八章，其对经文的态度和数理模式的理解与黄氏迥然有别。

《悬解》的注释风格清晰简明，唯在贯通文义，并不单独考证注释个别字词，也与乾嘉时期考据风格不同，大概因其赞同司马谈《论六家要旨》中对道家的评价"指约而易，事少而功多"。[③]

---

① 黄元御撰，任启松校注：《道德悬解》，北京：中国中医药出版社，2012年，第285页。
② 黄元御撰，任启松校注：《道德悬解》，第283页。
③ 司马迁撰，裴骃集解，司马贞索隐，张守节正义：《史记三家注》，扬州：广陵书社，2014年，第1348页。

三、结论

通过上文的论证可以发现《四库全书总目》对《道德悬解》的评价略显轻率，并不中肯。作者黄元御怀着对《道德经》的敬意和理解，结合了自己的看法，形成了在分章、次序、注释风格、注释角度等方面在清代比较特别的《道德经》注释本。其内容中尤其值得注意的是，他继承了宋、元以来儒、道结合的丹道理论，汇通了其"一气周流""土枢四象"的医学理论，从个体气运层面的化生视角构建了别具一格的丹道思想，到今天也颇具参考和实践价值。黄元御曾在《道德悬解》自叙中感叹："青牛已驾，紫气无光。嗣此以还，忧哉杳矣，荒荒赤县，漠漠玄宗，银题雾锁，琅宇云埋。"[①] 以抒其华夏玄风不振之忧，今当国运昌隆，诚望诸位道友能扇扬玄风，远播寰海，愿早日得见紫气重光，琅宇晏清！勉之，勉之！

---

① 黄元御撰，任启松校注：《道德悬解》，第284页。

老学与社会研究

《道德经》中的和合理念与人类命运共同体研究

黎在珣 *

内容提要：在这个最好也是最坏的时代，人类迫切需要培育一种以应对共同挑战为目的的共同价值观，建构一种能够通过有效协调以实现共同和平发展的共同体。在《道德经》里，和谐作为"道"生万物的机制，是"道"的本质属性。无处不在的对立两方不仅互依对方而生，而且因它们不断变化而相互转化。从道家的角度看，"人类命运共同体"是一个具有"道"色或者说"玄"色的概念。通过生态和谐、平等尊重、共建共享、稳步推进几个关键词粗线条地将《道德经》和人类命运共同体勾连，可以看到《道德经》能够从哲学、认识论、方法论等方面为建构人类命运共同体提供了诸多思想借鉴，给协调推进人类命运共同体的建设带来的启示是多方面的。《道德经》丰富的智慧必将助力"人类命运共同体"绕过对抗、冲突、战争的礁石，驶出贫富分化、环境恶化、军备竞赛的误区，到达安全、平等、祥和、繁荣的理想彼岸。

关键词：人类命运共同体　道德经　智慧

引言

虽然不同民族、国家和地区同在一个日显其小的地球村，经常因文明、种族、生产生活资源、生存空间等而生的摩擦、纷争甚至激烈冲突不断，但是，随着科技的发达所带来的大数据、人工智能、互联网等颠覆性技术的广泛运用，以及经济发展所带来的全球一体化，人与人、社群与社群、地区与地区、民族与民族、国家与国家之间相互联系日益密切，一荣俱荣、一损俱损的互依度日益加深，你中有我、我中有你的融合度也不断呈现出向深度、广度发展的趋势；同时，随之而来的各种

---

* 黎在珣（1964—）男，安徽宿松人，文学学士，安徽省宿松中学高级教师，安徽省安庆市文艺评论家协会理事，安徽省宿松县文艺评论界协会常务副主席。研究方向：佛学。

全球性问题，如太空污染、环境恶化、气候异常、网络攻击、跨国犯罪等问题的有效解决也依赖世界各国的紧密合作和共同努力。在这个最好也是最坏的时代，人类迫切需要培育一种以应对共同挑战为目的的共同价值观，建构一种能够通过有效协调以实现共同和平发展的共同体。

在这一背景下，人类日益唇齿相依、休戚与共，任何地区、民族或国家都不可能独善其身，因此，和平、发展、合作、共赢日渐成为世界各国共识。基于这一"超域性"世界潮流，2013 年 3 月，习近平主席在俄罗斯阐述中国对外政策和主张时顺势提出"人类命运共同体"①这一概念，希望各地区、各民族和各国牢固树立命运共同体意识。随后，"人类命运共同体"的内涵日益丰富，外延不断拓展。这一超越民族国家和意识形态的"全球观"指向一种价值，亦即不同种族、不同民族和国家的人们和睦相处，和谐发展，也就成为中国基于自身文化和经验所提出的解决当今世界所面临种种问题的一大方略，成为中国对人类未来走向的一种预设，或曰美好愿景。

金岳霖在审查冯友兰《中国哲学史》的报告中写道："我以为哲学是说出一个道理来的成见。哲学一定要有所'见'……哲学中的见，其理论上最根本的部分，或者是假设，或者是信仰；严格地说起来，大都是永远或暂时不能证明与反证的思想。……则一部分思想在论理上是假设，在心理方面或者是信仰。"②带有普适价值的假设一旦提出，并且深入人心，就会引领人类实践，帮助人类解决自身所面临的实际问题。以色列历史学家尤瓦尔·赫拉利把人类祖先——智人崛起归功于他们强大的虚构能力。他认为人类现存的一切——国家、宗教、企业等都是虚构出来的现实，是一种基于想象的共同体；正是这样的共同认知，人类才得以有效协作，形成大规模的区域性乃至全球性连接，带来了全球政治、经济、文化等发展。虽然我们现在只能从设定的角度来讨论"人类命运共同体"这一倡议，但是，这一扎根于全球现实沃土，呼应着时代律动的倡议有望成为影响世界政治、经济、文化、军事等发展走向，进而构建和平、发展、合作、共赢的人类共同体的强大动力。当然，这不是本文讨论的范围。本文的重点是简略勾勒被朱元璋誉为"王者之上师，臣民之极宝"③

---

① 言及人类未来社会的发展愿景，马克思、恩格斯在《德意志意识形态》中曾使用"共同体"或"联合体"等概念。威廉·麦克尼尔在 1963 年出版了著名的《西方的兴起》，该书的副标题为"人类共同体史"（a History of the Human Community）。2011 年 9 月国务院发布的《中国的和平发展》白皮书中出现"命运共同体"一词。2012 年 11 月中共十八大报告里有这样的表达："这个世界，各国相互联系、相互依存的程度空前加深，人类生活在同一个地球村里，生活在历史和现实交汇的同一个时空里，越来越成为你中有我、我中有你的命运共同体。"

② 金岳霖：《中国现代学术经典·金岳霖卷》，石家庄：河北教育出版社，1996 年，第 1171—1172 页。

③ 朱元璋：《大明太祖高皇帝御注道德真经》。

的《道德经》为推进"人类命运共同体"建设所提供的可资借鉴的思想资源。

中华文明以其延续性闻名于世。这种延续性也体现在"人类命运共同体"这一全球整体观有着浓郁中国传统文化底色。《道德经》充满着老子对天下、国家、社会和平发展的理想建构，全书围绕着"道"与"德"这两个核心观念展开。"视之不见""听之不闻""搏之不得"①之道落实于人们日常行为，显现于人生，便为"德"。王弼说："德者，得也。常得而无丧，利而无害，故以德为名焉。何以得德？由乎道也。何以尽德？以无为用。"②因此，"道"在人类行为的表征就是（美）德，换句话说德是"道"在人世间的作用与显现。"道生之，德畜之，物形之，势成之"（51 章），指出了万物因"道"而生，由"德"而育，随物赋形，因势而成的生存发展轨迹。因此，老子认为："是以万物莫不尊道而贵德。"王弼认为："道者，物之所由也；德者，物之所得也。由之乃得，故不得不尊；失之则害，故不得不贵也。"③"尊道贵德"构成《道德经》核心内容的一部分。④

历史的车轮虽然行驶了两千多年，人类社会看似发生了沧海桑田的巨变，但是，人类所面对的亦即需要解决的诸如人与人、人与社会、国与国、人类与自然之间存在的基本问题依旧没变。从这种角度看，《道德经》里所蕴含的和合思想可以而且应该成为建设"人类命运共同体"可资借鉴的思想资源。

一、生态和谐是建构人类命运共同体的基础

20 世纪 70 年代初，由英国经济学家 B. 沃德和美国微生物学家 R. 杜博斯主编的《只有一个地球》表达了强烈的忧患意识。这一忧患意识有如警世之钟声穿越时空，至今而且在未来必将仍然回荡在地球的各个角落。2015 年 9 月，联合国可持续发展峰会通过的《变革我们的世界：2030 年可持续发展议程》⑤在其序言和愿景部分提出："我们决心阻止地球的退化，包括以可持续的方式进行消费和生产，管理地球的自然资源，在气候变化问题上立即采取行动，使地球能够满足今世后代的需求"；"我们要创建一个每个国家都实现持久、包容和可持续的经济增长和每个人都有体面工作的世界。一个以可持续的方式进行生产、消费和使用从空气到土地，从河流、湖泊和地下含水层到海洋的各种自然资源的世界"。这里所说的可持续发展包括自然环境

---

① 本文《道德经》中引文及部分解读来自：陈鼓应《老子今注今译》，北京：商务印书馆，2003年。

② 王弼注、楼宇烈校释：《老子道德经注》，北京：中华书局，2011 年，第 98 页。

③ 王弼注、楼宇烈校释：《老子道德经注》，第 141 页。

④ 詹石窗、胡瀚霆：《〈道德经〉"玄同"思想新探》，《中州学刊》2018 年第 1 期。

⑤ 《变革我们的世界：2030 年可持续发展历程》，https://sustain able development un. org/content/documents/94632030%20Agenda Revised%20 Chinese%20translation.pdf.

和人类社会两个方面。正是基于这一语境，本文是从广义范围使用"生态和谐"，亦即它不只是指人类与自然环境的和谐状态，还包括各国内部以及各国各地区之间的和谐关系。这种语境中的生态和谐是人类可持续生存发展的基础和保障，也是构建"人类命运共同体"的前提条件。

这种生态和谐有着众多相互关联的层次和侧面，我们可以大致把它划为四个层次。第一层面是天人和谐，也就是人与自然的和谐。这里的自然，除了地球生态环境，还有地球之外与人类相关的宇宙环境。我们既要看到人类在地球上的活动对地球生态的影响，还要看到人类对太空的开发所带来的负面影响，如人类在探索宇宙的过程中有意无意地遗弃在宇宙空间的垃圾给人类的太空开发和利用带来很多潜在的严重威胁。鉴于这一严峻形势，制定太空交通规则势在必行。将视野从遥远的太空拉回到地球，人类对地球的过度开发，导致地球生态遭到严重破坏、天气不断恶化、海平面持续上升、各种自然灾害频繁发生。地球的自然环境与生活其上的人类休戚相关，将保养宇宙自然、绿色发展的理念落实到国家地区的决策和人们的日常工作生活之中，这是生态和谐的最基本层次。和谐的第二个层面是东西方、非发达国家与发达国家之间的和平共处和平发展。没有国与国之间的和平相处，焉有人类命运共同体？和谐的第三层面是国家地区内部各民族之间、地方政府之间以及政府与社会团体之间，社区之间的和谐共存。没有社区等基本单位的和谐，焉有整个社会的和谐？没有社会的和谐哪有国家民族的和谐？没有一国之和谐，何谈国与国的和平相处？第四层面是人与人的和睦相处。就人与人而言，有不同种族、文化、阶层、宗教信仰、地区、性别、工作场所以及独立型与依赖型个体之间的和睦相处。恢复和保持人类与自然环境社会环境的和谐状态，极其重要的一点是要有国家、地区安定和谐的社会环境，国家、地区发展过程中与自然环境的良好关系。

在构建人与自然这个和谐的命运共同体方面，《道德经》有着丰富的思想资源可供借鉴。《道德经》对两千多年来中华文化的价值体系、思维方式、社会心理、伦理观念、审美情趣等方面产生深远影响的一个方面是"天道决定人道、人道服从天道"这一人类行为需要遵循规律的文化观、思维模式的建构。《道德经》第25章说："有物混成……寂兮寥兮，独立不改，周行而不殆……吾不知其名，强字之曰道，强为之名曰大。大曰逝，逝曰远，远曰反。"超越民族、国家地区和意识形态的圆满自足的"人类命运共同体"既如无声无形（寂兮寥兮）的"道"般，又是一个不随地区、民族或国家的变动而消亡的变体、动体（"周行而不殆"，"独立不改"）。

25章接着说："故道大，天大，地大，人亦大。域中有四大，而人居其一焉。人法地，地法天，天法道，道法自然。"三国时王弼认为："法，谓法则也。人不违地，乃得全安，法地也。地不违天，乃得全载，法天也。天不违道，乃得全覆，法道也。

道不违自然，乃得其性，法自然也。法自然者，在方而法方，在圆而法圆，于自然无所违也。自然者，无称之言，穷极之辞也。……道法自然，天故资焉。天法于道，地故则焉。地法于天，人故象焉。"①"天"取法"道"，即"天不违道，乃得全覆"，而"道"则以自然为指归，"道不违自然，乃得其性"，"道"的本性是自然，内无矛盾外无冲突的理想状态。

"道"作为先秦文明一个核心级别的概念，在《道德经》不同章句中，含义不尽相同：有时指世界的本源，有的指规律，而有的"道"则意味着人生的一种准则或典范。第21章中"惟道是从"的"道"指规律。"惟道是从"说明遵从"道"是实现或达到和谐的根本准则。气候异常、环境恶化、跨国犯罪等种种，都是人类逆道而行所致。《道德经》告诉我们，人与自然的和谐相处，除了遵循"道法自然"这一根本原则，还应当做到"知和""知常""知足""知止"。李约瑟在《时间与空间中世界精神的方方面面》中说："道家思想在某种程度上代表了人心渴望从整顿社会秩序回到自然界的沉思。"从这个角度看，当代生态文明建设还有必要回归传统价值资源，践履那些历久弥新的理念。"天道决定人道、人道服从天道"这一最基本级的生态文明理念理应成为建构"人类命运共同体"的重要内容。

《道德经》第34章通过道生养万物，使万物各得其所、各适其性而不加丝毫主宰来宣扬顺其自然而"不为主"的理念："大道泛兮，其可左右。万物恃之以生而不辞，功成而不名有。爱养万物而不为主，常无欲，可名于小；万物归之而不为主，可名于大。"《庄子》发展了《道德经》的思想，《庄子·秋水》提出"以道观之，物无贵贱"，《庄子·齐物论》通过"天地与我并生，而万物与我为一"进一步明确人是自然的一部分这一观点。这些林林总总的阐述启示我们，天地是人类赖以生存、发展的前提条件，而人只是道、天、地、人这四"域"中一部分，不是大自然的"主宰者"或"统治者"，应该放弃那种人定胜天、傲视万物的肤浅霸气。人类要想给自己一个持续生存、发展的良好空间，就应该尊重"道""天""地""人"，亦即尊重各种自然和社会发展规律，协调好人类发展过程中自然和人类之间的各种关系，而不能妄自尊大，肆意破坏自然和社会生态。这里含有建设人类命运共同体所需的开阔视野、宽广胸襟和平等相待等丰富的思想资源。

《道德经》第42章又提出："道生一，一生二，二生三，三生万物。万物负阴而抱阳，冲气以为和。"万物通过和谐的"道"而产生，又在和谐互依中生存发展。因此，在世间万物相互关联的世界，和谐作为"道"生万物的机制，是"道"的本质属性。不仅如此，《道德经》还认为无处不在的对立两方通过"和"而统一，如第2

---

① 王弼注、楼宇烈校释：《老子道德经注》，第66—67页。

章说："有无相生，难易相成，长短相形，高下相盈，音声相和，前后相随，恒也。"因而"和"是《道德经》中十分重要的一个概念。建设"人类命运共同体"，需要各方面、各环节、各因素协调联动。第 55 章提出，通过"和之至"可以达到"德之厚"，"知和曰常，知常曰明"。通过最充分的"和"达到最深厚的"德"；认识"和"就能懂得"常道"，就能进入高明的境界。《道德经》的这些阐述启示我们，在建设人类命运共同体的漫漫征途中，不谐是必然存在的。我们没有必要也不能无视或掩饰不谐。如果我们正视不谐，稳妥地协调好它们，不谐可以转化为和谐。

　　《道德经》还对如何才能和谐亦即实现和谐的途径做了诸多阐述。就国之道来说，国家与国家之间要相互谦让，相互信任，大国要担负起主要责任，帛书甲本第 61 章说："大邦者下流，天下之牝，天下之交也。牝常以静胜牡，以静为下。故大邦以下小邦，则取小邦；小邦以下大邦，则取大邦。故或下以取，或下而取。大邦不过欲兼畜人，小邦不过欲入事人。夫两者各得所欲，大者宜为下。"大邦小邦"各得所欲"的前提是：大邦要谦让包容以赢得小邦的信服，小邦要谦让以取得大邦的信任。这里蕴含着国与国、地区与地区之间怎样才能和谐共处、共同发展的思想。人类能否和平相处，在很大程度上取决于国与国、区域与区域之间能否通过各种有效途径协调好彼此各种关系以实现共同发展。就君之道而言，《道德经》主张"处无为之事，行不言之教"，对人一视同仁："善者，吾善之；不善者，吾亦善之。"（49 章）超越简单粗暴的尊卑、贫富、善恶，平等对待域内民众，因人而异、因事而别、因地制宜地协调纷繁复杂的不谐以达成和平安定，共同进步，持续发展，是治国理政的重要目标。就人之道来说，要"挫其锐，解其纷，和其光，同其尘"（第 56 章），还有"知常容，容乃公"，"不争""上善若水"等等，这就意味着通过协调身心以及自身与他人的关系，是人与人和睦相处的重要途径。尊重他者、包容差异、消解分歧、化解对立、协调发展等实现世界和谐的理念和途径蕴藏在以上诸多阐述中。

二、平等尊重是建构人类命运共同体的原则

　　和平、进步、发展是人类高扬的旗帜，而实现这一理想的前提是平等尊重他者，协调好阻碍共同发展的各种关系。这就要求在建设人类命运共同体的过程中不仅要看到强国大国的引领和建构作用，也要看到弱小国家地区适应过程中所产生的积极影响，充分发挥相关各方的能动作用，以实现各方效益的最大化。平等尊重作为普世价值，存在于文明政治、经济、文化、道德、艺术和社会生活各个方面，具有丰富的内涵和众多维度。伦理谱系语境中的平等尊重作为一种道德规范，具有一定的可识别性、稳定性和可交往性，制度谱系语境中的平等尊重构成各主体之间交往赖以延续的基础和保证，而精神谱系语境中的平等尊重则具有价值源点和逻辑前提的

意义。著名心理学家威廉·詹姆士认为："自以为有资格对别人的理想武断，正是大多数人间不平等与残暴的根由。"强者大者要时刻警诫自己，尊重他者，杜绝乱作为，方可赢得他者的尊重，吸引他者积极主动地参与。《道德经》主张通过"无为"达到"无不为"对建设人类命运共同体有着很强的借鉴意义。

老子语境里的自然既没有外在的压力，又没有内在的冲突，与现代通常意义的既有美好也有弱肉强食的残忍的自然界不一样。而要实现这一理想状态，《道德经》57 章说："我无为而民自化，我好静而民自正，我无事而民自富，我无欲而民自朴。"落实到人类命运共同体层面来说，就是强国"无为"这一行为，会让弱国在避免冲突和动荡的过程中"自化""自正""自富""自朴"。哈耶克曾告诫学者："社会研究者认识到'自己的知识有不可逾越的障碍'，便应懂得谦卑为怀的道理，不至于再去充当那些极力想控制社会的狂妄之徒的帮凶；这种做法，不但会使他成为自己同胞的暴君，并且可以使他成为一种文明——它不是出自哪个头脑的设计，而是通过千千万万个人的自由努力成长起来的——的毁灭者。"[1] 不理解他者因而不承认、不接受，会形成人与人之间、国家民族与国家民族之间的隔阂，甚至相互争斗。这些隔阂、争斗出现的一个重要原因是普遍意义意识的缺乏。所谓普遍意义，"意味着在认同别的生活方式乃合法要求的同时，人们将自己的生活方式相对化；意味着对陌生者及其他所有人的容让，包括他们的脾性和无法理解的行动，并将此视作与自己相同的权利；意味着人们并不固执地将自己的特性普遍化；意味着并不简单地将异己者排除在外；意味着包容的范围必然比今天更为广泛。道德普遍主义意味着这一切"[2]。平等尊重应是普遍主义题中之义。在发达国家和其他有余力的国家提供各种帮助的同时，众多欠发达国家和不发达国家各显神通"自化""自正""自富""自朴"的发展之路正是建设人类命运共同体的有效途径。

不少人以为《道德经》回避对立，否定矛盾，其实不然。书中涉及了大量处于相反相对的概念和状态，如有无、难易、长短、高下、美丑、福祸、雄雌、牝牡、先后、亲疏、利害、贵贱、轻重、动静、前后等。只不过老子不只看到似乎势不两立的状态，还洞察到它们之间互为前提的相依，如第 2 章"有无相生，难易相成，长短相形，高下相倾，音声相和，前后相随"；"天下皆知美之为美，斯恶已；皆知善之为善，斯不善已"。老子还发现，它们不仅互依对方而生，而且因它们各自所呈状态是不断变化而会相互转化，如第 58 章说："祸兮！福之所倚；福兮！祸之所伏。"有鉴于此，《道德经》一再希望世人要持赤子（"婴儿"）之心，归真返朴。第 56 章

① 弗里德里奇·哈耶克：《哈耶克文选》，冯克利译，郑州：河南大学出版社，2015 年，第 608 页。
② 包亚明主编：《现代性的地平线——哈贝马斯访谈录》，李东安、段怀清译，上海：上海人民出版社，1997 年，第 137 页。

劝导世人淡化乃至杜绝分别之志："故不可得而亲，不可得而疏；不可得而利，不可得而害；不可得而贵，不可得而贱。故为天下贵。"庄子在《齐物论》里对自然万物的合理存在和独特价值给予充分肯定："物固有所然，物固有所可。无物不然，无物不可。"在构建人类命运共同体的过程中，需要秉持公正的原则，充分尊重他者的存在和发展，超越通常意义上的亲疏、利害、贵贱，摆脱这些感情与倾向的左右。

这些有关价值取向多样性和道德判断多向性的阐述启示我们，面对观点不尽相同、立场有差异、利益有分歧的他者，要站在高处，眼光放远，包容异族异国异域的各种差异，平等对待当前看似弱小的后进者，超越个人、国家、民族、地区的分歧，尊重异于己的制度、观念、信仰，做到强不凌弱、富不侮贫，扩大凝聚共识。这样，才有可能通过多渠道多途径有效协调，实现不同信仰、制度的地区和民族国家良性互动，增进相互理解、相互信任，化解文明之间非根本性、非原则性的冲突，共同发展，形成文明的合力；共同滋养，协同努力，建构同呼吸、共命运的人类命运共同体，走向人类光明的未来。

三、共建共享是建构人类命运共同体的途径

《联合国宪章》序言①中说，为保护人类和尊重人权，需要"力行容恕，彼此以善邻之道，和睦相处"。这就意味着国家、地区的强大，不仅仅是政治、经济和军事实力等的增长，地位的提升，还是责任的增强，包括强不凌弱、富不侮贫。联合国《发展权利宣言》②第 3 条指出，各国发展"……需要充分尊重有关各国依照《联合国宪章》建立友好关系与合作的国际法原则。各国有义务在确保发展和消除发展的障碍方面相互合作。各国在实现其权利和履行其义务时应着眼于促进基于主权平等、相互依赖、各国互利与合作的新的国际经济秩序，并激励遵守和实现人权"。平等互利、合作共赢、共建共享是建构人类命运共同体的重要途径。《道德经》中有不少规劝人类体恤同类、反对战争、和平共享、努力担当的内容。借用这些资源对那些影响共同发展的关系进行有效协调，有利于不同国家地区的和平发展。

物质、权力和荣誉等的追逐都可能引向不同范围不同程度的冲突。减少贪欲是避免冲突进而与他者共享发展成果的前提。《道德经》认为"祸莫大于不知足，咎莫大于欲得"（46 章），因而主张保持素朴，减少私欲（19 章："见素抱朴，少思寡欲"），以避免因为人性的不知足和欲得之本能驱使人们去做于他人不利的事。老子一再劝导世人，尤其是强者，不可任性不可有占有的冲动，而要养成与他人分享自

---

① 《联合国宪章》，http://www.law.lib.com/law/law-view.asp?id=296684&tdsourcetag=s_pcqqaiomsg.

② 联合国：《发展权利宣言》，http://www.scio.gov.cn/ztk/dtzt/34102/35574/35577/document/1534188/1534188.htm.

己劳动所得的习惯。第 2 章有言："是以圣人处无为之事，行不言之教；万物作焉而弗始，生而弗有，为而弗恃，功成而弗居。"这就意味着人们尽可以顺其自然地"生"和"为"，但努力所得却不应擅自居为己有。这里的"弗有"（不据为己有）、"弗恃"（不自恃己能）、"弗居"（不自我夸耀）和"无为"等就是提醒世人不可居功自傲，要抑制甚至消解一己的占有冲动或贪欲，以杜绝各种纷争，实现与他人他邦他国安然相处。

在第 51 章，老子把"生而不有，为而不恃，长而不宰"称之为"玄德"。"玄德"之尊贵在于不干涉所生万物的成长，而任其自我化育。《道德经》主张强者收敛锋芒，平息纷争，柔光敛耀，混同尘世（"挫其锐，解其纷，和其光，同其尘"），切不可恃强凌弱。不仅如此，《道德经》还倡导一种援助共享意识，如第 77 章中提倡"损有余而补不足""有余以奉天下"，彰显的是一种主动济困情怀。而从"利万物而不争"（8 章）、"衣养万物而不为主"（34 章）等表达中，看到的是"为而不争"（81 章）的奉献精神。这些包含奉献的共享不能仅仅理解为发展后对发展成果的共享，而是一种发展过程中的全程共享。虽然不同国家地区之间是平等的，但特定时空里的国家地区毕竟有大小强弱之分。万紫千红春满园，补齐短板，相互适应，避免相互掣肘，有助于整体增效。因此，为了能够持续和平相处，强者大者做出一些牺牲，这也是人类长远发展所需之担当。包括中国在内的有实力的国家和地区在平等尊重的基础上积极主动参与全球发展，广泛地参与解决全球热点问题和地区冲突，协调好不利于共同发展的关系，有利于世界的和平发展以及"人类命运共同体"的形成。

《道德经》不仅主张和平共享，主动担当，还流露出强烈的反战意识。第 30 章起始就旗帜鲜明地亮出自己的观点："以道佐人主者，不以兵强天下"（以道辅助君主的人，不靠武力逞强于天下）。其理由有二：一、"其事好还"，亦即战争极有可能会陷入永无休止的恶循环怪圈；二、战争造成灾难后果，"师之所处，荆棘生焉；大军之后，必有凶年"，有如曹操在《蒿里行》里"白骨露于野，千里无鸡鸣"所描绘的那样。正因为战争会造成如此不堪的惨状，在老子眼里，兵器是不祥的东西，人们厌恶它，有道之人是不会使用它的（31 章："夫兵者，不祥之器，物或恶之，故有'道'者不处。"）若非"不得已"被迫抗暴而应战，必须以丧礼的仪式来处理。如果取得胜利，也不应得意："胜而不美，而美之者，是乐杀人。"（31 章）"杀人之众，以悲哀泣之，战胜以丧礼处之"（31 章）。这种弥足珍贵的悲悯之心彰显"消除战争，实现和平"的现代理念，蕴含着伟大的人道主义基因，有助于消解各种潜在冲突因素。

有了和平的环境，有了蕴含奉献精神的共享，有了悲悯之心，有了积极的担当，有了相互协调的方方面面，就有了"各美其美，美人之美，美美与共，天下大同"

的可能。

四、稳步推进是建构人类命运共同体的要求

在建构人类命运共同体的过程中，尽管不同国家地区的经济结构具有一定的互补性，有利于相关各方产业协同经济发展，从而有可能实现更高程度的一体化；各国家各地区的互利联动也有利于粮食安全、气候变化、网络攻击、环境污染、跨国犯罪等问题的解决，但是，任何国家、地区的行为都离不开自己的文化土壤和现实国情，都会受政治、经济等权益之约束，更多遵循看得见的现实主义逻辑，因而成员越多，规模越大，政治、文化、经济差异越大，从而相应增加公共产品的供应成本和协调成本，造成推进的实际进展往往落后于政治意愿的情形。

在推进人类命运共同体的过程中，要充分吸纳各方智慧，深度准确研判国内外现实，脚踏实地地与时俱进，不能轻率，不可急躁冒进。在这方面，《道德经》也为人类命运共同体的建设提供了有益的思想资源。《道德经》第60章有一句妇孺皆知的名言："治大国，若烹小鲜。"这是说，治理大国就如同烹调小鱼。在古人那里，烹饪小鱼可不简单，而是一个涉及不同食材搭配、翻炒、火工和甘、酸、苦、辛、咸等味调和之事的系统工程。

《吕氏春秋》中伊尹劝商汤致力于王道时有此一喻："调合之事，必以甘、酸、苦、辛、咸。"调和之事以什么为佳呢？伊尹说："久而不弊，熟而不烂，甘而不浓，酸而不酷，咸而不减，辛而不烈，淡而不薄，肥而不腻。"《左传·昭公二十年》晏子将调味和声之理引申到治国理政上，他对齐景公说："先王之济五味，和五声也，以平其心，成其政也。"若引申到构建人类命运共同体，就是要努力实现各国各民族和睦相处，和谐发展，其最佳境界就是"万物并育而不相害，道并行而不相悖"。

要烹饪出"熟而不烂"的美味小鲜，火候的把握至关重要。那么，怎样才能把握好火候呢？伊尹说："五味三材，九沸九变，火为之纪。时疾时徐，灭腥去臊除膻，必以其胜，无失其理。""先后多少，其齐甚微，皆有自起。鼎中之变，精妙微纤，口弗能言，志不能喻。若射御之微，阴阳之化，四时之数。"掌握好火候不仅要循理数，还要合道术，这就意味着它既是一个技巧复杂的艺术活，又是一个艺术高超的技术活。老子曾说："重为轻根，静为躁君。是以君子终日行不离辎重，虽有荣观，燕处超然。"（26章）引申到构建人类命运共同体，步履要稳健，切不可好大喜功，哗众取宠，急躁冒进。

而要烹饪出"久而不弊"的美味小鲜，翻炒不能频繁。《诗经·桧·匪风》毛传云："烹鱼烦则碎，治民烦则散，知烹鱼则知治民。"唐玄宗注曰："烹小鲜者，不可挠，治大国者不可烦，烦则伤人，挠则鱼烂矣……此喻说也。"翻炒要恰到好处，不

能频繁，动作幅度不能过大，否则就会出现鱼碎、夹生或焦糊等不如意的现象。"治大国，若烹小鲜"，建构人类命运共同体亦然。在借用人类政治、经济、文化、科技等各种手段统筹兼顾特殊与普遍、多样与统一、多元与融合的过程中，一定要"如履薄冰，如临深渊"地协调好各方各种关系，切不可掉以轻心，任性妄为。

那种"如履薄冰，如临深渊"很容易让人想起《道德经》中的"玄"。"玄"字在《道德经》中出现过 12 次，既有独字而行的，也有结伴而行的。"玄"不只是指颜色。张岱年在《中国哲学大纲》中提出："玄的观念，亦即道的观念之变相。"① 也许可说其为"道"之表征，有深奥莫测之意。如果说《道德经》中有一个词接近"人类命运共同体"所指，"玄同"（第 56 章）也许是一个不错的答案。"人类命运共同体"不是一个静止的概念，而是一个动态共同体，而要变成现实，非有"玄之又玄"途径和艺术不可。正是在这种意义上讲，"人类命运共同体"是一个具有"道"色或者说"玄"色的概念。也是从这个角度讲，在推进"人类命运共同体"的建设过程中，即便有郢匠挥斤那样的实力，有庖丁解牛那样高超的技艺，在协调处理各种关系的过程中也要慎之又慎。

五、结语

通过生态和谐、平等尊重、共建共享、稳步推进几个关键词粗线条地将《道德经》和"人类命运共同体"勾连，可以看到《道德经》从哲学、认识论、方法论等方面为建构"人类命运共同体"提供了诸多的借鉴。给协调推进"人类命运共同体"建设带来的启示是多方面的。黑格尔说，传统并不是一尊不动的石像，而是生命洋溢的，有如一道洪流，离开它的源头越远，它就膨胀得愈大。这是因为那些优秀传统中充满勃发活力的部分在回应各种现实挑战中不断被创造性转化、创新性发展。从这个角度看，当下对优秀传统文化继承、阐释，影响着当下人们对现在以及未来的思考。如欧洲就曾一再返回到古希腊去汲取智慧，尤其是 14—16 世纪的文艺复兴，更是为欧洲为世界带来了光耀全球的科学与艺术。相信《道德经》中丰富的理念、思想、主张、追求等资源会助力"人类命运共同体"绕过对抗、冲突、战争的礁石，驶出贫富分化、环境恶化、军备竞赛的误区，到达安全、平等、祥和、繁荣的理想彼岸。

① 张岱年：《中国哲学大纲》，《张岱年全集》第 2 卷，石家庄：河北人民出版社，1996 年，第 66 页。

老子"无为而治"与哈耶克"自发秩序"的思想比较

文卫勇　孟晶晶*

内容提要：老子的"无为而治"作为其政治思想的核心，是其思想中的重要组成部分；而哈耶克的"自生自发秩序"同样贯穿在其整个思想体系之中，作为哈耶克学术研究的重点。纵观古今中外，偶然中发现了老子的"无为而治"与哈耶克"自生自发秩序"有着一些相似之处，如老子的"道法自然"与哈耶克的"自生自发秩序"，老子的"道"与哈耶克的"一般规则"等。比较分析发现两者思想亦存在一些差异，如：老子的"无为"与哈耶克的"自发秩序"、老子的"道"与哈耶克的"一般规则"等。然而，这些差别只是表面上的，两者政治思想中所蕴含的意义和价值才是所需要认真思考的问题。老子的"无为而治"和哈耶克的"自生自发秩序"，两者都追求自由，同时都尽力限制政府的权力。这也是老子的"无为而治"与哈耶克的"自生自发秩序"的理论价值和意义。

关键词：无为而治　自发秩序　政府　自由

哈耶克是一位出色的经济学家、政治学家，老子则是中国最伟大的哲学家。两者虽然生活在不同的时代，但他们的思想却可以超越时间和空间的限制碰撞在一起。对哈耶克和老子进行比较的研究已有不少。殷海光是众多学者当中比较早的探讨哈耶克与老子的思想的人，但他并未深入地分析两者思想的关联性。台湾学者石元康可能是最早提出并论证老子思想与哈耶克的思想有相似之处的人，对哈耶克的"自发的秩序"思想与老子的"无为而治"思想进行了比较研究，得出的结论是两者思想在结果上有许多相似之处。[①] 大陆学者对哈耶克和老子的研究，基本上是在比较和探讨两者思想的契合性。沈湘平认为老子和哈耶克的思想是貌合神离的。分别从三

---

*　文卫勇（1971—），男，江西吉安人，南昌大学公共管理学院民族宗教事务研究所所长，教授，研究方向：中国政治思想史、宗教管理。孟晶晶（1992—），女，山西晋城人，南昌大学公共 管理学院硕士研究生，研究方向：中国政治。

①　石元康：《当代自由主义理论》，上海：三联书店，1997 年。

个方面对两者的思想进行了比较分析。① 葛水林提出了与石元康相左的观点,认为老子与哈耶克的自然秩序的哲学依据和性质都是不同的。② 而盛洪分析了两位思想家相同的地方,立足于经济学的视角分析得出西方自由主义经济学的自然秩序思想源于中国老子的道法自然思想。

一、"无为而治"与"自发秩序"之同

在老子"无为而治"思想中,"无为"既是一种治国之道,也是一种符合道的行为和价值准则。但是老子政治哲学思想中的"无为",则仅仅是治理国家的一种手段、途径或方法。"无为"的结果和效用是"无不为"。只有统治者做到无为,才能有无不为的效果。所以,无为政治的最终目标和落脚点还是无不为。老子"无为而治"的根据和基础就在于"道"本身就是无为的。

哈耶克的"自生自发秩序",是在一个正常的社会秩序中,每个因素所处的地位,是由各个元素相互作用下所产生的,并非有一个内在的或外在的力量左右,是在普遍的规则这个概念基础上的。

所以,道家的"无为而治"与哈耶克所提出的"自发秩序"虽有差异,但结果有许多共同点,本文将从如下几个方面来阐述两者之间的共同点。

(一)"道法自然"与"自发秩序"

老子思想中的核心概念——"自然",是道所推崇的最高价值原则。"道法自然",强调没有外力的干扰,强调事物的内在性、延续性(即势当如此)等,反对的是"伪"。而哈耶克的"自发秩序",同样反对人为设计,追求顺应事物发展规律。

自然和自发秩序分别是老子和哈耶克思想体系中的核心概念,也是其追求的最高价值原则。老子的自然和哈耶克的自发秩序,都强调自然是最高的价值和社会秩序,反对人为的设计和安排。"无为而治"和"自发秩序",都是令人意外的结果,人们按照计划追求各自的目标,形成了一种无意识的结果。所以,在社会秩序上,老子和哈耶克都将自然作为最高的价值和遵循的基本原则。

老子提出"人法地,地法天,天法道,道法自然"③,主张建立自然的社会秩序,反对统治者的管理和干预。老子以"自然"为原则,以"无为"为方法和途径,试图建立一个"自然无为"的社会秩序。

---

① 沈湘平:《老子与哈耶克自然秩序思想比较》,《齐鲁学刊》2001 年第 1 期。

② 葛水林:《此自然秩序与彼自然秩序——也谈老子的无为而治与哈耶克的自生自发秩序》,《浙江学刊》2002 年第 6 期。

③ 老子:《道德经》第二十五章,北京:中国华侨出版社,2014 年。

哈耶克强调"自发秩序"的自生自发性。他将秩序分为两类：一类是特定秩序，也称为组织秩序或人为秩序，是人为设计和计划形成的；一类是"自生自发秩序"，独立于人的意识之外，由个体间的相互作用而形成。哈耶克的"自生自发秩序"是对前人思想的总结和发展。所以，自发秩序的形成是一个自然、无意识的过程。这一形成过程说明了"自发秩序"的自生自发性，它并非人们的刻意创造。作为一种"自我生成的或源于内部的秩序"，① 可能会优越于那些在权力中心指导下所构建的秩序，它能综合使用所有人的知识和技能，同时也会使各种运用这些自发秩序的力量的结果成为可能。

（二）"道"与"一般规则"

老子与哈耶克都强调自然秩序。但是在日常生活中，自然秩序常被人误解为一种自然主义或无政府主义。事实上，秩序是一种有规则、有规律的状态，而老子的"道"和哈耶克的"一般规则"则是秩序的另一种表达。

老子的"道"既是万物的规律，也是万事万物存在的基础，同时也演化出一般的规则、原则等。天地人，自然与社会，君与民，都因道而存在。所以，老子说"孔德之容，惟道是从"，② 而尊道则需要自然无为的思想，因为"无为"的自然秩序也是道的一种体现。哈耶克的"一般规则"是由习惯、传统、法律等构成的，它平等地适用于所有人。只有在规则系统的环境中，自然秩序才是可欲可求的。由此可见，哈耶克的"一般规则"就像老子的"道"，它的建立只是为了给人们创造有利条件，进而使其完成自己的目标。如在自由市场经济中，大家都没有一个共同的目标，每个人只有自己的目标，但他们都不知道自己与他人有什么样的关系，每个人为了实现自己的目标，他才参与到社会秩序中，随后与其他成员发生关系。老子的"道"与哈耶克的"一般规则"都是其自然秩序的核心。所以，无论是从两者的客观性、抽象性还是普遍性来说，"道"与"一般规则"都有相似之处。

因此，老子的"道"与哈耶克的"一般规则"具有引领作用，并非命令或强迫。每个人要做什么都是由自己做决定的，即在遵守普遍规则基础上，每个人都有做某事的自由。这个规则就是老子的"道"和哈耶克的"一般规则"。

---

① 哈耶克著、邓正来译：《法律、立法与自由》，北京：中国大百科全书出版社，2000 年，第 54 页。

② 老子：《道德经》第二十一章，北京：中国华侨出版社，2014 年。

二、"无为而治"与"自发秩序"的差异

（一）"道"与"一般规则"的差异

老子的"道"与哈耶克的"一般规则"虽有一些相同之处，但两者之间还是存在一些差异的：

第一，从各自的形成上看，二者存在差异。

老子的"道""有物混成，先天地生"，[①] 道先于宇宙而产生，是宇宙和万事万物的总规律，同时也是其存在的基础和动力，独立于人之外。而哈耶克的"一般规则"，是在所有人无意识和目的的相互作用下所产生的，是人们在适应不同环境的过程中所形成的，是人们之间相互作用的结果。因此，哈耶克的"一般规则"与人之间的作用是双向的；老子的"道"与人的作用是单向的。所以，从这一角度来看，人的主观能动性是一样的，只是各自的形成和作用方式不一样。

第二，各自的作用范围可能不一样。

老子之"道"不仅在社会的宏观层面起作用，同时还作用于人的精神层面。而哈耶克"一般规则"只是一种社会规范，只能作用于人类社会的范围之内，而"道"能作用于天地万物的各个方面。并且，"一般规则"只能规范人的社会行为，而"道"能够促进人的道德修养、丰富人的精神世界。所以，宏观和微观层面，老子的"道"都优于哈耶克的"一般规则"。

第三，老子之"道"表现为内在性，而哈耶克的"一般规则"表现为外在性。

老子之"道"作为万事万物应当遵循的总规律，不仅制约人们外在的行为规范，同时也内化为人们内心深处对道的遵从，"道生一，一生二，二生三，三生万物"，[②]道既然孕育了万事万物，那么万事万物就都具备了一种道性，即一种内化的特性；哈耶克的"一般规则"仅仅是一种社会准则，是人们应当遵循的规则，它与法律、正义等联系在一起。"一般规则"主要表现为一些惯例、制度等，这些规则是人们在社会生活中自生自发形成的，更接近于法律、制度等形式，是存在于事物之外的规则，具有外在性。

第四，老子之"道"具有先天的稳定性，而哈耶克之"一般规则"则是动态的、变化的。

老子的"道"作为规律、规则，不仅具有独立而不改，同时具有"周行而不殆"的特点，[③] 即老子之道自产生起就无须经过任何完善，道虽然是一个动体，不间断地

① 老子：《道德经》第二十五章，北京：中国华侨出版社，2014年。
② 老子：《道德经》第四十二章，北京：中国华侨出版社，2014年。
③ 老子：《道德经》第二十五章，北京：中国华侨出版社，2014年。

运转着，但它并不会随着运转变动而消失。而哈耶克的"一般规则"会随着时间的变化而不断进化和改变。一些规则的制定是偶然的，而后在实践中不断地进行检验，通过优胜劣汰，最终成了一般性的规则，所以整个社会的一般性规则就是经过历时性，缓慢地进化和改变，不断推陈出新以更好地顺应社会的发展。

（二）"无为"与"自发秩序"之间的差异

表面上看，老子的"无为"与哈耶克的"自发秩序"有一些相似之处，但两者之间亦有些不同，以下从两方面来阐述两者间的差异。

第一，无为与自发秩序建立的基础不一样。

哈耶克的"自发秩序"与老子的"无为而治"设计不同。"自发秩序"基于正当规范基础上，这是向"法治"演进必备的动力和条件。哈耶克认为"社会文化经过长期的发展演变，自发形成了一些规则，最终成为自生自发秩序。这种自发形成的内部规则如若作为正当规范，必须得到统治者的认可和服从，整个社会，也就最终按照这些规则进行统治。因而'自发秩序'在一定程度上限制了统治权力。规则表现出来的普遍性、稳定性以及合理性，促进了竞争和合作，为西方世界的繁荣提供了动力支持。规则反过来又保护了秩序本身，最终实现整个和谐安宁。这就是'法治'。"① 所以，哈耶克的"自发秩序"建立在法律的基础上，即"自发秩序"的发展方向是走向法治。

老子的"无为而治"建立的基础是要求统治者少私寡欲，无为而治，以道为最高价值准则。同时要求民众做到无知无欲，无为而生，尽量降低和限制个人欲望。这些只能通过内心对道的遵从及自我约束来实现。因而可以发现，在如何实现"无为政治"上，道家并没有提出具体可行的方法和制度，没有提供有效的途径来限制统治者的权力，也没有相应的制度来限制民众的欲望。"我无为而民自化"，② 显然，对统治者如何实现"无为而治"，道家依据的只是理论上的说劝，而没有制度上的建构。所以，老子政治思想上的缺陷在于说教大于实践，"无为而治"思想没有提供有效的具体方案，所以在很大程度上还是人治。

第二，老子与哈耶克"无为"之间的差异。

哈耶克推崇自由主义，因而他的"自发秩序"建构在自由主义的基础上。从个人主义的角度出发，强调维护人的多种自由，包括经济、政治以及思想自由等。在这些自由中，经济自由是基础，实行市场经济是实现经济自由的途径。自生自发秩

---

① 陈林林：《无为而治和自发秩序：历史的耦合和分殊》，《苏州大学学报》2010 年第 4 期第 65—68 页。

② 老子：《道德经》第五十七章，北京：中国华侨出版社，2014 年。

序是让市场充分发挥调节作用,在市场中让人们进行自由竞争。因此,市场经济就是一种能保证人的自由的"自发秩序"。表面上哈耶克的"自发秩序"也是提倡"无为",但"哈耶克是个人主义论者,他的视角集中于作为主体的个人,而政府、国家、社会只是其存在的'环境'。哈耶克的'无为'实质上是不受制于他人的强制,外在的、他人的'不作为'"①。

而老子与哈耶克"无为"思想的视角不一样。《道德经》中的"无为"既是治国之本,又是修身之道。"无为"是手段、途径和方法;而"无不为"则是无为的结果和效用。在治国方面,老子强调的"无为",并不是什么都不做,而是提倡有限度地、主动地去为,如老子指出圣人"弗能为",就是贤明的人不做通常人所做的事,如控制、操纵等;或不用通常人的方法做事,如急功近利等。此外,老子还提出要"辅万物之自然",这里的"辅"也就是"为",辅助万物正常、自然发展,万物兴盛,百姓自得,这就做到了"无为而无不为"。所以,"道家无为而无不为的关键是创造有利于万物自然发展的条件和环境,使万物能够健康发展,就达到了'无不为'的效果"②。

所以,老子与哈耶克的"无为"是不一样的,哈耶克的"无为"仅仅要求政府在对自由的尊重和保障的基础上,对"自发秩序"不能干预和扰乱。从主体角度来看,老子的"无为"是主动的无为,是源自内在的"无为",执政者必须为万事万物的发展提供有利的环境上和良好的氛围,是一种积极的"无为";而哈耶克的"无为"则是被动的"无为"。

三、"无为而治"与"自发秩序"的意义

虽然老子"无为而治"与哈耶克"自发秩序"思想之间存在一些差别,但他们理论中落实到具体的实践层面,两者都追求自由和有限政府,所以在本质上是相通的,这也是两者思想理论价值的深层意义。

(一)自由至上

自由这一概念来自西方,中国古代思想中基本上没有对自由的提法及定义。但老子思想中存在自由的思想,老子有关自由的思想蕴含在他的"自然"之中。老子的思想中的"自然"指事物自然而然的状态,是不被外力所主宰的一种自我发展的状态。而在西方,"自由"更多时候指的是人的一种权利,然而这种区别只是表面的差异。当老子的"自然"用在自我发展上,且这种自我发展被认为是不容侵犯的时

---

① 沈湘平:《老子与哈耶克之自然秩序之比较》,《齐鲁学刊》2001年第1期第29—35页。
② 刘笑敢:《老子古今》(上),北京:中国社会科学出版社,2006年,第484页。

候，"自然"就从一种事物发展状态变成了一种权利，所以在老子"无为而治"的思想中，人的自然发展不容侵犯，在这种情况下，"自然"就可以理解为"自由"。

老子所强调的"自然"和"无为"，看似是对统治者执政的要求；其实本质上是在极力维护普通民众的自由生活，要求统治者尽量不侵犯和干扰他们的正常生活，保障民众的一些权利和自由。所以，老子的"自然"思想蕴含着自由因素。道本身就是自然，就有自由，所有的事物都是在道的恩惠下自由、自在地发展。

自发秩序是哈耶克思想体系的核心，哈耶克强调自发社会秩序的三个基本要素，即自由、竞争和规则，其中自由是基础，是自发秩序实现的前提条件。哈耶克有时称自由为"个人自由"或"人身自由"。[1]在他看来，个人是否享有自由以及享有多少自由取决于他能否期望按自己的目标有所行动，或者决定于他人是否有权利强迫他以使他按照别人的意志行事。因此，哈耶克的自由主要就是要划定一个私人领域，在此领域中，民众可以不受他人专断意志强制，自己可以为所欲为。

自由首先反对的就是强制。这是哈耶克自由的第一个特征。哈耶克通过论述强制、干预来阐述自由的内涵。由此可以看出，哈耶克的自由是指一种没有强制的状态，所表现的就是人与人之间的关系。所以，哈耶克自由的另一个特征就是自由是人与人之间的关系。不自由是因为受到了他人专断意志的强制，即人为因素而造成的。人是否有自由，并不取决于人是否有选择，有自由的人不一定存在选择的余地。

所以，自由在老子"无为而治"的思想中表现为一种状态，这种状态就是没有任何的强迫，自由是"无为而治"的体现和表达。哈耶克自发秩序中的自由与老子之自由意义上是相通的，强调的是事物存在的一种状态，同时也是二者思想理论中给予众人的生活中的价值和意义。

（二）有限政府

在西方政治史上，宪政的核心本质是对政府权力进行法律上的限制。宪政的根本目的就是"限政"，即从某个领域出发，对国家机器进行一定程度的限制。霍布斯运用"利维坦"来论证强有力的政府对于维护社会秩序、避免"战争状态"的必要性。但如何控制这只怪兽，想方设法为政府设置种种限制，却变成了人类政治史上永恒追求的目标。当前，许多思想家开始慢慢接受了这样一种观念，即，"政府是必要的恶"。一方面，政府在社会公共生活中发挥着非常重要的作用，然而，另一方面，政府拥有的巨大权力成为其"恶"的重要原因。政府是一把"双刃剑"，有"为善"的可能，也有"为恶"的可能；基于这样的考量，人们总结经验教训，构建了"有

---

[1]　哈耶克著：《自由秩序原理》（上），邓正来译，北京：三联书店，1997年，第4页。

限政府"。"有限政府"的核心理念包括人民主权、权力制衡、依法行政、司法独立在内的宪政制度等，试图从各个领域和层面对政府的权力进行规范制约，目的在于限制政府的"有为"。所以"有限政府"指的是政府权力、职能和规模受到宪法和法律的约束。

中国限制政府权力的问题上，受封建制度影响，虽没有像西方那样充分探讨和论述，但却有着对"君与民"的理论和思想论述。在中国的诸子百家中，对限制政府权力的探讨方面，道家可能算是比较深刻的。老子提出的"无为而治"，主要是给人们自由的空间，让人顺应自然、顺性而行。提倡无为而治的真正意义在于限制政府权力。

老子"无为而治"论述的是"君"与"民"的关系。他的"无为"并不是什么都不做。"老子讲无为，绝不意味着无所事事、不做事。所谓无为，字面上看是全称否定，实际上否定的是会造成冲突、付出巨大代价而效果不好的行为。这种否定是对另一种'为'的肯定，即可以避免冲突并能达到更高效果的'为'。即'无为而无不为'。'无为'是方法、原则，'无不为'是效果和目的。"① 老子在《淮南子修务训》中提到，无为并不是什么都不做，而是提倡做事顺应客观规律，做该做的，不该做的绝不做。老子无为的政治理论主要针对的是统治者（政府），是对统治者提出的执政要求，倡导执政者对人民不做过多干预，给百姓充分的自由，让其发挥主观能动性。

虽然西方自由主义在不断地发展，其理论也在不断地做修正，而实际上，真正主张最低限度政府的人，目前可能只有哈耶克、诺齐克及弗烈德曼等少数人。哈耶克强调自生自发秩序，在这种秩序中，哈耶克认为政府在管理上应该发生改变，没有必要再为整个社会共同体制定统一的目标或任务，并集中财力和物力去实现这一目标，而仅仅只需要把自己的功能限制在提供公共安全、保障产权与公正规则等方面的实施上，政府任何的有为或对社会的干预只会导致对正常自发秩序的破坏，会引起利益之间分配的不平衡。

在哈耶克的理论体系中，自发秩序是一个抽象的整体，是以各种因素的相互作用为基础，理想的政治应该是建立在自发秩序上的有限统治。在这种统治中，应该是大社会、小政府，人们应享有很大限度的自由，最好的政府是管得最少的政府。所以，哈耶克极力反对政府干预，认为政府干预会扰乱整体秩序并阻止整体秩序的各个部分相互作用，政府的干预在一定程度上会导致权力的滥用，因为这些干预行为是以牺牲其他人利益的方式而使另外一些人获益。因此，在自发秩序的建构下，

---

① 刘笑敢：《老子古今》（上），北京：中国社会科学出版社，2006年，第388页。

对政府权力的控制是必需的，建立有限政府显得尤为必要。这和老子的无为而治思想刚好相契合。老子的"无为而治"和西方的"有限政府"，共同之处就在于努力限制政府权力作用的范围和程度，尤其是限制其对社会生活的干预。

总之，自由与有限政府既是哈耶克的"自生自发秩序"理论中所探讨的基本问题，同样也是老子"无为而治"的政治思想中力图保障的方面，值得人们更进一步探讨和研究。

四、结语

每一位思想家都会受其所生活的时代中的诸多因素影响，具体说来包括经济体制、文化传统、社会制度等的重要影响。这种影响对每位思想家的思想所起的作用是不同的，因为每位思想家的思想都是分层次的。层次越浅的部分越具体，与现实的联系也就越紧密，因而受时代条件的各种因素的影响也就越大。而随着层次的深入，抽象性的提高，与现实之间的距离增大，受时代条件的影响也就越来越小。思想家思想中层次最深的部分甚至可以超出时代条件的限制，得出一种可以跨越时代而仍然具有重大价值的抽象性的理论。在政治学所研究的范畴之内，政治哲学思想就是这样的深层次的部分。也正因为如此，虽然老子与哈耶克两位思想家是一中一西、一古一今的，但他们的政治哲学思想仍然是可以比较的。比较的结果，必然时同时异，但相异的部分主要是受时代的各种因素的影响，因而这种"异"相对来说是浅层次的。相同之处主要是两种思想中可以超越时代与环境的影响的部分，因而这种"同"是深层次的。老子的"无为而治"和哈耶克的"自生自发秩序"，两者都追求自由，同时都尽力限制政府的权力。这也是老子的"无为而治"与哈耶克的"自生自发秩序"的理论价值和意义。

《道德经·下篇》——传统视角下构建理想国度的典章

孟祥君*

内容提要：老子作为先秦思想巨擘，不仅其理念传承千年影响至今，而且以《道德经》理论基础的"浮屠邦"建立，充分证明了"道学"体系在指导人类政治生活时，所能发挥出的巨大效用。尽管老子善于从"辨析有无""多寡对立""自然道法"等哲学角度看待问题，但《老子·下篇》中以"求德"、"恒一"、"尚同"为本的建国内涵，以"融君道入大道""后治人先全己""居天下心成圣人心"为基的理政原则，以"淳风""顺化""谦德"为源的治国手段却可以被切实应用到当代政治国家建设发展过程中的许多方面。运用综合眼光解析《道德经·下篇》，不仅可以抽象出中华民族在传统视角下构建理想国度的基本预期与标准，更能由此提取出老子学说中庞大的现代价值，帮助于重拾中华民族的文化自信，从而为开创新时代中国特色社会主义理论体系提供借鉴。

关键词：老子 道德经 道 治国理政

前言

《道德经》作为传世之经典，道家之总纲，中华民族文化之精粹，其影响绝不仅限于拥有"全球第二大印刷量出版物"的"头衔"，且居于《圣经》之下。《圣经》是"创世纪"以来，西方文明在观念领域的抽象化集合，工业革命的巨大成功使得其独有的思想内涵寓于资本主义理论焕发出新的光环，一度成了其他国度传唱研习的"典范"。由此可见，任何思想的影响能力必然与其具象程度息息相关。《道德经》并未直接引发人类社会的科技进步，也未能在西方"文艺复兴"和"启蒙运动"中为当时世界"主流国家"（资本主义）的发展方向提供指导。在这种意义上，《道德

---

* 孟祥君（1995—），男，黑龙江牡丹江人，黑龙江大学硕士研究生，专业方向：中国近代法律制度。

经》影响力不若《圣经》似乎情有可原。然而，当老子受函谷关关守尹喜之邀，留五千言"普度众生"时，当老子将思想形态转变为国家形态，开坛布道、浮屠建邦时，他便已经不再是一个"亦智亦疯"的单纯思想家，实现了从"灵魂导师"向"现实领袖"的质变，并以潜性手段影响中国千年。自此老子思想，便逐步成了中华民族传统文化的重要标签，承载了传统视角下中华民族对于理想社会的种种设想与试验，具备深究甚至回归的庞大价值。

老子和他的《道德经》虽然不能在应用层面独立支撑起中国的传统文化自信，但随着越来越多的当代学者选择采取"外儒内法，实然为道"的论调总结中国长达两千年的社会形态内涵（专制社会为主），便足以从侧面反映出老子《道德经》之影响从时间维度上已然超越《圣经》良多。并且，从具体内容上来看，《道德经》中反复出现的"和谐""利民""尚德""守道"等观念，正逐渐蜕变为中国特色社会主义道路实践过程中，任何文明、任何族群都无法忽视、无法否认的"中华民族性格"。老子从未直言"专制"，专制社会得其思想中的"体用"部分便可绵延两千年而不曾中断。倘若能够将《道德经》中老子真正意图表达的思想精粹凝练出来，其现实意义必将更加非凡。

科技进步所引发的人类文明跨越式进步，也只能在特定历史时期内发挥巨大效用，这种依托"有形"介质造就的影响必然会随着"发展峰值"的远离而逐渐淡默下来。老子在思维层面对"理想社会"做出的构建，尽管充斥着"朴素""空想""玄牝"等特性，但无法否认的是：这种描绘能够超越时间、地域、种族、文化的限制，为社会发展提供更加稳定、持续的动力。毫无疑问，"浮屠邦"的幻灭使得"老子理想国"迎来重大挫折，然而《道德经·下篇》中，有关"为人""为君""为政""为国"的深邃内涵仍然值得每一个具有"社会主义和谐理想"的贤德之士去拜读、发掘。

一、"平衡有无"的建国基础与建国内涵（有无）

《道德经》和"浮屠邦"的诞生，并非源于对理国度的直接追求，而是期望对"征伐""暴政""混乱"等社会现实实施救赎。老子认为"有无"的对立是道学世界中最为基本的一种哲学生态，"有用为无""存利为有"，实现二者间平衡能够最大化地贴近"自然"，解决许多现世问题。于是，在此种朴素辩证立场的支持下，老子总结出传统世界观中打造理想国度的必备基础与内涵，即：在"求德"与"无德"、"尚一"与"得多"，"有同"与"无异"三对矛盾关系中，做出妥善辨析。

（一）"求德"与"无德"

老子身处东周，限于时代环境，难免惯以"礼乐"成缺做"治乱"标准。自周王庭同室操戈开始，群雄并起、征伐连年，百姓自危而生产遭戮，诸侯失法而生灵涂炭。"德行""善念"本应是每个社会成员的天然属性，在当时却要依靠载体参照进行区分，造成"上德不德，是以有德"，"下德不失德，是以无德"的局面。随着人类对自然认知的逐渐深化，难免会涌现出一部分以"先知先觉自居，试图指引众生"的所谓智者，他们举止虚浮，自以为是，做出伤害他人的事情而不知，还会误导世人迈入"愚钝"的境地。此种意义上而言，东周残酷社会状态的产生，源于对"德"概念理解的多样性，正因为人们对"德"的认知产生分歧，才会导致个体行为出现巨大差异，从而诱生矛盾、爆发冲突。

老子云："上德无为而有以为。下德为止而有以为。上仁为之而无以为。上义为止而有以为。"（《道德经·第三十八》）个体人的意识千差万别，万难统一，依据各自立场，可归纳成"有为"与"无为"两种表现。倘若社会成员不处于客观的社会生活中，且互不干预，则对"德"的差异性感知会被限制在个体行为以外，根本不会造成负面影响。但当自认为崇尚"周礼"的政治权力主体，因无人响应其思想观念，而捋袖强拉他人遵循时，所有身在周朝的独立成员都将被强行置于一个混沌杂乱、危机四伏的社会中难以保全。这种通过"有无"纷争，强加给别人的"礼乐宗法"，就好比"对立"和"统一"共生同运，本无第一性可言，当"对立"率先产生且具备主导属性时，"统一"就将变得脆弱松散，随时有被打破的可能。老子由此得出：失去道后有德，失去德后有仁，失去仁后有义，失去义后有礼，礼才是万恶源头的结论。或许道、德、仁、义、礼这五种"物化后的精神"并不存在老子所述之列的前后次序，再或者他们都是"因人而异"的独特属性，却都在"有无"取舍间的不同表现使得原本自然、简约的事物变得牵强、烦琐。

对于治国者而言，权力对比与权力制约关系上的先天优势并不能作为他们时刻强迫普通民众顺从归附的理由。"周礼"本是构建和谐、保持稳定的正向规范，当为政者因求"礼"而"有礼"时，必定会导致失去更多统治权稳固所必要的东西。老子在《道德经·第三十八章》中所谈的论德，便是旨在言明："是以大丈夫处其厚，不居其薄。处其实，不居其华。"的道理。倘若为求"有为"而胡作非为，为求"外物"而横征暴敛，为求"量多"而巧取豪夺，终将失去赖以生存的"本真"。"有无"本是相对概念，过分独专一途，潜在平衡力就会发挥效用，将事物发展陷入相反结果的囹圄中。

（二）"尚一"与"得多"

老子认为："一"与"多"不仅是单纯的数理概念，而是一种脱胎于"有无矛盾"中特定的自然联系。因此，周王室的衰落趋势是由其"求有""重外""思多"的为政立场所必然导致的极端结果。王室道统有杂，而诸侯群起；群雄图谋天下，而国家状若散沙。人们在处理"对立统一"问题时，往往倾向于率先营造前者，而把后者当作终极目标。造成：杀伐之本质是和平，争斗之动力是和谐，复杂手段背后是过分简单之目的，繁华外表下是无比空洞之内心的扭曲表现，这与"道学"中万物生成之"内外统一"原理几近完全相悖。

在老子看来，世间万物生成存在的合理性寓于"一"中，"一"便意味着"初始"与"源生"，是抽象化、简约化的本质与原始推动力。在原始社会向封建社会过渡时期，人们已经对物质世界产生了较为朴素的认知。天清、地宁、神灵、谷盈乃至万物生长都是受人力因素影响的客观存在，他们的表现形式各异，却始终展现出无法否认的独立属性。老子将生成客观世界的原因归结于"得一"，归结于根本规律，绝非为了大谈"孤立""神秘""不可知"的形而上之言论，而是和牛顿通过科学手段发现三大物理学规律后所处境况类似，限于认知条件影响，不得不将具体的力学原理升维至"上帝之手"，方能将逻辑梳理清楚。和牛顿不同，老子没有因为真理难求，便索性转入神学领域，他将这些尚不可知的因素当作指导行为的理论前提，再通过神秘玄牝的思辨逻辑对"凡尘"事物做出定义。简单来说，人间统治者的权力地位来源于对"一"的肯定，任何独立个体都没有资格不受"一"的限制而凌驾于他人之上。反之则会遭受和"天无以清将恐裂；地无以宁将恐发；神无以灵将恐歇；谷无以盈将恐竭"（《道德经·第三十九章》）一样的灾厄。

对于治国者而言，老子在《道德经》第三十九章当中已经对其应守之"一"做出确切说明。即："故贵以贱为本，高以下为基，是以侯王自谓孤、寡、不谷。此非以贱为本邪？"（《道德经·第三十九章》）王权来源于下层民众，从数量上来看，统治阶层一定远远少于被统治阶层，若想保证少数人的权力地位，就要率先令多数人的权益有所保障。老子在"遵一、求多"问题上同样引入了辩证法的概念，认为多寡相伴而生，缺一不可。王侯自称"孤寡"就是要以保护多数人为行为动力，令权力主体放弃极端的"求有""求外""求多"理念，回归自然，回归本真，专民之"一"事，乃至"珞珞如石"质朴无华，方能长久无祸。

（三）"有同"与"无异"

所谓"反者道之动"，面对万物变化的复杂性和表现形式的多样性，即便大智若老子，同样没办法将其一一缕清。《道德经》第四十章中的"道反"思想并非单纯强调原理领域"不可感知"，总呈现出循环往复的囚笼态势，而是重在突出"发展变化"和"运动辩证"。老子之所以倡导"弱者道之用"，就是因为看到了群雄起，天下乱；王室强，百姓苦的事实，才发觉：过于强势、专注只会令自己失去赖以存在的根本基础的客观规律。

老子曾言："天下万物生于有，有生于无"，此间"有、无"均是观念集合，没有具体指代。此段论述的真实基点在于承认世间一切客观存在均有源头可溯，任何具备"有形载体"的事物都由其内在"无形机理"而决定。因道法原理玄牝，难以捉摸，不同主体通过不同的物化形式所总结出的规律定然不尽相同，于是认知差异也是与道同"一"的体现。客观而论，老子描述"上士闻道，勤而行之；中士闻道，若存若亡；下士闻道，大笑之；不笑不足以为道"（《道德经·第四十一章》）的现象应无主体境界上的高下之分可谈。以治国理政为例，所有形态的社会机制中都难以避免社会成员间会出现的行为差异。因为，社会分工决定社会定位，社会定位决定社会功能，社会功能产生社会心理，社会心理引发社会行为，只要社会分工存在，那么任何成员表现出的个体行为只要满足自身分工便可定义为"合理"。在这种意义上，社会成员处于同一国家内，统一是前提，分化是条件，此间"异同"不具有完全对立的属性。可知，"有无"同源、"内外同源"、"多寡同源"，均是对道生之"一"的自然回馈。

老子引用《建言》中："明道若昧，进道若退，夷道若纇；上德若谷，广德若不足，建德若偷，质德若不渝；大白若辱，大方无隅，大器晚成，大音希声，大象无形"的语句，来例证"同异"观点，无非就是向世人阐述万物在表现形式上具有的先定多样性，"有形"和"无形"在恒定矛盾统一体中往往会展露出不同特点，二者间反映出的内涵甚至可能大相径庭。在如此规律中，国家统治者表现得越强势，其统权地位便越不牢固。若想"开万世太平"必定先从自身入手，强己且示弱，效仿道的作用机制，"善贷且成"，在精神层面与民众达成统一，在承认治国"有同"之际正视角色"无异"，方能依靠自然之力构建理想国度。

老子的治国理政思想均源于其对"道"的感悟与理解，上述《道德经》中从三十八章至四十一章的内容紧紧围绕建国之本在于"众民"，建国内涵在于"唯道"而展开。《道德经》第四十二章中所谓："道生一，一生二，二生三，三生万物。万物负阴而抱阳，冲气以为和"的观点就是对当时周朝战乱纷争的抽象化总结。万民同源却相互伤害，"有无"皆"道"却顾此失彼，此般背自然的行径必定遭受自然规律的反噬，建国利民的基础一定应从构成这一行为的本身出发，君先为"君"，引导民之为"民"，和谐稳定国度方可成矣。

二、"回归自然"的为君之道与治国之道（自然法）

在老子眼中，万物生成均有其源头可溯，均有其原则可遵，他通过思辨的方式先将国家产生之基础和内涵赋予了人格化的自然特质，强调个体"内醒合道"的必要性，进而化繁为简地把"治国之道"寓于"为君之道"当中，为执政者治理国家指明了一条相对简单的自然大道。

（一）"君道"与"大道"

《道德经》上篇中曾言明，君王诞生是道法作用下的自然现象，即"域中有四大，王居其一焉。人法地，地法天，天法道，道法自然"（《道德经·第二十五章》）。这意味着王权地位由"道"决定，王权行使受"道"制约，万不可胡作非为。虽然君王为四"大"之末，但只要将"君道"寄托在"大道"之中，便可集"四大之力"统御万民。其中原理和具体做法于《道德经》第四十三及四十五章中有着重提及。

老子认为，事物属性虽源于主观，但的确于行为过程中存在难易之分。想要切开坚硬的东西，寻找硬度更高之物过于困难，此时应当转变思路，扩展出"以柔克刚"之法，是"朴素辩证法"①在现实生活中的具体应用。老子之所以在探讨治国之道时引入"天下之至柔，驰骋天下之至坚"（《道德经·第四十三章》）的概念，是因为领导民众本就十分困难，且社会成员总会表现出"道法物化"过程中固有的多样性，使得君王与万民一旦发生对立亟待解决时，便等同于妄图"驰骋天下之至坚"。君民矛盾时常源于"有欲"，欲望滋生必定导致行为极端。在权力对比关系上，民众始终位于王权之下，倘若君王再以"有为"心态面对民众"有欲"状态，无异于将事情发展拖入到穷极恶境的无尽深渊当中，与"反者道之动"的辩证运动原理相悖，令矛盾越发扩大。因此老子提倡"吾是以知无为之有益。不言之教，无为之益"的观点。毕竟国家治理活动以处理矛盾为常态，"有无"伴生，兼顾二者，在"有欲"前提下善用"无为"，才是尊崇道法原理的体现，才更易解决问题，更能受到积极的回馈。

"大成若缺，其用不弊。大盈若冲，其用不穷。"（《道德经·第四十六章》）越发强势的个体为了寻求自然平衡，必须保持"示弱"姿态。政治权力主体已经具备普通民众难以比拟的先定特权，更应当懂得"大直若屈，大巧若拙，大辩若讷"的道理，在精神上给予万民基本尊重，善于显示出自身不足的一面，从而抑制民众"嫉强"心理的滋生。在"君民矛盾统一体中"，"强弱"对立会诱发暴政，民众为了保持自身生存空间不被压迫，必然试图构造"强强对立"模式，导致矛盾双方冲突加

---

① 原理与马克思主义辩证法类似，因生成较早且无具体归纳，因而以"朴素"一词冠之。

剧。因此，君王善用"无为"与"示弱"营造"弱弱对立"环境，不仅利于实现"天下希及之"的效果，更是将"君道"融入"大道"的体现。

（二）"治人"与"全己"

道学善谈"一"，劝诫世人不仅要努力认识并回归本源，还需内外协同、恒定原则、一以贯之。君王虽为"四大"，状似"尊贵"，负有统御万民之职，但也在"人"的范畴之中，在发挥其职能、行使其权力之前必须先认识到其本质属性即"人"。假使"君"不会为"人"，便相当于从认知上背离"道法"，导致肆意妄为，在合法性上失去"一"的支持，所做出的种种行为也将不再具备合理性。

为君必先为"人"，老子在《道德经·下篇》第四十四章和第四十六章中对君王处世原则做出了最为基本的界定。在道家世界观中，矛盾同样具有普遍性，当处理特定事物须应对主次方面的选择时，必须采取"知足""知止"的欲念立场。老子曾追问"名与身孰亲？身与货孰多？得与亡孰病？"（《道德经·第四十四章》）"欲望"是构成行为的原始动力之一，当基本生存需求得到满足时，过分追寻生存需求以外的事物，就会引发本末倒置、因外失内的消极结果。故，有言："甚爱必大费，厚藏必多亡"（《道德经·第四十四章》），此原理的应用不仅局限于处理生命和财产间冲突，同样，面对"内外"相择时，必以"内"为主，重视本源，方可妥善解决问题。君王执政，民为内，功名、利禄、威望、财产皆为外。普通民众社会影响能力较弱，放任"私欲"的危害也相对较小；若君王横征暴敛，巧取豪夺，便会使得整个国家陷入混乱，民不聊生。《唐雎不辱使命》中曾言"匹夫之怒"与"天子之怒"的伴生关系，映射出在国家生活中，无论君王或民众哪一方做出过于极端的行为，都会滋生社会中的不稳定因素。结合群体基数和影响力等因素，引导帝王阶层相对容易，积极效果也更加明显，由此可知：担负社会职能越多的人，越应当学会"俭欲"。

在《道德经·第四十六章》中，老子以马的"功能属性"变化做比喻，劝导世人保持"有限"观念。当马仅用于耕种时，天下清明太平；用于战争时，天下动乱纷争。倘若没有私欲，把马固定在其原本功能上，就能符合自然规律，从一定意义上避免纷争，发挥出"知足"的应有作用。与声名、财产、得失一样，国家发展同样需要依托外物、以追求物质丰富为基本保障，但若因此超出达到某种政治效果所能担负的"自然"承载力，发展也就失去了意义。况且，再完善的事物也会存在某些不足，国家治理没有尽头，追求"有形"极致时，常没有端正思想更能解决问题，何必因分"尚多"而破坏初始"恒一"。老子提出"静胜躁，寒胜热，清静为天下正"的论调也许过于理想化，存在片面夸大精神影响力之嫌，但在私欲横流的环境下，为政者采取明晰"无为"、正己"知足"，先行治己、再思治人的立场终究能在很大程度上避免因违背自然而带来的无妄之灾。

（三）"圣人心"与"天下心"

修身以修心为本，治国以治心为基。"道学"是一种庞大且严密的世界观，是一个将万物生成及运动规律全部于概念层面抽象出来的理论体系。因此，老子尤为重视对思想意识方面的引导，也凭借其学说中"和谐""自然""无为""重民"等精神在"浮屠邦"建制过程中赢得了大量社会基础。老子一向主张"圣人治国"，希望通过高尚人格的引领促成"天下浑心"，以更好地治理国家，具体过程和作用原理于《道德经》第四十七至四十九章中有较为详尽的描述。

老子学说中频繁论及"一"的初始性和功能性，所谓"圣人无常心，以百姓心为心"（《道德经·第四十九章》），暗含的理论基点便是意图通过营造君臣思想意识的趋同化，从而提高国家治理活动的实际效率。实现这一目标的前提需要先使"君王"具备"圣人"特性，即"善者，吾善之；不善者，吾亦善之"以及"信者，吾信之；不信者，吾亦信之"（《道德经·第四十九章》），如此方能拥有"德善"与"德信"[①]。当君王如"圣人"，"圣人"如孩童，回归淳朴自然时，无需另外采取繁复举动便能"劝民愿归"。这是对"道法"原理中"恒一"与"自然"的切实运用，君王不应因民众的个性意识而频繁更换基本立场，也不应因环境复杂而失去对淳朴本真的判断与追逐。《道德经》第四十八章的主题是劝人"忘知"，所谓"为学日益，为道日损。损之又损，以至于无为"。表面上老子在劝诫世人"放弃知识"，实际上是在强调应摒弃带有过分主观色彩的个性"认知"。如果物质世界的一切概念唯有被投映在观念世界中才能被人知晓，其"存在"才能被认可。那么，为君者不应时刻揣度、悱恻民心，自作主张地根据孤立判断自行其是；而应在放弃极端化的个性意识，并回归自然时，牢牢把握住在精神层面同万民立于一处的机会，活用"以无事取天下"的内涵。

若君王真正能够做到与万民同心，便相当于将国家成分中的"多"化为本源的"一"，由其产生的所有"后天行为"都会受到"先天规则"的肯定，治理活动将不再繁复，治理进程将不会南辕北辙，治理效果将不再陷入"为渊驱鱼、为丛驱雀"的尴尬境地。老子之所以敢言理想社会必定："不出户，知天下。不窥牖，见天道。其出弥远，其知弥少"（《道德经·第四十七章》），是因为当君王做到合天人、合道法、合自然以后，他本身就会化为"域中四大"之一，成为具体规则制定的参与者和践行者。国家内的所有要素都会被置于一个"统一规律体系"当中，各司其职、

---

    ① 高亨曾言此处"德"应"读为得"，取"得到"之意，可考。

各行其是、各得其用。君王只有回归"本源"，以天下心为本心，建国育民，沿用"道生一、一生二、二生三"的原理模式，才能展现出"无为而无不为"的理想状态。

纵观老子在为君王治理国家时提出的种种规定，始终不曾离开"无为"二字。但是他所崇尚的"无为"绝非佛门中常言的"放下"，道学的"无为"是手段，是立场，是途径，不是唯一目的。正是因为老子看到了私欲控制下，社会成员间普遍展现出的"离心、离德、离善"等非自然现象，才会劝诫君王将自身之道融入自然大道，在治人前率先正己，且以天下心为本心，方能使得自身真正化为"人间主宰"。由此可见，老子在治国理念上侧重于对君王提出规定，表面上以"人治"为主，实际上却将当代政治社会中的"宪政思想"融入至"道学体系中"，以"神秘法则"暂代"宪政法则"的方式规范为政者行为，并且在引入自然道法概念后，更能令国家治理活动具备现实合理性。

三、"淳朴谦德"的治国思想与治国手段

治国理政属于道学思想中的"物化范畴"，这意味着打造理想国度不仅需要对"有无"观念做出合理辨析、将为君之道融入自然大道等精神层面建设，更需要具体的治国思想和行为手段作为依托。《道德经》第五十七至第六十一章从为政、顺民、外交三个层面对此做出专门论述。

（一）为政以淳风

虽然老子习惯将精神领域归到影响事物发展的首要位置上来，但这不意味着他会否认一切"有形手段"的客观作用。正所谓："以正治国，以奇用兵，以无事取天下"（《道德经·第五十七章》），圣人特质明显的领导者在组织国家生活时，也需要具体问题具体对待。只不过顺应自然者将器物层面视为达成理念目标的必要手段，自以为是者则将这些手段视作统治活动的全部。倘若君王放弃"自然格局"，即便再擅长技淫奇巧，也无非是在专营"小道"，难以满足架构理想国度的要求。

君王需兼济天下，是众人意志的实现者及维护者。事物固有的多样性不仅体现在表现形式上，更令个体间主观意识千差万别，这意味着为政者没有可能面面俱到地满足每一个社会成员的客观追求，也无法在这一过程中完全规避个体间的利益冲突。于此种视角上，君王治国只能更加倾向于营造"无为气氛"。毕竟，概念的具现效率始终跟不上源于物质的意识追求，统御万民的关键不是无限度地将他们的理想变为现实，而是为社会成员提供一个清明和谐的客观环境。倘若君王过于专注为民众提供直接的物质保障，而忽略对整体社会氛围的改观与引导，就会出现"天下多忌讳，而民弥贫；民多利器，国家滋昏；人多伎巧，奇物滋起；法令滋彰，盗贼多

有"（《道德经·第五十七章》）的可悲现象。制定法令、发展经济、科技进步相对于淳化政风而言必定简单许多，然而"道"在原理维度赋予王以"大"的地位，令其统御万民，王若将"有为"手段作为担负起自然职能的主要依托，无疑是对治理活动中改善潜性社会环境之必要过程的主观回避，更是对"真宰道法"的亵渎。

王一旦遵循"道法"，就会受到自然的"庇护"，其行为产生就会具备庞大的示范效果。这也是老子敢言"我无为而民自化，我好静而民自正，我无事而民自富，我无欲而民自朴"（《道德经·第五十七章》）的真实动因，也是通过行为影响意识的具体表现。在老子眼中，过分注重手段会令精神陷入认知误区，而精神取向是构成行为的内在因素。东周时分，天下动荡、征伐不断，最需要通过改变整体社会心理的方式，从根本上令社会成员走出引发动乱的思想根源。如果帝王能够做到为政淳风、清静无为、无所欲，更无所争，就有可能影响社会成员回归"自然"。老子的"无为"是破局之举，为安定和谐之理想状态构思出可行条件。

（二）重民以顺化

《道德经》第五十八章所载"其政闷闷，其民淳淳。其政察察，其民缺缺"不仅反映出政治主导下的社会环境对执政效果的巨大影响，同样指出教化民众对于治理国家而言的重要作用。从"矛盾统一"的角度来看，"为政风气"和"民众意识"并无先后次序之分，二者对于国家治理而言同等重要。但是从道衍万物的原理来看，君王在社会集合中担负着更多的职能，这意味着君王不仅要营造自然淳朴的整体气氛，更应主动育民，劝其顺化。

客观评判某个国度的执政效果时，一般会从"社会氛围"和"民众生活"两个方面入手，前者依赖于君王特质，后者表现于民众获得感。君王合道，以身化自然虽可为营造和谐气氛提供大量客观基础，但若自做自事，一味"无为"，而忽略组成社会的主体是数量上占有绝对优势的普通民众，同样难以达到"统一共荣"的治理效果。况且，个体民众间的所谓"幸福感"，在先天多样性的影响下难免具有差异，甚至诱发分歧，滋生矛盾，在物化层面难以协调万众。于是，将分化、零散的民众意识尽可能地集中到同一维度上来，令含有多样化的价值取向展现出归同趋势，方能有效地满足每个民众的个性化需求。对于具体事物的主观定性符合辩证法原理，即老子所言的"祸兮福所倚，福兮祸所伏。孰知其极？其无正也，正复为其，善复为妖"。人们在物质判断上的分歧越大，社会环境于潜性层面就越难以达到"和谐"。君王行事必定有所取舍，倘若民众意识难以趋同，治理行为必将只能令少部分人受益，任何执政集团的努力都将被视为专制行径。君王便不再具备"一"的特性，社会只能陷入无尽的争斗当中。

老子认为，真正的圣人君主应当做到"圣人方而不割，廉而不刿，直而不肆，光而不耀"（《道德经·第五十八章》）。按照先前逻辑，若视君王行为为客观，群众对其行为的认同程度当属客观，如果民众意识复杂多样，对君王行为的定性自然不尽相同，"无为"理念将失去运行的可能性。因此，国家治理必定先以塑造民众"性格"为本，唯有生成协同且自然的普遍社会心理，君王的种种合道利民举动才能获取社会成员的信任。所谓"攻心为上"，客观事物的发展总会受到主观意识的巨大影响，君王引领的观念塑造虽不能令所有人的认知模式完全一致，也应尽可能地以自然原理教化民众，如此方有机会全面实现"大同"。

（三）临邦以谦德

老子凭借自身对理想社会的憧憬，所建制出的"浮屠邦"并非"世外桃源"，理想社会也是国家，同样需要君王、民众、法律、领土、生产等必备要素，同样需要面对与他国交往等外事活动。"小国寡民，老死不相往来"突出不事"对立纷争"的概念，没有在苛求极端的"遗世独立"，其外交思想主要体现在《道德经》第六十一章中，以崇尚"谦德"作为国家间和谐相处之应具原则，描绘出自然视角下的"国际关系"形态。

老子国家理论力图构建具有普世性质的理想国度，此等社会倡导兼容并包、吸纳万民，在"先天多样性"的自然原理作用下，老子同样没有否认其他国家产生存在的合理性，认为不同"政治行为主体间"的联系不可忽视。国有大小，有强弱，不存在各方面完全等同的两个国度，因此老子采取"大小"视角对国家间关系做出"大国不过欲兼畜人，小国不过欲入事人"的界定。在老子看来，两个国家一旦产生联系，必定有可以相互满足的利益联结点。由于大国和小国间存在某些实力方面的客观差距，倘若大国恃强凌弱，或小国极具排斥心理，那么双方难以形成良性矛盾统一体，更没有办法实现双赢。因此，《道德经》第六十一章中提出："故大国以下小国，则取小国。小国以下大国，则取大国"的理论，将国家间造就和谐关系的法门放在是否保持"谦德"立场上。在两千多年前的古代，通讯水平与交通工具的限制令人们的活动区域局限在较小范围，由地缘决定的临邦外交，是任何国家都难以回避的主要交往来源。客观环境无法选择，依赖思想转变促进外交活动趋于和谐常态，是一个理想国度应当采取的对外策略。

老子本身就具有建设"大国"的心态，单从社会基础上来讲，"浮屠邦"建国来源可以超出亚洲范畴、辐射爱琴海海岸便足以证明《道德经》中外交主要针对"大国"。所谓："大国者下流，天下之交，天下之牝"（《道德经·第六十一章》），能力强大者往往担负更多职责，但担负职责所带来的庞大权力并非其昂扬姿态、目空一切的理由。在老子看来，"大国"好比外交活动中的"雌性"，而"牝常以静胜牡，以静为下"（《道德经·第六十一章》），态度的谦卑是其强大能力的表现，且在良性统一体中，双方关系越和谐，强者所能获得的收益越多。因此，努力发展成为强国，保持谦德卑逊的姿态，才是最为"自然"的临邦立场。

综合而论，在道学体系中，治国需淳风，需顺民，需谦德，只要营造好社会气氛、引领好民众意识、处理好友邻关系便能"大治天下"。其实有关治国思想与治国手段的内容，简单来说可归纳为"以道莅天下"。老子在《道德经·第六十章》中已经做出过形象比喻，即："治大国若烹小鲜"，治国同烹饪一样，须合乎"自然"，追寻本质属性。凭"道"治国，不仅可以保持国家稳定进步，还能避免许多人力控制以外的问题，是老子治国理政思想的精粹内涵，应当予以继承与发扬。

四、结语

"浮屠邦"的建立令老子实现了从理论设计者向理想实践家的巨大蜕变，《道德经》作为"浮屠法"的原始蓝本，不仅是老子世界观的集合，更将其治国理念及处世方法以道学独有的模式呈现出来，描绘出一幅传统视角下的理想国度。即：在文化方面提倡尚德、归一、和谐；领导方面主张圣人治国、兼济天下；社会方面营造淳朴风气、劝民顺化；对外方面做到敦厚礼遇、谦德临邦。这些打造传统意识中理想国度的要素，已经超越了历史与社会环境的局限性，与当代民主和谐社会之追求实现共鸣。可见中国传统文化中的精粹内涵不仅对当时有影响，更是已经通过时间的检验，证实深具挖掘和传承的必要。

主流文明影响世界的渐变过程，往往从软实力增长开始，以大规模文化渗透为表现，以思想体系逐渐被证伪而走向没落。实现中华民族的伟大复兴是当代中国正在担负、且最为急迫的历史重任，若想令复兴之路符合主流文化兴起之演变规律，就必须将深究传统和重塑理论作为现实切入点。中华民族能否再次雄立世界民族之林的关键，不仅在于能否开展以发掘传统民族精粹为主要形式的复兴活动，更在于如何把握经历"中国式文艺复兴"后推进"启蒙运动"的发展方向。政治国家的理想化进程绝不能仅仅依靠强制和硬性实力，应将发展资源首先放在推动"脱胎于民族精神和传统惯性的新时代思想逻辑"形成上。显然，老子学说便是满足这一要求的传统精粹。

纵观世界各民族历史，从雅典诸神到罗马正教，从北欧神话到印第安先民。在长达五个世纪的人类文明进化历程，几近均寓于玄牝恢宏的宗教文明当中。老子《道德经》是集合思辨性、宗教性、现实性为一体的文化经典，是古代中国文明发展过程中的重要主线。以"外儒内法，实则为道"概括中国传统社会思想结构的做法虽然过于简略化，但中华文明精粹汇于"道法"的论调绝不是无稽之谈。实证角度而言，老子"道学理论"定然是形成最早，传承最完整的思辨体系，若不重拾，放任流逝，不仅是对传统，对历史的亵渎，更是在阻塞原本已然明朗的进阶之路。历史是存在惯性的，这种惯性如果不遭受肆意的自发式破坏，一旦梳理发扬，必然可作指导前进的典章。

以应用视角浅解《道德经·下篇》，可以将老子思想中有关"万物生成""物化原理""矛盾辩证""运动发展"等哲学内容定位成逻辑基点，抽象出"道法自然""妥善视欲""有无平衡""归民求圣"的具体治国方法，赋予老子学说以现实价值。客观而言，老子从未有过建立宗教的情感趋势，他探求真理、思考世界的根本动力在于仅凭物质手段难以扭转动乱纷争的现实环境，概念层面的"救赎"无需担负过多的"有形"成本，且在发展潜质上更能解决根本问题。世人论及老子，多以"诡谲""玄牝""形而上"草率冠之，《道德经》全篇三千余言，似杂乱无章，多晦涩言语，但始终不离"为人""为政"两个方面。老子理想国建立的核心要素包含："圣人治国""道法自然""塑造精神"三个部分，都是可以发扬的优秀传统精粹。老子极度宣扬圣人治国理论，这与古希腊智者学派的哲学王思想有所共通，但老子更重视对民众教化，更重视回归自然天性。且西方政治学理论体系中的许多内涵一旦抽象到哲学高度，均能在中国传统道法中找到依托。并且，老子规避了西方第一哲学体系看待问题时惯用的孤立、静止、单一的朴素唯物主义立场，将辩证、运动、联系的观点融入自身学说，由此诞生的治国理论能够显示出科学社会主义特有的先进性。

西方的文艺复兴及衍生的工业革命，展现出以资本主义理念引领国家发展所能够取得叹为观止的历史成就。但这种成就，归根结底皆因西方文明找寻出一条属于西方的"自然之路"。以整体眼光来看，无论是宪政、民主，还是分权、代议，这些被视为当代世界政治文明的标志性精神在老子"道学国家观"中均有迹可循。资本主义工业文明赖以维系、成长的概念性内涵，对比《道德经》中的内容并无实质先进性和特殊性可言。因此重新解析老子《道德经》中的理政智慧，不仅能够将中华民族发展历程中的优秀传统提取出来，与当代国家建设理论相结合，更能够在马克思主义中国化和中国特色社会主义理论建设过程中提供重要经验，现实意义非凡。

老子"道法自然"生态智慧的现代意义

陈大明　陈　辰　水　菡[*]

内容提要："道法自然"生态智慧是老子完整思想体系的重要构成，具有丰富而又深刻的内涵和源远流长的思想来源。对中国传统文化和中华民族思维方式、价值定位的影响是无形而又巨大的，已经深深地融入了中国传统文化和中华思维方式的内在构成中，成为价值定位和超越时的主流价值取向与标准。老子"道法自然"生态智慧是正确处理人与自然、人与自身、人与社会关系的指路明灯，是人类文明新形态的理论基石和生态文明建设中实现生态化转变的价值准则。要汲取老子"道法自然"生态智慧精华，以产业结构调整为主线，大力发展生态经济；强化主体意识，切实保护生态环境；以核心价值传播为主旨，积极弘扬生态文化；以活力实力魅力为主调，努力建设生态村镇。

关键词：老子　道法自然　生态　智慧　现代意义

老子"道法自然"生态智慧是将自然、社会、人类融而为一并交互作用、和谐运行的大智慧。它上承《易经》"与时偕行""顺天应时"的基本法则，下启中国传统文化与自然和谐相处的价值取向，对中华民族的思维方式和行为方式产生了广泛而深远的影响。研究老子"道法自然"生态智慧的深刻内涵，把握老子"道法自然"生态智慧的积极影响，认清老子"道法自然"生态智慧的时代价值，有利于古为今用，建设生态文明，实现人类社会的包容性增长，构建人类命运共同体。

* 陈大明（1957—）男，河南鹿邑人（祖籍睢县），硕士研究生学历，中国老子文化研究中心、老子研究院研究员、高级讲师。研究方向：老子思想、道家思想、《道德经》文本、老子民间文化；陈辰（1989—）男，河南鹿邑人（祖籍睢县），河南省鹿邑县委党校办公室副主任、助理讲师，河南省老子学会理事，研究方向：老子思想，道家文化；水菡（1986—）女，河南鹿邑人，河南省鹿邑县实验中学一级教师，河南省老子学会理事，研究方向：道教文化、老子文化。

一、生态智慧的深刻内涵

老子生态智慧[①]具有丰富而又深刻的内涵，它形成了系统而又深邃的观念体系，并有源远流长的思想来源。

（一）生态智慧的核心是"道法自然"

"道法自然"是老子对其生态智慧最具概括性的表述，是其生态智慧观念体系中的核心命题。不妨以楚简《老子》为据，看看老子对"道法自然"的解说。

"道"在楚简《老子》中居于中心地位。楚简《老子》开宗明义，在第一篇第 1 章就将其对"道"的基本理解揭示出来：

有状混成，先天地生。寂兮寥兮，独立不改，周行而不殆，可以为天下母。吾不知其名，强字之曰"道"，强为之名曰"大"。大曰逝，逝曰远，远曰反。

故道大，天大，地天，人亦大。域中有四大，而人居一焉。

人法地，地法天，天法道，道法自然。

"状"，今本作"物"。"物"乃具体事物。《说文》："物，万物也"。《列子·黄帝》："凡有貌声色者，皆物也。"在老子思想中，"道"显然不是具体之物。从本章看，"道"是一种状态。那么，"道"是一种什么样的状态呢？本章提供了答案："道法自然"。

何谓自然？

先看"自"字。朱骏声《说文通训定声》云："自，鼻也。……自之通训当为始，即本义之转注。《方言》十三：'梁、益之谓鼻之初，或谓之祖'。《说文》'皇'、'篆'下：'自，始也。'俗以始生子鼻子为自子，后世俗说谓人之胚胎，鼻先受形。"另外，《韩非子·心度》云："故法者，王之本也；刑者，爱之自也。"亦将"自"与"本"作为同义词。这就是说"自"字由本义转注为本始、本初。

再看"然"字。王引之《经传释词》卷七曰："然，状事之词也。若《论语》'斐然'、'喟然'、'俨然'之属是也。"这个作为"状事之词"的"然"字，相当于今语"……的样子"。

可见，老子"自然"的本义为初始的样子、本来的样子、本然。老子之所以用"赤子""朴"来形容"自然"，那是因为"赤子"乃人之初，而"朴"为未加工成器的木材，亦即未经雕饰、仍保持本来样子的木材。

---

① 郭沂：《郭店竹简与先秦学术思想》，上海：上海教育出版社，2001 年，第 50 页。

"道法自然"是说"道"效法其本来的样子、本来的状态。对此，老子用"无为""朴"来表述。他说："道恒无为也"①，这里的"恒"，春秋战国时期有两种形体，形别音异义殊，一读如"heng"，一读如"geng"。秦始皇统一天下后，车同轨，书同文，读如"heng"之"恒"流传下来，读如"geng"之"恒"不传。但楚简《老子》中所用之"恒"系读如"geng"之"恒"。许慎认为"古文恒从月"（《说文解字》），系会意字，表示月之上弦、下弦两种相互对立的含义。老子所用正是其相对的、对立统一的引申义以阐述其对"道"和"无为"的辩证理解。依此分析，效法其本来样子的"道"的"恒无为"乃有为与无为的对立统一；"道"的"恒无名"乃有名与无名的对立统一。诚然，"恒无为"使我们更容易把握"自然"的意蕴，它们是一对相辅相成的概念。如要保持"自然"，就一定要"无为"。相反，如果"为"，就必然不能保持"自然"。他又说："化而欲作，将镇之以无名之朴"②；"道恒无名，朴虽微，天地弗敢臣"③。从行文看，这里的"朴"皆指"道"。此外，老子还用"素""虚""中"等概念来阐述"自然"。总之，在老子思想中，"道"是一种状态，所以在谈到"道"的形成时，他说"有状混成"。

老子通过对其④生态智慧核心概念"道法自然"基本内涵的界定，水到渠成地揭示了它的基本特征。

一是"混成"。此乃"道"的本质特征。即"道"是混沌的，是以其本来的样子为效法的。对此，人们只能意会不能言传。甚至，它本来就没有名称。对此老子论述颇多。如上文所引"未知其名，字之曰道，吾强为之名曰大"，"无名之朴"，"道恒无名。朴虽微，天地弗敢臣"。这些论述可以归纳为两个方面。一方面，就其本性而言，"道"是"无名"与"有名"的对立统一；另一方面，由于它效法自身本来的样子，整体"无名"，而人们又不得不谈论它，故不得已而勉强对它加以命名，于是有了"道""大""朴"等名称。

二是"寂寥"。河上公曰"寂者，无声音；寥者，空无形"。"寂寥"是说"道"寂静无声，空廓无形。

三是"独立"。"道"不受外物支配，绝对独立。在老子生态智慧中，"道"是最高概念，在"道"之外，不存在任何别的权威，所以它不可能，也没有必要接受其他权威的命令和支配，从而它是卓然独立、无牵无挂的，是一种绝对自由的存在物。

四是"不改"。"道"的至高无上的地位，决定了它只能是顺其自然，不因任何

---

① 郭沂：《郭店竹简与先秦学术思想》，上海：上海教育出版社，2001 年，第 82 页。
② 郭沂：《郭店竹简与先秦学术思想》，上海：上海教育出版社，2001 年，第 82 页。
③ 郭沂：《郭店竹简与先秦学术思想》，第 82 页。
④ 郭沂：《郭店竹简与先秦学术思想》，第 91 页。

事物、任何理由改变自己的本态，这便是"道"之"不改"的特点。

五是柔弱。"弱也者，道之用也"[①]。"道"的这个特点是与其自然无为的特点相辅相成的。一种事物既然是自然无为的，它就不可能是刚强的；反之，一种刚强的事物不可能是自然无为的[②]。

可见，老子生态智慧是客观、中观、微观相契合，天道、人道、治道相统一，以"道法自然"为核心，以"混成""寂寥""独立""不改"、柔弱为特征，主张自然无为，引导并顺应万物依靠自己的力量，"自化""自宾""自均安""自富""自正""自朴"，自发地达到生存和发展最佳状态的大智慧。

（二）生态智慧源远流长的思想来源

老子生态智慧上承中国古代先哲以及《易经》"与时偕行""顺天应时"的基本法则，具有深远的思想来源。

总的说来，中国文化起自源始。《易经》以太极阴阳理论说明宇宙万物以及时间空间的统一性。太极者，阴阳未分，时间与空间合而为一。因时间与空间极其微小，不能形成立体的象数，而只能以二者浑然一体的太极为其标志。太极者，乃生生之始，成物之因，万象之法，宇宙之本也。"生生之谓易"，易之能生者，是有太极之故也。"易有太极，是生两仪"，两仪者是为阴阳之分。生生者，指时间之变，即时间尺度之变换；易者，指空间之化合，即空间之形象。万物生于时间与空间之变易，而且，万物的形象在时空中，又有形上与形下之别。时空合而分，是谓形下，生成有形之物；时空分而合，是谓形上，生成无形之道。"是故形而上者谓之道，形而下者谓之器，化而裁之谓之变，推而行之谓之通。"这种时空的整体性、统一性、变易性，成为《易经》哲学的本体论，也成为中国文化的基础。

《易经》的这种于阴阳两两相对而又相互转化中，探索自然、社会、人类产生、发展、变化的内在规律，从整体的辩证思维方式上深深地影响着老子。尚中求和的和谐思维，在《易经》中表现得尤为突出。它具现为三个层次，第一个层次是在宇宙自然的宏观意义上，乾道刚健以生物，坤道柔顺以成物，宇宙整体是和谐而有序的。第二个层次是在人与自然的关系上，天地为自然，人为自然而生，又反过来体悟和确证自然。从自然界到人类社会都因阴阳交融而和谐有序，生生不息，人道"仁义"德性伦常与天道阴阳、地道柔刚贯通一体，天地人圆成会通。此乃"天地感，而万物化生。圣人感人心，而天下和平。观其所感，而天地万物之情可见矣"。第三

---

① 郭沂：《郭店竹简与先秦学术思想》，上海：上海教育出版社，2001年，第61页。

② 郭沂：《郭店竹简与先秦学术思想》，第675—678页。

个层次，是在人与人的关系上，主张亲附、聚合，高扬"同人"之道；在人个体自身，主张心身协调，倡导"安其身而后动，易其心而后语，定其交而后求"的君子平衡保全之策。

具体说来，中国古代先哲以及《易经》基于"与时偕行""顺天应时"大法则所表述的人与自然和谐运行、共同发展的基本观点如下：

一是强调万物一体。在中国先哲的眼中，世间万物是一体的，自然万物的存在有其合理性，人是天地万物的一部分。人类要以平等意识尊重自然万物的存在与个性。这表明了中国古代先哲已从宇宙的高度来认识和把握人类的意愿。万物一体的主张告诉人们，与自然要和谐相处，营造和谐共生的生态文明的社会。

二是强调生而不有。此与万物一体相关联，是中国先哲对天地产生万物而不占有万物的道德发现。先哲们认为高尚的道德在于繁生万物而不据为己有，帮助万物而不自恃有功，引导万物而不宰制它们。正是有这种高尚的道德，才保证了世间事物持续平衡发展。这一生而不有的主张揭示的是人类要顺应自然，效法自然法则，对于自然的索取要适度，使自然资源既可利用，又可再生，可持续发展。如果强行占有，就会破坏生态平衡，出现生态环境的危机。

三是强调曲成万物。指出天道与地道是相对峙而又相协调的，其协调是由人来做中介的。人作为天地的中介与协调者，既要顺应自然，又要对自然变化做出制约，加以引导，以曲成万物。这是中国先哲闪耀着超越时代智慧之光的生态意识。

四是强调合而不同。西周末年的史伯告诉世人："夫和实生物，同则不继。以他平他谓之和，故能丰长而物生之，若以同裨同，尽乃弃矣。故先王以土与金、木、水、火杂以成百物。是以和五味以调口，刚四肢以卫体，和六律以聪耳，正七体以役心，平八索以成人，建九纪以立纯德，和十数以训百体……周训而能用之，和乐如一，夫如是，和之至也。"在此，史伯用实例说明，多样的事物和因素组织融和，以他平他，就达到多样而统一，丰富而多彩；如果是完全相同的事物和因素组合，以同裨同，事物只能同一，就失去了多样性。其揭示的哲理是："和实生物，同则不继。"和而不同的主张，帮助人们认识到世间万物多样性存在的意义：保护了事物的多样性，就能可持续发展。

五是强调大壮恒久。《易经》探索了人类社会可持续发展的目标是"久"和"大"。"大"在《周易·大壮卦》中有阐释："大壮，大者壮也。刚以动，固壮。大壮利贞；大者正也。正大而天地之情可见矣。""刚以动"就是发展，发展就大壮，发展大壮是自然变化的法则。"久"在《易经·恒卦》中有解说："恒，久也。刚上而柔下，雷风相与，巽而动，刚柔皆应，恒。恒亨无咎，利贞；久于其道也，天地之道，恒久而不已也。利有攸往，终则有始也。日月得天，而能久成，圣人久于道，而天下化成；观其所恒，而天地万物之情可见矣！"这里所要揭示的道理是，只有"久"，才可以使人类坚持发展。那么，怎样才能够达到"大""久"？《易经》指出了两个途径，其一是"九二贞吉，以中也"。其二是"中正以通。天地节而四时成，节以制天下，不伤财，不害民"。综括说，就是具有中正的德性，效法天地，用制度节制人的无穷欲望，不造成对自然与人类的伤害，才能达到"大"和"久"的目标。《易经》还强调这是圣人之智、之德，是圣人之业。

六是强调循环再生。中国古代先哲在资源的有续利用，生态系统的良性循环等方面，还研究了如何循环再生的问题。如在生物资源上，东周的管仲认为"山林菹泽草莱者，薪蒸之所出，畜之所起。故使民来之，因此怜之"，才能使生物资源物质循环再生。人与生物资源相处，要进行物质交换。进行物质交换不是强行占有，而是对自然作顺应与调适。先哲还告诉人们："用文不掩尽群，不涸泽而渔，不焚林而猎。"在土地资源的开发利用上，管仲提出了"因地制宜""地尽其利"的思想，根据这样的思想，先民在江河湖滩沼泽地开发土地不是填水，而是用沟洫法，并建立起完备的沟洫农业制度；开发山地时，不是平山，而是修筑梯田。在农业生产方面，先民利用先哲"上因天时，下尽地力，中用人力，是以群生逐长，五谷藩殖"的自然循环主张创造出"桑基鱼塘"的高效生态经营系统。循环再生的主张使中国古代物质再循环和资源的合理利用获得了科学性。

综上，老子以"道法自然"为核心内容的生态智慧源于中国古代先哲尤其是《易经》，以《易经》和古代先哲的基本观点及具体主张为源头，并在此基础上做了淋漓尽致的发挥，终致形成了较为完备的生态智慧的体系框架，界定了自然、人类、社会和谐相处，共谋发展，与时偕行的价值取向。

二、生态智慧的积极影响

老子以"道法自然"为核心的生态智慧对中国传统文化和中华民族思维方式、价值定位的影响是无形的，它已经深深地融入了中国传统文化和中华民族思维方式的内在构成中，成为中国传统文化和中华民族在进行价值定位和超越时的主流价值取向与标准。

（一）老子生态智慧的影响首先及于道家

郭店竹简中重要的道家文献《太一生水》涉及的因素非常全面、非常丰富。既有本体（太一），又有现象（水、天地等）；既有精神因素（神明），又有物质因素（水、天地等）；既有时间因素（四时、岁），又有空间因素（天地）；既有自然界的性质（阴阳），又有自然界的状态（冷热、湿燥）。它认为"太一"存在水中，并在时间的长河中运行，这种思维方法乃受老子"譬道之在天下，犹川谷之于江海"①的启发。在老子看来，道存在于天下万物之中，而在《太一生水》看来，太一存在于水中。二者都是在谈最高形上实体的存在方式。《太一生水》的作者认为，太一的运行方式主要有二，一是"周而复始"，二是"一缺一盈"。前者直接来自老子的"天道员员，各复其根"②、"反者道之动；弱者道之用。"③的"恒道"论。后者则来自作者本人对一些自然现象或者说"天道"（如月亮的盈缺变化）的观察。关于太一与万物的关系，《太一生水》也谈了两点。一是"以己为天下母"，这是说太一为万物的创生者，取自老子的"（道）可以为天下母"之说。二是"以己为万物经"，这是说太一为万物之大法，取自老子"人法地，地法天，天法道，道法自然"④之论。以上诸点，皆为太一恒常不变之本性。故作者称："此天之所不能杀，地之所不能厘，阴阳之所不能成。"太一的这种特性，类似于老子之道的"独立不改"。

《太一生水》作为现在能够看到的最早的道家文献所反映出的与老子学说血脉相依的关系，充分证明老子生态智慧价值取向对道家学说及其思维方式、价值标准的深刻影响。

（二）老子生态智慧的影响其次及于中国传统文化

究其实质，老子生态智慧作为对中国古代诸学说之精华的集大成，是春秋战国的诸子百家及其以降诸学说之源，中国传统文化中"天人合一"、人与自然和谐发展价值观的根在老子那里。欧洲中世纪重农学说创始人魁奈在《自然法则》一书中曾说："自然法则是人类立法的基础和人类行为的最高准则。""但所有国家都忽视了这一点，只有中国例外。"斯言诚是。受老子生态智慧影响，中国人形成了整体统一的宇宙观，以这种宇宙观观照世间万物，皆是有情、有义、有生命的体现。天地含情，万物化生。人与天地自然相互联系，相互依赖。天赖人以成，人赖天以久，正因如此，整个宇宙的大化流行才得以实现。

老子以降的中国传统文化认为，自然宇宙的生命情感具有和人类一样的诚明之德。"诚者，天之道"，"天无私覆也，地无私载也，日月无私烛也，四时无私行也。"（《吕氏春秋·无私》）天地自然把自己至善至美的道德价值赋予人类，人类又可以通过善性的道德修养去领悟自然宇宙之真谛。这个真谛即是天道、地道，也就是现代人所说的自然法则、自然规律。认识了这种法则和规律，即如庄子所说"原天地之

① 陈鼓应：《老子今注今译》，北京：商务印书馆，第198页。
② 郭沂：《郭店竹简与先秦学术思想》，上海：上海教育出版社，2001年，第55页。
③ 陈鼓应：《老子今注今译》，北京：商务印书馆，2003年，第226页。
④ 陈鼓应：《老子今注今译》，2003年，第169页。

美而达万物之理",达到精神境界的至高无上,在自然宇宙中"逍遥邀游"。或如孔子所说的"知天命",达到对天地自然和人生的大彻大悟。因为人的生命是有限的、短暂的,而自然宇宙的生命则是无限的、持久的,要使人的生命趋于完善和伟大,就必须和宇宙生命相联系、相融通,从大自然中吸取智慧和力量。古之圣人并非天生伟大,只是因为他们能够"法象天地,赞天地之化育",能够"通神明之德,类万物之情"。伏羲氏所以能王天下,就是因为能仰观天文,俯察地理,中通万物,懂得自然宇宙必变、所变、不变之大法则,掌握了自己知变、应变、适变的本领,做到了"与天地合其德,与日月合其明,与四时合其序",所以才成为不朽的圣人。

中国传统文化向来强调"天人合一""天人感应""天人和谐"。人们爱莲,是因莲有出淤泥而不染的纯洁德性。孔子观水,而产生"逝者如斯夫"的人生感叹。苏轼观竹,有"其身与竹化"之联想。李白观月,有"低头思故乡"之意念,等等。这些都是天人感应意境的体验。

人与自然和谐的思想,在中国传统文化中对历代诗歌、绘画的影响尤为突出。寄情山水、向往田园风光、崇尚大自然之美的作品举目皆是。人们从中体察造物主之生意,领略自然宇宙的生物气象,得到大自然的仁爱,与天地同流,与万化同归;与天地同寿,与日月同光,使人的精神境界达到出神入化,生命的意义和价值更加完善和完美。

人与自然能和谐相处,人不是被动的、消极的,而是主动的、积极的。因为在"天—地—人"这个整体宇宙系统中,人居其中起着重要作用。人与天地既鼎足而立,又与天地合而为一;既受天地自然的制约,又有驾驭、统领、管理天地自然的本领。人能够统合天地,弥合天地自然之不足。

这里特别强调的是,中国传统文化对大自然的创造力,不是盲目的,不是功利性的,不是强制性的,不是破坏性的,而是"顺天应时"的。即通过对天地自然规律的体认和把握,加以巧妙地开发和利用。荀子强调做事要"顺其天政,养其天情,以全其天功。如是,则知其所为,知其所不为矣"(《荀子·天论》)。《周礼·考工记》则认为:"天有时,地有气,材有美,工有巧,合此四者,然后可以为良。"这个"巧"字,就包含着人类的智慧,或者说早期的科学技术。中国人做事向来强调天时、地利、人和,既要尊重客观规律,又要重视人的积极因素,如是,则可"事半功倍""巧夺天工"。

由上述基本观点出发,中国传统文化形成了独特的自然价值取向:

一是从对大自然的和谐观念出发,引出对大自然的亲近、友好、爱护之情。天人合一、天人相通的观念已经成为中华民族精神结构的重要一端。在人与自然的和谐生存中,山林是文人士子最重要的精神家园。陶渊明所描绘的桃花源已经溶入中国人的精神谱系中，成为后世文人一个挥之不去的梦影。高官巨贾也罢，文人骚客也罢，"采菊东篱下，悠然见南山"始终是他们魂牵梦绕的向往。宦海沉浮，名利得失，世事荣辱，人情悲欢，原不过是过眼烟云。只有在山林的啸声中，疲惫的心灵才得以慰藉；只有在田园的翠色里，紧张的精神才可能松弛。"白发渔樵江渚上，惯看秋月春风"。所以，范蠡功成后即归隐山林，泛舟于西湖；王维位居右丞，还是常常"怅然吟式微"；苏轼文坛泰斗，官至翰林，却也时时想"江海寄余生"；就连壮怀激烈的岳飞，也流露出"痛饮黄龙"后解甲归田的意愿。

二是由对大自然的热爱进一步推及保护大自然。儒家的仁爱，是待人与接物的统一。由仁爱而引发的社会管理原则和处世准则，基点在于保障人事的和谐，进而推及保障人与自然的和谐和保障大自然内部的和谐。如荀子提出的"群道原则"即包含人、自然及人与自然之间的和谐平衡，他说："君者，善群也，群道当，则万物皆得其宜，六畜皆得其长，群生皆得其命。"（《荀子·王制》）

"善群"就是善治，"群道当"就是治理有方。同时，荀子又主张对大自然的取用要和养护相结合，建立合理的生态结构，要畜养杀伐不失其时，注意保护自然资源，他说："草木荣华滋硕之时，则斧斤不入山林，不夭其生，不绝其长也。"只有保障人与自然资源之间两者相持而长，才能使"相食养者不可胜数，固有余足以食人"（《荀子·富国》）。

保护生态平衡的思想，在中国传统的农业生产中尤为突出。如农业的撂荒、休闲、轮作等，都是用养结合，维护农业生态平衡的重要措施。中国历代王朝，都注意防止滥捕、滥伐、滥杀。据《礼记·月令》记载，每年的春季，当草木繁茂生长之时，政府都采取"祀山林川泽，牺牲无用牝。禁止伐木，无覆巢，无杀孩虫胎夭飞鸟"，"无竭川泽，无漉陂池，无焚山林"等保护生态环境的措施。在中国的传统中，植树造林、修桥补路，一向受到人们的赞扬和大力提倡。历代政治家也都注意植树造林。如汉宣帝时渤海太守龚遂劝民农桑，三国时魏郡太守郑浑令百姓植树为篱，北魏孝文帝《均田令》中对植树的具体规定，明初朱元璋令屯边军士每人植桑百株，近代孙中山更是大力倡导植树造林，至今我们仍把孙中山逝世的 3 月 12 日定为植树节。

三是在人与自然和谐观念下形成了有着真正经济学意义上的超然卓识的财富意识。在中国人看来，财用出于山川，百物生于大地，大自然所提供的一切，包括山川、河流、海洋、草原、森林、空气、阳光等，即现代人讲的整个生态环境，都是宝贵的财富，都是大自然对人类的恩赐。孔子说："天何言哉，四时行焉，百物生焉。"（《论语·阳货》）大自然默默地为人类提供着丰富的生存资料，具有奉献者的美德，我们怎能再去贪得无厌地掠夺呢？至于人们通过各种手段聚敛的钱财，与大自然所拥有的巨大财富相比，简直微不足道，不值得去贪婪地追求，因为那样不但损害人的美德，而且也妨碍了自然生命的完善。所以，中国人向来崇尚节俭，反对奢侈浪费。这种民族性格应该说是中华民族基于对自然财富的价值取向而形成的一种高度的、超越现实物质享受的民族自觉，是对大自然的深层次的文化认同。这种自觉和认同把物质财富的增长、经济的发达、社会的发展，都置于人与自然持久和谐、共同增长、共同丰富、共同完善的原则下，规范着人们的行为。从这里也可以看出，中国长期存在的"均平"思想，不单指人间分配的均平，应当还有更深层次的人与自然之间的均平，强调人对自然财富的取用要有节制，要与自然财富的增长相适应，以达到人与自然同步、和谐、持久地共同增长。

四是中国人对科学的价值判断来自对自然的价值取向。中国人认为，发展科学技术的目的在于体认人与自然宇宙的关系，在于把握人在天地自然中的地位、作用和命运，在于完善人的心灵，也在于完善自然生命，更在于人与自然的持久和谐。如中国的天文学，目的在于体认天的客观规律，使人更好地适应之；农学则在于认识地理及四时的变化规律，人们适时地运用这个规律，使万物得以繁盛，这一方面丰富了自然生命，另一方面也为人类自身生命的丰富提供了可靠的物质保证；至于中医学，更是把个人小宇宙和整体大宇宙相联系，调整人体与自然的错位，找到医治的方法，寻求养生之道。同时，中国很早就注意到了科技的负效应问题。道家的返朴归真思想，庄子提出丢掉功利意识，不为物质所役的思想，不能简单地理解为对科学技术的反动。它是世界上最早体察和预见到科技负效应的理论，只不过是一种早熟的、超前的理论。但它反映了中华民族的才智，有其合理的内核，对净化人生、防止科技的非伦理化有着深刻的启示。

人类精神生活的最高追求是真善美，但在追求中又有各自民族的特点。中华民族总的来讲，是追求善美真，把善放在第一位。善的含义不仅在于人间的善，还在于自然生命的本善，更在于深层次的人与自然之间的和善。因此，善是最博大的、涵盖一切的。科技发展的最高价值判断，只能是善。吸取老子生态智慧价值取向的精华，中国传统文化始终是把善作为科技发展的最高价值判断标准的。它体现了中华民族、整个人类对自身命运和自然命运的终极关怀。

（三）老子生态智慧的影响还穿越时空，及于域外

老子生态智慧作为一种以天人合一、天人和谐、天人相通为特点的整体思维方式，已穿透历史的重重帷幕，跨过时空局限，对西方人的思维方式产生重大影响，并由此而引发了一场旨在重新确立人与自然新关系的关于自然价值观或宇宙观的革命。

在西方文化传统中，家园观念同样是以自然环境做底子的，生态学 Ecology 一词本就是从希腊语词根"Oikos"（家园、住所意）演变而来。彼得大帝在圣彼得堡的冬宫，由于地处市区，无法像他的夏宫那样遍植大树，或许仅仅是由于离不开树木的原因，竟把整个屋顶装成绿色，远远望去，特别是从高处往下看，宛如一片森林。由此看来，在人类的精神殿堂里，从来不缺乏大自然的位置，人类或许从一开始，就知道绿色是生命的颜色。圣雄甘地说："地球可以满足人类的需要，但地球满足不了人类的贪欲。"在人类追求更丰裕的物质生活的过程中，在由农业文明进入工业文明的过程中，森林锐减、物种灭绝、沙漠蔓延、干旱频繁、水源污染、酸雨肆虐、臭氧层破坏、温室效应加剧，人类有史以来从未遭受过大自然这样无情的报复。正如恩格斯所指出的那样，人类对大自然的每一个胜利，都遭到大自然的无情报复。严酷的现实促使西方的有识之士把目光投向中国，投向中国以老子"道法自然"为核心的生态智慧为基准的传统文明。

20 世纪初，德国社会学家马克斯·韦伯在考察了中西文化之后，提出了一个著名论断。他认为，中国文化的理性主义是对世界的合理适应；西方文化的理性主义则是对世界的合理宰割。应该说，中国文化的自然价值取向，对当代的环境保护与社会发展是适应的，因而是合理的；西方文化的自然价值取向，对世界的宰割，特别是对大自然的宰割是确实的，因而是不合理的。英国当代生态学家爱德华·戈德史密斯把人类对大自然功利性的宰割称之为第三次世界大战，由于这场战争，大自然在崩溃、在衰亡，其速度之快以至让这种趋势继续发展，自然界将很快失去供养人类生存的能力。当代芬兰学者佩克·库西则从另一个视角指出，人类已被失去理性的发展信念冲昏头脑。以铁面无情的竞争为主宰的统一市场经济，把我们绞入了它那庞大机械的齿轮之中，于是我们隐入了最冷酷的文明漩涡里。

沉痛的反思伴随着观念的转换。在西方，人与自然的关系被重新评估与认识，征服自然的观念正被守护自然的观念所矫正，人与自然相对立的传统正为人与自然相协调的意识所取代。同样是在 20 世纪，以柏格森、怀海德为代表的生命哲学，第一次提出了自然宇宙是有生命的有机体的观念，到了 20 世纪 20 年代，阿尔贝特·史怀泽提出了"敬畏生命"的哲学观念，突破了"人类中心论"的局限，给了地球上一切生灵以平等的生存地位。此后，在 30 年代，莱奥波尔德又提出了大地伦理思想，对人类给地球带来的污染与破坏提出了警告。由于这些文化成就，一场以保护自然为主调的"生态伦理"运动在西方渐渐兴起。为此，在老子提出"道法自然"、人在自然界面前应"无为而无不为"两千多年后的 1972 年，以研究与解决"人类问题复合体"为己任的罗马俱乐部，发表了它的第一份报告《增长的极限》，提出令世人震惊的"世界末日模型"，猛烈抨击了向大自然无节制索取、人与自然对立的传统增长观念，把环境保护观念提到了一个前所未有的高度。到了 1987 年，挪威首相布伦兰特夫人在一份名为《我们共同的未来》的报告中，明确提出要把经济发展与环境保护统一起来。五年后，全世界 100 多位国家首脑和政要云集巴西里约热内卢，第一次给了社会、经济、环境的协调发展较均衡的考虑，给了当代人、人类子孙以及地球上一切生物物种的利益公平的地位。这一新的动向表明，一个从破坏自然回归到保护自然的新理念渐成共识，人类也将继农业文明和工业文明之后，进入到生态文明的新阶段。

正是上述大背景，促使人们在进入 21 世纪之后，相当强烈地意识到人类的未来完全取决于如何学会使自己的基本功能与伟大的自然进程相适应，完全取决于人类是否能够建立起与自然的亲和关系。于是，人们对老子以"道法自然"为核心的生态智慧价值取向所张扬的人与自然相和谐的价值观产生了浓厚的兴趣。《物理学之道》一书的作者弗·卡普拉认为，东方哲学有机的、生态的世界观，无疑是中国文化最近在西方，特别是在青年中被推崇的重要原因。因为在我们西方文化中，占统治地位的仍然是机械的、局部性的世界观。他甚至声称，西方能否真正地吸收东方的有机哲学，以突破西方机械世界观的框架及其文化构成，是一场关系到西方文明能否生存下去的真实意义上的文化革命。

西方学者的宇宙生成理论与老子关于"有物混成，先天地生"的宇宙创生思路颇多暗合共通之处。就宇宙起源而言，老子所提出的"道"，与当代英国著名理论物理学家霍金在阐述宇宙起源的大爆炸理论时所运用的"奇点"概念具有内在的一致性。霍金认为，宇宙在"奇点"处发生大爆炸，在初始的几秒钟内，生出诸种基本粒子，然后无限膨胀，生出宇宙万物，然后才有各种星体（包括地球），然后才有地球上的各种生命存在，包括万物灵长——人类。这与老子的"道"是整个宇宙的最早产生者，它有开端，次于道而产生的是天地，次于天地而产生的是万物的观点何其相似乃尔。霍金还认为，茫无际涯的宇宙天体就时、空而言，有始点（奇点），也有终点即坍塌收缩后仍归于奇点，并开始新一轮漫长的循环。他在宏观层面对宇宙演化的阐释，颇得老子"天道员员，各复其根""反也者，道动也"之真传。霍金1988 年在其首版的代表作《时间简史——从大爆炸到黑洞》中所阐释的广义相对论和宇宙论，与老子在 2500 多年前所提出的"道法自然"的天才命题有异曲同工之妙！古代老子的以"道法自然"为核心的生态智慧与当代霍金对宏观世界的科学研究，在 20 世纪 80 年代发生了一次穿透时空的、瑰丽的共鸣，并由此引发了理论物理学和人们宇宙观划时代的革命。无怪乎霍金对中国心向往之，在 21 世纪初年，他以残疾之躯来中国访问时，以巨大的热情和忘我的精神向中国的同道和大学生们展示了神奇超凡的科学理性的力量并引起轰动，在中国引发了一场霍金热。谁又能说，这一迄今传遍全球、持久不断的霍金热，其热源不在中国的老子及其以"道法自然"为核心的生态智慧那里？事实上，从哲学层面上说，老子思想比西方霍金等学者更进一步。老子认为"有物混成，先天地生""有生于无"，世界是从"无"开始的，而西方哲学和科学则认为世界是从"基本粒子"，从"有"开始的。

综上，崇尚自然主义的老子以"道法自然"为核心的生态智慧最能代表"从来不把人和自然分开"的古老传统。这种传统虽然同儒家思想一样都主张"天人合一"，但不同的是，它并不认为人有什么特别的不同，从来不主张对自然界"物畜而制之"，而是把人看作自然界的一部分，强调人与自然的和谐相处。老子以"道法自然"为核心的生态智慧所张扬的对待自然的这种态度，对于当今人类保护环境的主题思想和走可持续发展之路以及实现生态文明，无疑具有重要的参考意义和广泛的应用价值。

三、生态智慧的时代价值

老子以"道法自然"为核心的生态智慧具有独特的时代价值。当代人类面临着诸多问题，最深层、最根本、最迫切需要解决的问题在于人与自然、人与自身、人与社会及其相互关系的认识和协调，而老子"道法自然"所提供的基本思路，为从根本上解决此类问题提供了世界观与方法论指导，这正是老子生态智慧的时代价值之所在。

（一）老子生态智慧是正确处理人与自然、人与自身、人与社会关系的指路明灯

人既是社会发展的主体，又是社会发展的价值目标。人类社会的发展和进步总是集中表现在人的发展上，如满足人类的生存和发展的需要，提高社会成员自身素质和能力等等。但是，人类社会的存在和发展是以丰富的自然资源和自然环境的存在和发展为前提和基础的，因此，正确处理人与自然、人与自身、人与社会的关系，就成为社会发展和人民幸福的基本条件之一。在中国传统文化中，老子生态智慧对人与自然的关系以及如何正确处理人与自身、人与社会的关系有着充分的认识和细致的阐释。他认为，天地万物虽然形态各异，但它们在本源上是相同的，自然与人类也是平等的关系，正所谓"天地与我并生，万物与我为一"。因此他主张，人们在改造自然的过程中，应充分认识并尊重自然界的规律，让宇宙万物"自足其性"，自然地得到发展，而不横加干涉；人类与天地万物共生共存，就应与天地万物保持和谐。这样，才不会扼杀宇宙的生机，人类社会的生存和发展才会成为可能。如果反其道而"妄作"，对自然界过分掠夺，势必危害人类自身。老子以及道家还把万物是

否"皆得生息",也就是环境是否处于自然状态看作否富足的标志,"天以万物悉生出为富足",非常强调保持环境对人类发展的重要性。

应该说,当今世界日益严重的生态危机,就是人类为了自身的发展而对自然资源和自然环境进行过分掠夺而没有采取适当的保护措施造成的,它正在破坏着人类与自然环境之间的协调平衡发展的辩证关系。要化解人与自然之间的这种矛盾状态,维护生态平衡,解决人类日益严重的生存危机,当然要依靠今天的高科技手段,但同时也必须看到,老子生态智慧在这方面有其独特的利用价值。老子关于天人同源、道法自然的理念不失为一盏指路明灯。

(二)老子生态智慧是人类文明新形态的理论基石

无论是以一代哲人海德格尔"诗意地居住"为重要内容的生态伦理学,抑或作为可持续发展中介的环境伦理观,还是当前提出的建设生态文明的伟大目标,它们都是吸取老子生态智慧价值取向之精华并以之为理论基石的。

当人类为享有工业文明带来的繁荣和富足而自我陶醉的时候,海德格尔冷静地看到了文明背后的危机。为消解人类的生存困境,海氏提出了"诗意地居住"的理想境界,其思想的先锋性,在于为人类正视生态危机、生存危机发出了必要的警报。面对环境的日益恶化,他提出"居住"的概念,认为"居住"是指人作为短暂者存在于大地上。从这里出发,他指出:"居住设立于和平,意味着和平地处于自由,保护和守护着每一事物本性的自由领域之中。居住的基本特性就是这种保护和保存,它充分地体现在居住的整个范围。一旦我们深思到人类存在于居住,而且短暂者居于大地上的居住意义时,这一范围便向我们显示了自身。"海氏以哲人的敏锐看到了人与自然关系的恶化,是以焦虑的心态来纠正人类自己设下的误区。在他看来,人类反自然的结果只能是自食恶果,要想达到和谐(居住的理想境界)就必须终止人对自然的功利行为,换言之,人类应该用自己的聪明智慧避免自然界进化链条上的断裂,通过和解来达到人与自然和谐相处的诗意境界。具体地讲,这就是他面向文学,从诗人荷尔多林那里获得灵感,提出了"诗意地居住"的理想境界。要达到海氏"诗意地居住"的理想境界,人类就要有勇气走出人类中心主义的价值向度,向客观向度靠拢。首先要做的事情,就是将人的价值向度由向自然索取,转化为平等存在的客观向度,通过取消人对自然的主宰意识,将自然视为平等对话与交流的伙伴,进而将人类征服自然、改造自然的价值实现改造为人类不能离开自然而存在、不能离开自然而发展的价值理念。亦即短暂者(人类)在大地上居住时,应淡化功利,向非功利靠拢,将人类文明的创造与观照自然界的生存方式结合起来,以协调人与自然相互依存的生态环境和生存方式。

　　环境伦理观是可持续发展的中介。它是由老子的生态智慧到生态文明再到实现可持续发展的不可或缺的重要环节。只有人人皆牢固树立环境伦理观，才能在人的主观能动作用下，逐步实现可持续发展。可持续发展环境伦理观的建构是以促进人与人之间以及人与自然之间的和谐，使人在进行自己的行为时，会发自内心地自觉考虑和顾及自己的行为对他人、社会、后人和生态环境的影响，从而实现这几者的和谐互惠共生为目的的。环境伦理观的产生将伦理学的视野从人与人之间扩展到了人与自然之间，不仅丰富了伦理学的基本思想，而且扩大了人的责任范围，为人类重新认识自身的价值和意义提供了一种全新的尺度。人的一举一动被放到了人—社会—自然这一大的坐标系之中，使得人能够逐渐对人与自然的关系进行多面整体的认识和把握，对人类行为可能给自然界造成的多种结果进行全面的认识和把握，以及对人类所应承担的对自然的责任和义务进行整体认识和把握，为可持续发展奠定了坚实的思想基础：使人们有一种全新的环境道德观，以此来约束人们的一言一行，一举一动，协调人与自然环境的和谐关系。

　　由老子"道法自然"及其以降的生态智慧，到当代倡导建设生态文明，标志着中华民族认识自身与自然界关系上的一次重大的质的飞跃。生态文明观念既是对老子以降中国古代文明观念精华的吸取，又是站在21世纪全人类面临生态不平衡诸多挑战的角度，提出的新思想、新观点，表明了中华民族在这个问题上与时俱进的科学态度。从传统工业文明向新的生态文明转变，是一场文明革命。唯物辩证法告诉我们，人类文明的发展过程是进化与分化的统一。新的文明形态问世并不完全消灭旧的文明形态，而是以新文明对旧文明的改造并使之成为新文明的要素、因子。与此同时，还必须看到，新文明取代旧文明，是人类文明的一场革命，它要求改变目前高消耗、高污染的生产方式，形成新型的生态工业、生态农业、生态服务业等一系列生态产业；要求改变不平等的充满生存斗争的社会关系，形成理性的平等合作的社会关系；要求改变物质性的、无限膨胀的物质欲望，过度消费的生活方式，形成有助于丰富人的精神世界、促进人的全面发展的适度消费的生活方式。可见，生态文明的崛起将是一场涉及生产方式、生活方式和价值观念的革命，是一场人类文明史的伟大创新运动。中华民族应该在这场新文明革命中有所作为，将最伟大的创新成果奉献给人类。

　　（三）老子生态智慧是生态文明建设中实现生态化转变的价值准则

　　在全面建设小康社会的伟大征程中，建设生态文明，必须实现社会生产方式、生活方式，特别是人的思想观念的生态化转变，而老子"道法自然"则为实现这种转变提供了基本的价值准则。

一是变人在自然界之上为人在自然界之中。人类一诞生，就被置于与自然对立的位置上，受自然界奴役；与此同时，人作为万物之灵，又以其特有的能动性开始了改造自然的历史，其能力成为衡量社会进步的客观尺度。随着近代自然科学的发展，人类在"征服自然"的凯歌声中，不仅能严格控制其他生物，亦能在更广阔的层面上改造自然，创造了一个又一个引为自豪的奇迹。人类由过去畏惧和服从自然变得凌驾于自然之上。然而，日益恶化的自然环境以其惨遭破坏的身体不断对人类进行报复，以一种新的存在更为深远地影响和制约着人类。事实表明，不管人类的能力有多大，毕竟还是在自然界之中，是自然的一部分，靠自然界生活。为此，应从根本上端正人对自身及其与自然关系的态度，变人在自然界之上为人在自然界之中，以自然界一分子的身份来审视人类的活动及其结果。

二是变生产仅为生存服务为既为生存更为提升人服务。迄今为止，人类改造自然的生产活动主要是为生存服务的。然而，生产不仅仅是为了人的生存。西方工业社会极大地提高了人的生产能力，创造了丰富的物质财富，人的生存却陷于严重的内外困境之中。事实提醒人们，人类不仅要改造自然，同时要改造人类；人类改造自然的生产活动既要为生存服务，更要为改造人、提升人服务。环境严重恶化的负效应要求突破生产只为满足生存需要的狭隘眼界，走上为改造人、提升人服务的新道路。这样，人与自然相一致的生态工业、生态农业、生态服务业等新兴产业才能应运而生，一个环境优美的新世界才会到来，进而有助于人的改造和人的全面发展。

三是变为生存服务的本能文化为促进人的全面发展的自由文化。人是动物性加文化性的统一体。动物性是人先天就有的，文化性才是人之为人的本质属性。正是语言、工具等文化创造使人从动物界分离出来，不断发展的文化对人进行改造和提升。然而，迄今为止，物质生产及消费在人类社会生活中居于主导地位，由此制约乃至决定着人类文化本质上仍是为生存服务的物质型文化（本能文化）。一味追求消费享乐，无限膨胀人的动物性，导致了西方学者所痛心疾首的"五个消失"：理想消失、真理消失、正义消失、尊严消失、价值消失。一言以蔽之，人的文化性丧失，人性应有的品质丧失。弗洛姆指出："食欲是与生俱来的肉体机能，而内在的良心则需要人和原则的指导，这只有靠文化的进步来促进。"所谓"靠文化的进步来促进"，最根本的是要变革为人类生存服务的本能文化，代之以张扬人性、充实心灵、促进人的全面发展的自由文化。

综上，老子生态智慧所折射出的时代价值是全方位、多侧面、多层次的，正是这种全面性，反映出老子思想家、哲学家、大哲人的大智慧。我们在由衷地赞叹钦佩之余，应当大力弘扬老子以"道法自然"为核心的生态智慧及其独特的价值取向之精华，全身心投入建设社会主义物质文明、政治文明、精神文明、生态文明的宏大实践之中，做出理应由老子的后代子孙和中华民族做出的，无愧于伟大时代、无愧于全人类的新贡献！

四、生态智慧的现实借鉴

老子生态智慧的核心是强调尊崇自然，依大化宇宙、茫茫自然本身固有的运行发展规律行事，反对违背自然规律的造作妄为。通过尊重自然规律，顺应自然发展大趋势的作为，进而达到人与自然相互依存，共生共长，和谐发展的目的。在现实领导工作中，必须将生态文明建设摆在经济社会发展的首要位置，积极创新思路，不断强化领导工作举措，形成能够节约能源资源和保护生态环境的产业结构、增长方式和消费模式。

（一）以产业结构调整为主线，大力发展生态经济

生态经济首先应该是一种低消耗、低污染、高效益的经济模式。只有把产业结构调整贯穿于发展的全过程，大力发展生态经济，才能从源头上减少资源消耗和污染排放。一是要大力发展生态工业。按照新型工业化的要求，着力抓好重点行业和重点企业的节能减排，力争用最少的原料和能源投入，以及最低的废弃物排放量，达到既定的生产和增长目的。按照循环经济发展的要求，鼓励企业循环式生产，推动产业循环式组合，通过企业和产业间的废物交换和循环利用，减少或杜绝废弃物的排放。制定和完善节能减排指标体系、监测体系和考核体系，加大投资结构、产业结构和产品结构的调整力度，采取市场、法律、行政等多种手段，关闭和淘汰一批原材料消耗大、环境污染重、能源消耗高、产品附加值低的企业，鼓励企业进行技术创新，不断提高资源利用率和产品附加值。二是要大力发展生态农业。遵循"整体、协调、循环、再生"的原则，积极构建生态农业循环体系，巩固提升特色产业，逐步实现农业产业结构合理化、生产技术生态化、生产过程清洁化、生产产品无害化。同时，积极探索中小型生态农业园模式，大力推广以鱼塘为中心、周边种植花木蔬菜的生态农业园，按科学方法建设动植物共育和混养的生态农业园，种植、养殖和沼气池配套组合的生态农业园，不断推动传统农业向生态农业转变。立足农村实际，当前尤其要以沼气工程为纽带，使农业生产的废弃物资源循环利用和能源建设工程紧密结合，努力实现发展清洁能源、节省燃料、减少废弃物、改善农村生活环境、延长农业生态产业链、促进农村经济发展的"多赢"目标。三是要大力发展生态服务业。生态服务业是优化产业结构和降低能源消耗的重要力量。因此，要大力发展以生态旅游、绿色商贸、绿色物流为重点的生态服务业，积极培育和发展一批具有市场竞争能力、经营规模合理、技术装备水平较高、生态效益明显的连锁企

业和生态物流企业，努力促进旅游业、社区服务业、现代金融保险业和信息服务业成为生态服务业中的主导产业。

（二）强化主体意识，切实保护生态环境

始终将生态环境保护摆到重要的战略位置，充分发挥政府、企业和社会的主体作用，大力实施"四大工程"。一是实施"蓝天"工程。要围绕改善大气环境质量，启动实施一批大气污染治理项目，将污染大户搬出城区，严令污染企业限期改造，全部实现烟尘达标排放；取缔街头燃煤炉灶，全面实施农村能源改造，大力发展沼气、太阳能等清洁能源，尽量减少对大气的污染。二是实施"碧水"工程。以保护饮用水源安全和河流污染防治为重点，深入开展"整治违法排污企业，保障群众健康安全"专项行动，切实加强饮用水源和供水水质监控，坚决取缔关闭危害群众饮水安全的污染企业和其他排污口。建立健全农村饮用水源保护区管理制度，切实加强大河流域的水质保护。三是实施"绿水"工程。狠抓植树造林，抓好林业分类经营，改进营育林方式。在加快发展中要坚守三条底线，即森林覆盖率、活立木蓄积量只能增加不能减少，高消耗、高污染、低效益的企业只能下马不能新上，生态环境建设只能加强不能削弱，确保森林生态资源持续有效增长。四是实施"节俭"工程。教育引导全民牢固树立"节能减排、保护环境"意识。弘扬勤俭节约的传统美德，培养健康、文明、节约、环保的生活方式，努力在每个家庭乃至全社会形成"简约就是时尚""节约能源光荣""污染环境可耻"的新理念。

（三）以核心价值传播为主旨，积极弘扬生态文化

生态文化是物质文明和精神文明在自然与社会生态关系上的具体体现，是人与环境和谐共处、持续生存、稳定发展的文化，是生态文明建设的一项重要内容。加强生态文化建设，必须以传播、宣扬核心价值观为根本宗旨，切实为生态文明建设营造良好的文化基础和环境氛围。一是要加强生态文化建设。教育引导人们充分认识到，人类不仅要利用自然、开发自然，更要爱护自然、尊重自然，努力提高全民的环保意识和参与环境保护与建设的自觉性、积极性。充分发挥新闻媒体的主渠道作用，通过多种形式对环保政策法规进行宣传，认真组织有关环境保护的纪念活动，大造声势，增强效果。二是要加强生态体制文化建设。健全的生态法律制度不仅是生态文明的重要标志，而且是生态保护的最后屏障，其作用在于用刚性的制度约束和惩罚人类的不文明行为。当前，要严格落实环境责任追究制度，加大对违法超标排污企业的处罚力度，严惩环境违法行为。同时，要加快建立健全生态法律法规制度体系，明确界定环境产权，并建立独立的不受行政区划限制的专门的环境资源管

理机构，克服生态治理中的"地方保护主义"行为。三是要加强生态文化建设。以挖掘弘扬生态文化为切入点，认真整理中国传统文化，尤其老子以"道法自然"为核心的生态智慧的精华，为我所用，为世所行。通过多种手段、多种形式，营造浓厚的生态文化氛围，引导人们在潜移默化中受到影响和熏陶，从而树立生态文明新观念。

（四）以活力实力魅力为主调，努力建设生态村镇

一是要建设生态城。围绕建设"生态文化名城"，切实把握好三个层次：在自然生态层次，按照人与自然和谐发展的要求，大力实施城镇绿化、美化工程；在社会生态层次，始终突出以人为本，坚持在空间布局上满足人的活动要求，在生态环境上满足人的生理健康要求，在人际关系上适应人的交往要求，在文化氛围上符合人们陶冶情操的要求，在日常生活上符合人的方便要求，将人的社会生活有机地融合到城市这个有机体之中，共同形成一个基本完善的城市生态系统；在文化生态层次，无论是城市空间布局，还是局部的群体设计和重要建筑的单体设计，都要与民众风格、历史文化底蕴有机结合起来，力求一栋建筑一个标志、一条街道一个品牌。积极开展文明市民、文明家庭、文明单位、文明小区、文明城市创建活动，不断丰富市民的精神生活，增强市民的生态意识，使整个城市生态系统的运行由外在控制变为内在调节。二是要建设生态镇。在努力突破小城镇建设投入"瓶颈"的同时，切实处理好几个关系：首先要处理好突出重点与整体推进的关系。采取"重点突破，梯次推进"的战略，搞好小城镇建设的中长期规划，集中物力财力，重点抓好人口较多、地理位置优越、工商业较发达的建制镇建设，实现由注重量的扩张到狠抓质的提升的转变。其次要处理好发展经济与生态保护的关系。在城镇规划和产业建设中，要引进生态学的观点，做到基础设施建设、产业建设与生态项目建设统筹兼顾，避免以牺牲环境为代价来发展经济，保证小城镇的可持续发展。再次要处理好硬件建设与环境优化的关系。按照统筹城乡发展的要求，着力完善配套小城镇政策环境、投资环境、人文环境，努力创建"文明型""诚信型"和"开放型"小城镇。三是要建设生态村。结合新农村建设，选择一批基础条件较好、群众素质较高的自然村作为生态村建设的试点，积累经验后以点带面，全面推开。要始终以发展生态经济、优化生态环境为重点，引导各村把创建活动与调整产业结构、发展区域特色经济结合起来，努力促进文明生态村建设与经济发展的共同进步。要以生态文明促进精神文明，以精神文明带动生态文明，从而提高农村的整体文明素质。

综上，在现实的领导工作中认真借鉴和吸取老子以"道法自然"为核心的生态智慧精华，并有机地融入建设生态文明的宏大目标之中，才能调动人们接受生态文

明理念、实践生态文明理念的主动性、积极性和创新热情，从而掀起波澜壮阔的生态文明创建热潮，促使老子以"道法自然"为核心的生态智慧之树结出丰硕的生态文明建设之果，进而践行中华民族"道法自然"、天人合一内在生存理念，着力构建人类命运共同体，实现中华民族伟大复兴的"中国梦"。

《老子》"小国寡民"及今本第八十章的历代解读

——《老子》"小国寡民"及当代价值研究之一

邓伟龙[*]

（韩山师范学院文学与新闻传播学院 广东 潮州 521041）

内容提要："小国寡民"是《老子》哲学思想在社会观与执政观中的表现，也体现了《老子》的社会思想与所主张的理想社会。历代对《老子》"小国寡民"的解释主要有"《老子》所追求的上古理想社会并以自用或以明其志""是中国古代虚幻的乌托邦、理想国或桃源世界""是《老子》的政治思想，是愚民、反动或开历史倒车""是《老子》的政治思想，但不是愚民、反动或开历史倒车""虚化其实质将其看成精神境界或精神虚构""是《老子》构建天人和谐、对文明的反思及生态文明的一种理念""是《老子》提出的一种社会改造方案、设想、救世之策或统治术""并不是国家政治思想，而只是假设、条件，意指在国小民少或在小国少民的情况下，或叙述通往理想世界的具体途径"等八种主要代表观点，而这都存在对《老子》"小国寡民"的有意或无意"误读"。

关键词：《老子》 "小国寡民" 今本第八十章 历代解读

———————————

* 作者简介：邓伟龙（1973—），男，湖南邵阳人，文学博士，韩山师范学院文学与新闻传播学院教授，主要研究方向：中国古代文论，文学理论和美学。

作为"核心时代"①中国文化思想代表人物之一的《老子》②,其因提倡"小国寡民"而被人理解为消极、保守甚至是禁欲、蒙昧、愚民、倒退思想的代名词,也是历代误解争讼最集中的地方。因此如何正确理解"小国寡民"及今本第八十章不仅只是《老子》文本解读的问题,更是牵涉如何正确认识和评价《老子》及整个道家思想乃至中国传统文化的重大问题。因此从本文开始,我们计划将用系列文章(10 篇及以上)集中探讨《老子》的"小国寡民"思想及其背后独特的哲学观、社会观、政治或执政观、语言观或言说方式和对当代社会影响与价值等。在我们看来,"小国寡民"是《老子》哲学思想在社会观与执政观中的表现,也体现了《老子》的社会思想与所主张的理想社会,也是其独特的"正言若反"的语言观或言说方式的反映。而历来对"小国寡民"的解读人言言殊、莫衷一是,这不仅表明作为经典的《老子》其文本本身的多义和可读性,同时也是《老子》思想深刻与风格不同于其同时代思想家的体现。那么《老子》的"小国寡民"其正确的解读或者说真正可能符合《老子》的本义是什么呢?任何学术研究都存在所谓"清理地基"的问题,因而有必要对历代关于《老子》"小国寡民"及该章解读的主要观点进行简单梳理,以期为以后的研究确立目标并打下基础。

---

① 轴心时代(the Axial Period):是德国哲学家卡尔·西奥多·雅斯贝尔斯(Karl Theodor Jaspers, 1883—1969)在其 1949 年出版的名著《历史的起源与目标》一书提出的著名概念,他认为公元前 800 至前 200 年之间,尤其是公元前 600 至前 300 年间,是人类文明的"轴心时代"。其发生的地区大概是在北纬 30 度上下,也就是北纬 25 度至 35 度区之间。这段时期是人类文明精神的重大突破时期。在轴心时代里,各个文明都出现了伟大的精神导师——古希腊有苏格拉底、柏拉图、亚里士多德,以色列有犹太教的先知们,古印度有释迦牟尼,中国有孔子、老子……人类至今赖以自我意识的世界几大文化模式(中国、印度、西方)大致同时确立起来。参见:卡尔·雅斯贝尔斯:《历史的起源与目标》,魏楚雄、俞新天译,北京:华夏出版社,1989 年,第 14 页。

② 本文及标题之所以用《老子》而非直接用"老子"是基于以下考量:一、虽然有大量的文献材料证实老子即李耳或老聃确实是存在的历史人物且为著《老子》一书的作者,但历史上亦有对老子一人是否存在以及是否为《老子》一书作者的质疑,尤其是自 20 世纪《古史辨》以来这种质疑不仅强烈且至今未断,如直接使用"老子"则有可能陷入不必要的学术纠缠,因此使用《老子》而不直称老子,可以将此问题虚化;二、按现代学界比较中肯的观点来看,《老子》虽为老子所著,但其文本有一个历史流变的过程,也就是老子李耳可能著有《老子》一书,但其内容可能和现在通行本有很大的不同甚至差异,现在我们所熟悉的通行本《老子》或《道德经》是在历史上经过长期的发展演变而来的,在文献有限的情况下,很难说今本也即通行本或传世本的王弼注《道德经》就是历史上老子的原作。从现在能看到的最早反映老子著作的出土文献即湖北郭店楚简本来看,其甲乙丙无论字数与内容较通行本有太大的差异,具体就"小国寡民"而言,楚简本就没有,因此如直接使用老子则可能有忽视《老子》文本流变之嫌;三、从文学理论中"形象大于思想"的观念而言,使用《老子》而非直接称呼"老子"还可以把老子思想与《老子》作品中所反映及可能包蕴的思想区分出来,也就是说本文只是从《老子》文本出发,从文本本身探讨其文本中所蕴含的思想、观念或意识,而至于这些是否就是历史上老子本人的东西则可存疑。

一、"小国寡民"与八十章

《老子》的"小国寡民"思想集中体现在今通行本《道德经》也即王弼注《道德真经註》的第八十章凡七十五字（标点除外），全文如下：

小国寡民，使有什伯之器而不用，使民重死而不远徙。虽有舟舆，无所乘之；虽有甲兵，无所陈之；使人复结绳而用之。甘其食，美其服，安其居，乐其俗。邻国相望，鸡犬之声相闻，民至老死，不相往来。①

对于本章文字内容的考证，近人马叙伦、蒋锡昌②、高明③、劳健④等人用力最勤，其中马叙伦不仅依据彭耜、纪昀、毕沅、俞樾、蔡师培、张煦、严可均等人的考证并自己结合河上公注、《文子·符言》、成玄英疏、易州本、《治要》引、《文选·魏都赋》刘注引、《经幢》、寇才质、白玉蟾、张嗣成、范应元、赵秉文、《庄子·胠箧》、陆德明、元嘉本、崔向永和中本、《史记·货殖传》等人的文本考证或文章引用情况，考订了本章历史上文本的字、句差异，如"寡民"与"寡人"、有无第一个"使"字、"使有"还是"使民有"、"什伯"还是"阡陌"亦或"什伯人"、"不远徙"与"远徙"、是"鸡犬"还是"鸡狗"等；并有创见性地提出："伦谓虽有舟舆四句（即虽有舟舆，无所乘之；虽有甲兵，无所陈之）古注文，误入经文者也。下使民字因传写注误入经，读者妄加也。"⑤这个观点为严灵峰所称许，其在《老子章句新编》第五十二章中说，"马叙伦曰：'虽有舟舆'四句，古注文误入经文者也。马说是也。窃谓，'虽有舟舆，无所乘之'二句，乃上'使民重死而不远徙'句之注文；又'虽有甲兵，无所陈之'二句，乃上'使有什伯之器而不用'句之注文也。因据删定。"⑥（对于此四句是否为注文误入后文还将论及）不过总的说来，这些不同的版本虽然文句上有出入，但除"不远徙"与"远徙"外均对文意的理解障碍不大，因此下文还是以王弼通行本的文字为准。但这里有个比较重要的问题是，王本能否作为《老子》的文本来进行研究呢？

　　① 刘固盛点校、王弼：《道德真经注》，见熊铁基、陈红星主编：《老子集成》第一卷，北京：宗教文化出版社，2011年版，第234—235。注：为注释简洁，以下凡是引自王弼《道德真经注》即通行本者只在文后（）中注明章数；凡引自该十五卷版《老子集成》者则只注明点校者、作者、书名及集成卷数和页码。

　　② 刘固盛点校、蒋锡昌：《老子校诂》，第十四卷，第699—700页。

　　③ 高明：《帛书老子校注》，北京：中华书局，1995年版，第152—153页。

　　④ 劳健对八十章的考证路数不仅和马叙伦大致相同，而且还特别注明"右第八十章八十三字"。刘韶军点校、劳健：《老子古本考》，第十五卷，第352—353页。

　　⑤ 梅莉点校、马叙伦：《老子覈诂》，第十二卷，第848—849页。

　　⑥ 刘固盛点校、严灵峰：《老子章句新编》，第十五卷，第509页。

　　确实，从现有能看到的最早的抄写于战国偏晚期的《老子道德经（郭店楚简本）》即楚简本而言，无论甲乙丙都没有本章内容①；最早为《老子》进行注解的是战国晚期韩非子的《解老》篇，该文有选择地从今本《老子》第三十八章开始断章作解，其中引用和解释了"祸莫大于不知足"（四十六章）、"服文采，带利剑，厌饮食，而财货有余者，是谓盗竽矣"（五十三章）、"治人事天，莫若啬"（五十九章）、"治大国如烹小鲜"（六十章）等这些与今本八十章类似的强调知足、节欲、反战、无为思想的章节和文字，却没有"小国寡民"及其他今本八十章内容②。但应该成书于汉初即高祖与文帝之前的长沙马王堆出土的《老子》帛书甲乙本虽其道经与德经篇次与今本顺序不同，除脱字及甲本应是高祖刘邦之前故不避讳为"小邦"之外，均有今本八十章差不多完整的内容③。其后无论是"上经配天，下经配地。阴道八，阳道九，以阴行阳，七十有二"的西汉《道德真经指归》即严遵本④，还是相传为西汉但实"早不一定早过严遵，晚不至于晚到到东汉末，时间大约是西汉后期或者东汉前期"，⑤或者说"约作于东汉中叶迄末季间"⑥托名为河上公的《老子河上公章句》本⑦，或是三国吴人葛玄的《老子节解》本（注其八十章无"小国寡民"四字，其他大体相同），⑧亦或隋末唐初依项羽妾本及多种传本校勘而得的《道德经古本篇》即傅奕本⑨，以及汉魏六朝至隋唐时期道教徒诵习的《老子道德经（敦煌五千文本）》等⑩，均有与今本八十章几近相同的内容。因此在当前文献有限的前提下，轻易肯定或否定今本八十章完全就是或不是老子原文都是不太妥当的。考虑到以上各版本尤其是帛书甲乙本、严遵本、河上公本等应当说距老子时代不远，且与今本内容差别不大，故将其作为《老子》的文本还是可行的。

　　关于"小国寡民"及八十章在《老子》全书中的地位或意义，宋苏辙首次并明确认为是《老子》一书的卒章显志⑪，也即《老子》一书思想在临末的集中表达或总

---

　　① 廖名春释文：《老子道德经（郭店楚简本）》，第一卷，第1—6页。
　　② 刘固盛点校、韩非子：《解老》，第一卷，第56—62页。
　　③ 许抗生点校：《老子道德经（马王堆帛书本）》之《道德真经註·点校说明》，第一卷，11、第22。
　　④ 刘固盛点校、严遵：《道德真经指归》，《老子集成》第一卷，第124页。
　　⑤ 熊铁基等：《中国老学史》，福州：福建人民出版社，2005年版，第185页。
　　⑥ 此处取王明的观点："今见河上公章句，约作于东汉中叶迄末季间，系养生家托名于'河上公'者，其书之行世，当在王弼注之先。"刘固盛点校、河上公：《道德真经註·点校说明》，第一卷，第137页。
　　⑦ 刘固盛点校、河上公：《道德真经注》，第一卷，第175—176页。
　　⑧ 周国林点校、葛玄《老子节解》，第一卷，第207页。
　　⑨ 顾志华点校、傅奕：《道德经古本篇·点校说明》，第一卷，第55页。
　　⑩ 尹志华点校、《老子道德经（敦煌五千文本）》之《道德真经注·点校说明》，第一卷，第37页。
　　⑪ 苏辙认为：老子生于衰周，文胜俗弊，将以无为救之。故于其书之终言其所志，愿得小国寡民以试焉，而不可得尔。刘固盛点校、苏辙：《道德真经注》，第二卷，第30页。

结。其后苏辙的这种观点得到大多学者的认可，如明代的薛蕙^①等，而明朱得之^②、清邓晅^③及近人区大典^④等人的表述虽不尽一致，但意思几乎全同。如果从王弼注的八十一章的今本《道德经》而言，这个观点应该是不成问题的（就帛书本而言此说则不能成立）。因此，如何正确理解"小国寡民"就不仅仅是单独文句或章节的简单问题了，因为如若对某单独文句或章节理解失误或不太正确并不足以影响大局，而对此理解如若失误则有可能导致对《老子》全书及整体思想理解的错误，进而也就影响对《老子》及整个道家学派思想的认识与评价。

那么，历代是如何理解《老子》的"小国寡民"及八十章的呢？或者说历史上及现当代学界对其解读的主要观点有那些呢？下文择其荦荦大者简单陈述。

二、"小国寡民"及该章历代解读主要观点

据张鹏飞^⑤的研究同时结合本人的理解，在众说纷纭的对《老子》"小国寡民"的解读中，本文认为历史与现代学界大致有以下几种最有代表性的观点：

一是将"小国寡民"理解为《老子》所追求的上古理想社会并以自用或以明其志。这也是历代注解《老子》及近代学者最主要的观点。除上文所提到的苏辙等人外，最早明确提出此观点的是南宋林希逸^⑥，后为明陈深^⑦、陈继儒^⑧，清末民初张之纯^⑨等人直接或间接继承，唐成玄英虽主要从道教修性角度进行解读，但亦有此观

---

① 见刘韶军点校、明薛蕙：《老子集解》，第六卷，第 321 页。

② 朱得之认为：此老子悯世之瀜，战争将不息，故著此书，篇终聊尔自许得善人之道，以为君长也。尹志华点校、朱得之：《老子通义》，第六卷，第 428—429 页。

③ 邓晅认为：老子于篇终述怀若此，实欲后世师其此，以化民成俗，非徒结此虚愿已也。郭康松点校、邓晅：《道德经辑注》，第十卷，第 284 页。

④ 区大典说："此承上章与善远怨，而推言安民之道，在无为而治。此章合下章，结全书之旨。此章合下章，总结全书。"刘固盛点校、区大典：《老子讲义》，第十三卷，第 265 页

⑤ 张鹏飞：《"小国寡民"之本义及世用》，《荆楚学刊》，2018 年第 4 期，第 5—11 页。

⑥ 林希逸："此老子因战国纷争，而思上古淳朴之俗，欲复见之也，观其所言，亦有自用之意。"刘固盛点校、南宋林希逸：《道德真经口义》，第四卷，第 526 页。

⑦ 陈深完全赞同并直接引用林希逸的上述观点。徐华点校、陈深：《老子品节》，第七卷，第 144 页。

⑧ 陈继儒亦完全赞同并直接引用林希逸的上述观点。徐华点校、陈继儒：《老子辩》，第八卷，第 431 页。

⑨ 张之纯：此节追思上古无为之治，益寄慨当世。刘韶军点校、张之纯：《评注老子菁华》，第十四卷，第 194 页。

点①，近代学者有刘鼐和②、蒋锡昌③、马其昶④、冯振⑤等为其代表。

二是将"小国寡民"解读为中国古代虚幻的"乌托邦"、"理想国"或桃源世界。当然这种及以下的观点主要是近代以来的解读，不过清代学者宋常星⑥有此类似的解读，近代胡适⑦、谭正璧⑧、陈鼓应⑨、白奚⑩等最具代表性。

三是认为"小国寡民"是《老子》的"理想国"、政治思想，但却是愚民、反动

---

① 成玄英认为："就此章内，文有四重……第三明反古还淳，和光同俗。"尹志华点校、成玄英：《老子道德经开题序诀义疏》，第一卷，第 34 页 5。

② 刘鼐和："老氏五千言将完，以为若实施彼学说，则理想国家即如是。犹今日欧美社会主义学说盛行，竟有开辟一小土地以实行其说者。老氏此章，亦犹之也。"刘韶军点校、刘鼐和：《新解老》，第十一卷，第 768 页。

③ 在解读八十章中，其中有"锡昌按：本章乃老子自言其理想国之治绩也……本章虽系老子自言其理想之治"。刘固盛点校、蒋锡昌《老子校诂》，第 699 页。

④ 马其昶在右第二十九章中解释说："此章老子意中想望之世，是无为之治象也。"刘韶军点校、马其昶：《老子故》，第十二卷，第 454 页。注：叶玉麟亦有此完全相同的评价。刘固盛点校、叶玉麟：《白话译解老子道德经》，第十四卷，第 425 页。

⑤ 冯振："此章盖老子无为而治之理想国家也。"刘固盛点校、冯振：《老子通证》，第十三卷，第 334 页。

⑥ 宋常星开头总注："细看此章，皆是设言之意，非真有之事也。"末尾有："老君之不得已而设为此言者，一是伤今以思古，一是想像梦游其间……"刘固盛点校、宋常星：《道德经讲义》，第九卷，第 282—283 页。

⑦ 胡适认为："这种学说，要想把一切交通利器……等等制度文物，全行毁除。要使人类依旧回到那无知无欲老死不相往来的乌托邦。"胡适：《中国哲学史大纲》，上海：上海古籍出版社，1997 年版，第 46 页。

⑧ 谭正璧："这是他根据道的本体和作用，主张任敏无知无欲，所以他的乌托邦、理想国乃是：小国寡民……"刘固盛点校、谭正璧：《老子读本》，第十五卷，第 647 页。

⑨ 陈鼓应认为小国寡民：这是老子在古代农村社会基础上所理想化的民间生活情景。陈鼓应：《老子注译与评介》，北京：中华书局，2009 年第 2 版，第 344 页。

⑩ 陈鼓应、白奚："'小国寡民'是老子出于对现实的不满而在当时散落农村生活的基础上所构幻出来的'桃花源'式的乌托邦。"陈鼓应、白奚：《老子评传》，南京：南京大学出版社，2001 年版，第 242 页。

或开历史倒车。持这种观点的主要有范文澜[①]、白寿彝[②]、任继愈[③]、胡寄窗[④]、高亨[⑤]、尹振环[⑥]等。

四是与此相对认为"小国寡民"是《老子》的政治思想，但不是愚民、反动或开历史倒车，而是一种看似原始社会而实际属于文明形式更高的社会。持这种观点最有代表性是张松辉[⑦]、张智彦[⑧]等。

五是第三种近似但又虚化"小国寡民"的实质将其看成精神境界或精神虚构的。

① 范文澜说："老子想分解正在走向统一的社会为定型的和分离的无数小点，人们被拘禁在小点里，永远过着极低水平的生活，彼此孤立……这种反动思想，正是没落领主的思想想……老子小国寡民的政治思想是反历史的。"范文澜：《中国通史》第一册，北京：人民出版社，1978 年第 5 版，第 246—247 页。

② 白寿彝说："道家的社会政治思想，是主张奴隶社会向原始社会的逆转。小国寡民，民至老死不相往来，是对原始社会的向往……是要退回到草昧未开的洪荒之世。"白寿彝主编：《中国通史》第 1 卷，上海：上海人民出版社，1989 年版，第 257 页。

③ 任继愈说：（第八十章）"集中表达了老子的复古的社会历史观。当时已……有了高度发达的文化、科学、艺术。老子对这些不但看不惯，还坚决反对，他认为文化给人们带来了灾难，要回到远古蒙昧时期结绳而用的时代去。"任继愈：《老子新译》，上海：上海古籍出版社，1982 年版，第 232 页。

④ 胡寄窗说：小国寡民是针对当时的广土众民政策而发的……作到小国寡民便可以消除兼并战争……反映了没落的贵族阶级知识分子在社会经济发展洪流和新生事物面前的消极退缩心情……显然是想为时代开倒车。胡寄窗：《中国经济思想史》（上），上海：上海人民出版社，1998 年版，第 214 页。

⑤ 高亨说："他憎恨当时社会的不合理甚至罪恶的现象，……然而他主张倒退到原始时代的氏族公社，甚至主张取消已经提高的物质生活和文化生活，使人类回到简陋愚昧的境地，这是违反社会发展规律的、大开倒车的、极端落后的政治思想。"高亨：《高亨著作集林》第五卷，北京：清华大学出版社，2004 年版，第 9—10 页。

⑥ 尹振环认为："针对时代的创伤，老子设计了一种'理想国'。这种国家不仅国小民少，而且是一个'四无'之国……小国寡民的理想国不过是老子愚民思想的最高境界罢了。"尹振环：《老子的愚民思想及对待智者的方策——兼与陈鼓应先生商榷》，《贵州大学学报》，1991 年第 4 期，第 9—14 页。

⑦ 张松辉说："老子所描写的社会并非真正的原始社会，而是经过文明发展以后再对自然生活回归的社会。原始社会的基本特征就是生产力极度落后，人们的文化水平非常低下。而老子的'小国寡民'社会并不具备这些特征……老子所提倡的小国寡民社会不是蒙昧落后的原始时代，而是经过否定之否定后……是一种看似原始社会而实际属于文明形式更高的社会"。张松辉：《重评考子的"小国寡民"思想》，见《老子译注与解析》，长沙：岳麓书社，2008 年版，第 262—263 页。

⑧ 张智彦认为：老子所理想的"小国寡民"不完全是向原始社会的复归。老子设计的这个理想蓝图是与他批判现实的方向相联系的，其意图在于反对统治者对人民的干扰。张智彦：《老子与中国文化》，贵阳：贵州人民出版社，2001 年版，第 265—266 页。

前者以冯友兰^①为代表，后者以严敏^②为代表。

六是从现代观念出发认为"小国寡民"是《老子》构建天人和谐、对文明的反思及"生态文明"的一种理念。持这种观点的除上文提到的张松辉外，还以许涛^③、赵玉玲（当然赵玉玲亦认为"小国寡民"是下文所要提及的一种社会管理理念，也可以看成是一种统治术）^④等为代表。

七是认为"小国寡民"是《老子》提出的一种社会改造方案、设想、救世之策或统治术。除上文提到的赵玉玲外，主要还有白奚^⑤、王中江^⑥、张鹏飞^⑦、李若晖^⑧、袁

---

① 冯友兰认为："《老子》第八十章描述了它的理想社会的情况。从表面上看起来，这好像是一个很原始的社会，其实也不尽然……这并不是一个原始的社会，用《老子》的表达方式，应该说是知其文明，守其素朴……《老子》第八十章所说并不是一个社会，而是一种人的精神境界。"见冯友兰：《中国哲学史新编》上卷，北京：人民出版社，1998 年版，第 346—347 页。冯先生又说："此即《老子》之理想的社会也。此非只是原始社会之野蛮境界，此乃含有野蛮之文明境界也……可套《老子》之言曰：'大文明若野蛮。'野蛮的文明，乃最能持久之文明也。"见冯友兰：《中国哲学史》(1947 增订版)，北京：中华书局，1961 年版，第 238 页。

② 严敏：小国寡民社会不是老子从社会政治实际的层面，而是从精神的层面虚构的，表达了老子代表人民意愿希望摆脱春秋战国时期长达 200 多年的战争动荡……是一种心灵恬园的幻想，所以老子并不再去讨论如何实现它。严敏：《〈老子〉辨析及启示》，成都：巴蜀书社，2003 年版，第 221 页。

③ 许涛认为："小国寡民"思想有助于人与人、国与国、人与自然的和谐相处。它和"生态文明"作为对当时所处时代文明的一种批判和反思，都是期望人类社会能重新回归到自身所追求的价值本源。许涛：《"小国寡民"的当下思考——以"生态文明"为视角》，《南昌师范学院学报》，2015 第 1 期，第 26—28 页。

④ 赵玉玲："小国寡民"是老子对理想社会管理方式的一种描述，即社会的进步、人类文明的发展应该与自然保持高度的和谐。在新的时代条件下"小国寡民"思想的积极意义表现在三个方面：回归自然的生活方式、人口控制、弃绝战争与维护世界和平。赵玉玲：《重析"小国寡民"——谈道家的现代意义》，《武汉大学学报》，2006 年第 1 期，第 91—95 页。

⑤ 白奚："小国寡民"并不是要退回到原始社会，它通过理想化的形式，表达了老子的社会改造构想。……"小国寡民"的社会改造方案包括政治与人生两个方面。白奚：《小国寡民与老子的社会改造方案——〈老子〉八十章阐微》，《安徽大学学报》，2000 年第 2 期，第 9—13 页。

⑥ 王中江说：统治术不仅要设想如何去统治，也要设想统治所要达到的政治期望和目标……老子设想的最好的统治是"太上，下知有之"……老子的政治期望，我们通常想到的是他设想的"小国寡民"社会。王中江：《早期道家"统治术"的转变（下）》，《哲学动态》，2016 年第 3 期，第 55—62 页。

⑦ 张鹏飞认为："小国寡民"之本义是老子提出的治国方略，是一种"统治术"，是化大为小的管理社会人民的方案……针对春秋乱世，老子提出"小国寡民"的主张，主要不在国家形态，而在"治世"的方略。张鹏飞：《"小国寡民"之本义及世用》，《荆楚学刊》，2018 年第 4 期，第 5—11 页。

⑧ 李若晖认为：历来认为《老子》第八十章是对老子理想社会的集中描述，这种理解并不完整。这一章并非对于理想社会的直接描述，而是叙述了通往理想社会的具体途径。李若晖：《"小国寡民"探微——老子通往理想社会途径的设想》，《烟台大学学报》2006 年第 3 期，第 298—302 页。

青①、张腾宇②等。

八是认为"小国寡民"并不是国家政治思想，而只是假设、条件，意指"在国小民少"或"在小国少民"的情况下。《老子》八十章所描绘的理想社会与国家大小无关。这以韩国学者吴相武③、刘笑敢④为代表等。

当然，除此之外还可能有其他的更多的观点或见解，但总的来说以上是最主要的，此不多述。

三、作为开头的结尾与余论

那么以上观点或见解符不符合《老子》"小国寡民"的本义呢？会不会是深刻的片面或如保罗·德曼所说的有盲点的洞见呢？事实上，如若简单检视以上观点，则不难发现：虽然上述观点各不相同，但却有个共同点，这个共同点就是以上所有的观点其实都是吴相武所提出并质疑的"小国寡民论"，而以上所有的论者其实也是吴相武所提出并质疑的"小国寡民论者"⑤。更有意思的是吴相武的观点与本人也在自己提出并质疑的"小国寡民论"与"小国寡民论者"之列，因为在我看来虽然吴相武认为"小国寡民"并不是国家政治思想，《老子》八十章所描绘的理想社会与国家大小无关，但只要是将"小国寡民"理解为"国小民少"或"小国少民"的都是"小国寡民论"与"小国寡民论者"（下文有详论）。

那么到底该如何理解《老子》的"小国寡民"及第八十章呢？或者说"小国寡民"以及整个八十章表达或体现了《老子》什么思想、观念或意识呢？当然按照阐释学的观点，其实任何理解都可能也是一种误解或误读，完全真正或最终的确解是不可能达到的，但不能因此而放弃探求真解的努力。这正如刘笑敢先生所说的那样：

---

① 袁青："小国寡民"即"小其国而寡其民"，意为将国家看得很小，将人民看得很少。"小国寡民"并非是通常所认为的《老子》理想社会的描述，而是一种统治术。袁青：《老子"小国寡民"新论》，《中州学刊》，2014年第4期，第124—128页。

② 张腾宇："小国寡民"是老子以侯王为中心，为对治诸侯国广土众民所带来的诸多问题而提出的救世之策，旨在通过削弱诸侯势力以拱卫天子，并让百姓过上自给自足的安稳生活。"小国寡民"不等同于绝对的国小民寡，更不是要退回到小国林立的万国时代；也不等同于均分天下。张腾宇：《〈老子〉"小国寡民"之义辨正》，《哲学研究》，2017年第12期，第59—64页。

③ 吴相武：《〈老子〉"小国寡民"新解》，见陈鼓应主编：《道家文化研究》第十四辑，北京：生活·读书·新知三联书店，1998年版，第145—168页。

④ 刘笑敢：本章的内容既不是对既有事实的描述，也不是正式提出一个成熟的思想方案。从原文的语气来看，本章只是提出一种假设的可能，所表达的不过是作者对现实的一种不满和愿望，并非一个明确的蓝图或方案。刘笑敢：《老子古今：五种对勘与析评引论》，北京：中国社会科学出版社，2006年版，第752页。

⑤ 吴相武认为，凡是主张把《老子》的理想社会理解为"国家既小人就又少"社会的就是"小国寡民论"；而凡是主张"小国寡民论"的学者则称为"小国寡民论者"。吴相武：《〈老子〉"小国寡民"新解》，见陈鼓应主编：《道家文化研究》第十四辑，北京：生活·读书·新知三联书店，1998年版，第145页。

"尽管我们永远不可能达到和证明绝对的、惟一的历史的'真相',但是我们永远不能放松和放弃尽可能贴近历史真相的努力,舍此则无学术、无研究,只有自由发挥,或各逞其才。"① 当然限于篇幅的原因本文只能到这里尚未浅尝就辄止了,但在以后的文章中我们将联系《老子》整个文本同时结合历史文献资料和学界的已有成果,并尽量以老解老从而揭示《老子》"小国寡民"可能的真正含义。

---

① 刘笑敢:《老子古今——五种对勘与评析引论》,北京:中国社会科学出版社,2006 年版,第535 页。

老学与历史钩沉

从《道德经》视角看仁宗"崇道仁政"思想

——由《崇道赋》引发

内容提要：宋仁宗《崇道赋》与庄子《逍遥游》素来也是道教仙士们用来抒志咏怀的姐妹篇，这两篇辞赋的文学、文献、历史、社会研究价值极高。本文则从《道德经》身国同治等角度，仅试图从宋仁宗《崇道赋》这篇赋文中所蕴含的历史背景、思路情怀、社会心理等方面去求证和发掘宋仁宗"崇道仁政"思想衍生价值和社会价值，结合当下社会的文化引导、思想流变等方面因素，探索"崇道仁政"施政思想的积极意义。

关键词：崇道赋　仁宗　崇道仁政　道德经　身国同治

一、缘起宋仁宗《崇道赋》

《道德经》第八章云：上善若水，水利万物而不争。处众人之所恶，故几于道。居善地，心善渊，与善仁，言善信，政善治，事善能，动善时。夫唯不争，故无尤。

读经可以明志，习经可以开智。去年，在宜春市崇道宫一年一次的团圆仙会上，杨崇泰道长朗诵宋仁宗的《崇道赋》，其文辞里如谦弱流水，"厚德覆载、心仁言信、治政时动、无为不争"等清晰的旨意让笔者陡然间再次关注。

的确，在道教仙士们的修炼生活中，若谈起自己喜欢的道教诗文歌赋，大多数会把庄子的《逍遥游》、宋仁宗的《崇道赋》放在首位，故而也成为道教仙士们修行

---

　　* 宋崇道（1974—），男，江西宜春人，博士，全真出家道士，三坛大戒得戒弟子，戒号：上元子。中国宗教学会理事，国家"十三五"规划文化重点工程——《中华续道藏》监委，《中华老学》主编，道德经文化国际交流促进会会长，华夏老学研究会常务副会长，宜春学院宗教文化中心研究员，宜春市袁州区道教协会会长，宜春市崇道宫住持。研究方向：道教文化、王钦若道教思想、囍文化、《道德经》文化及应用。

的必读经典。

两首辞赋虽然各有千秋和侧重，但尤以宋仁宗的《崇道赋》最为有底气，最能突出一个仙士的逍遥自在、济苦救难和敢于担当的家国情怀，在坚定民族文化自信的今天，仍然可用来修身明志。

《崇道赋》原文如下：

但观三教，惟道独尊。

上不朝于天子，下不谒于公卿。避樊笼而隐迹，脱俗网以修真。乐林泉兮绝名绝利，隐岩谷兮忘辱忘荣。顶星冠而曜日，披布衲以长春。或蓬头而跣足，或丫髻而幅巾。搞鲜花而砌笠，折野草以铺茵。吸甘泉而漱齿，嚼松柏以延龄。歌之鼓掌，舞罢眠云。

遇仙客兮则求玄问道，会道友兮则诗酒谈文。笑奢华而浊富，乐自在之清贫。无一毫之挂碍，无半点之牵缠。或三三而参玄论道，或两两而究古谈今。究古谈今兮叹前朝兴废，参玄论道兮究性命之根因。任寒暑之更变，随乌兔之逡巡。苍颜返少，白发还青。携单瓢兮至市廛而乞化，聊以充饥；提锄篮兮进山林而采药，临难济人。解安人而利物，或起死以回生。修仙者骨之坚秀，达道者神之最灵。判凶吉兮明通爻象，定祸福兮密察人心。阐道法扬太上之正教，书符箓除人世之妖氛。谒飞神于帝阙，步罡气于雷门。扣玄关天昏地暗，击地户鬼泣神钦。

夺天地之秀气，采日月之精华。运阴阳而炼性，养水火以胎凝。二八阴消兮若恍若惚，三九阳长兮如杳如冥。按四时而采取，炼九转而丹成。跨青鸾直冲紫府，骑白鹤游遍玉京。参乾坤之妙用，表道德之殷勤。彼儒者兮官高职显，富贵浮云；彼佛教兮抛妻弃母，不念人伦。

朕观三教，惟道独尊。

从这首辞赋，我们完全可以看出宋仁宗不仅是位"仁义"之君，更是位"崇道"皇帝：

一、在宋太祖、宋太宗、宋真宗等前几任皇帝治理基础上，仁宗自身治理的整个社会也是非常安定繁荣并且强盛的，否则不会有如此飘逸的心情。

二、宋代又是中国历史上外患内忧的时期，政府内部朋党斗争激烈[①]，仁宗朝官

---

① 任继愈：《中国道教史（增订本）》，北京：中国社会科学出版社，2001年，第541页。

场虽"盛矣"①，但也存在各种钩心斗角，尔虞我诈、溜须拍马，宋仁宗是极度不喜欢和厌倦。

三、由此赋可以看出仁宗不仅自身熟读参悟道教经典，尤其深谙《道德经》等，而且熟知道教符箓科仪、步罡踏斗、炼养丹道、实修实证也达到相当高的水平。

四、仁宗内心正炁充盈，轻谛佛教，高度崇道，认同道教仙士们与自然合真的洒脱和逍遥，与人世疾苦救渡为己任的济世情怀，以盛世而隐祈福天下的家国情怀，以符箓演教踩罡降邪的度人情怀，以九转还丹为关怀人伦生命的长生情怀。这种情怀，也正暗合了《道德经》的"为无为，事无事，味无味"②"天之道，利而不害；圣人之道，为而不争"③君王"以道治国、身国同治"的"崇道仁政"思想。

二、崇道思想下的仁宗盛治

若论及宋代"崇道"的君王，大多数人多把目光集中在宋太祖、宋太宗、宋真宗、宋徽宗等皇帝身上，宋仁宗倒成了褒贬不一的道君。南宋大哲学家朱熹在评论宋仁宗当位时的国家形势时说："国势缓弱，事多不理"；还有的认为宋仁宗不算是个有作为的皇帝：第一，"没怎么开疆拓土"，第二，发展经济，他也没有什么"高妙的思路"，就算支持过"庆历新政"，最后也"以失败告终"。④

当然，也有的认为宋仁宗是最仁爱有道的皇帝，在位时，"崇道遵玄、勤俭节约、宽容仁慈、尚德缓刑、善于纳谏"的仁道御政之事处处可见："止念止杀不喝羊汤""体恤下人食沙不言""包拯进谏唾沫溅脸"等不胜枚举脍炙人口。北宋苏轼评论仁宗"搜揽天下豪杰"，"留以为三世子孙百年之用"⑤；南宋李璧也认为"仁宗尤以涵养士类为急，故自治平至元祐，悉获共享。"⑥

"执大象，天下往，往而不害，安平太。"⑦从《道德经》文化及应用研究的角度，可以看出宋仁宗施行的是"崇道仁政"。"为人君，止于仁"，以仁政天下者，非仁宗莫属；以崇道治天下者，也非仁宗莫属。"将欲夺之，必固与之"⑧，"柔弱胜刚强，鱼

---

① （元）脱脱等撰：《宋史》卷三九七，北京：中华书局，第 35 册，第 1209 页，南宋刘光祖被光宗选为殿中侍御史后，所上谢表有曰："本朝士大夫学术议论，最为近古，初非有强国之术，而国势尊安，根本深厚。咸平、景德之间，道臻皇极，治保太和，至于庆历、嘉祐盛矣。"

② （魏）王弼注：楼宇烈校译：《道德经》第六十三章，北京：中华书局，2011 年，第 169 页。

③ （魏）王弼注：楼宇烈校译：《道德经》第八十一章，北京：中华书局，2011 年，第 200 页。

④ 游宇明：《宋仁宗的自守之道》，《民主与科学》2015 年第 2 期。

⑤ 《张文定公墓志铭》，《东坡全集》卷八八。

⑥ 《行状》，《文忠集》附录卷二。

⑦ （魏）王弼注：楼宇烈校译：《道德经》第三十五章，北京：中华书局，2011 年，第 91 页。

⑧ （魏）王弼注：楼宇烈校译：《道德经》第三十六章，第 93 页。

不可脱于渊，国之利器，不可以示人"①。

在宋仁宗这种"崇道仁政"的施政思想下，涌现了一大批文人名臣，如：王钦若、欧阳修、曾巩、司马光、王安石、苏洵、苏轼、苏辙、范仲淹、晏殊、柳永、晏几道等，个个"才华横溢、品性高洁、个性鲜明"②。这些诗坛、词坛、文坛、政坛最负盛名的贤达精英，"造就了宋代花团锦簇、繁华昌盛的万千气象"。③

同样，仁宗的"仁政崇道"还成就了一位千古流芳的大清官"包青天"包拯。谏臣包拯屡屡犯颜直谏，甚至唾沫都飞溅到仁宗脸上，在封建时代，仁宗的度量和推己及人之心算是很难得的，因此，他也被史学家们称誉为"守成贤主"。

宋仁宗赵祯，是北宋第四任皇帝，13 岁登基，在位 42 年（1022—1063 年），是宋朝历史上在位时间最长的皇帝。仁宗祖上宋太祖、宋太宗、宋真宗都是典型的道君皇帝，他继承宋太祖"重文轻武、偃武修文、文治靖国"④，深谙"不以兵强天下，其事好还。师之所处，荆棘生焉。大军之后，必有凶年"⑤，将北宋朝营造成快乐繁荣的"小国寡民"⑥社会环境，他改革完善台谏制度、科举考试制度等，在仁宗朝中国古代四大发明中，除了造纸术外，其他三大发明印刷术、火药、指南针"广泛应用"⑦，使"华夏民族之文化，历数千载之演进，造极于赵宋之世"。⑧故而历史上也把仁宗时代称为"仁宗盛治"。

仁宗朝的极盛，使朝野上下深深爱戴仁宗这位道君，直到仁宗去世⑨时，"京师罢市巷哭，数日不绝，虽乞丐与小儿，皆焚纸钱哭于大内之前"⑩。

飘逸绝美的《崇道赋》是宋仁宗的代表作，笔者曾经妄自揣测："仁宗盛治"的42 年，这样一位"崇道仁政"的道君，深得百姓如此爱戴，宗教又是搭载社会文化和推崇个人信仰最重要的平台，在当时北宋仁宗朝的宗教建筑营建里以"崇道"命名的宫、观、寺、院、祠应该不会少。结果，笔者亲自从现实和文献考辨⑪，竟然没有发现一所他命名或顺他意而命名的"崇道"宫、观、寺、院、祠，惊叹他可谓真

---

① （魏）王弼注：楼宇烈校译：《道德经》第三十六章，第 93 页。
② 陈泰山：《宋仁宗之仁》，《共产党员》2016 年 12 期。
③ 陈泰山：《宋仁宗之仁》，《共产党员》2016 年 12 期。
④ 陈泰山：《宋仁宗之仁》，《共产党员》2016 年 12 期。
⑤ （魏）王弼注；楼宇烈校译：《道德经》第三十章，第 80 页。
⑥ （魏）王弼注；楼宇烈校译：《道德经》第八十章，第 198 页。
⑦ 陈泰山：《宋仁宗之仁》，《共产党员》2016 年 12 期。
⑧ 陈泰山：《宋仁宗之仁》，《共产党员》2016 年 12 期。
⑨ 公元 1063 年农历三月，宋仁宗去世。
⑩ 陈泰山：《宋仁宗之仁》，《共产党员》2016 年 12 期。
⑪ 关于北宋时期崇道宫、观、寺、院、祠的考辨，可以参考作者本人论文《以"崇道"命名的宫、观、院、祠考略——以中国江西省及南方地区为范域》，本文不做专门探讨。

正是"大隐朝堂"之君，"天之道，利而不害。圣人之道，为而不争。"①的君王胸怀令人肃然起敬！

三、"崇道仁政"为当今社会提供的积极意义

从《道德经》"身国同治"的角度，仁宗"崇道仁政"背后深层所带来的社会文化引导、思想流变、历史研究意义，非常值得借鉴：

（一）盛治之朝，《道德经》空前繁荣

可以说，继唐朝之后，宋代是中国道教又一个繁荣的时期。其表现在②：一、理论研究深化；二、新神被大量引入；三、新教派林立；四、道书编撰蔚然成风。其中，第一和第四是最值得推崇的，我们看到，繁盛的朝代，有道则兴，朝廷高度重视《道德经》的注、解、论、传、释。据宋人彭耜《道德经集注·序》所列，两宋解此经者有二十余家，其作者有皇帝、官僚、道士、隐逸。③宋太宗以"伯阳五千言"即《道德经》为治世宝典，说："清净政治，黄尧之深旨也，夫万务自有为以至无为，无为之道，朕当力行之。"④

仁宗是位继承祖训的好皇帝，从他的《崇道赋》和"崇道仁政"治国行为里，爷爷太宗这些话他也是铭记于心而付诸行动的。另外，从他大力举用崇道重臣王钦若为宰相就可看出他对太宗和真宗祖辈们的"崇道"治国思想的认同，连同后来的皇帝宋徽宗，更是大力提倡学习道经，本人还亲自为《道德经》作注⑤。

（二）道契乾坤，无名无形无情

"道可道，非常道；名可名，非常名。无名天地之始，有名万物之母"⑥，"大道无形，生育天地；大道无情，运行日月；大道无名，长养万物"⑦，既然道契乾坤，就没必要在"名"的归属上过于执着表层是否一致，不管《崇道赋》、崇道仁宗、崇道仁政、崇道宫观院祠这几者之间，都离不开这个"道"字。我们只要看到它们之间共通之处即可，都是以"道"为本体，都是"天之道，利而不害；圣人之道，为而不

① （魏）王弼注；楼宇烈校译：《道德经》第八十章，第 200 页。
② 任继愈：《中国道教史（增订本）》，北京：中国社会科学出版社，2001 年，第 540 页。
③ 任继愈：《中国道教史（增订本）》，北京：中国社会科学出版社，2001 年，第 540 页。
④ 《太宗皇帝实录》（残本），卷三十。
⑤ 刘运动：《宋代皇帝的崇道与道教经典研究的新发展》，《漯河职业技术学院学报》2018 年 17 期。
⑥ （魏）王弼注；楼宇烈校译：《道德经》第一章，第 2 页。
⑦ 《玄门早坛功课经》之《太上老君说常清净经》。

争"① 的表达，只是他们所承载的平台各异而已。

另外，作为一朝之君的崇道皇帝宋仁宗，大可广推天下"崇道"之静庐，百姓也可广泛讨好君王而设"崇道"静庐，但仁宗"清静为天下正"②"大音希声，大象无形"③，做到"我无为，而民自化；我好静，而民自正；我无事，而民自富"④ 的无名、无情、无形的高风亮节，实在难能可贵。

（三）以道治国，身国同治大隐

正因为有了仁宗绝美的《崇道赋》，我们更加能知道仁宗为什么不去用"崇道"之名的宫观院寺祠来宣扬自己的个人主张，他不光秉承了宋朝祖宗最好的"崇道"优良传统，而且能在他的灵魂世界里透出的飘逸逍遥感觉到这位君王"以道治国、身国同治"，去"和其光，同其尘"⑤，"治大国，若烹小鲜"⑥，做到"圣人无常心，以百姓心为心"⑦ 的宽厚上德。

（四）上善若水，水利万物不争

前面说过，有很多史学家认为仁宗是没有什么特别突出的成就和贡献。但是如果从《道德经》身国同治的角度，仁宗应该是明白"天地尚不能久，而何况人乎"⑧。如果仁宗自己高调突出，则"慧智出，有大伪"，"国家混乱，有忠臣"⑨。所以仁宗"水善利万物而不争，处众人之所恶"⑩ 以"水"的厚德让仁宗朝涌现无数大家、名宦、谏臣。也让仁宗朝出现"仁宗盛治"繁荣，"天地所以能长且久者，以其不自生"⑪，更能让宋朝江山巩固，代代有新人。他的"为无为，事无事"也让宋朝后辈江山新皇帝们效仿"崇道"。

也难怪宋仁宗去世，除了大宋朝野上下，连敌国"燕境之人无远近皆哭"。直到七百余年后，自命为"十全老人"的清乾隆皇帝也不得不承认：平生最佩服的三个帝王，除了其祖父康熙，另外两个就是唐太宗和宋仁宗。⑫

---

① （魏）王弼注；楼宇烈校译：《道德经》第八十一章，第 200 页。
② （魏）王弼注；楼宇烈校译：《道德经》第四十五章，第 127 页。
③ （魏）王弼注；楼宇烈校译：《道德经》第四十一章，第 115 页。
④ （魏）王弼注；楼宇烈校译：《道德经》第五十七章，第 154 页。
⑤ （魏）王弼注；楼宇烈校译：《道德经》第五十六章，第 152 页。
⑥ （魏）王弼注；楼宇烈校译：《道德经》第六十章，第 162 页。
⑦ （魏）王弼注；楼宇烈校译：《道德经》第四十九章，第 134 页。
⑧ （魏）王弼注；楼宇烈校译：《道德经》第二十三章，第 60 页。
⑨ （魏）王弼注；楼宇烈校译：《道德经》第十八章，第 46 页。
⑩ （魏）王弼注；楼宇烈校译：《道德经》第八章，第 22 页。
⑪ （魏）王弼注；楼宇烈校译：《道德经》第七章，第 21 页。
⑫ 陈泰山：《宋仁宗之仁》，《共产党员》2016 年 12 期。

　　故，宋仁宗的"道治""身国""无为""处下""不争"的施政思想精髓，正是当代社会值得主张和借鉴的。

钱穆《老子》考证中的一些问题

朱　钧[*]

内容提要： 钱穆的多篇文章从时代背景、文体修辞、思想线索等方面对老子其人其书的年代进行分析，认为其成书晚于《论语》《庄子》等，论证漏洞颇多并常有自相矛盾之处，属于持有成见之后的论证。本文运用逻辑分析法指出其论证失误，并以《左传》为依据，对《老子》的时代背景等相关内容进行辨析。

关键词： 钱穆　老子　庄子

钱穆之前已经有学者对老子其人其书的年代产生怀疑，如清人汪中、民国梁启超、冯友兰等，钱穆认为他们是从《老子》书的年代背景做判断，仍然是昔日的方法。而他采用创新的思想线索之法，即"每一家之思想，则必前有承而后有继。其所承所继，即思想线索也"[①]，认为人类思想之演进有一个连贯的线索，一个思想不能没有时代的前后承继，因此，他通过将《老子》思想与当时的儒、道、名、墨等诸子思想进行联系分析，认为《老子》书承继了以上诸家思想，所以是晚出。先后于 1923 年、1932 年、1947 年三论此义，至 1957 年又再出补证。在郭店楚简《老子》出土之后证明此说有误。大陆学者一般认为其思想线索的方法有可取之处，但很少认可他因此推论出的《老子》晚出说，也没有专门的讨论批评。本文依照他的论证逻辑进行分析，提出一些质疑，并依据《左传》中的史实对其时代背景观点进行反驳。

一、对文字的分析

钱穆认为："大凡一学说之兴起，必有此一学说之若干思想中心，而此若干思想

---

　　*　朱钧（1975—），男，江苏新沂人，宜春学院宗教文化研究中心助理研究员，研究方向：中国哲学、宗教学。
　　①　钱穆：《庄老通辨》，北京，生活·读书·新知三联书店，2002 年 9 月，"序言"，第 8 页。

中心，决非骤然突起。盖有对其最近较前有力之思想，或为承袭而阐发，或为反抗而排击，此则必有文字上之迹象可求。"①所以他通过诸子作品中一些字、词的意义不同，来判定作品的年代。他熟悉诸子文句，在文章中列举了数十个《老子》中的字词、概念，通过将这些文字、概念与孔、墨、孟、庄等诸子书中的使用进行比较，从中发现证据来证明老子晚于诸子。各家文句信手拈来，穿行无碍，显示了学识的渊博与熟练。但实际上，其论证逻辑常常有所欠缺，资料搜索也不够全面。现在就对他的论证进行分析，找出不合理之处。

《老子》中最重要观念是"道"字，钱穆认为《老子》中的"道"义玄远，而《论语》中孔子论道仅指人事，意思浅近，《墨子》言义不言道，而《庄子》中多数的"道"字的使用接近《论语》的素朴义，如"道不欲杂""惟道集虚""鱼相造乎水，人相造乎道"等，不同《老子》的深玄之义。所以他认为，以思想史的进程而言，应当是由浅变深，故老子应晚于孔、庄。而对于《庄子》中"道有情有信""神鬼神帝"等同样具有根本生成义的"玄远"之"道"，钱穆则将其标为晚出，认为是后期掺入《庄子》之中。又进一步说此根本之道即使是庄子亲书，也证明庄子对此概念的理解与使用尚未确定，至《老子》时方才完善。问题是，《老子》一书的主旨就是谈论道、德，自然是本体义，《庄子》并未专谈道德，为何要大量使用作为主体的"道"字呢？只是作品论述的重点不同，哪里是和文字的使用相关？可见，他事先确定了一个思想必须是由浅入深的规定，然后用这个规定去规范学术思想，不符合这一规则的，就说明作品之年代有问题，用这一事先设定的规则去规囿作品，易发生削足适履之误。

例如孔子问礼与老聃的故事，《庄子》《中庸》皆有记载，由于不符合钱穆老在孔后的说法，就说这是因为儒学后人受传说影响的错误记录，实际上并无此事。可以看出凡是不符合他观点的事例一概不予认可，不是他的理论错了，而是以上所有史书、史料错了，此观点显然过于武断。

另一个比较重要的词汇是"帝"字，古书中一般指上帝。钱穆认为《论语》《墨子》中以"天"代替"帝"，既有自然义，还有一定的人格性，是古代素朴上帝观念的遗留，但是二者皆不说"道先天地"。他认为，如果老子已经先提出"道在帝先"的观点，孔墨不应该在后面重守天命、天志之说，说明孔墨皆不知有《老子》"道在帝先"说。

这个论证就十分偏颇了，老子是道家人物，孔、墨各有学派，其思想必然不同。如果儒、墨接受了道家思想，那其本身还有什么存在的必要吗？既然他们的思想不

---

① 钱穆：《庄老通辨》，北京，生活·读书·新知三联书店，2002年9月，第22页。

是道家，各有不同，那么并不一定要接受认可老子道家的观点。不接受、不认可《老子》中一些概念的定义，或者其思想论述重点与道家不同，那么自然不需要使用与老子相同的思想与概念表达。对于这些不同，钱穆将之归因为老子年代在孔、墨之后，老子的观点不为他们所知，不知道故不说。忽视不同学派的思想区别，将不同思想之间的区别视为思想史的演进，这是十分主观的。

再如"天"字，钱穆认为《论语》中"天"有人格意义，有古代传统素朴上帝义，墨子亦本天志，孟子知天事天，至庄子始用自然之天义。而《老子》中"天"也是自然之天，和庄子义同，而和孔、墨、孟异，那么应当是继承了庄子。为什么呢？他说：

今使老子自然之天在前，孔墨孟重言神道之天在后，直待庄子，而始再言此自然之天。则老子思想之于其后起孔、墨、孟诸家，为落空无影响，而孔、墨、孟诸家之于先起之老子，为脱节无反应。就思想史上演进线索言，若成为反复混淆，而无条理可寻矣。故当谓庄老较同时，同出孔孟之后，始得成条贯也。[①]

就是说，如果老子是早于孔、墨、孟等人的，那么他的自然之天义就应该被孔、墨、孟所继承、使用，可是孔、墨、孟等使用的却是神道之天义，直到庄子才使用自然之天。钱穆认为这是不符合思想演进线索的，既然孔、墨等没有使用自然之天义，那么老子不应该出现他们之前，只能和使用自然之天义的庄周划入后来者。

这一论证简直到了胡说八道的地步，"天"字的诞生，最早应当就是指自然之天，这是"天"的根本义，人们在日常使用中也是自然之天为多，后来才会延伸出其它的意义，包括神格化，然后自然之天这一涵义与神格之天并存，甚至是更平常的。不能根据自然之天这一意义的使用来判断作品的时代，也无法从这一概念的使用来判定老、庄、孔、墨的顺序关系。钱穆完全沉浸在诸子作品中，而失去了对日常世界文字的正常认知。

许多年后，在1957年作的《〈老子〉书晚出补正》中，钱穆又举出常、同、妙、和、中、蓄（育）、明、止、曲、强、华（文）、素、宗、正（贞）、渊、冲、兑、光、久、士等二十个字，这些字在《老子》、《庄子》中都使用，这些都是日常使用的词语，钱穆赋予其一定的标志意义，通过对这些字词的分析，他的态度是：凡是老庄意思相同的，就是老子袭用庄子，凡是不同的，如果《老子》中字义深远，则是思想史由浅入深的表现。

---

① 钱穆：《庄老通辨》，北京，生活·读书·新知三联书店，2002年9月，第28页。

如"常"字为《老子》中常用："道可道，非常道；名可名，非常名。""道常无为而无不为。""复命曰常，知常曰明。不知常，妄作凶。知常荣。"对此，钱穆认为：

孔、墨、孟诸家皆不言常，独庄子始曰："化则无常也。"盖庄子喜言天地大化，故曰无常。而老子承之，乃转言有常。此为思想线索之推进一层，盖以无常言化，浅而易见，以有常言化，乃深而难知也。若老子先知化有常，而庄子师承之，则决不轻言化则无常矣。《荀子》与《老子》书当约略同时而稍后，故亦曰"天行有常"。①

钱穆认为庄子先说无常之化，而老子承袭后深入为有常之化，由浅入深，体现了思想史的推进。实际上，《老子》书中的"常"字，有恒常、经常以及"天常"即天道之义。而《庄子》的"化则无常"之无常乃变化、不长久之义。就词语演变的顺序来说，应当是先有肯定义再有其否定，必然应该是先有恒常之"常"而后有其否定义不长久之"无常"。即使以"天常"义来说，其与"无常"所指意思并不相同，并不是同一意思下的浅深变化。况"天常"在古代为常用概念，钱穆有所忽视，就以为先有庄子之无常后有老子之常，纯属臆测。

钱穆论证中的一个前定结论就是：老子晚于孔、墨、孟、庄。当彼此字句相似的时候，就认定《老子》晚于其他人。他举"爱以身为天下，可以寄天下。贵以身为天下，可以托天下"语似《论语》"可以托六尺之孤，可以寄百里之命"，又"'乐杀人者不可以得志于天下矣'其语与《孟子》'不嗜杀人者能一之'极相似，亦可断定为战国时人语，非春秋前所有，此等处皆不可掩其后出之迹"②。从这些类似的文句，钱穆认定是老子受孔孟影响，袭用前人文义。那么，不知道为何非是孔孟影响老子而不是老子影响孔孟呢？依这一论证逻辑，既然认为孔子之前再无其它诸子经典，那么孔子思想的来源又该如何论证呢？

钱穆的另一个论证手法是在将《老子》《庄子》中的一些字义比较之后，又在《中庸》《易传》《礼记》等书中找出这些字的用法，指出其义类同于《老子》而非《庄子》，那么说明这些书中文字使用受到《老子》的直接影响，然后得出结论，这些著作晚于《老子》，而此前已经证明这些书为晚出，既然直接受影响于《老子》而不是《庄子》，那么说明老晚于庄，如此间接地为《老子》晚于《庄子》提供证据。如："妙"字，在《庄子》中，有"妙道之行"语，"妙"字做形容词用，老子则将其

---

① 钱穆：《庄老通辨》，北京，生活·读书·新知三联书店，2002年9月，第270页。
② 钱穆：《庄老通辨》，北京，生活·读书·新知三联书店，2002年9月，第84页。

作为一抽象名词："予以观其妙"，"众妙之门"。而《易·说卦传》的"妙万物而为言者也"与《老子》中"妙"义相似，亦有玄通义，《中庸》中有"视之而弗见，听之而弗闻，体物而不可遗。夫微之显，诚之不可掩，如此夫！"句，钱穆认为此"微"字同"妙"与老子同，所以《中庸》《易传》皆晚于《老子》，自然《老子》也晚于《庄子》。

《庄子》有一气之化，《老子》则是道生万物、道生德畜等，如："生之、畜之，生而不有，为而不恃，长而不宰，是谓玄德。""道生之、德畜之、物形之、势成之"，《中庸》中有"万物育焉""赞天地之化育"等句。钱穆认为"化"义取自庄子，"育"义取自老子，而《易·系辞传》有"天地之大德曰生"，《乐记》中有"万物育焉"句，则皆本老子，不本庄周，故以上诸书皆晚于《老子》，既然是直接受《老子》影响，自然晚于《庄子》。

又如"明"字，钱穆指出在《论语》《孟子》中都是视力清楚义，如"视思明""明足以察秋毫之末"。而在《庄子》中指圣明："莫若以明"，"为是不用而寓诸庸，此之谓以明"。而老子有"自知者明，见小曰明""知常曰明""用其光，复归其明"，也是圣明、明智义，钱穆就认定是老子承袭庄周，这种做法显然主观武断，为什么不能是庄子沿袭老子的用法呢？况且，《尚书·康诰》中就有"明德慎罚"语，即显明道德，与"圣明"义相似，为何老子不是从《尚书》而是从《庄子》继承呢？

再如"曲"字，《老子》中有"曲则全，枉则直"句，而《中庸》有"唯天下至诚，为能尽其性……其次致曲，曲能有诚"句，与《老子》"曲"义相同，而《易传》《荀子》中"曲"字的使用也是这个意思，钱穆就认定都是承老子而来。其他"同""中""畜""明""强""华、文、素"等皆如此论证。

按照钱穆的前提，假如《老子》的确是晚出作品，试问，这些儒家经典的作者对于文字的使用，一定要与最近的《老子》相同吗？还是使用自己同一学派或者最熟悉的孔孟著作呢？恐怕是继承本学派的可能性更多，所以，钱穆的这种论证方法是不完善的。他之前预先设定老子晚于庄子，现在通过论证这些著作晚于《老子》而间接证明晚于《庄子》，所以《中庸》《易传》《礼记》等晚出。那么如果之前老在庄后的前提有误，那么这些论证也跟着崩塌。

二、《老子》的时代背景分析

1932 年，钱穆出《再论〈老子〉成书年代》一文，从思想角度进行年代判定。如《老子》有"不尚贤，使民不争"的反智思想，钱穆认为在春秋中叶，列国行政并不以尚贤为体，既然没有对象，就没有必要倡不尚贤之论，所以老子不在春秋。到孔子时代，由于还不能彻底地破坏以前诸侯政治的血统亲亲之旧观念，所以还未能提出尚贤的主张。之后的墨子更加激进才提出尚贤之义："尚贤乃墨家最先主张，此缘墨子时，贵族世袭之制，以次崩坏，弊害昭显，墨子遂针对时病，发挥尚贤之义。"①而到战国中期后，墨子尚贤的理论才变为现实，同时也出现了弊端，老子是针对这些弊病而提出了不尚贤说。

这恐怕与历史事实不合。虽然《论语》中没有"尚贤"的字眼出现，但是孔子何曾不主张"尚贤"呢？孔子做《春秋》而乱臣贼子惧，正是因为春秋时期诸侯割据，诸国攻伐，礼法遭到践踏，孔子才删削《春秋》倡导仁义，仁义怎么能脱离尚贤呢？《春秋》中记载的事件多是有德胜无道，正胜邪，明胜昏等，虽然没有直接说"尚贤"，但是处处都在推崇宣扬。他对于颜渊的褒赞，对于弟子教以仁义礼智信，希望弟子成为有修养的贤能君子，难道能说是反对推崇贤能吗？诸侯国为了能在乱世中生存，必须求取能人贤士兴国强兵。所以有文王求太公于渭水，有"管夷吾举于士，孙叔敖举于海，百里奚举于市"②的情况。

又钱穆为了证明战国时期尚贤盛行，举出燕王哙让国于子之，梁惠王欲让国于惠施的例子，可见他简单的将"尚贤"定义为国君之位的禅让而忽略其它。即使如此，春秋时有宋襄公欲让位于目夷，吴诸樊兄弟欲传位于季札事，尽管兄弟之间的谦让一样符合尚贤的精神，但钱穆就认为这是诸侯贵族之间的血统世袭，不算是真正的尚贤，认为这些完全没有说服力。实际上，国君之位能做到这样的亲族间谦让已经很不容易了。而象钱穆所举得两个例子则可以说在中国几千年的封建制度中是绝无仅有的特例。后世再无主动禅让之事，象汉献帝禅让于曹丕，魏元帝让位于司马炎是对禅让制的绝妙反讽。反而为了争夺国君之位，父子兄弟之间相互仇杀成为常态，但是能说中国封建社会没有皇位的禅让就没有"尚贤"吗？显然不能。中国封建社会历代成熟的王朝通过各种手段选拔人才维护统治，李世民、赵匡胤等通过不良手段上位的君王在国家治理上恰恰是尊贤重能——"尚贤"的，所以"尚贤"与王位的禅让基本无关，钱穆所举之例是没有意义的。尚贤任能之故事春秋时期多有，如，《左传·襄公十三年》：

"晋侯蒐于绵上以治兵，使士匄将中军，辞曰："伯游长，昔臣习于知伯，是以佐之，非能贤也，请从伯游。"荀偃将中军，士匄佐之。使韩起将上军，辞以赵武。又使栾黡，辞曰："臣不如韩起。韩起愿上赵武，君其听之！"③

① 钱穆：《庄老通辨》，北京，生活·读书·新知三联书店，2002年9月，第56页。
② （汉）赵岐注：《孟子》卷第十二，《四部丛刊》景清内府藏宋刊大字本，00208页。
③ 《左传》卷九，长沙，岳麓书社，1988年，第200页。

　　此是晋国诸大臣之间对于军职彼此谦让的故事，以贤为尊。选贤任能是当时官吏任命的基本规则，如："其君之举也，内姓选于亲，外姓选于旧；举不失德，赏不失劳；老有加惠，旅有施舍；君子小人，物有服章；贵有常尊，贱有等威，礼不逆矣。"① 这里的人才选拔分血缘内外，但都要在贤德的前提下进行。

　　钱穆又引用晋范武子为自保，于政郤献子事，来证明春秋时期贵族的职位不因事功而是世袭，此说又有问题，原文为：

　　晋郤献子聘齐，归而怒，欲伐齐。范武子退而朝，告其子燮曰："郤子之怒甚矣，不逞于齐，必发诸晋国。不得政，何以逞怒？余将致政焉，以成其怒。尔勉从二三子，以承君命，惟敬"。乃请老，郤献子为政。②

　　这里《左传》主要想说明的是范武子见微知著，从郤献子发怒而查知后面的危机。并不能证明不如此其子就能继承其官职。况且功臣之后世袭是中国封建社会官场的常态，用以褒励忠良，维护稳定，但是功臣之子常常并不袭封其父原职，而多以闲职安置之，待有功绩而后再重用。并不意味着全体官员都是世袭父辈原职位而来。若如此，那么春秋时期的蹇叔、子范、晏子、子玉、子产等各国重臣难道皆由父亲而用？其子孙们继续得职？无有此说。国家重要职位不是和王位一样父死子继，钱说误。

　　钱穆又对《老子》中一些概念的时代性进行怀疑，如《老子》中多有"侯王"概念，有"侯王若能守之，万物将自宾"等句，钱穆指出"侯王"一语或见于春秋之前，或是到战国时列国相王之后才取代"公侯"、"侯伯"成为常语，春秋之时"侯王"并不普及，其时唯楚称王，后来又有吴国，其它诸侯皆称公、伯，而孔子《春秋》又于吴楚称子，不称王，所以《老子》一书必成于战国晚期。

　　此说又不严密，孔子《春秋》称楚子只是为了维护周朝礼制而已，非当时习惯。《左传》中则随意称呼，如楚文王、成王、共王、庄王等，并无忌讳。当时除了周天子与楚王，南方吴越疏于教化之地亦称王。《老子》中作为统治阶级的"侯王"不仅包括诸侯国国君，也包括了周王，概括得十分准确，否则应该如何表达呢？单用"公侯"排除周王还是单用"王"排除诸侯呢？况老子是春秋时楚国人，在楚国长期生活的氛围下说"王"并无不妥，相反，如果《老子》中不称"侯王"而称"公侯""侯伯"，钱氏是否又要质疑：既然老子生活于楚国，为何不称"侯王"而称"公侯"呢？

　　———————————

　　① 《左传》卷七，长沙，岳麓书社，1988年，第129页。
　　② 钱穆：《庄老通辨》，北京，生活·读书·新知三联书店，2002年9月，第60页。

钱氏又云："武器之有剑，亦始于春秋末年，尚不为当时社会士流普遍之佩带品。"① 从历史可知，春秋末年，吴王阖闾伐越，越王勾践"使罪人三行，属剑于颈，而辞曰：'二君有治，臣奸旗鼓，不敏于君之行前，不敢逃刑，敢归死。'遂自刭也。"② 这是勾践让罪犯在军阵前集体自刎，来震慑吴军，进行战术欺诈的故事。如果宝剑在当时是稀有之物，应当不至于从全国搜罗来供战场上囚犯自杀使用，完全可以用戈矛等其它兵器代替，可知春秋末年剑作为兵器已经是普遍应用于战场。又专诸刺吴王僚，即用鱼肠剑杀之。鱼肠剑应当归于短匕类，既然称剑，可知此概念在那时已经常用，那么作为贵族阶层佩利剑，春秋末年应当普及，也是十分符合上层身份的做法，钱说误。

《老子》文中有"功成而不处"、"自伐者无功"等句，钱穆以为是针对春秋后期至战国伍子胥、文种、吴起、商鞅等游士建功而得祸的事例，非贵族世袭时代所有，这又过于机械了。功成身退、自伐无功等是长期以来中华传统文化推崇的优秀品德，怎么必须限定于战国时代呢？如伊尹辅佐太甲，周公辅助成王，都是功成身退的典型，作为史官的老子肯定耳熟能详，当有所认识，作为历史经验教训总结出来有何不可？钱穆却对此视而不见，必须从战国寻找事例。

更甚者，钱氏为了证明自己的观点，有错解老子之嫌，如《老子》第五十三章云："使我介然有知，行于大道，唯施是畏。大道甚夷，而民好径。朝甚除，田甚芜，仓甚虚，服文彩，带利剑，厌饮食，财货有余，是谓道夸，非道也哉。"③ 钱穆解为在朝者尚贤好智，故在野者弃耕耘而竞仕官，故致甚除于朝而芜于野。④ 而"服文彩，带利剑，厌饮食，财货有余，"也是这些食客游士的行为，这是是战国晚期才有的现象。

此解恐怕有误，后代各家都将这种行为解释为候王、贵族、士大夫不体恤民力的做派。而且在春秋时的确有此类情形，如《左传》云：

其适遇淫君，外内颇邪，上下怨疾，动作辟违，从欲厌私，高台深池，撞钟舞女，斩刈民力，输掠其聚，以成其违，不恤后人。暴虐淫从，肆行非度，无所还忌，不思谤讟，不惮鬼神，神怒民痛，无悔于心。……逼介之官，暴征其私。承嗣大夫，强易其贿；步常无艺，征敛无度；宫室日更，淫乐不违；内宠之妾，肆夺于市；外

---

① 钱穆：《庄老通辨》，北京，生活·读书·新知三联书店，2002 年 9 月，第 69 页。

② 《左传》卷十一，长沙，岳麓书社，1988 年，第 387 页。

③ 赵秉文：《道德真经集解（一）》，载于《道藏》第 12 册，文物出版社、上海书店、天津古籍出版社，1988 年，0572 页。

④ 钱穆：《庄老通辨》，北京，生活·读书·新知三联书店，2002 年 9 月，第 68 页。

宠之臣，僭令于鄙。私欲养求，不给则应；民人苦病，夫妇皆诅。①

　　这里是主君暴敛无度，为一己之私欲，而大兴宫室，横征暴敛，导致人民痛苦，养成仇恨，与《老子》中所说的统治者不恤民力的情况是基本相同的，不必错解以归于战国。

　　钱穆还有一些历史文化常识的错误，如认为春秋时期黄金并未流行："至黄金之用，则始见于战国。货币流通，亦自战国而始盛。'孟子称大王居邠，事狄以皮币犬马珠玉而不得免。'"② 实际上，古代的金并不是指黄金，而是铜，如鲁僖公十八年，"郑伯始朝于楚，楚子赐之金。"③ 后来郑伯以此金铸造了三口钟，此金即是铜。而且钱穆举得这个币的例子却并不一定是货币，古代币并不是钱币，而是来指代丝帛、聘礼，早就常用，如："初，戎朝于周，发币于公卿，凡伯弗宾。"④ 庄公二十四年："秋，哀姜至。公使宗妇觌，用币，非礼也。"⑤ 这里的"币"都不是钱币。

　　钱穆认为春秋二百四十年，亡国乱家、外患内乱等大都是贵族阶级自身内部互相间事之失其体统而起，庶民尚非当事治乱之主体，而《老子》动辄言治天下，少言治国，又必以民事为要归，是不符合春秋时代的：

　　《论语》固未尝言及治天下而又以民事为要归也。苟言治天下而又以民事为要归，则试问置此辈诸侯卿大夫贵族阶级于何地？故知在春秋时，封建制度尚未崩溃，其时人则决不能有治天下而又以民事为要归之想象，此等想象必出春秋之后。⑥

　　钱穆又说老子所臆想的政治，是一个圣人在上，百姓众民在下，缺少了列国诸侯卿大夫陪臣等中间封建贵族阶层。而在春秋时候，封建制度未破坏，贵族世袭制度未坏，国之大事，唯在礼乐征伐，难以有此观念，这是钱穆的认识。

　　若依钱氏之逻辑，春秋时制度未崩溃，论治天下一定要有天子、诸侯、卿大夫、民等政治治理顺序，不能简单化为圣人与民众，那么战国之后，制度崩坏，周天子无足轻重，诸侯各国独自为政，而且卿大夫作为统治工具仍然存在并且起着重要作用，此时论治国何以就可以忽略诸侯、卿大夫，而独设一圣人呢？所以此说过于苛刻。

---

① 《左传》卷十，长沙，岳麓书社，1988 年，第 332 页。
② 钱穆：《庄老通辨》，北京，生活·读书·新知三联书店，2002 年 9 月，第 69 页。
③ 《左传》卷五，长沙，岳麓书社，1988 年，第 67 页。
④ 《左传》卷一，长沙，岳麓书社，1988 年，第 9 页。
⑤ 《左传》卷三，长沙，岳麓书社，1988 年，第 40 页。
⑥ 钱穆：《庄老通辨》，北京，生活·读书·新知三联书店，2002 年 9 月，第 63 页。

中国古代政治中，民众的力量一直是受到很大重视的，虽然是封建制度，士大夫决定国家政策，贤良君臣从来不敢忽视人民的力量，注意听取民众的声音。人民虽然不能作为主角出现在史书中，但是是决定朝代兴衰的根本力量。即使是今天，中外新闻中的主角也都是社会的知名人物，政治家、金融家、商人、企业家、演员等，普通民众作为个体出现的频率不多，但是不能否认他们是社会的决定力量，以记载中缺少民众个体来判断民众不受重视是完全错误的。

在中国古代，君王大臣们对于普通民众是十分重视的，今文尚书中"民"与"天"字出现的次数都有一百余次，体现了当时的民本思想。现仅摘几例：

《尚书·皋陶谟》：皋陶曰："都！在知人，在安民。"禹曰："吁！咸若时，惟帝其难之。知人则哲，能官人。安民则惠，黎民怀之。"

《尚书·皋陶谟》："天聪明，自我民聪明。天明畏，自我民明威。达于上下，敬哉有土！"

《尚书·盘庚下》："恭承民命。"

《尚书·牧誓》：（商王）"俾暴虐于百姓。"

《尚书·洪范》："惟天阴骘下民……天子作民父母，以为天下王。"

《诗经》中有"天生烝民，其命匪谌。"（《大雅·荡》）"天生烝民，有物有则。"（《大雅·烝民》）等语，而《伐檀》、《硕鼠》诸篇则是民众对于贵族不劳而获与剥削的愤怒与控诉。在如此多的证据面前，怎么能说春秋政治不以民事为重呢？

钱穆又指出：《老子》有"天地不仁，以万物为刍狗；圣人不仁，以百姓为刍狗"说，王弼注刍狗句为："地不为兽生刍，而兽食刍；不为人生狗，而人食狗。"而庄子中有"刍狗之未陈也，盛以箧衍，巾以文绣，尸祝斋戒而将之。"句，刍狗即祭祀之草狗，《老子》中刍狗亦应此义。钱穆认为此是王弼为了将《老子》判在《庄子》之前，故意不用庄子中刍狗义，不得已而另辟新意。[①] 此说甚是无稽，王弼有必要纠缠老庄之年代吗？或者即使用了庄子之刍狗义，又如何能判断出庄子在老子之前？刍狗之称呼为何不是时代流传通用呢？王弼解释不同，并不能证明《老子》晚出。

三、结语

从老子的身份来看，各书皆记载老子是周王室的史官，必然博览前代史牍，融会吸收各家，形成自己的思想是很正常的。在春秋战国时代，没有纸张、也没有印刷术，文化的载体只是竹木简，这制约了知识的传播与发展，民间以及诸侯国并没有周王室丰富的历史文化资源，后来民间思想家诸子难以见到老子所拥有的全部文

---

① 钱穆：《庄老通辨》，北京，生活·读书·新知三联书店，2002年9月，第85页。

化典籍，以至于礼的问题孔子都要去向老子请教。当时周王室收藏的早期经典并不仅仅是《诗》《书》《易》等今天流传的极少数文本，还有很多的早期文献，如在鲁昭公十二年，楚灵王称赞左史倚相说："良史也，能读三坟、五典、八索、九丘。"①可见这些典籍彼时尚存，经过春秋战国的长期征伐后湮灭，孔、墨、庄、孟等可能没有见到，所以不能以后来见到的部分文献来规囿老子的资料范畴，钱穆仅仅根据以上存在的诸子中的字句来推导老子年代的做法是偏狭的。

　　钱穆的思想线索的方法，主观认定思想史一定是由浅入深、由简至繁的发展过程，这有失于学术发展史的实际，也许从人类思想史数千年的维度来说有这样的可能，但是在短短的几百年间，一定要从中找出这种规律，恐怕不一定合适。如果按照这一方法，《列子》《淮南子》《无能子》等道家、道教的作品在文学性、思想性方面都未能超越庄子，那么如果我们不确知这些作品的时代与作者，是否就应该认为那这些作品早于庄子呢？胡适曾举例说：

　　希腊思想已发达到很"深远"的境界了，而欧洲中古时代忽然陷入很粗浅的神学，至近千年之久。后世学者岂可据此便说希腊之深远思想不当在中古之前吗？又如佛教之哲学已到很"深远"的境界，而大乘末流沦为最下流的密宗，此又是最明显之例。②

　　亚里士多德的思想深度没有超过柏拉图，是否就要将其二人时间次序颠倒？甚至欧洲中世纪的哲学水平深度也远远弱于古希腊时期，如果没有历史记载，难道就要判定中世纪文化早于雅典？佛教的密宗思想较之前的大小乘也粗鄙不堪，难道能说密宗是较早产生的吗？这些史实是钱穆的思想史演进说无法解释的。

　　除了四篇专门论证老子晚出的文章外，钱穆还在其它文章中对老子的时代进行考证，对《老子》《庄子》的宇宙论、精神义、政治思想等进行分析研究，都得出了老子晚出于庄子的结论，这些都是基于他的思想线索理论推导出的谬误。胡适批驳说：

　　从"思想系统"上，或"思想线索"上，证明《老子》之书不能出于春秋时代，应该移在战国时期，梁启超、钱穆、顾颉刚诸先生都曾有这种论证。这种方法可以说是我自己"始作俑"的，所以我自己应该负一部分责任。我现在很诚恳地对我的

① 《左传》卷十，长沙，岳麓书社，1988年，第305页。
② 胡适：《与钱穆先生论〈老子〉问题书》，《清华周刊》第37卷，1932年，第9—10期。

朋友们说，这个方法是很危险的，是不能免除主观的成见的，是一把两面锋的剑可以两边割的。你的成见偏向东，这个方法可以帮助你向东；你的成见偏向西，这个方法可以帮助你向西。如果没有严格的自觉的批评，这个方法的使用决不会有证据的价值。①

这一评价十分准确地指出了这一方法的缺陷，是中肯的。

---

① 陈勇、杨俊楠《钱穆与老子其人其书的考证———兼论与胡适的争论》，《厦门大学学报》（哲学社会科学版），2018 年第 4 期。

先秦两汉儒道关系考

谭宝刚 *

内容提要：先秦两汉儒道关系颇为多元，司马迁所言"道不同不相为谋"的"儒道互绌"关系仅是其中一类，除此以外，尚有"谋不同而罪及道""道不同或相为谋""道虽同不相为谋"等情况存在。然而，自战国至于两汉，"儒道互绌"仅是小范围内的特殊情况下的个别而非普遍现象；儒道关系的主流依然是二者和平共存融洽相处；因为在此期间，从学派之间的关系看，有众多的儒道学者在同一王侯带领下为完成共同的事业而撰文集成一书；从学术研究领域看，儒道兼习的学者不可胜数，兼注兼作儒道著作的学者也不在少数，如陆贾、贾谊、董仲舒、韩婴、刘向、扬雄、马融、虞翻、董遇、王肃等，皆有所论，或融儒道思想于一文一书，或既注儒家之作，也注道家之作，其时间多远在魏晋之前，而不必至魏晋王弼、何晏、阮籍、向秀、郭象等人时才有融合儒道著作之出现。

关键词：先秦两汉哲学　道家学说　儒家思想　儒道融合　儒道互绌

基金项目：2014 年度国家社会科学基金项目"北京大学藏西汉竹书《老子》研究"（批准号：14XZX011）阶段性成果。

一、问题的由来

先秦两汉儒道关系古今学者多有论说。

西汉司马迁云："世之学老子者则绌儒学，儒学亦绌老子。道不同不相为谋。"[①]

今有学者王葆玹先生拓展了司马迁的话题，其论云：

---

* 谭宝刚 (1969—)，男，湖南洞口人，文学博士，贵州民族大学教授，主要研究方向：老子及先秦道家思想文化。

① （汉）司马迁：《史记》，北京：中华书局，1998 年，第 750 页。

孔老本是同源而出，在孔老之后，儒道的关系一时呈和谐的样式……大约在战国中期以后，道家黄老、庄老两派才与儒家相敌对。这种敌对的关系持续了很长时间，直到东汉以后，玄学兴起，儒道融合的局面才再度出现。

……

这种儒道敌对的局面，到东汉以后濒于终结。在曹魏正始时期，王弼兼注《周易》《论语》和《老子》三部书，何晏兼作《老子道德论》和《论语集解》，都表现出融合儒道的倾向。魏末阮籍兼论《易》《老》《庄》，向秀兼注《周易》和《庄子》，西晋郭象兼作《论语体略》和《庄子注》，也都有融合儒道的倾向。

综观儒道关系的演变历史，乃是一同产生于春秋晚期，在战国中期分立而敌对，在两汉时期相互排斥，在魏晋隋唐时期又呈融合的局面。[①]

司马迁未区分具体时间阶段，他笼统地认为儒道之间只有敌对互绌，而无融洽相处之关系。而且，司马迁所述乃是因学术旨趣的不同导致儒道学派之间的互绌关系。

惜乎！《史记》为史学著作，因文体之不同，司马迁仅做论断而未给予论证。

王氏对司马迁之论有所修正，区分了不同时间阶段，他认为，孔老之后，儒道关系呈一时之和谐，但自战国中期以至两汉，儒道之间一直处于对立状态；直到魏晋时期，有学者兼习兼注兼作儒道著作，儒道关系才又出现融合局面。

王氏所论，实际上涉及了两个方面：一是儒道学派之间的关系，一是儒道学者的学术研究领域或范围，二者之间联系紧密，但不能等同。

自老孔之生以至汉亡，历时八百年，其间儒道之学者不知几何？儒道学者之间发生之事又不知几何？此类事件纷繁复杂又不知几何？司马迁"道不同不相为谋"的"儒道互绌"论断是否可以概其全？典籍所载与儒道有关的史事哪些属于司马迁所言一类？此外，儒道关系尚有哪些类型？王氏所论战国中期至于两汉儒道关系持续敌对，直到魏晋出现兼注兼作儒道著作儒道才趋融合是否是历史之真相？这些都是我们需要考察的问题。

二、司马迁所论"道不同不相为谋"之"儒道互绌"的确存在

诚如王氏所说，"孔老本是同源而出"。孔老同源，这源头，既包括远古时期的巫史文化，也包括三代以来优秀的传统文化，其中的礼就是儒道所共同尊崇和熟悉的，所以《礼记·曾子问》记载了四次孔子自述受礼学于老子之事，《孔子家语·观

---

① 王葆玹：《黄老与老庄》，北京：中国人民大学出版社，2012年，第15—17页。

周》也有孔子"问礼于老聃"之记载，《史记·老子列传》载孔子对老子的敬仰，发出赞"其犹龙邪"的感叹。可见此时儒道关系之融洽。

然自战国中期至于两汉，尚有司马迁所言"道不同不相为谋"之"儒道互绌"事例存在。

儒道之互绌，始于孟子批判杨朱，见于《孟子·滕文公下》和《尽心上》《尽心下》，而《滕文公下》言辞尤为激烈：

世衰道微，邪说暴行有作……杨朱、墨翟之言盈天下。天下之言，不归杨，则归墨……杨墨之道不息，孔子之道不著，是邪说诬民，充塞仁义也。仁义充塞，则率兽食人，人将相食。吾为此惧，闲先圣之道，距杨墨，放淫辞，邪说者不得作。……能言距杨墨者，圣人之徒也。①

《淮南子·氾论训》亦云：

全性保真，不以物累形，杨子之所立也，而孟子非之。②

其后，有庄子后学"作《渔父》《盗跖》《胠箧》，以诋訿孔子之徒，以明老子之术"③。

西京之时，又发生了两件与齐诗学者辕固生有关的"儒道互绌"之事。④

一是辕固生就汤、武于桀、纣是"受命"还是"放杀""与黄生争论景帝前"。辕固生认为汤武是受天命革命，而黄生认为汤武是以下犯上放弑君主。二人争持不下，情急的辕固生则以现实中的高帝代秦是否正当反问黄生，弄得在场的景帝尴尬，提示不必再争论。这一争论实际上是学统与政统、历史与现实、理想与现实之间的不可调和统一的问题。

一是辕固生答窦太后问《老子》书。辕固生在当时是一位大儒，颇有影响，窦太后好黄老，本想假借辕固生来进一步肯定《老子》一书的价值，这也表明窦太后本有向儒家示好的意图，不料辕固生率性耿直不假思索地回答："此是家人言耳。"完全是一副不屑一顾的态度，这无疑激怒了窦太后。

---

① （战国）孟子著，（清）焦循正义：《孟子正义》，诸子集成第一册，上海：上海书店，1986年，第266—272页。
② （西汉）刘安等著，（东汉）高诱注：《淮南子注》，诸子集成第七册，上海：上海书店，1986年，第218页。
③ （汉）司马迁：《史记》，第1115页。
④ （汉）司马迁：《史记》，第1115页。

诸如此类，是儒道学派在学理上的争论或互绌，属于司马迁所言"道不同不相为谋"的"儒道互绌"。而先秦两汉儒道关系颇为多元，司马迁所言"道不同不相为谋"之"儒道互绌"得其一偏，未能概其全。除此以外，尚有如下类型的儒道关系存在。

三、谋不同而罪及道

西汉之时，尚有一类涉及儒道学者之事，如司马迁在《史记》中记载了窦太后与汉武帝集团、汲黯与公孙弘及刘安、郑当时与魏其之间发生的所谓"互绌"事件，这些是不是"道不同不相为谋"的"儒道互绌"呢？

先看窦太后与汉武帝集团之间的"互绌"。

窦太后是一个权力欲望很强的人，她好黄老，欲推行黄老治国，借此干预朝政。[①]而武帝即位后，为了便于掌控权力，与赵绾、王臧等欲"招方正贤良文学之士"，明儒学行儒政。在此期间，赵绾还一度明确提出摆脱窦太后干预朝政之建议，即"请毋奏事太皇太后"，[②] 引起了窦太后的不满，激起了她的反击。

《史记·孝武本纪》云：

> 会窦太后治黄老言，不好儒术，使人微得赵绾等奸利事，召案绾、臧，绾、臧自杀，诸所兴为者皆废。[③]

很明显窦太后与汉武帝集团之间的"互绌"是统治阶级内部的权力之争涉及了儒道两家之学者，而非儒道两家之学者学术取向的不同导致了政治权力之争夺；前后因果分明，不可颠倒。

接着看汲黯与公孙弘及刘安之间的事情。

《史记·汲郑列传》有汲黯"常毁儒"的字眼，这似乎是黄老道家汲黯因学术取向的不同而绌儒的铁证。但是，仔细考察可知情况并非如此。

汲黯之为人，平时庄重得让人害怕，清高，不拘礼节，疾恶如仇，好打抱不平，气节高尚，敢于极言直谏，有节操，即使皇上他也敢于多次冒犯。[④] 有如此高尚品格的汲黯对那些伪诈、投机取巧和贪婪之人自然是要非毁。汲黯非毁的对象主要是公

---

① 黄老学说主张之一"君无为而臣有为"。
② （汉）班固：《汉书》，长沙：岳麓书社，1993 年，第 58 页。
③ （汉）司马迁：《史记》，第 177 页。
④ 《史记·汲郑列传》云："以庄见惮"，"性倨，少礼，面折，不能容人之过。合己者善待之，不合己者不能忍见"，"然好学，游侠，任气节，内行修絜，好直谏，数犯主之颜色"。

孙弘和张汤，二人对汲黯非常忌惮。还有一人即淮南王刘安对汲黯亦很忌惮。我们看看公孙弘、张汤和刘安的学派归属或其学术旨趣，公孙弘固然是儒家学者，但是张汤可是与黄老有渊源关系的法家，而刘安则是与汲黯具有相同学术思想的黄老道家了。按照司马迁的说法，"道不同不相为谋"，汲黯应该只非毁公孙弘，而不及张汤和刘安了，可事实并非如此，汲黯对三人一并非毁，三人对汲黯皆很忌惮。这却是为何？我们继续看。

《史记·汲郑列传》云：

> 而黯常毁儒，面触弘等徒怀诈饰智以阿人主取容，而刀笔吏专深文巧诋，陷人于罪，使不得反其真，以胜为功。
>
> ……
>
> 淮南王谋反，惮黯，曰："好直谏，守节死义，难惑以非。至如说丞相弘，如发蒙振落耳。"
>
> ……
>
> 然御史大夫张汤智足以拒谏，诈足以饰非，务巧佞之语，辩数之辞，非肯正为天下言，专阿主意。主意所不欲，因而毁之；主意所欲，因而誉之。好兴事，舞文法，内怀诈以御主心，外挟贼吏以为威重。[①]

原来公孙弘和张汤虽然学术旨趣不同，但是他们在品德上有一个共同的特点，那就是巧佞怀诈以阿主上，好兴事，陷人于罪。《史记·平津侯主父偃列传》云："弘为人意忌，外宽内深。诸尝与弘有郤者，虽详（通阳）与善，阴报其祸。杀主父偃，徙董仲舒于胶西，皆弘之力也。"[②]如此品德与行事当然为汲黯所不容。而刘安对属国内部管束不严而后又意欲谋反，当然也忌惮正直的汲黯。

至于郑当时受武安侯魏其"贬秩为詹事"，[③]也绝非郑当时好黄老而导致。[④]因为郑当时被贬职后不久就被好儒的汉武帝把他升迁为大农令了。

据上所述可知，窦太后与汉武帝集团、汲黯与公孙弘及刘安、郑当时与魏其之间发生的所谓"互绌"事件与学者所处政治背景、个人品德及人生行事有很大的关系，他们之间的"儒道互绌"就不属于司马迁所言"道不同不相为谋"一类，而是属于"谋不同而罪及道"，或者说是政治斗争以及人生行事涉及了不同学派的学者。

---

① （汉）司马迁：《史记》，第1110—1111页。
② （汉）司马迁：《史记》，第1053页。
③ （汉）司马迁：《史记》，第1111页。
④ 具体何由，文献阙而难征。

四、道不同或相为谋

西汉早中期的几位皇帝，或好道家学说，或好儒家思想，然好道家者亦有颇重于儒家学者，好儒家者亦有颇重于道家学者。帝王于臣下，不以其学术思想之不同而有好恶，而是以是否有利于其统治为取舍之标准。

初起兵时，"沛公不好儒"，[①] 然郦食其于沛公征战天下时善为之游说而攻城略地，和得天下后叔孙通为之起朝仪让他得知为帝之尊贵，致使刘邦完全改变了对儒家的看法，郦食其、叔孙通亦先后得到刘邦的重用。

汉文帝颇好黄老，不好儒术。《史记·礼书》云：

孝文即位，有司议欲定仪礼，孝文好道家之学，以为繁礼饰貌，无益于治。[②]

《风俗通·正失篇》云：

然文帝本修黄老之言，不甚好儒术，其治尚清净无为。[③]

汉文虽好道家之学，然亦并非对儒家学者一概排斥。汉文对儒家之洛阳少年贾生颇爱焉，因吴公之荐而征贾生为博士，因其尽为之对诏令而"超迁，一岁中至太中大夫"。[④] 又因贾生发"兴礼乐"、更律令、"列侯悉就国"等之说，汉文"议以为贾生任公卿之位"，[⑤] 后因汉功臣之嫉害而作罢，然汉文犹先后任贾生为长沙王太傅、梁怀王太傅。汉文爱贾生，奈何功臣嫉！然观汉文曾与贾生论道至夜半及评论之语"吾久不见贾生，自以为过之，今不及也"，[⑥] 谓汉文贾生至为知交亦未不可！

汉景帝，典籍也明载其好《老子》。《汉书·扬雄传赞》记载桓谭语：

昔老聃著虚无之言两篇，薄仁义，非礼学，然后世好之者尚以为过于五经，自汉文、景之君及司马迁皆有是言。[⑦]

而景帝于儒家辕固生，初则于窦后前袒护之，后又"以固为廉直，拜为清河王

---

① （汉）司马迁：《史记》，第 957 页。
② （汉）司马迁：《史记》，第 405 页。
③ （汉）应劭：《风俗通义》，长沙：岳麓书社，1993 年，第 3598—3599 页。
④ （汉）司马迁：《史记》，第 879 页。
⑤ （汉）司马迁：《史记》，第 879 页。
⑥ （汉）司马迁：《史记》，第 882 页。
⑦ （汉）班固：《汉书》，第 1551 页。

太傅"，① 足见景帝对儒家辕固生爱护有加。

汉武帝本好儒，然对"学黄老之言"、素以道家"清静""无为"思想"治官理民"的汲黯却非常赏识。在汲黯任东海太守"岁余，东海大治"后，武帝"召以为主爵都尉，列于九卿"；在汲黯面斥武帝"内多欲而外施仁义"时，武帝不但不加之罪而且叹其"甚矣，汲黯之戆也"；其后，武帝对汲黯还有"古有社稷之臣，至于黯，近之矣"的高度评价。武帝对汲黯接见之敬礼亦尚在大将军卫青和丞相公孙弘之上。

儒道之间，虽学派不同和学术思想不同，抑或有相同之政治价值取向。《史记·儒林列传》云：

> 兰陵王臧……及代赵绾，亦尝受诗申公，绾为御史大夫。绾、臧请天子，欲立明堂以朝诸侯，不能就其事，乃言师申公。于是天子使使束帛加璧安车驷马迎申公，弟子二人乘轺传从。至，见天子。天子问治乱之事，申公时已八十余，老，对曰："为治者不在多言，顾力行何如耳。"是时天子方好文词，见申公对，默然。然已招致，则以为太中大夫，舍鲁邸，议明堂事。②

由于赵绾、王臧对其师的推荐，汉武帝对作为儒家大师的申公报以热切的期望，他希望申公能给他提供不同于之前道家的治国之术。然申公所答语其言辞虽有不同，但其主旨却与汉初黄老学大家盖公为齐相曹参言"治道贵清静而民自定"一致，儒家的申公与道家的盖公在治国方略上竟然持有相同的观点！③申公之答当然让对儒家正颇为支持的武帝大失所望。

以上数例说明学派不同，或学术思想不同，抑或有共同的治官理民之方略，是为"道不同或相为谋"。

五、道虽同不相为谋

司马迁说"道不同不相为谋"，世人或易于接受。然亦有学派相同者，其学术理念或治国安民之术抑或不相同，甚至相为指斥者，是为"道虽同不相为谋"。

杨朱、庄子及其后学，皆为道家，而庄子一派批杨朱为甚。

《庄子·骈拇》云：

> 骈于辩者，累瓦结绳窜句，游心于坚白同异之间，而敝跬誉无用之言，非乎？

---

① （汉）司马迁：《史记》，第 1115 页。
② （汉）司马迁：《史记》，第 1114—1115 页。
③ 其中原因应是与他们二人皆年老而经历过秦末之乱刘项之争等长期战乱有关。

而杨、墨是已。故此皆多骈旁枝之道，非天下之至正也。

《庄子·胠箧》云：

削曾、史之行，钳杨、墨之口，攘弃仁义，而天下之德始玄同矣。……彼曾、史、杨、墨、师旷、工倕、离朱，皆外立其德，而以爝乱天下者也，法之所无用也。

汉武帝时，辕固生、公孙弘同应征"贤良"，二者虽同为儒家学者，但或由于年齿有序、人格影响、治世理念等不同，公孙弘不敢正视辕固生，而辕固生亦直言戒公孙弘："公孙子，务正学以言，无曲学以阿世！"[1]

公孙弘、董仲舒皆治春秋公羊学，然公孙弘巧佞奸诈，董仲舒为人廉直。公孙弘虽学问不如董仲舒，然善揣摩主意逢迎汉武，得以"位至公卿"。董仲舒对公孙弘公卿之位非因学术而因谄媚奉承得来颇为不屑。因此，公孙弘嫉恨董仲舒，阴谋上书，使董仲舒出为胶西王相。[2]

六、学派关系：儒道共谋

从学派之间的关系来看，战国中期至于两汉，有众多的儒道学者不但和平共存融洽相处，而且在同一侯王领导之下为完成共同的事业而撰文集成一书。战国后期以至西汉中期，魏国信陵君、赵国平原君、齐国孟尝君、楚国春申君、秦国文信侯、西汉淮南王等各有门下食客数千，其中应该都有儒道之学者，而尤以吕不韦、刘安门下儒道学者为多，且对当时及后世影响也大。

《吕氏春秋·高诱序》云：

不韦乃集儒书，使著其所闻，为十二纪、八览、六论、训解各十余万言……名为《吕氏春秋》……然此书所尚，以道德为标的，以无为为纲纪，以忠义为品式，以公方为检格，与孟轲、孙卿、淮南、扬雄相表里也。[3]

《淮南子·高诱序》云：

天下方术之士，多往归焉。于是遂与苏飞李尚……八人，及诸儒大山小山之徒，

---

① （汉）司马迁：《史记》，第 1115 页。
② （汉）司马迁：《史记》，第 1116—1117 页。
③ （汉）高诱：《吕氏春秋序》，诸子集成第六册，上海：上海书店，1986 年，第 2 页。

共讲论道德，总统仁义，而著此书。其旨近《老子》，淡泊无为，蹈虚守静，出入经道。①

吕不韦为秦相后，依战国四君子之例，广泛招揽门客，"至食客三千人"。西汉早中期，淮南王刘安亦结交宾客至数千人。吕氏、刘氏门客，包括众多学派，而其中最主要的还是道家和儒家学者，这些儒道学者不但和平共存融洽相处，而且还在吕不韦或刘安的带领下，为完成共同的目标和事业，而撰文集成一书，为当时的治国理民提供了借鉴，也为后世留下了丰富的思想宝库。

七、学术研究：儒道融合

从学术研究领域来看，战国中期至于两汉，兼习兼注兼作儒道著作之学者甚多，并非至魏晋时才有融合儒道著作之出现。王氏认为，孔老同源，孔老之后，儒道曾呈一时之和谐，此固为事实。然他认为战国中期以后，直至东汉，儒道持续敌对，至魏晋时王弼、何晏等人兼注兼作儒道著作，才出现儒道融合之现象；此则并非历史之真相。

（一）出土文献表明，战国中期以至两汉，学者多是儒道兼习而学有所偏

1993 年湖北省荆门市郭店一号楚墓出土了大批竹简，包括道家著作《老子》甲、乙、丙三组和《太一生水》，以及儒家典籍《五行》《缁衣》《鲁穆公问子思》《穷达以时》《唐虞之道》《忠信之道》等。该墓下葬于公元前四世纪晚期。该墓出土文献表明，墓主儒道兼习而偏儒。

1994 年上海博物馆收藏了一批战国楚竹书，包括《孔子诗论》《周易》《缁衣》《民之父母》《内礼》等儒家著作，和《恒先》《凡物流形》《彭祖》等道家著作。这批楚竹书表明，墓主儒道兼习而偏儒。

1973 年湖南省长沙市马王堆三号汉墓出土了一批帛书，其中包括儒家典籍《易》和《春秋事语》等，及道家典籍《黄帝四经》和《老子》甲乙本，墓中文献表明墓主利豨儒道兼习。

2009 年北京大学收藏了一批西汉竹书，这批竹书基本涵盖了《汉书·艺文志》所列六大门类，其中包括《老子》《周驯》等道家文献，这批竹书表明墓主学无不窥，非限于儒道两家。

1973 年，河北定县八角廊 40 号汉墓出土了儒家著作《论语》《儒家者言》《哀公

---

① （汉）高诱：《淮南子序》，诸子集成第七册，上海：上海书店，1986 年，第 1 页。

问五义》，和道家著作《文子》。从该墓出土文献来看，墓主是儒道兼习而偏儒。

（二）传世典籍所载表明，自战国后期开始儒道兼习之学者众多

这些学者，往往兼注或兼作有儒道著作，其时间大多远早于魏晋时期的王弼、何晏、阮籍、向秀、郭象等人。战国后期之荀子，儒家学派之集大成者，然其学综百家，除儒家学说外，于道家及其他各家亦颇精通。其作《天论》云"老子有见于诎，无见于信"，其作《解蔽》所言之"虚壹而静"的思想当来自道家《老子》，非深明于《老子》之学，岂有如此精辟之概括和思想之发展？

西汉三大儒陆贾、贾谊和董仲舒也是儒道兼习。

汉初，萧何、曹参从施政措施上推行黄老，陆贾则从思想上阐发黄老。陆贾著有《新语》，其中的《道基》阐述了道家的宇宙观，《无为》则是对黄老"清静无为"思想的发挥，抒发了对"无为而治"政治的向往。在阐发黄老思想的时候，陆贾还常常称引《诗》《书》《易》《论语》等儒家典籍进行说理。陆贾虽是黄老道家，但是他对儒家典籍烂熟于心并能娴熟运用。

贾谊，洛阳人，为当时"治平为天下第一"的河南守吴公门下，吴公尝学事李斯，李斯为荀子弟子，则贾谊为荀子后学。贾谊虽为儒家学者，然其道家学养深厚，所撰《鹏鸟赋》阐述了他的道家宇宙观，且多套用《老子》《庄子》语；其《道术》《道德说》《修政语》等反映了他对《老子》之道的深刻理解。

董仲舒，汉武帝时公羊学大师，然而这样一位儒学大家，其思想也深受道家影响。"无为而治"是黄老道的根本原则之一，董仲舒把这一思想有机地融合到他的儒学体系中去，他认为"无为而治"是治国的根本："为人君者居无为之位，行不言之教，寂而无声，静而无形，执一无端，为国源泉。"

韩婴，汉初儒学大家，《诗经》韩氏学创始人，深明于《诗经》和《周易》，然其作《韩诗外传》，非单引《诗》以证事，也引《老子》等道家之言以证事。此则说明韩婴也儒道兼习而偏儒。

《周易》虽为百家所称道，但传统而言归之于儒家。按此而论，则儒道兼习者更多。

司马季主"楚贤大夫，游学长安，通《易经》，术《黄帝》《老子》，博闻远见。"[①]

司马谈司马迁父子世家学黄老。司马谈《论六家要旨》特重道家，但其学术师承"学天官于唐都，受《易》于杨何，习《道论》于黄子"，[②]儒道兼习而主道。司马

---

① （汉）司马迁：《史记》，第 1153 页。
② （汉）司马迁：《史记》，第 1177 页。

迁，从安国学《尚书》，师仲舒习《公羊》，然因有黄老家学渊源，耳闻目染，故其老学素养亦深厚异常。①

河间献王刘德，汉景帝之子，经古文学家，儒道并好而重儒。②

刘向，西汉后期大儒，经传诸子百家学无不通，有儒家之作《说苑》等，又著有道家著作《说老子》四篇。

扬雄，西汉末大儒，"博览无所不见……清静亡为，少耆欲"③，其《解难》云："孔子作《春秋》，几（冀）君子之前睹也。老聃有遗言，贵知我者希，此非其操与？"④为人行事似老子，而又著作引《老子》语，则非学《老子》者何？又依《论语》作《法言》，因《易经》作《太玄》。则扬雄儒道兼习而偏道。⑤

班嗣"虽修儒学，然贵老、严之术"。联系班嗣报桓生语，则知班嗣亦儒道兼习而好道⑥。

冯衍，京兆杜陵人，撰《自论》云："阖门讲习道德，观览乎孔老之论。"⑦又撰《显志赋》云："诵古今以散思兮，览圣贤以自镇；嘉孔丘之知命兮，大老聃之贵玄；德与道其孰宝兮？名与身其孰亲？"⑧

东汉初经学家代郡人范升，也是儒道兼习。《后汉书·郑范陈贾张列传》云：

范升字辩卿，代郡人也。少孤，依外家居。九岁通《论语》《孝经》，及长，习《梁丘易》《老子》，教授后生。⑨

向长"字子平，河内朝歌人也。隐居不仕，性尚中和，好通《老》《易》"⑩。

马融，扶风茂陵人，"才高博洽，为世通儒……注《孝经》《论语》《诗》《易》《三礼》《尚书》《列女传》《老子》《淮南子》《离骚》"⑪。

---

① 司马迁撰《史记》，多次述说老学源流，熟悉古来道家学者，又时时引《老子》语。
② 《金楼子·说蕃》云：昔蕃屏之盛德者，则刘德字君道，造次儒服，卓尔不群，好古文。每就人间求善书，必为好写与之，留其真，加以金帛。士有不远千里而至者，多献其先祖旧书《周官》《尚书》《礼》《礼记》《孟子》《老子》，献王好之。
③ （汉）班固：《汉书》，第1531页。
④ （汉）班固：《汉书》，第1549页。
⑤ 《朱子语类》卷一百三十七"战国汉唐诸子"载："扬雄则全是黄老……雄之学似出于老子……但子云所见处，多得之老氏……子云所见多老氏者，往往蜀人有严君平源流。"朱熹论"扬雄则全是黄老"固有所偏。
⑥ （汉）班固：《汉书》，第1850页。
⑦ （南朝宋）范晔：《后汉书》，长沙：岳麓书社，1994年，第425页。
⑧ （南朝宋）范晔：《后汉书》，第429页。
⑨ （南朝宋）范晔：《后汉书》，第525页。
⑩ （南朝宋）范晔：《后汉书》，第1204页。
⑪ （南朝宋）范晔：《后汉书》，第834—835页。

牟子，东汉后期苍梧人。《理惑论序言》云："牟子既修经传诸子，书无大小靡不好之。……是时，灵帝崩后，天下扰乱。独交州差安，北方异人，常来在焉。多为神仙辟谷长生之术，时人多有学者。牟子常以五经难之，道家术士莫敢对焉，比之于孟轲距杨朱墨翟……于是锐志于佛道，兼研《老子》五千文。"① 牟子学问渊博，对儒道佛三家著作和思想皆有高深之研究。著《理惑论》，注解《老子》道经三十七篇。

管宁，北海朱虚人，生于汉末三国。《三国志·魏书·袁张凉国田王邴管传》云：

伏见太中大夫管宁……娱心黄老，游志六艺……"②

虞翻字仲翔，会稽余姚人，与管宁同时。《三国志·吴书·虞陆张骆陆吾朱传》云：

翻与少府孔融书，并示以所著《易注》……又为《老子》《论语》《国语》训注，皆传于世。③

董遇，汉魏时期经学家，精儒道而熟诸子。盖生于汉灵帝时期，建安初任黄门侍郎，后在献帝左右侍讲。鱼豢《魏略》以董遇和贾洪、苏林等七人为儒宗。《三国志·魏书·锺繇华歆王朗传》云："明帝时大司农弘农董遇等，亦历注经传，颇传于世。"裴注云：

董遇，字季直。……初，遇善治《老子》，为《老子》作训注。又善《左氏传》，更为作《朱墨别异》。④

《经典释文》载《周易》"《董遇章句》十二卷。"⑤

董遇治《易》《老》《左传》，是儒道兼习。

石寒贫，与董遇同时而稍晚，儒道兼习。《三国志·魏书·袁张凉国田王邴管传》裴注云：

---

① （汉）牟子：《理惑论》，百子全书本第四册，长沙：岳麓书社，1993 年，第 3651 页。
② （晋）陈寿：《三国志》，北京：团结出版社，1996，第 226 页。
③ （晋）陈寿：《三国志》，第 814—815 页。
④ （晋）陈寿：《三国志》，第 265 页。
⑤ （唐）陆德明撰，吴承仕疏证：《经典释文序录疏证》，北京：中华书局，2008，第 41 页。

《魏略》又载……寒贫者，本姓石，字德林，安定人也。建安初，客三辅。是时长安有宿儒栾文博者，门徒数千，德林亦就学，始精《诗》《书》。……常读《老子》五千文及诸内书，昼夜吟咏。①

王肃，扶风茂陵人，汉末三国儒学大家，然亦注《老子》，有如马融。《三国志·魏书·钟繇华歆王朗传》云：

肃善贾、马之学，而不好郑氏，采会同异，为《尚书》《诗》《论语》《三礼》《左氏》解，及撰定父朗所作《易传》，皆列于学官。②

又《新唐书·艺文志》载：

王肃《玄言新记道德》二卷。③

据上所列可知，孔老之后，自战国中期以至东汉末年，儒道兼习之学者甚多，不可胜数，兼注兼作儒道著作之学者亦不在少数，只不过学有所偏，术有所重。此则表明，儒道之间融洽相处和平共存依然是大范围的普遍的主流现象。

八、结论

按上所述，我们可以得出如下结论：

先秦两汉儒道关系颇为多元，司马迁所言"道不同不相为谋"的"儒道互绌"关系仅是其中一类，除此以外，尚有"谋不同而罪及道""道不同或相为谋""道虽同不相为谋"等情况存在。然而，自战国至于两汉，"儒道互绌"仅是小范围内的特殊情况下的个别而非普遍现象；儒道关系的主流依然是二者和平共存融洽相处：因为在此期间，从学派之间的关系看，有众多的儒道学者在同一王侯带领下为完成共同的事业而撰文集成一书；从学术研究领域看，儒道兼习的学者不可胜数，兼注兼作儒道著作的学者也不在少数，如陆贾、贾谊、董仲舒、韩婴、刘向、扬雄、马融、虞翻、董遇、王肃等，皆有所论，或融儒道思想于一文一书，或既注儒家之作，也注道家之作，其时间多远在魏晋之前，而不必至魏晋王弼、何晏、阮籍、向秀、郭象等人时才有融合儒道著作之出现。

---

① （晋）陈寿：《三国志》，第230页。
② （晋）陈寿：《三国志》，第264页。
③ （宋）欧阳修、宋祁：《新唐书》，北京：中华书局，1975年，第1515页。

寻找人生道上的"大原理"

——评《老子哲学的研究和批评》

董　熠[*]

内容提要： 老子哲学是"求得人应该怎样做人"的哲学，是"实行"而非"虚谈"。"道"（即"无"）为万有之本源，所体现的天道法则是自然法则；"天道"是善的，依照其行事就不会走错道路，因此有了"无为"的人生哲学；而政治哲学实为人生哲学的一部分，"无为而治"是其理想的模式。但《老子》一书是扎根于其所处的时代背景的，不能离开时代环境来理解其哲学思想，对待老子哲学应用辩证的眼光来看，而不是简单的复古。

关键词： 老子　宇宙论　天道观　人生哲学　哲学诗

《老子哲学的研究和批评》是民国时期的老子学研究著作，作者是程辟金先生，生于清末，今广西东兴市人，曾任孙中山先生秘书、第一任民国中国银行行长，孙中山先生逝世后因在政见上与蒋介石不和，赴香港从事教育工作，直至 80 余岁退休。他 20 世纪 20 年代提出老子是哲学诗的观点，极富创见与启示意义。该书对老子哲学体系进行了完整的论述，将老子的宇宙论、天道观与人生哲学、政治哲学一以贯通，同时提出了有别于当时主要观点的个人见解，这些见解基于史实与文本的考证，又有大胆的猜想和极具前瞻性的展望。书中所体现出的思想光亮，时至今日仍对我们理解《老子》有着重要的启示。

一、老子哲学之见：一以贯之的哲学体系

老子年代考，老子哲学诗之见，对老子哲学从宇宙论、天道观到人生哲学、政

---

　　* 董熠（1989—），女，甘肃兰州人，厦门大学新闻传播学院，博士研究生。研究方向：华夏文明传播。

治哲学的论说及对老子哲学的批评这四大部分构成了该书的基本框架。其中的主体部分是对老子哲学体系的论说，在这个体系中，天道观念是连接宇宙论与人生哲学的桥梁，政治哲学属于人生哲学的一部分。

（一）"无中生有"的宇宙论

《老子》中的宇宙观念是极其抽象的，甚至作为宇宙本源的"道"也是"不知其名而字之""强为之"的。对比《论语》等语录体的经典来说，《老子》的语言高度抽象和精炼，极富哲学思辨意味，观之似空泛而务虚。而作者却认为，真正的哲学家是重"实行"而非"虚谈"的，老子无疑是一位真正的哲学家，《老子》一书的目的"无外求解决人应该怎样做一个人的问题"，它从"天"探讨到"人，"从"物"探讨到"物的本源"，都是为了探索这条"怎样做人"的道路。因此，老子哲学是务实的哲学而非虚谈的哲学，他的宇宙观和人生哲学是一贯的。要理解老子的人生哲学，就要理解老子的宇宙观。

《老子》第一章总括性论述了其宇宙观，"道"是形而上的无，"名"是形而下的有。作者此处阐释"道"与"名"时，认为"道"是离言说相，而"名"也非"常名"，而是"非真实的名，无关实体"，类似于当时欧洲的"nominalism"①（作者称之为"有名无实主义"）。"道可道，非常道，名可名，非常名"（《老子·第一章》），实际是叫人不能只在言语名相中寻求真理。

"天下万物生于有，有生于无"（《四十章》），"无"为万"有"的根源，"无"即"道"，是宇宙绝对的善，这是老子对于宇宙本源的认知。在作者看来，老子的宇宙论是一种"泛神论"（pantheinm）②，这里的"神"指万物根源，但不包贯万物全体，而是万物的中心点。对于"无"的界定与理解，作者以《十四章》"视之不见名曰夷，听之不闻名曰希，搏之不得名曰微。此三者不可致诘，故混而为一"作解，阐释"无"并不是"没有别的存在"，而是说这种存在是人的耳目等感觉器官无法感觉到的。因为人类的感觉器官有限，因此不是全知全能的，是无法完全认识到"宇宙所有"的。概言之，作者认为老子对"无"的界定是基于人类认知能力的局限性。

"道—无"的法则是自然法则，作为"道"（天道），它又是至善的，只有依照"道"行事，才不会走错了路，所以人也要"无为""守静"，顺自然法则而行事，不

---

① nominalism 即"唯名论"，唯名论与实在论（realism）是中世纪经院哲学围绕共相之争所形成的两个对立的学派，唯名论认为共相不具有客观实在性，而是后于事物而存在，所谓共相只是一个主观的名称而已。代表人物有罗瑟林、P. 阿贝拉尔、R. 培根、J. 邓斯·司各特、奥康的威廉等。

② 泛神论认为神不是凌驾于自然之上，而是存在于自然之中，否认人格神的存在，认为自然万物都具有神性，代表人物布鲁诺、斯宾诺莎。

要以人的智慧去反抗天道，不要有多的欲望。老子的宇宙论和人生哲学由此而一以贯通，而这些理论的前提，作者在书中明确点出，便是"天道至善"的观念。

（二）"至善无恶"的天道观

老子的天道观念被作者视为其宇宙观和人生哲学的"桥梁"即连接点。天道在老子这里不是"无知"，也不是"恶"，而是"善"的，作者如此认为的原因有二：

第一，"天道是善"的观念是老子生活的时代及其旁近时代的共有观念，任何人的思想都会受限于当时的时代环境，老子也不能例外。

第二，《老子》一书中时常将天道与圣人并举，而"圣人"在书中是"善"的化身，如第七十九章"圣人执左契而不责于人，有德司契，无德司彻。夫天道无亲，常与善人"，第八十一章"天之道，利而不害。圣人之道，为而不争"等。一个人的学说体系内部价值取向不会有很大的冲突，任何一个成熟的哲学体系都会保持价值趋向的一致而非矛盾，因此老子哲学"天道"和"圣人"两个概念代表的都应是善，而不是恶，否则就是自相矛盾了。

既然天道为善，那么它所表现出来的核心法则——自然法则也是善的，应用到人生哲学上就是"无为"，因此老子对于一切"技艺智巧制度文物"等人为创造的东西加以反对就是不可避免的了。

（三）"无为守静"的人生哲学

在论及老子的人生哲学时，作者提出一个非常重要的观点：人生哲学是产生于时代环境的，不能离开当时的时代环境来理解老子的人生哲学。老子生活的时代正值兵祸纷争，一方面诸侯相争征战不休，"师之所处，荆棘生焉，大军之后，必有凶年"（《三十章》）；另一方面贵族阶级占有大量社会资源，穷奢极欲享受太过，而平民阶级除了受战争之苦，还要受王侯剥削，正所谓"人之道，损不足以奉有余"（《七十七章》）。典章制度是伪善的幌子，兵政法令成了剥削的手段，"法令滋彰"正是流离失所的百姓铤而走险沦为强盗的表现，因此才会"盗贼多有"。"民不畏死，奈何以死惧之"（《七十四章》）正是对当时百姓被逼走投无路境况的泣血控诉。老子见于这样的社会现实，才强烈反对人为的制度，他主张归于"无为"，正是因为洞悉了当时社会"有"已成为一切祸乱的根源。

那么如何解决人生的问题呢？老子有物质生活和精神生活两方面的主张。

物质生活方面，衣食等"根本生活"不可或缺，而对其余一切都是排斥的，视之为"奢侈生活"。要实现这种生活主张，就要遵守"三不主义"，即"不尚贤""不贵难得之货""不见可欲"（《第三章》）。"贤"字本义"多财"，"不尚贤"是因为当时的社会贵族阶级已经过于富厚，它所表达的是老子"想把那个富厚的阶级拿来填补那太贫苦的阶级"[①]的想法，即希望通过君主无重财之行而停息下民的争利之心。"不贵难得之货"是因为"难得之货"实用价值小又易于盗藏，如果不以为贵则与泥石无异，将制作这些"难得之货"的劳力用于耕田织布，则民生自厚而风俗自淳。"不见可欲"是指灭绝那些奇技淫巧的诱惑人心的奢侈品，则可使民心不乱。

老子精神生活方面的主张，可总结为"静的精神"，并且作者认为不独老子，东方人的品格行为也是趋静避动的。这里的"静"即"归根曰静，是为复命，复命曰常，知常曰明"（《十六章》）的意思。此处作者也引佛家"禅定"来印证老子之"守静"，并言二者都倾向消极的方面。佛家认为众生皆有佛性，因此主张去"无名""业障"；老子视人性受于天，天无不善，故主张"归根"而"守静"，以"保全真性"，不过作者认为这两者的意思大致相同，此处是有所偏差的。

虽然"守静"是精神、心灵的"静"，但在作者看来，老子精神上的"守静"其实是受了物质方面的影响。这里作者的观点并不同于当时对于东西文明与哲学的差别之所谓东方因物质丰富而产生静的文明、西方因物质缺乏而不得不奋斗、竞争的文明。因为老子时代物质不丰产，因此不得不守静。当时人类受到了重大压迫，反抗的道路是"破除环境"而非"改造环境"，前者是厌世的、逆进的，后者是建设的、顺进的。老子的哲学是"破除环境"，即除烦解苛，扫除一切人为的制度而"反于自然"，做个赤裸的"原人"。不仅是老子，作者认为整个中国思想学术都重于"破除自然"。

老子认为婴儿才是人生的模范，因其尚未因外物而移性，婴儿的心无积习成见，无人我、善恶的区分。善恶在老子看来实际上是各有各的偏见。此处作者以庄子《天下篇》为参照，说明了世俗之善未必真善、世俗之恶未必真恶，世俗的善恶只是因为人们承认它后才有了制裁力。之所以婴儿是最理想的模范，是因为它心中无善无恶，这种无善无恶是老子所主张的，是打消了一切行为动机的。这里的"善""恶"并不是"道"之本体意义上的"善"，而是价值层面的、基于价值判断的"善恶"，但作者在书中并未对本体之"善"做出更多阐释，也未对价值之"善恶"与本体之"善"做界定，难免引起读者的混淆。

（四）"绝圣弃智"的政治哲学

老子的政治哲学实际可归为其人生哲学的一部分。第四十八章论述老子的政治哲学主张为"为学日益，为道日损。损之又损，以至于无为。无为而无不为矣。故

---

① 程辟金：《老子哲学的研究与批评》（民国影印本），民智书局，1923 年，第 50—51 页。

取天下，常以无事。及其有事，不足以去天下"。"无为而治"的目的是"求清乱源"。作者引了《文子》中的《自然》篇来解答为何"无为"可以平治而"有为"却会出乱：因为万物"形殊性异，各有安乐"，甲之乐或为乙之悲，丙之安或为丁之危。而"有为"则是将不同个性的万物纳于统一规范之中，这就是乱之根源。"物之不齐，物之情也"，最好的平治方式莫过于顺万物之性，任其自然，使"各便其性，安其居，处其宜"，这便是"无为而治"的精义所在。在老子看来，最好的政府是清静无为、不去干涉民间的政府，所谓"功成身退，百姓皆谓我自然"(《十七章》)。无权的政府是老子心中的理想政府，因此作者也认为老子主张的是"无政府主义"。此外，老子不仅主张"去兵"，还主张"无治"，主张"本能"而非"知识"，所谓"礼者，忠信之薄而乱之首。前识者，道之华而愚之始"(《三十八章》)。老子心目中理想的国家，是"绝圣弃智"的，人民不受教育，好像璞玉一般的"原人"。不难看出，老子的政治哲学也是根据其"无为守静"的人生哲学而来的。

二、老子哲学之不同见：赋予"天道"善的徽章

在《老子哲学的研究和批评》一书中，作者提出了不少有别于当时观点的见解，现择几处主要的不同之见予以论述。

(一)老庄之别

当时许多人认为老庄是一派，而作者并不如此认为。原因在于他们二者对"观念中的对象"的认识是"绝端相反"的。之所以单独论及作者此处的异议，因为这关乎作者对老子一切哲学的根本观念和根本方法的认识。《老子》第二十一章论"道"与"名"时有言："孔德之容，惟道是从。道之为物，惟恍惟惚。惚兮恍兮，其中有象；恍兮惚兮，其中有物。窈兮冥兮，其中有精；其精甚真，其中有信。自今及古，其名不去，以阅众甫。吾何以知众甫之状哉？以此。"(《二十一章》)从"道之为物"，到"其名不去，以阅众甫"，这里的"名"指的是"类名"，如牛马之名，牛是类名，马也是类名，不管牛马生死，自古至今，这个类名是不变的。相较于老子认为"物类不变"，庄子认为物类是变的："物之生也，若骤若驰，无动而不变，无时而不移"(《庄子·秋水篇》)。因为老子认为"物类不变"，所以可以"不出户，知天下"，文子解释其为"因物以识物，因人以识人"，作者将其概括为"故老子相信无穷时间和空间里一切物类，都可由眼前所见的推知"[1]，作者视这种"以不知知"为老子哲学的根本观念与根本方法"。这种根本方法，"是要更进一步，求不同的各类中，更深一

---

① 程辟金：《老子哲学的研究与批评》(民国影印本)，民智书局，1923 年，第 26 页。

层的一个根本原理"①。这种所谓"大原理"，是绝对而非相对的、普遍而非部分的、整体而非个体的。不难看出，这种"遍在一切"的"大原理"便是老子孜孜以求的"道"。而相对于老子化繁为简的"无一不知的独断派"，庄子则是一个"茫无所知的怀疑派"，一个不可知论者。因此不可笼统说"老即是庄"。

（二）"天地不仁"是"天地岂不仁"

"天道是善"是作者解析老子哲学的中枢，但《老子》第五章"天地不仁，以万物为刍狗，圣人不仁，以百姓为刍狗"，看起来"不仁"才是"天地"和"圣人"的本性，也因此胡适先生认为老子的天道观念是不善的。但作者却持反对观点，因在他看来，《老子》一书是诗而不是文。他将《老子》与同时代的诗即《诗经》进行了详细的比照，从音韵和体裁两方面论证了《老子》是哲学诗的观点。《老子》一书八十一章几乎全部用韵，与《诗经》相同，韵式多为重韵与二韵一转，也多与《诗经》有相同之处，且与秦一统之前的诗（作者认为周代的诗不同于"古诗""律诗"）多类似。哲学诗的衰落是在秦一统天下之后，尤其自西汉"罢黜百家，独尊儒术"后，诗逐渐受到"思想"和"格律"两重的束缚，不复以往的自由与自然。

既然《老子》是诗不是文，那么"不"在这里就是"岂不"的意思，如《诗经·大雅》中"有周不显！帝命不时！"之"不"，也是"岂不"的意思。"天地不仁，以万物为刍狗，圣人不仁，以百姓为刍狗"则实际表达的是"天地"岂是不仁的，岂会以万物为刍狗？圣人岂是不仁的，岂会以百姓为刍狗？这样全书的天论才算贯通，而不是突兀出现自相矛盾的"天地不仁"了。实际"仁"在此处当作儒家之"仁"理解，即源于亲亲孝悌的爱人之心，即所谓"仁者爱人"。这是一种主观的、基于共情的情感，实际是受人意志与视角主导的。老子"天地不仁"要表达的是"天地"没有这种感情用事，对万物一视同仁；同样，作为天道代言人的"圣人"也没有亲疏有别的感情用事，对百姓无论贵贱皆一视同仁。"不仁"正是"道"作为绝对而非相对、普遍而非部分、整体而非个体的"大原理"特质的体现。作者将《老子》视为哲学诗、以"岂不仁"来解"不仁"，虽然有值得商榷推敲之处，但仍然是极富创见的。

（三）先有人生观而后有宇宙观

一般认为先有宇宙论而后有人生哲学，即先有世界观进而有相应的价值观。作者则持不同见。大抵但凡哲学爱真理的精神都不止息于物的世界，那么超出经验认

---

① 程辟金：《老子哲学的研究与批评》（民国影印本），民智书局，1923 年，第 26 页。

知的部分便难辨真伪，如老子之"无生有"便已经是常人难以设想之事了。作者认为老子哲学的天道是善的，而不独于此，从春秋诸子并起直到明清，这是贯穿于中国学术界始终的"一同"而从未改变。这种"天道善"的认知实际是认为天昭示最合理的道、最整齐的秩序、可为人类行为的法则，这是中国社会千百年来的共同普遍信仰。因此老子的"天道是善"是否合理，不能独批评他一人，而是关系到中国哲学的全部。中国思想史上最早的"天"是君主万能时代的产物，是意志之天，用来规训民众，维护社会统治秩序。但是"善恶"是人的问题，而不是天的问题，这一相对的概念，是要经过人的思考和判断之后才会成立的，"已经成立之后，汝随便可以附加到别的事物上去，这被附加者，断不会登广告来更正"。① 因此，"天道是善"实际上是人赏"天"一个"善"的徽号，归根究底是随人而异的对象，且是超出经验界的、无法证实或证伪的。正因为当时的社会"信天太过"，一旦涉及"人的行为怎样算合理"的人生哲学时，都要"借天言说"，否则难以博得社会信仰。在从"天"到"人"的秩序上，作者总结概括了一个先后秩序的办法，并且可以推而广之用于研究古代别家的学说："无论谁家学说的成立，不是由天而人。是由人拉到天上取得。不是先有了宇宙观而后产生了人生观，是先有人生观而后才产生宇宙观的。"② 可惜很多人往往倒因为果，以为古人先有了宇宙观，而后将之演绎为人生行为，故而对宇宙观看得十分郑重。作者对此是持反对态度的，他主张搁置"玄之又玄"的宇宙论，而直接从人生哲学入手。这在当时是十分有洞见的理论，正如媒介学家德布雷所论述的那样"被传递的对象并不预先存在于其传递的过程之前"，而是过程产生了起源，传递过程（中介化）构建了被传递的对象。③

三、老子哲学之批评：不可忽略的时代局限性

老子哲学不是空想与玄谈，而是在昭示他所认为的一种合理的生活应该是怎样的。正如作者所说："我研究老子哲学的目的，不外追求他所昭示合理的生活是怎样的。"④ 但对待各种人生哲学却不应盲从，"求得他真正所昭示之后，也未必我就得了安身立命之所，要用他的主张，来做我的生活标准。若真是这样，不过盲从古人罢了"⑤。这便是作者对待老子哲学所持之态度。

作者反对老子"天道是善"主张，实际是反对老子将天道视为善而人道视为恶，

① 程辟金：《老子哲学的研究与批评》（民国影印本），民智书局，1923年，第75页。
② 程辟金：《老子哲学的研究与批评》（民国影印本），民智书局，1923年，第77页。
③ 朱振明：《媒介学中的系谱学迹线——试析德布雷的方法论》，《新闻与传播评论》2019年第3期。
④ 程辟金：《老子哲学的研究与批评》（民国影印本），民智书局，1923年，第72页。
⑤ 程辟金：《老子哲学的研究与批评》（民国影印本），民智书局，1923年，第72页。

主张"知识人"返于"原始人"的主张。在作者看来，人与禽兽的区别就在于人能为禽兽所不能为之事，人是脱离了原始自然属性的存在。而老子主张回归自然人，实际是"返于禽兽"，回归合于自然的至善世界，这显然是违背社会发展规律的。他批判老子"只看见无知识的动物或野蛮人类的善，或只看见有知识人类的恶，不过是片面的理由，不能算是完全的证据"①，老子过信天道而厌弃人道的"一偏之见"，实际上是对当时社会环境现实的严重不满。对于此，作者主张天道"无善无恶"，天是不管人事的。

老子哲学的真正价值在于唤醒对人为智识所产生的物欲纷争的警惕，从而极力阻止其向坏的方向发展。尤其是作者程辟金先生当时所处的社会，正值内忧外患的时代，种种战祸如老子时代一样，在当时老子哲学极易引起共鸣。但作者仍旧保持清醒与理智，以辩证的眼光从好与坏两个方面看待老子哲学，认为老子消极的主张可以转为积极的应用，即对种种穷奢极欲的行为的警惕，把人的智识引导并发挥到正当的道路上去。

在作者看来，老子哲学无疑也是有局限性的，其局限性是为时代所限，因此不能离开老子生活的社会环境和社会问题来理解他的哲学。同时，也不能只看到其好或坏的某一面，而是既要看到它伟大而深刻的一面，也要看到其局限的一面，这是实事求是的辩证唯物主义和历史唯物主义的眼光。

四、结语

《老子哲学的研究和批评》一书对老子哲学研究分析的逻辑体系清晰分明、言语精当，史料引用严谨考究，如书中引用《文子》"全取可靠的七篇，其余不能作靠的，绝不引用"②。虽然对于"天道是善"的本体之"善"与价值之"善"未做更多的界定和区分，以至老子作为绝对概念的"道"也似落入了"善恶对待"的相对概念之中，但瑕不掩瑜，在翔实考古的基础上不乏创见，述古的基础上不离实事求是的辩证与唯物视角，为后人留下了宝贵的思想参考。书的最后，程辟金先生说道："将来人群进化的途程，是由争夺而入于共存，是由竞争而入于互助，是由各顾各的强夺生活而入于统筹全局的共同生活。"③这正是作者对未来"人类命运共同体"之构建的具有前瞻性的展望与希冀。阅读程辟金先生的《老子哲学的研究和批评》一书，就像是开启了一场跨越时代阻隔的对话。

---

① 程辟金：《老子哲学的研究与批评》（民国影印本），民智书局，1923年，第80页。
② 程辟金：《老子哲学的研究与批评》（民国影印本），民智书局，1923年，第52页
③ 程辟金：《老子哲学的研究与批评》（民国影印本），民智书局，1923年，第85页。

老子与诸子百家

《商君书》与《老子》的对比研究

内容提要：用《商君书》与《老子》做对比研究，目前学界还非常少见，故它
们之间的关系还有待进一步理清。通过对《商君书》与《老子》的文本进行对比分
析，我们初步理清了两者在辩证思维、对待欲望的态度、反贤智、言辩、仁义道德、
"一"的内涵上的相似与不同，也指出了它们在"信""时""常"等思想上的相似性。
《老子》中论德的思想和《商君书》中论刑罚的思想相似。但它们在法兵和微妙玄通
的态度上又截然相反。而对于以上这些异同产生原因，我们认为其根本在于道法思
想之间的目的不同但面临的一些问题相似，故它们在途径和方法上存在相互借鉴的
可能。由此，我们也略窥了法道思想之间的区别与联系。

关键词：商君书　老子　异同　法道思想

　　有关《商君书》与《老子》之间的关系问题，学界鲜有论及。王叔岷在《先秦
道法思想讲稿》一书中认为商鞅的思想似道而反道，它们两者在反辩慧、反忠孝上
具有一致性，但对《老子》中提倡的"慈"和"玄妙"，商鞅则持反对态度。[①]然而
可惜的是，王氏的著作对此只是简单地列举数条，没有做进一步的深究。王氏之后，
虽偶有学者对商鞅与道家思想的关系有所提及，但亦多是只言片语。事实上，《商君
书》与《老子》在许多方面都有相似的地方，它们之间的对立之处也非常明显，两
者之间应该存在较为密切的关系。故有关《商君书》与《老子》之间的关系问题还
有待进一步梳理。

---

　　*　黄效（1989—），男，汉，广西平南县人，暨南大学中国古典文献学博士（在读），先秦史学会法
家研究会理事，华夏老学研究会常务理事，研究方向：先秦诸子学。
　　①　王叔岷：《先秦道法思想讲稿》，北京：中华书局，1992年，第213—216页。

一、《商君书》与《老子》在辩证思维上的同异

《商君书》与《老子》相似之处主要有以下两个方面：一是两者都注意在事物的对立统一中把握事物之间的关系，或促使其朝相反的方向转化；二是在许多具体思想上，两者具有较大的相似性。下面我们首先看第一个方面。辩证思维是《老子》思想的重要特征之一，也是《商君书》的重要思想特征之一，在两书中都出现了大量的辩证词语。

《老子》：有无、为与不为、同异、美丑、善恶、难易、长短、高下、前后、去居、治乱、强弱、愚智、虚实、动静、生死、开塞、雄雌、利害、宠辱、上下、古今、清浊、有余与不足、争与不争、昏察、畏与不畏、信与不信、多少、曲直、新敝、明昧、逝反、轻重、躁静、黑白、左右、大小、张歙、兴废、夺予、刚柔、厚薄、德与不德、仁与不仁、义与不义、奢朴、进退、损益、正奇、祸福、正反、阴阳、吉凶。

《商君书》：智愚、贵贱、逸劳、公私、好恶、难易、赏罚、贫富、生杀、强弱、贫富、生死、治乱、奸善、难易、荣辱、轻重、繁省、欲恶、勇怯、行止、刑赏、大小、苦乐、开塞、本末、古今、上下、地胜其民与民胜其地、民胜其政与政胜其民、以刑去刑、外内、禁使。

由上文可知，《商君书》中的辩证词要比《老子》中的少，其涉及的领域也较窄，但这并不表示《商君书》对辩证法不重视，因为事实上《商君书》中的许多篇章都广泛运用了辩证思维，如《去强》《开塞》《赏刑》《弱民》《禁使》等篇。故虽然《老子》与《商君书》中都有反对言辩之说，但辩证思维的广泛应用却是《商君书》和《老子》重要的相似点。而就其思考的对象和关系而言，它们亦多有重合之处，如愚智、难易、荣辱、轻重、大小、强弱、开塞、生死、古今、上下等。这些领域中的某些虽然也是当时许多思想家共同致思的对象，但是《商君书》及《老子》与它们相比最大的不同就是，无论是《商君书》还是《老子》，都十分重视从事物的对立面出发，运用逆向思维，促使事物朝符合自己要求的方向发展。如《老子》谓："将欲歙之，必故张之；将欲弱之，必故强之；将欲废之，必固兴之；将欲夺之，必固与之。是谓微明。柔胜刚，弱胜强。（三十六章）。"① 在这里《老子》巧妙地在张歙、强弱、兴废、与夺、刚柔等各种对立的关系中把握了事物统一的一面，使其朝着符合

---

① 王弼注，楼宇烈校释：《老子道德经注》，北京：中华书局，2011 年，第 93 页。

其要求的方向发展。而《商君书》中也有类似的论述："治国之举，贵令贫者富，富者贫。贫者富——国强，富者贫——三官无虱。国久强而无虱者必王。"① 在这里，《商君书》欲在贫与富、国与民的对立统一关系中找到王道。故由上可知，《老子》与《商君书》的辩证思维无论是在致思对象上，还是在基本思路上都有一定的相似性。

值得注意的是，它们虽然同是辩证思维，但也各有特色。具体而言，《老子》的辩证思维更为抽象，而《商君书》的辩证思维更为具体。比如《老子》谓："反者，道之动；弱者道之用。"② 在这里，道是一种非常抽象的概念，难以确指，故其进行的是形而上的逻辑思辨，而非某种具体而形象的思辨。这种思辨在《商君书》中基本没有，《商君书》中更多的是和社会政治生活有紧密联系的具体而形象的思辨，如《弱民》篇谓："政作民之所恶，民弱；政作民之所乐，民强。民弱国强；民强国羸。"③ 便是将逻辑思辨与社会政治生活中可以确指的政、民、国相结合，因而是具体而形象的。在这里需要说明的是，在商鞅之前，以往的思想家多提倡统治者要看民心所向，使民甘为其用，但事实上这种做法在现实政治中未必行得通。因为有些人在得到了好处以后，往往会要求更多的好处或认为统治者十分懦弱，故反而更加不服从统治。《商君书》的作者显然觉察到了这点，故其提倡从相反的方向出发，"作民之所恶"，使民众一方面害怕为政者，觉得为政者强大；另一方面，民众事实上又渴望和必须从为政者那里获得好处和生存空间。而害怕就让他们变得弱势，渴望和需求就会让他们甘为所用，这样就从人性的相反方向出发，达到了弱民、用民的目的。故上述《老子》中的那种注意对立转化和利用弱者的思维在这里同样得到体现，只是《商君书》更多是从社会实践，特别是政治实践的角度体现了这种辩证思维，这也是《老子》与《商君书》的辩证思维有所不同的地方。

此外，虽然《商君书》中的辩证词组要比《老子》中少，但是其类别却有在其之外者。《老子》中的辩证法一般会预设一个对立面或相反的方向，像"天下皆知美之为美，斯恶已；皆知善之为善，斯不善已。故有无相生，难易相成，长短相较，高下相倾，音声相和，前后相随"④ 这段，就在美、善、有、难、长等概念之外都预设了一个对立面。但是，没有明显对立面的以自身来否定自身的自我否定思维却很少见，而这种情况在《商君书》中便有，比如上文中的"以刑去刑"，就是用刑罚来消除刑罚自身。而类似于"以刑去刑"的表达方式，在《老子》中则没有。因此，《商君书》中的辩证法相对《老子》而言，不仅在致思对象上将辩证法大幅应用于政

---

① 周立昇等：《商子汇校汇注》，南京：凤凰出版社，2017年，第209—210页。
② 王弼注，楼宇烈校释：《老子道德经注》，北京：中华书局，2011年，第113页。
③ 王弼注，楼宇烈校释：《老子道德经注》，北京：中华书局，2011年，第677页。
④ 王弼注，楼宇烈校释：《老子道德经注》，北京：中华书局，2011年，第7页。

治实践领域，实现了思辨内容的扩大；而且在逻辑上也出现了新的自我否定的形式，实现了思辨思维的深化。

二、《商君书》与《老子》在具体思想上的同异

《商君书》与《老子》除了在辩证思维上具有相似性外，它们在许多具体的思想上也有相似性。

第一，在物与欲的关系上，《老子》与《商君书》都认为是物的出现，才导致了欲望的产生，但两者在对待欲望的方式上存在极大的不同。

《老子》：

1. 不贵难得之货，使民不盗。不见可欲，使心不乱。（三章）

2. 五色令人目盲；五音令人耳聋；五味令人口爽；驰骋田猎，令人心发狂；难得之货，令人行妨。（十二章）

3. 人多利器，国家滋昏；人多伎巧，奇物滋起。（五十七章）

4. 是以圣人去甚，去奢，去泰。（二十九章）

5. 化而欲作，吾将镇之以无名之朴。无名之朴，亦将不欲。不欲以静，天下将自正。（三十七章）

《商君书》：

6. 声服无通于百县，则民行作不顾，休居不听。休居不听，则气不淫；行作不顾，则意必壹。意壹而气不淫，则草必垦矣。《垦令》

7. 愚心躁欲之民壹意，则农民必静。农静诛愚，则草必垦矣。《垦令》

8. 民之所欲万，而利之所出一。民非一，则无以致欲，故作一。作一，则力抟；力抟，则强。强而用，重强。《说民》

在上述材料1—3中，《老子》认为正是这些"难得之货""五色""五音""五味""田猎""利器""技巧"等奢、泰、甚之物才使得人心紊乱，国家昏庸。而材料6中，《商君书》显然认为人心气淫意乱也是由外界的事物导致的，故其要阻断"声服"在各地流行。而所谓的"声服"者，是指各种声音、彩饰之物，和《老子》中的"五音""五色""难得之货"相对应，故《老子》与《商君书》在这些方面有一定的相似性，但《老子》所反对的范围似乎更广些。所以，在物与欲的关系上，《老子》和《商君书》都认为是由物起欲。而在如何去欲方面，《老子》主张"不贵""不见""去甚""去奢""去泰"，并镇之以朴、静，其本意落在返璞归真上，而《商君

书》则认为只需阻断其流行让人意志专一即可。但是由《商君书》的具体情况和材料8可知，《商君书》中的去欲并非如《老子》所追求的无知无欲一样，而是为了将欲望集中、聚焦到农战上去，这也是其"壹意"的本意，故《商君书》中的去欲事实上是为了用欲，而非真正的去。

第二，在反贤智、言辩、仁义道德上，两者具有一定的相似性。具体而言，两者在反贤智、言辩、仁义道德的出发点和落脚点、程度和范围上又各有差异。由于这几种在《老子》和《商君书》往往是混合出现，难以区分，它们之间本身也有着千丝万缕的联系，故在此将其合作一处论述。

《老子》	《商君书》
9. 不尚贤，使民不争。（三章）	19. 民不贵学则愚，愚则无外交，无外交则勉农而不偷。《垦令》
10. 绝圣弃智，民利百倍。绝仁弃义，民复孝慈；绝巧弃利，盗贼无有。此三者，为文不足，故令有所属：见素抱朴，少私寡欲。（十九章）	20. 国之大臣诸大夫，博闻、辩惠、游居之事，皆无得为，无得居游于百县，则农民无所闻变见方。《垦令》
	21. 今民求官爵，皆不以农战，而以巧言虚道，此谓劳民。《农战》
	22. 善为国者，……国大、民众，不淫于言。《农战》
	23. 今境内之民及处官爵者，见朝廷之可以巧言辩说取官爵也，故官爵不可得而常也。《农战》
11. 古之善为道者，非以明人，将以愚之。民之难治，以其多智。以智治国，国之贼；不以智治国，国之福。（六十五章）	24. 国力抟者强，国好言谈者削。故曰：农战之民千人，而有《诗》《书》辩慧者一人焉，千人者皆怠于农战矣。《农战》
	25. 今上论材能知慧而任之，则知慧之人希主好恶使官制物以适主心。是以官无常，国乱而不壹，辩说之人而无法也。……《诗》、《书》、礼、乐、善、修、仁、廉、辩、慧，国有十者，上无使守战。《农战》
12. 绝学无忧。（二十章）	26. 是以其君惛于说，其官乱于言，其民惰而不农。故其境内之民，皆化而好辩、乐学，事商贾，为技艺，避农战。如此，则（亡）不远矣。《农战》
13. 大道废，有仁义。智慧出，有大伪。六亲不和，有孝慈。国家昏乱，有忠臣。（十八章）	27. 今世主皆忧其国之危而兵之弱也，而强听说者。说者成伍，烦言饰辞，而无实用。主好其辩，不求其实。说者得意，道路曲辩，辈辈成群。民见其可以取王公大人也，而皆学之。夫人聚党与，说议于国，纷纷焉，小民乐之，大人说之。……学者成俗，则民舍农从事于谈说，高言伪议。舍农游食而以言相高，故民离上而不臣者成群。此贫国弱兵之教也。《农战》
14. 故失道而后德，失德而后仁，失仁而后义，失义而后礼。夫礼者，忠信之薄，而乱之首。（三十八章）	28. 国强而不战，毒输于内，礼乐虱官生，必削；国遂战，毒输于敌，国无礼乐虱官，必强。《去强》
15. 是以圣人处无为之事，行不言之教。（二章）	29. 国有礼、有乐、有《诗》、有《书》、有善、有修、有孝、有弟、有廉、有辩。国有十者，上无使战，必削至亡；国无十者，上有使战，必兴至王。《去强》
16. 多言数穷，不如守中。（五章）	30. 国用《诗》、《书》、礼、乐、孝、弟、善、修治者，敌至，必削国；不至，必贫国。《去强》
17. 知者不言，言者不知。（五十六章）	31. 国好力，曰以难攻；国好言，曰以易攻。《去强》

《老子》	《商君书》
18. 信言不美，美言不信。善者不辩，辩者不善。知者不博，博者不知。（八十一章）	32. 辩慧，乱之赞也；礼乐，淫佚之征也；慈仁，过之母也；任誉，奸之鼠也。《说民》 33. 夫治国舍势而任说，则身修而功寡。故事《诗》《书》谈说之士，则民游而轻其君。《算地》 34. 六虱——曰礼、乐；曰《诗》《书》；曰修善，曰孝弟；曰诚信，曰贞廉；曰仁、义；曰非兵，曰羞战。《靳令》 35. 所谓壹教者，博闻、辩慧，信廉、礼乐、修行、群党、任誉、清浊，不可以富贵，不可以评刑，不可独立私议以陈其上。《刑赏》

由于上表中涉及的范围很广泛和复杂，故在这里将分为三个方面论述。首先是反贤、反智、反学方面。在这方面，《老子》中有"不尚贤""绝圣弃智""将以愚之""绝学无忧""知者不博"等词语（分别见于表中材料 9、10、11、12、18），证明《老子》对"贤""智""学"这三者是持反对的态度。而其反对的理由是为了使国家易治、人民不争、个人无忧。《商君书》对这三方面同样是持反对态度，材料 19、20、25、26、32、35 中分别提到了对"学""博闻""智慧之人""慧"的反对，其之所以反对是为了让民众一心农战、任官有常、政令畅通齐一等。由上述可知，在使国家治理的层面上，两者有一致性。但《老子》反对这三者，也是为了使民众返璞归真，和《商君书》的使民众一心农战不同。

其次，是在反言辩方面。在这方面，《老子》谓"行不言之教""多言数穷""知者不言，言者不知""信言不美，美言不信。善者不辩，辩者不善"（分别见于表中材料 15、16、17、18）。可见《老子》在语言多与少上是倾向少言的，在华与朴上是提倡朴素的，而且反对论辩。《商君书》对言辩行为的论述分别见于表中材料 21、23、24、25、26、27、29、31、33、35 条，由上可知，《商君书》对言辩也是持反对态度。而其之所以会反对言辩的理由是，言辩行为会造成劳民、使官爵失常、人民避开农战、藐视法律、功寡无用等，故其着眼在实用、法制和农战三个方面，这又与《老子》中反对"言辩"的目的不同。

最后是在仁义道德方面。这方面的情况较为复杂，本来按照表中材料 10、13、14 的说法，《老子》明确认为仁义道德都非"大道"，故要"绝仁弃义"的，但是近来由于《郭店楚简》中出现了另一版本的《老子》，里面并没有这种表述，而是变成了"绝慲（伪）弃慮（诈），民复孝慈"①，故许多学者认为《老子》不反仁义。如许抗生认为，根据简本与今本"绝智弃辩"一章内容的比较可知，"春秋末年的老子，并没有攻击儒家仁义，并不带有强烈的反儒思想。而帛书本与今本的'绝圣弃

---

① 荆门博物馆（编）：《楚墓竹简》，北京：文物出版社，1998 年，第 111 页。

智'和'绝仁弃义'这样强烈的语词，很可能出自战国时期互相攻讦的百家争鸣之时。"① 但张岱年先生却认为，虽然"'绝圣弃智''绝仁弃义'是后人改动的。不过竹简中也有'大道废，有仁义'这句话。说明老子对仁义还是反对的"②。李学勤先生认为《老子》甲组中的"绝伪弃慮"虽然存在种种不同的解读，但"圣智、仁义以及巧利，在社会大众以及儒学的标准中，无不是好的、宝贵的，《老子》则下一转语，将它们讲成相反的，从而显示出不平凡的智慧。"③ 笔者认为，虽然简本《老子》中没有"绝仁弃义"的说法，但《老子》所追求的本来就是自然和大道，故其不可能对仁义持多大的支持态度。况且，即使就像许氏所说的简本没有了"绝仁弃义"这句话，那么在战国以后其也有了相关思想的发展，证明道家总体上对仁义是持反对态度的。而在《商君书》中，其对仁义的态度在总体上也是反对的，如表中的材料25、32、34，将其称为"过之母""六虱"等。但是在《靳令》篇中我们同时也可以看到，《商君书》对"仁义"的理解和到达的途径上可能有别于其他各派。其谓："圣君知物之要，故其治民有至要，故执赏罚以壹辅仁者，必之续也，圣君之治人也，必得其心，故能用力。力生强，强生威，威生德，德生于力。圣君独有之，故能述仁义于天下。"④ 在这里，《商君书》显然要用严刑峻法等被一般人看来是"不仁"的手段来达到其所追求的"仁义"，就是国富民强、长治久安。这虽然名义上仍然要到达仁义，事实上也是反对儒家等一般人所理解的仁义观念。故《老子》与《商君书》在反对一般意义上的"仁义"上具有相似性。

由上可知，两者虽然都反对贤智、言辩、仁义等，但它们的出发点和落脚点是不同的。《老子》之所以反对这些是为了使民不争不忧、少私寡欲，使国易治、言可信，复归于大道，其指向基本都在纯朴，功利性较弱。《商君书》之所以反对这些是为了农战、实用、法度和治国的需要，其最终目的是为了富国强兵、克敌制胜，功利性明显。除此之外，两者在反智、反言辩、反道德的力度和范围方面也不同。在反智方面，《老子》要比《商君书》更加激进。《老子》的反智，直接是"绝学无忧"，而《商君书》最终还是主张以吏为师、以法为学，虽然所学的内容仅限于吏法，但总比一点都没有强。而在言辩和道德方面，《商君书》要比《老子》更为广泛和深刻。《商君书》反言辩，并不局限于《老子》的巧言、美言，而且反对虚言、高言，反对统治者好言、反对民众学言、反对游士以言作为晋升的资本等等，这应该和当

① 许杭生：《再读郭店楚简〈老子〉》，《中州学刊》，2000年第3期。
② 张岱年：《张岱年先生谈荆门郭店楚简〈老子〉》，《道家文化研究》，1998年，第十七辑。
③ 李学勤：《论郭店〈老子〉非〈老子〉本貌》，《李学勤文集》，上海：上海辞书出版社，2005年，第446页。
④ 周立昇等：《商子汇校汇注》，南京：凤凰出版社，2017年，第436—438页。

时纵横、名辨之术的兴盛有关。而材料 35 中反对"私议"的论说则可能和秦朝不断加强言论控制有关，《史记》谓商鞅变法："行之十年，秦民大说，道不拾遗，山无盗贼，家给人足。民勇于公战，怯于私斗，乡邑大治。秦民初言令不便者有来言令便者，卫鞅曰：'此皆乱化之民也'，尽迁之于边城。其后民莫敢议令。"[①] 故此处所说，反映的就是那时的状态，或后学者据此立说。在道德方面，《老子》反孝，但不反慈："我有三宝，持而保之。一曰慈，二曰俭，三曰不敢为天下先。慈故能勇；俭故能广；不敢为天下先，故能成器长。今舍慈且勇；舍俭且广；舍后且先；死矣！夫慈以战则胜，以守则固。天将救之，以慈卫之。"[②] 但《商君书》连慈也一起反，故其范围更广。

　　第三，它们都对"一"较为重视，但《老子》中的"一"更像是一种纯朴的道，其内涵要比《商君书》中的"壹"或"一"更为广泛和深刻。《商君书》中的"壹"和"一"更多的是一种愚民和统治的手段。

　　《老子》：

　　36. 载营魄抱一，能无离？专气致柔，能婴儿？（十章）

　　37. 是以圣人抱一为天下式。（二十二章）

　　38. 昔之得一者：天得一以清，地得一以宁，神得一以灵，谷得一以盈，万物得一以生，侯王得一以为天下正。其致之天无以清，将恐裂；地无以宁，将恐发；神无以灵，将恐歇；谷无以盈，将恐竭；侯王无以贵高，将恐蹶。（三十九章）

　　《商君书》：

　　39. 訾粟而税，则上壹而民平。上壹则信，信则官不敢为邪。《垦令》

　　40. 民朴壹，则官爵不可巧而取也。《农战》

　　41. 上作壹，故民不偷营，则国力抟。国力抟者强，国好言谈者削。《农战》

　　42. 常官则国治，壹务则国富。国富而治，王之道也。故曰：王道作外，身作壹而已矣。《农战》

　　43. 凡治国者，患民之散而不可抟也，是以圣人作壹，抟之也。国作壹一岁者，十岁强；作壹十岁者，百岁强；作壹百岁者，千岁强；千岁强者王。君修赏罚以辅壹教，是以其教有所常，而政有成也。《农战》

　　44. 国作壹一岁，十岁强；作壹十岁，百岁强，作壹百岁，千岁强。《农战》

---

① 司马迁：《史记》，北京：中华书局，2014 年，第 2712 页。
② 王弼注，楼宇烈校释：《老子道德经注》，北京：中华书局，2011 年，第 176 页。

45. 民之所欲万，而利之所出一。民非一，则无以致欲，故作一。作一，则力抟；力抟，则强。《说民》

46. 故圣人之治也，多禁以止能，任力以穷诈。两者偏用，则境内之民壹；民壹，则农；农，则朴；朴，则安居而恶出。《算地》

47. 圣人之为国也，壹赏，壹刑，壹教。壹赏则兵无敌，壹刑则令行，壹教则下听上。《赏刑》

由材料 36—38 可知，《老子》十分注重"一"，并认为"一"可以作为"天下式"，天地神灵，山川王侯都需要得"一"，否则就不能正常运转。这里的"一"更似是一种"道"。《商君书》有关"壹"的材料远不止上文中列举这些，其中还有一篇《壹言》的篇章，但由于篇幅过大，其意也不出以上列举范畴者，故将其省略。《商君书》中还出现了两种一，其内涵各不相同。一种作"壹"，其有专心致志和齐一两种意思，像上文中出现的"壹意"和"壹务"；另一种作"一"，更多地表示只有一个选项、一种标准，像上文中提到的"利之所出一"，其就谓获利只能从"农战"这一种标准出。故在此，虽然《老子》和《商君书》中都重视"一"，《老子》书中的"一"也有"专心致志"的意思和始终贯彻的要求，但两者也存在较大的差异。因为《老子》中的"一"更像是一种纯朴的道，归于无为；而《商君书》中的"壹"和"一"更多的是一种愚民和统治的手段，其目的在于意志力的聚焦和评价标准的整齐划一，以便更好地有所作为。

第四，其他相似的地方和对立的部分。《老子》和《商君书》思想上较为相似的地方，除了以上提到的这三个方面外，还有一些地方也较为相似。比如在"信"和"时"方面，《老子》强调"言善信……动善时"，而《商君书》也强调信，相传商鞅即有徙木立法、取信于民的故事，《画策》篇更是强调"圣人有必信之性，又有使天下不得不信之法"，至于"时"的方面，《商君书》有"礼、法以时而定""制度时""当时而立法"等强调"时"的语句。而在"常"的方面，《老子》强调"不知常，妄作，凶""知常曰明"，《商君书》即有"常官则治""五官分而无常，则乱"。在居安思危、重视细微方面，《老子》谓"其安易持，其未兆易谋，其脆易破，其微易散。为之于未有，治之于未乱"，《商君书》即有"故行刑，重其轻者，轻者不生，则重者无从至矣，此谓治之于其治者"，重视轻微之罪，预防发生大罪。其他方面如《老子》谓："上德不德，是以有德。下德不失德，是以无德。"《商君书·画策》："故善治者，刑不善而不赏善，故不刑而民善。不刑而民善，刑重也。刑重者，民不敢犯。故无刑也，而民莫敢为非，是一国皆善也。故不赏善而民善。赏善之不可也，犹赏不盗。故善治者，使跖可信，而况伯夷乎？"采用严刑峻法，本为不德，但可以致治，故有德。民遵纪守法，自属本分，仅算不失德而已，无赏无罚，亦是无德。《商君书》此处论刑罚的思想和《老子》中论德的思路基本一致。

但是，除了上述的相似之处以外，我们还应该看到，《老子》与《商君书》的对立也是非常明显的。比如《老子》由于探索的是抽象的世界起源和运行的规律，所以经常把思想引向不可知的微妙玄通中去，所谓的"玄之又玄，众妙之门""古之善为道者，微妙玄通，深不可识"就是这种思想的表达，但《商君书·定分》篇对这种思想表示明确的反对："夫微妙意志之言，上知之所难也。故夫知者而后能知之，不可以为法，民不尽知。贤者而后知之，不可以为法，民不尽贤。故圣人为法，必使明白易知。"除此之外，在法与兵的思想上，《老子》与《商君书》也不同。对于法和兵，《老子》是持消极看法的，"法令滋彰，盗贼多有"，"以道佐人主者，不以兵强天下"，"夫兵者，不祥之器，物或恶之，故有道者不处"，"兵者不祥之器，非君子之器，不得已而用之，恬淡为上"。但是在《商君书》中，法和兵都是它的核心思想，是除了农耕以外最重要的思想。所以，尽管《商君书》与《老子》有许多相似的地方，但其不同的地方也非常的突出。

三、由两者的异同看法道思想的区别与联系

由上文的分析可知，《商君书》与《老子》无论是在思维方式，还是在一些具体的思想上都是同中有异，异中有同，但它们实质上又不同。那么它们之所以会相同或差异的原因又是什么呢？

首先，是差异方面的原因。我们知道《老子》思想属道家思想的范畴，郭沫若在论述道家思想的社会史根源时说："春秋末年，一部分的有产者或士，已经有了饱食暖衣的机会，但不愿案牍劳形，或苦于寿命有限，不够满足，而想长生久视，故而采取一种避世的办法以'全生葆真'；而他们的宇宙一体观和所谓'卫生之经'等便是替这种态度找理论依据。"[①] 在这里，郭氏说道家思想是一些"饱食暖衣"的人搞出来的恐怕有待商榷，但他说道家思想是一种消极避世的思想却是十分恰切，所谓道家的"避世"，其实质就是想避开世俗的各种条条框框，让自己恢复自然本性中积极的一部分，以实现身心之自由或长生。在这个追求和目的之下，人世中一切的欲望、道德、法律、知识、战争等等都是累赘，只有玄妙之道才是唯一需要体悟的东西。《老子》之学，其要在于返璞归真，在于清淡无为，故是出世的思想无疑。但《商君书》却是一本完完全全有关入世的书，《商君书》要达到的境界，正在于最大化地将人世间一切的资源都纳入某种人设定的标准之中，以最大可能地达成自己的

---

① 郭沫若：《十批判书》，北京：人民出版社，2012 年，第 124 页。

目标，故其对欲望、道德、法律、知识、战争等，能用则用，只有不能用或威胁到自己目标实现的东西才会被抛弃。故《老子》着眼于去，《商君书》着眼于用，这也体现在上文中它们对待欲望的态度上，一个要化去，另一个要聚焦、利用。故或许正是由于两者的最终目的不同，所以它们的相似之处也往往同中有异，而且在许多重要问题，诸如兵、法等观念上的看法也不尽一致。

其次，是相同方面的原因。我们在上面提到，《老子》等道家学说其本质上是一种体道、悟道之学，故道外无物。但是，体道的主体作为一个尘世间的人，其不可能没有一般人所拥有的欲望，也不得不面对人类社会的日常伦理、知识体系、社会活动等等，于是如何处理和面对这些影响自己体道的事物，就成了道家不得不面对和思考的难题。由于其避世消极的本性，其实质上也不可能采取世俗中积极的措施，故他们就不得不学会站在对立面去消极地思考和面对。而且值得注意的是，道家所要体的那个道，并不从属于人类建构起来的世界或某个个体，它居于人类世界之上，而且对一切都具有彻底的普遍性。在这个道之下，人的个性必须融入道的普遍性之中，与道构成一体，才能实现圆满和其追求的身心自由，故要无为，要化去道外的一切东西，包括欲望、知识、道德等。而在以上的种种之中，《商君书》所要面对的许多问题也与之相似。《商君书》作为一部帝王之术的书，它首先要考虑的便是如何把世间的一切纳入自己的统治体系之下，在这个纳入的过程中，国家和集体成了最为重要的东西，个体的个性需要融入国家和集体之中才能允许存在，也需要在这个体系之下才能获得自由，个人的价值也需要以国家和集体的价值作为唯一的尺度。对于这种个人与集体的关系，以色列学者 Don Handelman 曾有过相关的论述，他认为《商君书》中："宏观体系的极权约束和个人的整体自由是相辅相成的。"① 这和道家中道对个体的约束与个体在这个道之下实现身心自由的关系一样。因此，道家的体道思想和法家的国家主义在这方面便有了异曲同工之妙。而且，《商君书》的作者同样要把自己放在被统治者的对立面，犹如体道时要把自己置于世俗的对立面一样。而为了社会活动效益的最大化，它同样需要思考人的欲望、知识、伦理体系对统治的影响等问题，对于那些威胁到这个统治体系的东西，其实无非是加强利用和果断抛弃两个选项而已。这也是为什么《商君书》和《老子》会相似的原因。

而由上述异同的原因，我们其实也可以略窥法道思想的区别与联系。法道思想本为两种完全对立的思想，他们之间的终极关怀有着天壤之别，道家是为了避世体道，以实现身心的充分自由与长生久视；法家则是为了入世行道，以实现富国强兵

---

① Don Hande man，"Cultural Taxonomy and Bureaucracy in Ancient China:The Book of Lord Shang"，International Journal of Politics，Culture and Society，VoL9，No.2，1995.

和克敌制胜。但是它们在到达各自最终的目的之前，又不得不面对一些共同的问题，比如人性欲望、知识伦理等。正是这些共同的挑战，使得它们在路径和方法上的借鉴成为可能，但它们毕竟是不同方向的思想，所以即使是在交叉的部分，细究起来也会有诸多的不同，《商君书》与《老子》的同异特点便生动地体现了这点。所以，它们之间的区别在目的，联系在方法途径上，而实质又是互相反对。

四、结语

综上所述，虽然《老子》与《商君书》中都有反对言辩之说，但辩证思维的广泛应用却是《商君书》和《老子》重要的相似点。而就其思考的对象和关系而言，它们亦多有重合之处，也都十分重视从事物的对立面出发，运用逆向思维，促使事物朝符合自己要求的方向发展。但《商君书》中的辩证法相对《老子》而言，不仅在致思对象上将辩证法大幅应用于政治实践领域，实现了思辨内容的扩大；而且在逻辑上也出现了新的自我否定的形式，实现了思辨思维的深化。而具体到一些思想上，《老子》与《商君书》都认为是物的出现，才导致了欲望的产生，但两者在对待欲望的态度上又存在极大的不同，《老子》是要淡化、化去人的欲望，以返璞归真，而《商君书》事实上是要引导欲望，让其专注于欲望中的某一点，其根本在于利用欲望，而非化去。在反贤智、言辩、仁义道德上，两者又具有某些一致性。但具体而言，两者反贤智、言辩、仁义道德的出发点和落脚点、程度和范围上又各有差异。在反智方面，《老子》要比《商君书》更加激进，而在反言辩和道德方面，《商君书》要比《老子》更为广泛和深刻。它们对"一"都较为重视，但《老子》中的"一"更像是一种纯朴的道，其内涵要比《商君书》中的"壹"或"一"更为广泛和深刻。《商君书》中的"壹"和"一"更多的是一种愚民和统治的手段。除此之外，它们在"信""时""常"等思想上也较为相似，《老子》中论德的思想也和《商君书》中论刑罚的思想相似，但它们在法兵和微妙玄通的态度上又截然相反。而对于以上这些异同产生原因，其根本在于道法思想之间的目的不同但面临的一些问题相似，故它们在途径和方法上存在相互借鉴的可能。由此，我们也略窥了法道思想之间的区别与联系。

最后需要指出的是，虽然在上文中我们指出了它们之间存在许多相似的地方，它们之间存在联系也是必然的，但是我们却无法确指到底是谁影响了谁，谁借鉴了谁。因为从一般的观点而言，《老子》出现的时间要比《商君书》早得多，按理说应该是《商君书》受了《老子》的影响，但是随着郭店楚简《老子》的出土，越来越多学者相信现存五千言《老子》的成书是一个漫长的历时的过程。今本《老子》中的许多篇章语句不见于郭简本，其中的用字也有较大的差异。所以《老子》的文本也是一个不断发展的过程，在这个过程中，其是否会受《商君书》影响，则不得而知，但却是一件可能的事。《商君书》各篇的成书时间同样众说纷纭，而且值得注意的是，《商君书》各篇与《老子》的相似程度是非常不同的，有些篇章如《垦令》《农战》《去强》《说民》等受道家思想较为明显，而有些篇章基本看不出道家思想的痕迹，这或许也反过来说明《商君书》也非成于一时一人之手。所以，正是由于文献出现的时间存在极大的不确定性，我们也不敢贸然下结论说到底是谁受了谁的影响，但按照笔者的推理，应该是《商君书》受《老子》的影响多一些。

《吕氏春秋》的杂家老子学

陈成吒[*]

内容提要:《吕氏春秋》是受黄帝学派、荀子等直接刺激下的产物。它统和了道家、儒家、法家、墨家等思想,对老学的接受与转化也是上述流派老学洗礼下的结果。它尊老子为"至大圣人",无比尊崇。同时,称颂老子"贵公""贵柔""自虚自损"之道,并对老子学的传承谱系有一定认知。它对老学的吸收转化在风格上可谓古典与革新兼备,颇具特色;内容上完整涉及了道论、心性、修齐治平等各个层面;且在体系上力图整合各家学说,博采众长,熔于一炉,颇具杂家特点,体现了战国晚期统和派老学的登场。

关键词: 吕氏春秋 吕不韦 老子 老学 道德经 杂家

基金项目: 国家社科基金后期资助项目"先秦老学史"(项目编号:18FZW062)、上海财经大学中央高校基本科研业务费项目阶段性研究成果。

吕不韦在秦王嬴政当政之初,见战国四公子多有门客,羞于其下,乃广纳才士。又受荀子等著述刺激,遂令门客编著《吕氏春秋》。自孝公以来,秦一直以法家思想为主导。荀子游历该地,也指其无儒,文化凋敝。但当时它已有统一天下之势,急需调整文化格局,以便能更好地面对和统御更丰富的世界。以吕不韦为首的诸子学统合派试图以黄帝学派^①思维与理念为内核,统和万端,形成新的"帝道封建"思想。他们在阐述著书之意时即称"法天地",又曰"尝得学黄帝之所以诲颛顼矣""爰有大圜在上,大矩在下,汝能法之,为民父母"等等(《吕氏春秋·序意》),这些直

————————

* 陈成吒(1986—),男,浙江龙港人,笔名玄华。文学博士,现为上海财经大学人文学院讲师、硕士生导师,研究方向:诸子学研究。

① 关于黄帝学派及其老学,请参见拙文,陈成吒:《黄帝学派及其老学》,《管子学刊》2018年第2期。

接表明它显然是受到了黄帝学派思想的重大影响。此外，也统和道家关尹子①、杨朱、庄子②，儒家孔子③、"思孟"④、荀子，法家邓析子、韩非子以及墨家等诸学派。对老学的接受与转化除直接研习《老子》外，也受以上流派老学的洗礼。

《吕氏春秋》对老子其人有过直接记述："荆人有遗弓者，而不肯索，曰：'荆人遗之，荆人得之，又何索焉？'孔子闻之曰：'去其荆而可矣'。老聃闻之曰：'去其人而可矣'。故老聃则至公矣。天地大矣，生而弗子，成而弗有，万物皆被其泽，得其利，而莫知其所由始。此三皇五帝之德也。"（《孟春纪·贵公》）以此可知它将老子视为三皇以来的至大圣人之一，对他的尊崇可谓无以复加。同时，对老子思想也有过总体性概括，上文所引已指其"贵公"，强调道生养万物而不有之德。又指"老聃贵柔"（《审分览·不二》），点出"道用柔弱"之理。在涉及知、知道理念方面，指老子"听于无声，视于无形"（《审应览·重言》）。在论"无所尤"、去成见方面亦曰"老聃则得之矣，若植木而立乎独，必不合于俗，则何可扩矣"（《有始览·去尤》），指其强调人能知道，其法为身与道和同，自虚而损之又损，不被俗见所缚。且对老学传承也有过辨析，指"孔子学于老聃"（《仲春纪·当染》），又合称老子、田子方、詹何三者（《审应览·重言》），体现了对相关传承的洞察。在此基础上对老学思想的吸收与转化也颇有杂家特点。

一、古典与革新兼备的道论

（一）太一、道、气、万物

中国先民从北极星处演化出太一，将之视作宇宙的起点。老子对此进行改造，指混成者生而名"大"（即太、太一），成而字"道"，并确立后者为万物直接本源，渐使其地位超越前者。此后除关尹子学派对此进行系统传承、战国前期世硕略有了

---

① 关于关尹子的太一老学，请参见笔者拙文，玄华：《论"太一生水"内涵及其图式——兼论"太极图"起源》，《中州学刊》2012 年第 2 期；玄华：《论郭店楚简〈太一生水〉文本内涵、结构与性质》，《中州学刊》2013 年第 8 期。

② 关于庄子学派及其老学，请参见拙文，陈成吒：《庄子对老学的创造性转化——以道"吹"和"无用"理念为中心》，《南通大学学报》（社会科学版）2019 年第 1 期。

③ 关于孔子师从老子且对老学有所研习转化一事，虽也有部分学者认为这是庄子之徒虚构的寓言，但实际上包括儒家在内，先秦各家文献对此传载甚详，此事难以否定。具体辨析请参见拙文，陈成吒：《论孔子儒道融通的思想体系——以孔子对老子思想的"人道"转化为中心》，《太原师范学院学报（社会科学版）》2018 年第 3 期。

④ 关于思孟学派的老学，参见笔者系列拙文，玄华：《论郭店竹简〈老子〉性质》，《江淮论坛》2011 年第 1 期；玄华：《从"太上"等章的差异论郭店竹简〈老子〉性质》，见方勇主编《诸子学刊》（第六辑），上海：上海古籍出版社，2012 年；玄华：《从"章节异同"看郭店楚简〈老子〉性质》，《江淮论坛》2012 年第 6 期；陈成吒：《郭店楚墓主人及其儒家化老学》，《江淮论坛》2017 年第 2 期。

解外①，其他诸子皆未论及。《吕氏春秋》是现存战国晚期诸子著作中较清晰涉及相关观念者。它指"太一出两仪，两仪出阴阳""万物所出，造于太一，化于阴阳""道也者，至精也，不可为形，不可为名，强为之，谓之太一"（《仲夏纪·大乐》），即将太一、道视作本源。但对两者关系的论述也已有别于老子原始本义。如虽然明确太一为"名"，但这是从道出发进行论述的结果，在离开道为"字"的观念下，"名"就成了对道的描述。由于材料有限，现在无法完全把握它对两者关系的判断，但显然在其处太一隐退，道的地位更为显贵。

在《吕氏春秋》中，道至精而有气。由太一出两仪，两仪出阴阳，以及"凡生，非一气之化也"（《季夏纪·明理》）等可知它认为气固分阴阳。阴阳二气化生，始有天地。天地生成后离合，二气继续流行其间，生发万物。天地离合即"天道圆""地道方"，前者指天道日月星宿周行，四时交替，循环往复，后者指地道群分，各有分职（《季春纪·圜道》）。当然最为关键的依然是阴阳二气在天地间的离合，从而使羽鸟飞扬、走兽流行、珠玉精朗、树木茂长、圣人智明。

（二）性、情、知接

道、气生万物，万物皆有性。"性者，万物之本也，不可长，不可短，因其固然而然之，此天地之数也。"（《不苟论·贵当》）鸟鹊、狸鼠皆有其性，人亦然。在人性方面，继承了尹文子老学，"夫水之性清，土者抇之，故不得清。人之性寿，物者抇之，故不得寿"（《孟春纪·本生》），指人性本清静，也寿长，只是常被外物左右，以致衰减。又继承尹文子"情寡欲"理念，指"天生人而使有贪有欲。欲有情，情有节"（《仲春纪·情欲》）。耳目口希求五声五色五味，这是欲，也是情。事物发展有生灭，故万物之情皆有节。以情节欲，可以养护生性。对于性、情的认知与调节，需发动心。《吕氏春秋》说"心得而听得"（《季春纪·先己》），"心必乐，然后耳目鼻口有以欲之"（《仲夏纪·适音》），心对形有着单向性的支配力量，心以眼前的事物为恶，即使五官欲声色香味，皆弗听、弗视、弗嗅、弗食。心的发生与"知接"——心与事物的接触相关，不接触则不得知，即使本已有所知，不持续接之，也将忘却。物接所形成的心知影响人性的发挥，它以墨子悲染丝为喻，说丝性为素，但会被染着，人亦然（《仲春纪·当染》）。故又继承尹文子去成见与慎接思想，强调对新旧观念知识进行审视、反思。当然最终目的是希望以此打开心知，从而知道、法道。

---

① 玄华：《论"太一生水"内涵及其图式——兼论"太极图"起源》，《中州学刊》2012年第2期；玄华：《论郭店楚简〈太一生水〉文本内涵、结构与性质》，《中州学刊》2013年第8期。

二、全天贵生的修身之德

《吕氏春秋》在法道践行方面继承了老学的以身观身、以家观家、以邦观邦、以天下观天下的修齐治平体系，以詹何思想为直接承袭点，称"治身与治国，一理之术"（《审分览·审分》），且修身为一切之本，"身为而家为，家为而国为，国为而天下为。故曰以身为家，以家为国，以国为天下"（《审分览·执一》）。

在修身方面主要继承养生派老学思想，基本思维是由道而知性，进而顺性、养性。"始生之者，天也；养成之者，人也""圣人之于声色滋味也，利于性则取之，害于性则舍之，此全性之道也"（《孟春纪·本生》），即指人有天性，以物养之。圣人制物以全天，天全则神和，五觉平，百节通，达乎天地宇宙，在下不惛，在上为不骄，成为"全德之人"。

对"生"的利害判断，则全在心。正如上文所言，由性、情而心，心对形具有单向性的支配力。修心方面，继承了老学以"啬"——吝啬精神、不生妄念、不造作的理念为长生久视之道，"古人得道者，……知早啬则精不竭"（《仲春纪·情欲》）、"凡事之本，必先治身，啬其大宝。……此之谓真人"（《季春纪·先己》），有道之人守护心之虚无清静，不费精神，无为顺天。

在此之后，发挥老学负阴抱阳，冲气以为和理念，强调以情节欲。天生人而使有情有欲，神农黄帝与桀纣同，"圣人之所以异者，得其情也。由贵生动，则得其情矣"（《仲春纪·情欲》）。情本贵生，以情节欲，便可养生。具体方法是慎重物接，节制耳目鼻口，使人三百六十节、九窍、五藏、六府皆得畅通。首先，继承老学的去五音五色五味理念。称引黄帝之言，声色衣香味室"禁重"（《孟春纪·去私》）；其次，将相关理念深入到音乐层面，继承老学对乐的反思。"音乐之所由来者远矣。生于度量，本于太一"（《仲夏纪·大乐》）、"乐所由来者尚也，必不可废。有节，有侈，有正，有淫矣。贤者以昌，不肖者以亡"（《仲夏纪·古乐》）。道、性生乐，乐本在道、性，故强调老学的"大音希声"（《先识览·乐成》）。音乐重在阴阳中和，不可太厚太薄，并以此对"侈乐"——乱世奢靡之乐进行了批判。最后，深化老学的非礼思想，从养生者、安死者两方面论证节制丧礼的必要性（《孟冬纪·节丧》）：养生、安死为人生的大本，若在丧葬之事上奢靡为之，首先浪费财物，不利于在世者的生计，其次墓葬奢华，必然引来盗墓者的觊觎，无法使死者清静，因此唯有薄葬才是正道。

三、道德义法的治平论

《吕氏春秋》继承了老学的法道治国论，以"无变天之道，无绝地之理，无乱人之纪"（《孟春纪·孟春》）为基点，主张在法天地之道的同时，遵从人道。它说五帝先道后德、三王先教后杀、五伯先事后兵，皆传功德（《季春纪·先己》），"为天下及国，莫如以德，莫如行义"（《离俗览·上德》，"凡用民，太上以义，其次以赏罚"（《离俗览·用民》），在推崇大道无为而治的同时，也不排斥德义赏罚，最终综合相关要素形成了新的道德体系：法道无私而公天下，以德义行之，辅以刑名，实现无为之治。

（一）法道无私而公天下，众封建，以法治之

继承老学"道一而尊"理念，承袭君王独尊论。同时从"天道无亲"出发，形成法道至公的"公天下"理念，强调"封建"的合理性。大道至公，"阴阳之和，不长一类；甘露时雨，不私一物"，同理"天下非一人之天下也，天下之天下也"，"万民之主，不阿一人"。三皇五帝法之而有德，老聃颂之而为圣人（《孟春纪·贵公》）。尧有十子而授舜，舜九子而授禹，"诛暴而不私，以封天下之贤者，故可以为王伯。若使王伯之君诛暴而私之，则亦不可以为王伯矣"（《孟春纪·去私》）。即指圣王治天下必尊公去私，家天下是私天下，封建是公天下，主张秦在王天下的同时分封诸侯。

它的治平理念也是在此基础上进一步展开。如在公天下而封建制的大基调之下，为实现共尊一王，王治天下，以一治多的理想，首先从"势"上加以考虑，要求"众封建"，裂土建国以数多为美。继而定分、正名，以法赏罚。在变法、立法方面，发挥老子的"以今道知古始"理念，不法先王而重今，"有道之士贵以近知远，以今知古，以益所见知所不见"（《慎大览·察今》），强调因时变法。法立之后，则不轻易变更，主张有司以死守法，众庶不敢议，天下各司其职，可无为而治。

（二）以道德义法治国平天下

《吕氏春秋》继承老学，强调治平当全天、顺性。"能养天之所生而勿撄之谓天子。天子之动也，以全天为故者也。此官之所自立也。立官者，以全生也。"（《孟春纪·本生》）因此天子的治平原则如下：

1. 反诸己，不出户。遵从老学之理，强调自虚好静。"凡事之本，必先治身，啬其大宝"（《季春纪·先己》），"主道约，君守近。太上反诸己，其次求诸人"（《季春纪·论人》）。将修身之道延伸到治国处，强调内求，不外求，"其索之弥远者，其推之弥疏；其求之弥强者，失之弥远"（《季春纪·论人》），"得道者必静，静者无知，知乃无知，可以言君道也。……故曰不出于户而知天下，不窥于牖而知天道。其出弥远者，其知弥少"（《审分览·君守》）。圣人执一，涤除众欲则至正，"正则静，静则清明，清明则虚，虚则无为而无不为也"（《似顺论·有度》）。即认为君王为一国之长，如日当空，百姓皆注视，且君德风，民德草，君王修正己身，清静无为，则百

姓应之而自然自化。

进而发挥老学"希言自然""不言之教"论。"天无形而万物以成；至精无象而万物以化；大圣无事而千官尽能。此乃谓不教之教，无言之诏。"（《审分览·君守》）圣王"神和乎太一"，养神修德，不能、不知而能之、知之（《审分览·勿躬》）。因此君道"至言去言，至为无为"（《审应览·精谕》）。无为而性命之情自发，如此仁义之术自行，不需教令。

2. 不自贤而求贤能。认为人的精神可以相互感应，君王如素丝者，必将受染于群臣，故需得贤臣，远小人。"功名之立，由事之本也，得贤之化也。非贤，其孰知乎事化？故曰其本在得贤。"（《孝行览·本味》）继而发挥老学"以身下之"之术，有道之君去骄傲，降身处下，以下贤（《慎大览·下贤》）。得贤之后则近于韩非之思，主张通过控制欲望来驾驭臣民。"使民无欲，上虽贤，犹不能用。……故人之欲多者，其可得用亦多；人之欲少者，其得用亦少；无欲者，不可得用也。""善为上者，能令人得欲无穷，故人之可得用亦无穷也。"（《离俗览·为欲》）当然，除操控臣民的欲望外，最基础的措施仍是上下皆遵从刑名、法术，各司其职。

3. 《吕氏春秋》认为理想的天下格局不是宇内混一，而是众封建，各国平和。天子执掌巨势大国，对该目标的实现起着关键作用，不论在何种情况下都要坚守德政。首先，宝辱、贵大患。继承老学以祸患为宝，受其不祥，报之以德的理念。如称引老子"祸分福之所倚，福分祸之所伏"之言，阐述商汤、周文王、宋景公受国之不祥，报以德政而转祸为福的故事（《季夏纪·制乐》）。天子作为大国之主在天下有难时应勇于承担，坚持以德行回应天灾人怨。其次，老子曰天道贵弱，如江河不守之，将枯竭，暴雨不守之，不能终朝。《吕氏春秋》亦强调国强而守弱，"贤主愈大愈惧，愈强愈恐。凡大者，小邻国也；强者，胜其敌也。胜其敌则多怨，小邻国则多患。多患多怨，国虽强大，恶得不惧？恶得不恐"，并以赵襄子攻翟一朝下两城而有忧色明之，赵襄子曰"江河之大也，不过三日。飘风暴雨，日中不须臾。今赵氏之德行，无所于积，一朝而两城下，亡其及我乎"，指圣人在于知守弱，也因此能长久（《慎大览·慎大》）。它在相关论述中称引、化用了《老子》文字，目的还是希望天子行其德，以大事小，使上下相交，天下平和。

（三）义兵理念

在兵道方面，继承了老子不得已而用兵的理念和文子老学的五兵之说，反对宋鈃老学的偃兵论，倡导古圣王有道伐无道，有义兵而不偃兵。指兵为人天性，本质是斗争，在邦国层面则是教化的延伸。兵有利有害，应清醒认识有道无道的差别，以及义兵的作用。目前的现实是世乱而道理无法伸张，不可不举义兵一天下（《孟秋纪·振乱》）。

在确立义兵后，对用兵之要也有所论述。认为兵道在义，是不得已而行的凶器。"凡兵，天下之凶器也；勇，天下之凶德也。举凶器，行凶德，犹不得已也。举凶器必杀，杀，所以生之也；行凶德必威，威，所以慑之也。敌慑民生，此义兵之所以隆也。"（《仲秋纪·论威》）用兵的基本原则是在义之下，用智用勇（《仲秋纪·决胜》）。在具体的战略上，发挥老学的善为兵者果而已，强调兵贵"急疾捷先"，不可久处（《仲秋纪·论威》）。

四、结语

《吕氏春秋》是黄帝学派、荀子等思想直接刺激下的产物。它也统和了道家关尹子、杨朱、庄子，儒家孔子、"思孟"、荀子，法家邓析子、韩非子，以及墨家等诸学派，对老学的接受与转化是上述学派老学洗礼下的结果。它尊老子为三皇五帝以来至大圣人，颂扬其"贵公""贵柔""自虚自损"之道，并对老学传承也有一定认知。它对相关思想的吸收与转化较全面而突出，古典与革新兼备，且相对于当时的思想发展形势而言，倾于保守。总体上相关内容颇具杂家老学特点，体现了战国晚期统和派老学的最终登场。

老庄比较研究

老庄生命思想源流关系论

兰辉耀 *

内容提要： 在哲学基础上，庄子传承了老子的生命之"道"和生命之"德"；在生命价值上，庄子传承了老子重视人的类生命价值观和重身贵生的个体生命价值观；在生死观念上，庄子传承了老子认为生命是依据"道"的作用、阴阳和合之结果的思想；在生命修养上，庄子传承了老子虚静无为的生命修养观；在生命人格上，老子设定的圣人人格也被庄子所传承。而且，庄子对老子生命思想的传承不是盲目的，而是在直接传承的同时，也有较大的发展和改造。

关键词： 老庄　生命思想　源流关系

毫无疑问，任何伟大的思想都不可能凭空产生，所以必然有其不可忽视的思想理论之源，庄子的生命思想也不例外。根据目前学界的普遍观点，并结合《庄子》的文本资料来看，庄子[①]生命思想的生成自然离不开对道家前人生命思想的传承和扬弃。依据已有研究成果可知，实际对庄子生命思想产生重要影响的道家学者当有老子、列子、杨朱等。事实上，对于老子、列子、杨朱和庄子这一道家学脉，早在宋代的大儒朱熹就已有洞察：

> 及世之衰乱，方外之士厌一世之纷拏，畏一身之祸害，欿空寂以求全身于乱世而已。及老子倡其端，而列御寇、庄周、杨朱之徒和之。孟子尝辟之以为无父无君，比之禽兽。[②]

老子说他一个道理甚缜密。老子之后有列子，亦未甚至大段不好……列子后有

---

　　* 兰辉耀（1985—），男，畲族，江西于都人，东南大学哲学博士，现任教于井冈山大学，研究方向：中国古代哲学、道德哲学和书法文化。

　　① 由于在庄学史上，通常认为《庄子》一书不是庄子一人所作，而是庄子与其后学共同的成果，因此，基于《庄子》全书所谈的庄子是包括庄子后学在内的学派意义上的庄子。

　　② （宋）黎靖德编、王星贤点校：《朱子语类》，北京：中华书局，1985年，第2993页。

庄子，庄子模仿列子，殊无道理。①

　　虽然这是朱熹基于儒家的立场而论老子、列子、杨朱、庄子等思想家的偏袒之言，但是，这里表明了一个事实：由老子、列子、杨朱和庄子等构成的道家思想源流中，存在着一脉贯通的生命思想精神，也就是重视个体生命的自我保全，即"以求全身于乱世"的生命思想。于此，由于篇幅的限制，仅探讨老子和庄子之间的生命思想之源流关系。

　　虽然庄子所学被司马迁赞为"无所不窥"，但司马迁随后笔锋一转却说："然其要本归于老子之言"②，自汉代始，多有学者径直将其与老子并举，即合称为"老庄"③。而且，在中国思想史上，"老庄"几乎成了"道家"的代名词。究其合称的原因，主要是因为二者之间的确存在着紧密的"源"和"流"的关系，即庄学出于老学，这也是向来学界所持的主流观点。那么，老庄的生命思想之间存有怎样的源流关系呢？

一、生命之"道""德"层面的源和流

　　"道"和"德"是《老子》一书的根干概念，也是贯穿《老子》全书的一条红线，因为《老子》所有的思想皆是围绕"道"和"德"这两个概念而具体展开和演绎的④。老子认为"道"是万物生成的生命源头，即万物由"道"而生，正如老子所说："道生一，一生二，二生三，三生万物"⑤，可见，在最终的意义上，老子所说的"道"是"万物之宗"⑥。当然，需要指出的是，"道"并不直接产生万物，"道"只是万物生成的依据，如老子所言"万物恃之而生"⑦，又如王弼在《老子》第五十一章的注释所云："道者，物之所由也"⑧，王弼的注释也就是说，老子所反复强调的"道生之，德畜之"⑨，实际上是"从生养的视角立论的，生养主要是使其生长，而不是生育"⑩，即老子不是在生成论的意义上来论"道"的，而是在本根论的意义上来立论的，因为万

---

　　① （宋）黎靖德编、王星贤点校：《朱子语类》，北京：中华书局，1985年，第3008页。
　　② （汉）司马迁：《史记·老子韩非列传》，北京：中华书局，2011年，第1901页。
　　③ "老庄"合称，首见于西汉时期的《淮南子》一书："《道应》者，揽掇遂事之踪，追观往古之迹，察祸福利害之反，考验乎老、庄之术，而以合得失之势者也。"刘文典撰，冯逸、乔华点校：《淮南鸿烈集解》，北京：中华书局，1989年，第704页。
　　④ 许建良：《先秦道家的道德世界》，北京：中国社会科学出版社，2006年，第33页。
　　⑤ （魏）王弼著、楼宇烈校释：《王弼集校释》，北京：中华书局，1980年，第117页。
　　⑥ （魏）王弼著、楼宇烈校释：《王弼集校释》，北京：中华书局，1980年，第10页。
　　⑦ （魏）王弼著、楼宇烈校释：《王弼集校释》，北京：中华书局，1980年，第86页。
　　⑧ （魏）王弼著、楼宇烈校释：《王弼集校释》，北京：中华书局，1980年，第137页。
　　⑨ （魏）王弼著、楼宇烈校释：《王弼集校释》，北京：中华书局，1980年，第136页。
　　⑩ 许建良：《先秦道家的道德世界》，北京：中国社会科学出版社，2006年，第202页。

物是依据"道"而自然生成的①。庄子明显传承了老子所论的万物之生命本于"道"、根于"道"的这一观点，也认为"道"不直接生育万物，万物是自生的，但"道"是万物存在的理由和依据，庄子所谓"道者，万物之所由也，庶物失之者死，得之者生"②就是此意。

关于生命之"德"，老子认为，由于"道"的存在，万物得到了生长，但是"道"却不据为己有，不支配万物，而对万物采取一种自然无为的行为之方，由此对"道"的精神实现具体的凝聚和展现即构成万物生命之"德"，如老子所说："生而不有，为而不恃，长而不宰，是谓玄德"③，这是就"德"与"道"之紧密关系的层面而言。就"德"自身内涵来看，老子认为生命之"德"的常态是"自然"，即所谓"道之尊，德之贵，夫莫之爵而常自然"④，易言之，"自然"是道德的常态即"常"。而"常"表现于万物生命中就是"静"，如老子所说："归根曰静，是谓复命。复命曰常"⑤，可见，"德"之"常"也就是虚静，虚静是万物生命的本根。于是，认知"常"是明智的、也是应当的，否则盲目行事就可能给自身带来凶险，即老子所云"知常曰明；不知常，妄作凶"⑥。

当然，需要注意的是，"德"的常态是自然，但它在形式上，又若不足的样子，即老子所说："上德若谷，大白若辱，广德若不足"⑦。而且，老子认为素朴是万物生命的本质特点，要让生命持有素朴之性，就应当让"德"之"常"不离开自己，应该恒常地保持自己应有的自然本性，从而就能实现生命的自足，这也就自然可以使生命回归和保有婴儿的状态及其素朴的本性，即"常德不离，复归于婴儿……常德乃足，复归于朴"⑧。

可以说，老子这些生命之"德"的见解均被庄子所传承，如庄子同样认为"德"是根于"道"、得于"道"而成就万物的存在，"故通于天地者，德也；行于万物者，道也；上治人者，事也；能有所艺者，技也。技兼于事，事兼于义，义兼于德，德兼于道，道兼于天"⑨。可见，"德"是"道"和具体事物相联系的中介，它必须得

---

① 从生成论的视域来理解老子的"道"，是学界颇为流行的看法。但是，许建良提出并有力地论证了"道"不生万物的观点，因为万物是自生的，而"道"只是万物生成的依据，在《老子》文本里，实则无法找到"道"生万物的直接证据。参照许建良：《先秦道家的道德世界》，北京：中国社会科学出版社，2006年，第12—15页。

② （清）郭庆藩：《庄子集释》，北京：中华书局，2004年，第1035页。

③ （魏）王弼著、楼宇烈校释：《王弼集校释》，北京：中华书局，1980年，第137页。

④ "爵"据高明撰《帛书老子校注》（中华书局1996年）第71页改定。

⑤ （魏）王弼著、楼宇烈校释：《王弼集校释》，北京：中华书局，1980年，第36页。

⑥ （魏）王弼著、楼宇烈校释：《王弼集校释》，北京：中华书局，1980年，第36页。

⑦ （魏）王弼著、楼宇烈校释：《王弼集校释》，北京：中华书局，1980年，第112页。

⑧ （魏）王弼著、楼宇烈校释：《王弼集校释》，北京：中华书局，1980年，第74页。

⑨ （清）郭庆藩：《庄子集释》，北京：中华书局，2004年，第404页。

"道"之性而构成万物的存在依据。也只有拥有"德"，万物的生命才能成立，故庄子说："德成之谓立。"① 另外，庄子也强调自然素朴的德性为生命的本质特点，如《庄子·德充符》通篇论述只有内在德性健全的人才是真正的生命健全者，即使是形体残缺或者长相丑陋，也丝毫不影响其自然素朴的生命本真性。而且，庄子也强调内在德性丰厚者，看起来仿佛是不足的，即庄子所说的"大白若辱，盛德若不足"②。

二、生命价值层面的源和流

从生命价值层面来看，庄子传承了老子重视人的类生命价值观和重身贵生的个体生命价值观。老子说宇宙中有四种伟大的存在，所谓"道大，天大，地大，王亦大。国中有四大，而王居其一焉"③④，其中"王"即为人的代表，所以宇宙中四种伟大的存在就是：道、天、地、人。于此，老子将人和道、天、地等并举，实则表明了老子高度重视人的存在，肯定人的生命价值。对此，庄子具有明显类似的观点："天地与我并生，而万物与我为一"⑤，这里强调天、地、人三者和谐并生，而人作为万物中的一员，与万物也是和谐为一的存在，而且"天与人不相胜"⑥，即天与人应当是平等齐一的。显然，这天人平等、物我并生的思想和老子"四大"思想一样明示了，人的存在、人的生命价值必须受到高度的重视和肯定。这是从人的类生命价值而言的。

从人的个体生命价值来看，庄子传承了老子重身贵生的个体生命价值观。老子说："故贵以身为天下，若可寄天下；爱以身为天下，若可托天下"⑦，这是说，如果一个人能够贵身爱身的话，则可以将天下托福给他，因为一个人只有尊重爱惜自己的生命，才可能也尊重爱惜他人的生命，唯有如此，才能把治理天下的大任交付给他。在面对身与名、身与利以及身与天下的比对中，老子的价值指针无疑指向于身，从老子的多处反问中即可知其对身的重视："名与身孰亲？身与货孰多"⑧，"奈何万乘之主，而以身轻天下"⑨，庄子无疑传承了老子这重身贵生的生命思想。众所周知，庄子一贯主张保身、全生和贵生，诸如"能尊生者，虽贵富不以养伤身，虽贫贱不以利

---

① （清）郭庆藩：《庄子集释》，北京：中华书局，2004年，第407页。
② （清）郭庆藩：《庄子集释》，北京：中华书局，2004年，第963页。
③ （魏）王弼著、楼宇烈校释：《王弼集校释》，北京：中华书局，1980年，第64页。
④ "国"据高明撰《帛书老子校注》（中华书局1996年）第351页改定。
⑤ （清）郭庆藩：《庄子集释》，北京：中华书局，2004年，第79页。
⑥ （清）郭庆藩：《庄子集释》，北京：中华书局，2004年，第234页。
⑦ （魏）王弼著、楼宇烈校释：《王弼集校释》，北京：中华书局，1980年，第29页。
⑧ （魏）王弼著、楼宇烈校释：《王弼集校释》，北京：中华书局，1980年，第121页。
⑨ （魏）王弼著、楼宇烈校释：《王弼集校释》，北京：中华书局，1980年，第70页。

累形"①"夫天下至重也，而不以害其生"②"天下大器也，而不以易生"③"不以国伤生"④
等类似的表述非常多见。这显然是对老子所持的重身贵生之论的继承，这是不证自
明而无须赘言的。

三、生死观念层面的源和流

老子认为宇宙万物皆依据大道而生长，都是阴阳之气和合的产物，即所谓"道
生一，一生二，二生三，三生万物。万物负阴而抱阳，冲气以为和"⑤。作为万物之一
的人，也是如此，也是凭借大道的作用，由阴阳之气和合的结果。易言之，人之生
死的变化是一个自然而然的过程，老子说："出生入死。生之徒十有三，死之徒十有
三。人之生动之于死地，亦十有三。"⑥这里明言，生死是自然法则，若不因循自然法
则而"动"的话，生命反而会过早地夭折。此"动"即指妄为、任意而为的意思。

老子认为生命是依据"道"的作用、阴阳和气之化生的结果，这一生命思想在
庄子那里有明显的继承和发挥，《庄子》说："生也死之徒，死也生之始，孰知其纪！
人之生，气之聚也；聚则为生，散则为死。若死生为徒，吾又何患！故万物一也，
是其所美者为神奇，其所恶者为臭腐；臭腐复化为神奇，神奇复化为臭腐。故曰：
通天下一气耳。"⑦这里明确阐释了生是气的聚积，死是气的离散。而且，死生是相属
的，即"死生为徒"，即生是死的连续，死是生的开始，生死是不断无限延伸的、不
断相互"复化"的。客观地说，在老子那里，阴阳之气和人的生死之间的紧密关系，
只具有潜在的说明，并无明确的表述。但在庄子这里，则明显有"人之生，气之聚
也；聚则为生，散则为死"的界定；《庄子》又说："自本观之，生者，暗醷物也。"⑧
其中"暗醷"就是聚气的意思⑨，这里同样表述了生命是由"气"的聚集而成的观点。

万物凭借"气"自然而生，是在"道"的共同作用下使然的，比如"精神生于
道，形本生于精"⑩说的就是这个道理。人的形体是由"精"所构成的，这里的"精"
就是精气，也就是"气"。真正完整的生命是必须包括形体和精神在内的，而形体成

---

① （清）郭庆藩：《庄子集释》，北京：中华书局，2004年，第967页。
② （清）郭庆藩：《庄子集释》，北京：中华书局，2004年，第965页。
③ （清）郭庆藩：《庄子集释》，北京：中华书局，2004年，第966页。
④ （清）郭庆藩：《庄子集释》，北京：中华书局，2004年，第968页。
⑤ （魏）王弼著、楼宇烈校释：《王弼集校释》，北京：中华书局，1980年，第117页。
⑥ （魏）王弼著、楼宇烈校释：《王弼集校释》，北京：中华书局，1980年，第134页。
⑦ （清）郭庆藩：《庄子集释》，北京：中华书局，2004年，第733页。
⑧ （清）郭庆藩：《庄子集释》，北京：中华书局，2004年，第744页。
⑨ "暗醷"的含义，参照郭象注："直聚气也"、成玄英疏："暗醷，气聚也"（清）郭庆藩：《庄子集释》，北京：中华书局，2004年，第745页注疏4。
⑩ （清）郭庆藩：《庄子集释》，北京：中华书局，2004年，第741页。

于"气"，精神源于"道"。可见，生命必须在"气"和"道"的共同作用、相互配合下才能自然生成。对此，下面的文本资料具有更加明确的阐述：

> 至阴肃肃，至阳赫赫；肃肃出乎天，赫赫发乎地；两者交通成和而物生焉，或为之纪而莫见其形。消息满虚，一晦一明，日改月化，日有所为，而莫见其功。生有所乎萌，死有所乎归，始终相反乎无端而莫知乎其所穷。非是也，且孰为之宗！ ①

　　这里说，最纯的阴气十分寒冷，最纯的阳气十分炎热；"出乎天"的阴气和"发乎地"的阳气相互冲荡、相互交融而万物自然生成。显然，在此明确提出了万物生成是以阴阳之"气"为物质基础的，而万物生成的关键在于阴阳之气必须合乎秩序的相互作用即必须合乎"交通成和"的原则。然而，万物生成的过程总是离不开一个"为之纪""为之宗"者，它虽然是客观的存在，但又"莫见其形""莫见其功"，这实际上指的就是"道"②。于此实则明确申论了，万物是在依据"道"之作用的前提下，由阴阳两气相交互融而自然产生。这和老子的"道生一，一生二，二生三，三生万物。万物负阴而抱阳，冲气以为和"③的意蕴实际上是一致的。

　　而且，《庄子》还进一步认为阴阳和气可以感应自然，使自然界处于一个和谐生态的美好景象："古之人，在混芒之中，与一世而得澹漠焉。当是时也，阴阳和静，鬼神不扰，四时得节，万物不伤，群生不夭，人虽有知，无所用之，此之谓至一。"④这是说，古时的人，"澹漠"无为，"虽有知，无所用之"，也就自然没有搅乱原本和谐宁静的阴阳之气，阴阳二气自然就非常"和静"，因此鬼神不会袭扰，四季往来十分得当，万物不会受到伤害，众生也不会出现夭折，可谓到处呈现一片祥和的局面。

　　此外，《庄子》说人之死是必然的即"人死者有时"⑤，实际上是对老子所言"天地尚不能久，而况于人乎"的另一表述；《庄子》有言："指穷于为薪，火传也，不知其尽也。"⑥人之形体如薪材一样可以也必将燃尽，化为灰烬，归于空无，但人之精神却可以如火一般传递下去，长存不灭，这实际上就是老子"死而不亡者寿"⑦的另一比喻式的形象表达，皆意在说明人之死，消逝的是肉体生命，精神生命则可以实现

---

① （清）郭庆藩：《庄子集释》，北京：中华书局，2004 年，第 712 页。
② 参照成玄英的疏解也可知，"为之宗"者实际上就是"道"，成玄英疏："若非是虚通生化之道，谁为万物之宗本乎！夫物云云，必资于道也。"（清）郭庆藩：《庄子集释》，北京：中华书局，2004 年，第 714 页疏 10。
③ （魏）王弼著、楼宇烈校释：《王弼集校释》，北京：中华书局，1980 年，第 117 页。
④ （清）郭庆藩：《庄子集释》，北京：中华书局，2004 年，第 550 页。
⑤ （清）郭庆藩：《庄子集释》，北京：中华书局，2004 年，第 1000 页。
⑥ （清）郭庆藩：《庄子集释》，北京：中华书局，2004 年，第 129 页。
⑦ （魏）王弼著、楼宇烈校释：《王弼集校释》，北京：中华书局，1980 年，第 85 页。

永存。

四、生命修养层面的源和流

从生命修养的层面来看，庄子传承了老子自然无为的生命修养观。譬如说，老子认为应当因循生命的自然本性，反对人为的通过种种手段盲目地追求生命的延长，这就是老子所说的"天长地久。天地所以能长且久者，以其不自生，故能长生。是以圣人后其身而身先，外其身而身存"①，这里明显强调"不自生"，便能实现长生的目标。"自生"指的是只求自身之生，即所谓"先其身""存其身""私其身""有为于身"，而"不自生"指的是不求自身之生，即所谓"后其身""外其身""无私其身""无为于身"。② 老子又说："益生曰祥，心使气曰强。物壮则老，谓之不道，不道早已。"③ 老子反对"益生"，因为"益生"反而会招致夭折的灾祸④，这里的"祥"是灾祸的意思。庄子的"外生"⑤主张和"常因自然而不益生"⑥的观点显然是对老子这些观点的继承。

又如，老子所论的"专气致柔，能婴儿乎"⑦的养生观念也被庄子传承。老子认为结聚体内之气使人保持柔弱的状态，就像是回归到婴儿的样子，这里的"专气"即"抟气"，指的是聚集、结聚之义。老子主张回归到婴儿状态，是因为"含德之厚，比于赤子。蜂虿虺蛇不螫，猛兽不据，攫鸟不搏。骨弱筋柔而握固，未知牝牡之合而全作，精之至也。终日号而不嗄，和之至也"⑧，简言之，《老子》认为婴儿的生命力极其强盛，不易受到外力的侵扰和伤害。庄子基于此，一方面，提出了"听气"说，即《庄子》说"若一志，无听之以耳而听之以心；无听之以心而听之以气！听止于耳，心止于符。气也者，虚而待物者也。唯道集虚。虚者，心斋也"⑨；另一方面，又提出了"卫生之经"，即《庄子》所说的"卫生之经，能抱一乎？能勿失乎？能无卜筮而知吉凶乎？能止乎？能已乎？能舍诸人而求诸己乎？能翛然乎？能侗然乎？能儿子乎？儿子终日嗥而嗌不嗄，和之至也；终日握而手不掜，共其德也；终

---

① （魏）王弼著、楼宇烈校释：《王弼集校释》，北京：中华书局，1980 年，第 19 页。
② 对"自生"与"不自生"的理解，参照楼宇烈先生的校释（魏）王弼著、楼宇烈校释：《王弼集校释》，北京：中华书局，1980 年，第 19—20 页。
③ （魏）王弼著、楼宇烈校释：《王弼集校释》，北京：中华书局，1980 年，第 146 页。
④ 参照王弼的注解："生不可益，益之则夭也，"（魏）王弼著、楼宇烈校释：《王弼集校释》，北京：中华书局，1980 年，第 146 页。
⑤ （清）郭庆藩：《庄子集释》，北京：中华书局，2004 年，第 252 页。
⑥ （清）郭庆藩：《庄子集释》，北京：中华书局，2004 年，第 221 页。
⑦ （魏）王弼著、楼宇烈校释：《王弼集校释》，北京：中华书局，1980 年，第 23 页。
⑧ （魏）王弼著、楼宇烈校释：《王弼集校释》，北京：中华书局，1980 年，第 145 页。
⑨ （清）郭庆藩：《庄子集释》，北京：中华书局，2004 年，第 147 页。

日视而目不瞚，偏不在外也。行不知所之，居不知所为，与物委蛇，而同其波。是卫生之经已"①。

再如，老子提出了"致虚极，守静笃"②的生命修养方法，认为只要保持人性的清静状态，以虚静豁达的态度立身处世，就能够把握住生命的根本而实现生命的长久。庄子对此以虚静无为的态度育养生命的方法多有传承和阐发，如"夫虚静恬淡寂漠无为者，天地之平而道德之至，故帝王圣人休焉。休则虚，虚则实，实者伦矣。虚则静，静则动，动则得矣。静则无为，无为也则任事者责矣。无为则俞俞，俞俞者忧患不能处，年寿长矣"③。由此可见，在生命修养的层面，庄子也对老子有所传承和发展。

五、生命人格层面的源和流

从生命人格的层面来看，圣人人格是老子"勾画的中国最早的理想人格的形象"④，也是老子所设定的较为系统的唯一理想人格。老子设定的圣人人格在外形上与凡人没有什么不同，但是内心深处却含藏着金玉般的品性素质，这就是老子所说的"圣人被褐而怀玉"⑤⑥；老子说圣人"不伤人"⑦，意思是圣人从来不伤害他人，即能够尊重他人的自然本性而宽容他者；老子指出圣人崇尚无为而"行不言之教"⑧，此外，圣人虽然具有成就万物的能力，但圣人从来不居功自傲，圣人采取的行为是成事遂功之后就退下身来，而以平常心处之，因为圣人认为这样才符合自然之道，所谓"功遂身退，天之道"⑨就是此意。

庄子也有类似的对圣人人格特征的设定。诸如庄子说圣人"有人之形，无人之情。有人之形，故群于人，无人之情，故是非不得于身"⑩，意思是，圣人具有人的形体，但没有世俗人的世俗情欲。当然，因为圣人也是人，所以能与他人合群。圣人没有世俗人的世俗情欲，所以是非、善恶等从不侵扰他，这实际上就如同老子所说的圣人"被褐而怀玉"；庄子也认为圣人在人际、物际关系上能够做到不伤人、不伤

---

① （清）郭庆藩：《庄子集释》，北京：中华书局，2004年，第785页。
② （魏）王弼著、楼宇烈校释：《王弼集校释》，北京：中华书局，1980年，第35页。
③ （清）郭庆藩：《庄子集释》，北京：中华书局，2004年，第457页。
④ 许建良：《先秦道家的道德世界》，北京：中国社会科学出版社，2006年，第83页。
⑤ "而"据高明撰《帛书老子校注》（中华书局1996年）第177页加入。
⑥ （魏）王弼著、楼宇烈校释：《王弼集校释》，北京：中华书局，1980年，第176页。
⑦ （魏）王弼著、楼宇烈校释：《王弼集校释》，北京：中华书局，1980年，第158页。
⑧ （魏）王弼著、楼宇烈校释：《王弼集校释》，北京：中华书局，1980年，第6页。
⑨ （魏）王弼著、楼宇烈校释：《王弼集校释》，北京：中华书局，1980年，第21页。
⑩ （清）郭庆藩：《庄子集释》，北京：中华书局，2004年，第217页。

物:"圣人处物不伤物。不伤物者,物亦不能伤也。唯无所伤者,为能与人相将迎"①;对于老子的不言之教,庄子也有直接的传承:"夫知者不言,言者不知,故圣人行不言之教"②;庄子的圣人人格也具有成就万物,但不居功自傲的特质:"圣人并包天地,泽及天下,而不知其谁氏"③。应当说,庄子明显继承了老子对圣人人格的形象设定。

　　总之,庄子的生命思想最主要的理论来源在于老子,换句话说,老子和庄子的生命思想之间明显存在着源流的关系。不管是从何种层面来看,老子的生命思想皆对庄子的生命哲学产生过不同程度的影响。当然,需要申明的是,庄子对老子生命思想的传承不是盲目的,而是在直接传承的同时,也有较大的发展和改造。老子和庄子这种传承和被传承的关系,实即老庄生命思想之间的源流关系。

---

① （清）郭庆藩:《庄子集释》,北京:中华书局,2004年,第765页。
② （清）郭庆藩:《庄子集释》,北京:中华书局,2004年,第731页。
③ （清）郭庆藩:《庄子集释》,北京:中华书局,2004年,第852页。

庄子对《道德经》思想的变异发展

——以"天下"理念为视角

陈荣庆[*]

内容提要： 庄子的天下一体、人道效法天道、天下无为而治思想皆来源于老子，但对人的地位、如何无为而治则与老子有很大的不同。老子从人与万物平等出发，从积极面肯定人是同样的高贵；庄子从消极面出发，认为人与他物无二，同样的不高贵。老子是无为有治，庄子则发展到放任不为。两人思想产生差别的原因，一是与庄子没有出仕经历有关，二是与庄子身世及日常交往有关，三是与庄子既无"有"、又无"无"的人生哲学有关。

关键词： 庄子　老子　天下理念

基金项目： 国家社科基金项目《先秦诸子天下理念研究》（13BZX042）阶段性成果。

庄子的天下理念源发于《道德经》（以下简称《老子》），其主旨与老子思想相同。但在许多方向问题上，有着很大的不同。

一、庄子天道思想来源于老子

庄子天下一体、人道效法天道思想来源于老子，但在人的地位问题上，与老子有很大的不同。老子从人与万物平等出发，从积极面肯定人是同样的高贵；庄子从消极面出发，认为人与他物无二，同样的不高贵。

---

* 陈荣庆（1966—），男，江西丰城人，中国思想史博士，宜春学院教授，研究方向：中国思想文化史。

（一）庄子继承了老子世界一体的天下思想

老子认为"道生一，一生二，二生三，三生万物"（《老子》第四十二章），万物来源于"一"，世界就是一个整体。庄子同样认为万物起源于"一"："泰初有无，无有无名。一之所起，有一而未形。"（《庄子·天地》）"圣有所生，王有所成，皆原于一。"（《庄子·天下》）由此万物一体，"万物皆一也"（《庄子·德充符》），"天地与我并生，而万物与我为一"（《庄子·齐物论》），世界是一个共存的整体，没有例外，天下一体。

（二）天人关系：人受命于天

在天与人的关系上，庄子如老子一样，同样认为人"受命于天"、人要依存于天。[①] 庄子认为"天"为自然之天，人为自然所生，"道与之貌，天与之形"（《庄子·德充符》），"夫大块载我以形，劳我以生，佚我以老，息我以死"（《庄子·大宗师》）。庄子将人的存在根据归源于道、归源于天，孙以楷认为这在中国哲学史上"是第一次明确人之由来"[②]。人源于天，受命于天，所以"无以人灭天"（《庄子·秋水》），也不要"以人助天"，而是应该依天而行，顺天而为，"与天为徒"（《庄子·大宗师》）。

由此出发，庄子认为"天"不是人所应该讨论的，人只要顺应天就行了。"六合之外，圣人存而不论。"（《庄子·齐物论》）"言之所尽，知之所至，极物而已。睹道之人，不随其所废，不原其所起，此议之所止。"（《庄子·则阳》）[③] 在大道面前，人应有其所止，有所敬畏。

庄子后学对此做了进一步的发挥。"有人，天也；有天，亦天也。人之不能有天，性也。圣人晏然体逝而终矣。"（《庄子·山木》）天能造就、影响人，而人不能影响、支配天，这是人的本性所定，圣人安详地体悟自然的变化发展（而不施加私意）。也由此，"知其不可奈何而安之若命，德之至也"（《庄子·人间世》）。人是自然的产物，故而在自然面前，人是渺小的，"吾在于天地之间，犹小石小木之在大山也。方存乎见少，又奚以自多！计四海之在天地之间也，不似礨空之在大泽乎？计中国之在海内不似稊米之在太仓乎？号物之数谓之万，人处一焉；人卒九州，谷食之所生，舟车之所通，人处一焉。此其比万物也，不似毫末之在于马体乎"（《庄子·秋水》）。所以在自然面前、在天道的光照下，人应保持谦卑，依顺自然而行事。

在这里，庄子比老子走得远多了。老子认为："道大，天大，地大，人亦大。域

---

① 天与人的关系，具体到天下场域中，指导着人对天下的治理与管理。
② 孙以楷、陆建华、刘慕方：《道家与中国哲学（先秦卷）》，北京：人民出版社，2004年，第335页。
③ 此处有似于荀子所说的"圣人不知天"。

中有四大，而人居其一焉。"（《老子》第二十五章）①人为天地之间"四大"之一，人与天地万物同列、平等。从积极层面看，人崇高伟大，有很高的地位；若以消极心态看，人并没有比其他事物高贵的地方，只是同为伟大而已。庄子独独站在事物的消极方面，消解了人在天地之间的伟大性，取消了人的崇高地位。庄子认为人与其他万物并没有两样，人只是万物之一种，没有任何高贵之处。人应该如自然界的牛马一样，彻底融化于自然之中，不要显示出什么特别之处来。人在天地之中，如小石小木之在大山，有之不多，无之不少，并没有什么特别高贵的地方。所以说，庄子心中没有天下人，只有自然万物，只有永远的幻想之镜——无待的道！

因此，荀子批判庄子"蔽于天而不知人"，说："由天谓之道，尽因矣。"（《荀子·解蔽》）庄子只看到天，而忽视人的主体存在、人的主观能动性，忽视人在天道面前并不是无所作为，而是可以顺道而为（而这正是人伟大的地方）。庄子虽然注意到了天人的不同，认为："知天之所为，知人之所为者，至矣！知天之所为者，天而生也；知人之所为者，以其知之所知，以养其知之所不知，终其天年而不中道夭者，是知之盛也。"（《庄子·大宗师》）但是，庄子的知天、知人并没有人对自然利用的"知"，而只有顺天的"知"，这是其缺憾所在。在人与自然（"道"）关系上，庄子提出理想的"真人"只是"不知说生，不知恶死，其出不欣，其入不距，翛然而往，翛然而来而已矣，不忘其所始，不求其所终，受而喜之，忘而复之，是之谓不以心捐道，不以人助天"（《庄子·大宗师》），否定了人对客观世界的能动作用，对人存在的意义做了消极否定。②

在庄子后学那里，更是强调顺道、顺自然，认为自然就是最完满的，人对自然的任何改变，都会损害自然的本性，是非"道"之行为："马，蹄可以践霜雪，毛可以御风寒。龁草饮水翘足而陆此马之真性也。虽有义台路寝，无所用之。及至伯乐，曰：'我善治马。'烧之，剔之，刻之，雒之。连之以羁絷，编之以皂栈，马之死者十二三矣！饥之渴之，驰之骤之，整之齐之，前有橛饰之患，而后有鞭筴之威，而马

---

① 有学者认为，"人亦大"的"人"字是由于傅奕、范应元所改，原文应该是"王"字，因为郭店《老子》甲本、帛书本《老子》、王弼本《老子》都是写作"王亦大"。我觉得"人亦大"更贴切。

② 确实，在这广阔的域内，有许多事情是人所不能做到的"天事"："死生，命也；其有夜旦之常，天也。人之有所不得与，皆物之情也。"（《庄子·大宗师》）死与生均非人力所能安排，就如白天和黑夜那样永恒自然地流转，完全出于物性之本然。可是，庄子进而提出"死生，存亡，穷达，贫富，贤与不肖，毁誉，饥渴，寒暑，是非之变，命之行也"（《庄子·德充符》），认为连贫与富，贤与不肖，毁与誉都是天命的安排，这就完全否认了人的自我努力，人的自我选择与行为责任，为人的消极找借口，为人的不为找理由。所以荀子批判他"蔽于天而不知人"。

之死者已过半矣。"（《庄子·马蹄》）①人的最好态度，就是纯粹地因任自然："是故凫胫虽短，续之则忧；鹤胫虽长，断之则悲。故性长非所断，性短非所续，无所去忧也。"（《庄子·骈拇》）不对万物做任何的改变，完全依其本来面目而行动。

　　庄子思想是对战国时期社会主流思想的反动。别人都就如何改造社会和建设社会积极地行动，他却说建设有什么意思呢？俗世社会的改变与不改变没有任何不同，关键是要改变人的内心（这也是老子思想的影响）。道家的这个观念否定了诸子行动的意义，如庄子对儒家仁义礼智思想的批评，认为人的一切努力（如订定制度）只是更加促成事物走向反面，还不如不行动。这种思想对社会有着极大的消解作用，荀子在《天论》中提出"大天而思之，孰与制天命而用之"，就含有对庄子顺天、虚无与逃避思想的批判。司马迁在《史记·孟子荀卿列传》中说荀子批评"庄周等又滑稽乱俗"②，将庄子视为"滑稽乱俗"，诚不诬也。

　　二、庄子的无为而治思想源发于老子，但他发展到放任不为

　　（一）老子认为治理天下，以"无为"为高
　　"圣人处无为之事，行不言之教"（《老子》第二章），"为无为，则无不治"（《老子》第三章），"无为而无不为"（《老子》第四十八章）。顺应万事万物而动，不狂妄独大、自作主张，就是最好的天下治理。"道常无为，而无不为。侯王若能守之，万物将自化。化而欲作，吾将镇之以无名之朴。无名之朴，夫亦将无欲。不欲以静，天下将自定。"（《老子》第三十七章）静待万物，虚心不欲，自然带动天下安定。

　　庄子尽管对天下治理不屑，但也还是认为治理天下的本要之举，就是无为、无私，统治者应该"游心于淡，合气于漠，顺物自然而无容私"（《庄子·应帝王》），清静无为，顺应自然，不带私意，天下就可以治理好了。"夫虚静恬淡寂漠无为者，万物之本也。""明此以南乡，尧之为君也；明此以北面，舜之为臣也。以此处上，帝王天子之德也；以此处下，玄圣素王之道也。"（《庄子·天道》）"虚静、恬淡、寂漠、无为"，乃治理天下的根本，这一点与老子相同。

---

　　①　这里庄子继承了杨朱的"拔一毛利天下而不为"的思想。《列子》记载："古之人，损一毫利天下，不与也；悉天下奉一身，不取也。人人不损一毫，人人不利天下，天下治矣。"人人安其位，万物各当其所，则天下自然无为而治。但是，人人不做出位之思，则社会永远是静止的，人也就永远不会长大。正因为人的不安其位，人对世界的好奇心，才使人之成为人，才使社会有所发展。当然，在老子、庄子、杨朱那里，社会随时间的流逝，那不是发展和进步，而是倒退。
　　②　司马迁：《史记》，北京：中华书局，1982年，第2348页。虽然司马迁认为是荀子视庄子"滑稽乱俗"，但司马迁也说庄子："其言洸洋自恣以适己，故自王公大人不能器之。"（《史记》第2144页）也就是惠施所批评的大而无用。

庄子后学还将老子的"无为"治理发展到君王无为而臣子有为，并视之为"不易之道"。①这一思想主要体现在（《庄子·天道》）中：

> 夫帝王之德，以天地为宗，以道德为主，以无为为常。无为也，则用天下而有余；有为也，则为天下用而不足。故古之人贵夫无为也。上无为也，下亦无为也，是下与上同德。下与上同德则不臣。下有为也，上亦有为也，是上与下同道。上与下同道则不主。上必无为而用下，下必有为为天下用。此不易之道也。故古之王天下者，知虽落天地，不自虑也；辩虽雕万物，不自说也；能虽穷海内，不自为也。天不产而万物化，地不长而万物育，帝王无为而天下功。②

在这里，庄子后学提出在"无为"治天下的实践中，只是君王"无为"，但具体执行部门与臣子是要积极有为。如果君王无为，臣子亦无为，看起来是上下同德，但上下同德则是臣子不臣了；如果上下皆有为，看起来是上下同道，但上下同道则没有主次，天下就要大乱。这是君王南面之术，但也是庄子后学治理天下思想的一个发展。③

（二）老庄天下治理思想的不同

尽管庄子承继了老子的天下治理思想，两人的理念只是相差仿佛，但两人之间还是有非常大的不同。老子的"无为"，不是不作为，而是不妄为，不自作主张、改变自然。庄子的"无为"，是不为，是纯因自然而不变动，对世界的淡漠更多。老子是冷眼看世，心中有热；庄子是冷眼行世，心中无世。老子心中还有天下，还想用"慈""俭"和"不敢为天下先"等三大法宝来治理天下，还需要"三宝"为抓手；而庄子则不需要任何其他的东西，只要"游心于淡，合气于漠，顺物自然而无容私"（《庄子·应帝王》）即可。老子认为治理天下，"慈"是一个重要手段，有"慈"才有人情味，才有人的发展特质，亦能壮阔人的胸怀；而庄子则不念"慈"，通行本《庄子》内篇中没有"慈"字，全书也仅4见（分别出现在外篇之《天地》，杂篇之《盗跖》《渔父》和《天下》）。庄子比老子绝对多了，冷眼多了。

---

① 在这段文字里，"无为"与"有为"的意思与原本老庄两人的意旨有所差别。在这里，"无为"指君王不具体做事，"君王垂拱而天下治"；"有为"指的是臣子按其职责，积极主动地做事。

② 这一段文字（包括下面一大段），不少人都说有悖于庄子学说，如欧阳修、王夫之、冯友兰等。这一段话，虽然与慎到等人的思想非常接近，"君王垂拱而天下治"，但本文认为应该是庄子后学的思想。

③ 这个发展或许是从文子那里继承而来。

三、两人思想产生差别的三层可能原因

（一）庄子没有出仕经历

如此，讨论治理天下只能隔靴搔痒，故而不谈。也因此，相比庄子的冷，老子更有温度，是因为老子毕竟是一个周王室的官员，有身份有地位，身处天下中央，名满天下，周王朝的学者、知名人物时时会来向他请教，如《礼记》中就记载孔子多次向他问礼；而庄子没有出过仕[①]，只是作为一个小小的官吏（而且还是一名工吏），少有大人物来向他问学，只有惠施这个老朋友（或许是唯一的知名级人物）常来与他讨论。不同的际遇，影响人对世界的不同态度。老庄之别，或许这是一个原因。

（二）庄子身世及日常交往的影响

庄子是一个没落贵族的后裔。[②]如同所有贵族后裔一样（如孔子），庄子天然地带有一种孤傲，家族昔日的荣光给了他人生的支撑，所以他可以笑傲王侯，可以孤怜自赏，无拘无束地生活，即便是向人借粮，也有一份高傲清贵在。

但透过庄子书中对别人的不屑，我们还是可以看到庄子内心的孤独，一种没有得到学术同行认可、共鸣的孤寂。庄子只是叙说他的自由精神向往、内心天地，而很少如其他诸子那般，致力于讨论如何纵横捭阖、富国强兵、治理天下。在那样的大潮下，庄子的这个选择就很有意思。这或许是没落之家（亡国遗民）就没有讨论的资格，但也可能是庄子在战国学术界的冷遇所致。

王葆玹先生认为，《庄子》"惟独未讨论国家的问题。战国诸子如孟、荀等，以及战国道家著作如《黄帝四经》《管子》等，无不忧虑于国家和民族的前途，关心国家和安危，孜孜不倦地探索富国强兵之术，甚至介入游说纵横的外交漩涡，惟独《庄子》对这些一概不提，漠不关心。其所以持这种漠不关心的态度，乃是由于庄周及其弟子撰述之际，已没有自己的祖国了"[③]。这个观点，有一个很大的可以争论的地方，就是王葆玹先生是用现代人的国家态度来看待战国时人的"邦国"观念。

---

① 《庄子》书中说是自己不愿意出仕。然司马迁评论说："其言洸洋自恣以适己，故自王公大人不能器之。"（《史记·老子韩非子列传》，中华书局，1959，第2144页）然而，宋代黄震认为庄子拒聘楚王、不愿为相很可能是庄子自夸，自夸是当时的一种现象。见《黄氏日抄》卷五十四。

② 崔大华先生从庄子为宋人、文中意象又有太多的楚国气度猜测庄子可能是楚国贵族的后裔，因避难而来到宋国（崔大华《庄学研究》第29页，人民出版社，1992）；王葆玹则认为庄子是"宋国公的后裔，是宋国公族庄氏的不得意的子孙。"（《黄老与老庄》第174页，中国人民大学出版社，2012）

③ 王葆玹《老庄学新探》第177页（上海文化出版社，2002）。王葆玹解释庄子只与惠施交往密切这一现象时，认为庄子为宋之遗民，对宋之亡国有着深重的悲哀，而"惠施是以宋人的身份担任魏相，在身处魏地的宋国遗民心目中占有重要的位置"（见王葆玹《老庄学新探》第153页）。这非常牵强，纯乎以今人之意逆古人之志。

　　事实上，在"天下"这一理念和社会实践的影响下，春秋战国时期的人们对待自己的出生地（邦国）与我们今日对国家的理念有着本质的不同。他们看待自己出生的故国，就如同我们今日看待自己出生的省份、县市。我们并不会因为自己的出生地经济不发达，或者被划归为另一个省市管辖我们就不谈论中国的经济与政治。我们会忧心于家乡的不发达，但我们一样会讨论整个中国的发展走势。春秋战国之际，有相当多的士人在异邦效力（"楚材晋用"），甚至为异邦消灭自己的故国而发奋，那时根本就没有我们今日的"民族"与"国家"心态。如孟子、荀子，忧虑的都是天下，即便他们对某一国关心、关注或帮助，也是希望它能"王天下"，由一邦国而带动整个天下恢复到有序的状态。他们不关心邦国，因为邦国只是天子所赐封的，与百姓无关，与士人无关，与非王室的贵族无关，这个邦国不行了，他们可以到另一个地方去寻求发展；他们关心的是天下，关心的是自己天下理念的实现。[①] 所以用故宋被消灭而推定这是庄子不谈国家天下的原因，很有可能不成立。

　　庄子不谈国家问题，这或许只是一种难民心态或遗民心态（自己的邦国都不在了，还谈什么治国），或许是庄子对社会、对文明失望的表现[②]，更大的可能，是因生活环境所致，是他没有得到时代的欣赏。庄子与梁惠王、齐宣王同时，但他没有去过战国学术的最大护法者——稷下学宫（现有文献没有他去过的记载。或许去过，但没能待下去），他在战国学术界受到冷遇。他与当时名满天下的孟子没有交往，与同时代的知名人物如宋钘、杨朱等也没有交往的记载，同时代其他学界大人物的书中都没有他的名字（比他更晚的人物如荀子除外），可以判断庄子没有进入当时学术界的主流。庄子是寂寞的，他没有如惠施受命出行时"多者数百乘，步行者数百人；少者数十乘，步行者数十人"（《吕氏春秋·不屈》）那样的风光，也没有孟子出游时"后车数十乘，从者数百人，以传食于诸侯"（《孟子·滕文公下》）那般的气派，也没有享受到稷下先生们高门大屋的尊崇。即使是有弟子相伴的外出，也没有人多势众的记载，可见社会给予庄子的，应该是非常低调。也许正因为此，庄子才别出心裁，

---

　　① 张岂之先生认为，早期儒学（春秋战国之时）只有"人格"观念，到了西汉，国格观念才应运而生。见张先生之《儒学·理学·实学·新学》第41页（陕西人民教育出版社，1994）。另外，张岂之先生又认为："'国格'观念比'夷夏之辨'进了一步。'夷夏之辨'是一种狭隘的观念，而'国格'观念则是一种爱国主义思想。"（同上书，第41—42页）这可以商榷。按照本文的逻辑思路，春秋战国时期没有"夷夏之分"这一思想，在天下的中央是天子所在地，周围为王畿，在最外围是为"四夷"。但这"四夷"仍是"天下"这个统一世界的一分子，而不是相对立的国家；是遥远的亲戚，而不是有敌意的存在。在"天下"这个政治实体中，不存在当代意义上的夷夏之辨。有了国家观念，尤其是有了汉朝、有了汉人这一民族概念后，才有夷夏之辨。我认为，就"天下"理念而言，出现"夷夏之辨"，产生出"国格"观念，倒不是一个好事情。

　　② 侯外庐先生认为这是"社会危机时代"的观念体现。见《中国古代思想学说史》第98—99页，辽宁教育出版社，1998。

不与他人探讨同样的治理天下话题，而是自己探讨自己的内心世界，追求自我内在的逍遥。

（三）庄子既无"有"、又无"无"的人生哲学

庄子思想源发于老子，但又有他自己的发挥。老子认为"天下万物生于有，有生于无"，"无中生有"，① 用此来理解万物的产生与变革；而庄子则超越了"有"与"无"，否定了"有"与"无"谁更重要的可能性。认为有就是无，无有亦无无，有无同一，生死同形。老子是用"不妄为"来对待社会的变革，对待人世的转换；而庄子则对人世彻底失去了任何信念，对社会的现"有"不抱任何认同，对未来可能的新"有"也不期待，认为任何新出现的"有"都没什么意义。《庄子》书中的得道人物大都是残废之人，显示庄子内心的阴暗和对社会的讽刺。《老子》承认并且还很重视祸福、荣辱之别，而庄子则认为这些分别本来就是没有的，是出于人们的偏见。如果人能去掉这些偏见，荣与辱、成与败、祸与福、生与死就没有任何差别，人也就不会有任何痛苦可言。庄子的这一观点对社会而言是灾难性的，它取消了人们对现有社会的改造热情，取消了人们对未来新型文明的追求。②

庄子不主张有所为，也不希望无所为。这是一个不能并存的两面，是绝对对立的，而庄子却恰恰追求这两者的统一，或者说追求生存于两者间，希望做"无用之用"。③ 庄子故意模糊、混淆事物不同层面、不同位置、不同属性应有的不同表现形式，将其放在一块儿混煮，如《庄子·山木》中关于不鸣之雁与不材之木问题：

庄子行于山中，见大木，枝叶盛茂。伐木者止其旁而不取也。问其故，曰："无所可用。"庄子曰："此木以不材得终其天年。"夫子出于山，舍于故人之家。故人喜，命竖子杀雁而烹之。竖子请曰："其一能鸣，其一不能鸣，请奚杀？"主人曰："杀不能鸣者。"明日，弟子问于庄子曰："昨日山中之木，以不材得终其天年；今主人之雁，以不材死。先生将何处？"庄子笑曰："周将处乎材与不材之间。"

人们养雁，最主要的目的是食用，而不是听其鸣叫。雁能鸣叫并不就是说其为材，不叫为不材。但庄子就是故意混淆，常常偷换概念，让人上当受骗。

① 冯友兰先生认为老子的"道"与"有""无"是等值的，三者在某种意义上是一回事，是"异名同谓"。见《中国哲学史新编》（上）第十一章第六节《老子》中的宇宙观，人民出版社，1998。
② 奇怪的是，荀子对此倒没有进行批判！荀子所针对的只是庄子因大天而失去对人的信心，说他"蔽于天而不知人"（《荀子·解蔽》），是从天出发而对人的否定，对庄子的其他思想则没有说什么。
③ 如庄子称赞的因做无用之木而存养天年的栎社树（《庄子·人间世》）、大木（《庄子·山木》）。

当然，站在另一个角度看庄子，可知庄子提出的问题是"我们真正需要的是什么"？庄子认为我们最需要的是真正的自由，或称之为"逍遥游"，[①] 这是庄子反抗现实而寻找到的道路。

庄子的自由之路步骤为：一是破除"曲"，"曲士不可以语道，束于教也"（《庄子·秋水》），每人都是"坐井观天"的青蛙，需要广开视野；[②] 二是"齐物"，要"齐是非"和"齐生死"，不能认为世界只有一个真理或者说真理只有一种办法达到，而是多种真相并存、有多种达到的可能路径，"唯达者知通为一，为是不用而寓诸庸。庸也者，用也；用也者，通也；通也者，得也。适得而几矣。因是已，已而不知其然谓之道"（《庄子·齐物论》），不需要对现实进行改造，只需要对内心进行改造；三是坚持"两行"之法，要有逍遥情怀。不必去辨别什么，执着什么，人类应该不施于物，相忘于江湖，互不影响，各谋发展："泉涸，鱼相与处于陆，相呴以湿，相濡以沫，不如相忘于江湖。与其誉尧而非桀也，不如两忘而化其道。"（《庄子·大宗师》）"与其誉尧而非桀也，不如两忘而化其道。"（《庄子·大宗师》）"是以圣人和之以是非而休乎天钧，是之谓两行。"（《庄子·齐物论》）也就是说，社会上如儒墨之类那些彼一套、此一套的主张，都不过是猴子们的喜怒，都是朝三暮四，实质上什么也没能改变，听任他们去叫嚷好了，不必理睬他们，让他们自生自灭。"不谴是非，以与世俗处"（《庄子·天下》），去除一切是非之辩，不必将自己的感情浪费于其中。

这样状态下的庄子，自然与老子相距甚远，对待天下更加冷漠。

庄子的思想，"芴漠无形，变化无常，死与生与，天地并与，神明往与，芒乎何之，忽乎何适，万物毕罗，莫足以归"（《庄子·天下》）。致力于恍惚变化而没有常规，包罗万物但不知归宿，这就是庄子的真实写照。庄子在世时没有得到时人的激赏，哲学观念的推断又没有未来，所以也就不关心现实世界，不愿意谈论天下治理。

---

① 谢阳举先生认为庄子之"逍遥"大不同于西方之"自由"，见《逍遥与自由——以西方概念阐释中国哲学的个案分析》，《哲学研究》2004 年第 2 期。本文认为在个人无拘无束、不受外物干涉意义上，两者可互用。

② 这与荀子之批"曲"相同。荀子批庄子时，也认为庄子为"曲"，"庄子蔽于天而不知人"。

老学运用研究

老子《道德经》思想中"心身一元论"的科学应用与普及

内容提要：《道德经》是我国春秋时期杰出的思想家老子的代表作。它言简意赅，博大精深，其中也蕴涵着丰富的心理学及身心健康教育的思想。作为道家思想的代表经典老子《道德经》云：道生一，一生二，二生三，三生万物。又说，天下万物生于有，有生于无。再说"载营魄抱一，能无离乎？""专气致柔，能如婴儿乎？涤除玄览，能无疵乎？"秉承其思想的中华医学（中医）认为，神本于形而生，形是神的载体，神为形的主宰，二者相互依存，不可分割，如《灵枢·本神》曰："生之来谓之精，两精相搏谓之神。"老子的至上境界"抱一"状态，它体现了身体和精神的和谐统一，正是心理健康的最佳状态"身心合一"。由此而来的心身一元论，也可以叫身心一元论、心物一元论，其核心即心理和生理的起源、运作、相互影响等是同一性的，是一体的，而不是二元对立的。此处的心，是指人的意识、心理和精神活动的总和，并非是大脑或心脏。心身一元，是指生命体的两个方面，是融合的、整体的、相互作用、相互影响，而不能相互替代的，也不能相互分割的。事实上，这已是科学和医学的主流认知。这一观点，无论是在解决心理问题和治疗心理疾病的时候，还是在社会生活与应用中都有非常大的指导意义。

关键词：道德经　心身一元论　身心健康　舞蹈

心身一元论是哲学一元论的逻辑结果，不管是唯物主义还是唯心主义，都认为身（肉体）和心（精神）在本源上是同一的，要么是统一于物质，要么是统一于精

　＊　华崇明（1977—），男，辽宁大连人，江西省新余市仰天观住持、新余市道教协会会长、中国科学院心理研究所心理学在职硕士、中国人民大学宗教学在职硕士、北京师范大学哲学易学博士、亚洲城市大学工商管理硕士 MBA、波兰热舒夫大学工商管理博士 DBA。研究方向：中华道学、中国哲学、中华文明与世界文明传承与融通，宇宙生命科学、生命共同体和人类命运共同体。

神，实际上唯物与唯心也是辩证统一的。这是哲学主流。《道德经》里所体现的"心身一元论"，在人类社会的方方面面都起到重要的作用。本文从中医领域、心理领域、舞蹈领域三个方面阐述"心身一元论"的现今科学应用和普及。

一、"心身一元论"在中医领域中的应用和普及

秦汉以前是中国传统医学发展的重要历史时期之一，这一时期中医学对以往的医药经验进行了系统总结，形成了中医学的基本学术体系。《黄帝内经》中的心主神明、五脏藏神、情志致病理论是这一时期医学相关理论的核心内容，且一经形成，沿用至今。在形神合一、形质神用的朴素唯物主义影响下秦汉时期"心身一元论"的医学观念成为中医医学观念的突出特征之一。在"心身一元论"的指导下，中医学对疾病病因和治疗的探索强调了对疾病整体状态从症候上做和躯体疾病大致相同的把握，"心身一元论"观念在中国思想史上长期存在，并对中国文化中的医学观念产生了很大的影响。

"心主神明"是在中华传统文化大背景下，在中医学藏象理论（现又称脏象理论）的基础上产生的。"形神合一"的生命整体观，揭示了人的生命是由形和神两方面构成的有机统一整体。"心主神明"是中医学运用藏象学说一元化阐述人体复杂生命活动规律的说法，它认为人的生命活动最高主宰是"心神"，生理和心理活动都统一在"心神"之下进行，从心理的角度强调了心神对精神活动的主导作用及心理和生理之间相互影响的机制。在此我们引出了心理与生理的关系，在下面的中医心理学中，我们再详述。

二、"心身一元论"在心理领域中的应用和普及

说到在心理领域的应用和普及要从中医心理学和西方心理学两方面看。

（一）中医心理学

中医心理学是基于中医理论研究人的心理活动规律及心理因素或行为在疾病的发生、发展、诊断、治疗和预防中的作用的一门交叉学科，"心主神明"是中医学运用脏象学说一元化地阐述人体复杂生命活动规律的说法，它认为人的生命活动最高主宰是"心神"。此处的"心"，远不止是血肉之心，更多的内涵属于精神活动的范畴。《灵枢·邪客》所言"心者五脏六腑之大主也，精神之所舍也"，则概括了"心主神明"的内涵。"五脏六腑之大主"，是指主导脏腑机能活动；"精神之所舍"，是指主导精神意识思维活动，明确指出人的生理活动和心理活动都统一在心神主导之下，因此"心主神明"是"心身一元论""心理生理一元论"的理论基础。《内经》运用

五行归类的方法，将人类的精神活动按其与五脏的关系，归纳为神、魂、魄、意、志"五神"。"五神"是对人类精神活动不同层次、不同内涵、不同阶段的概括，其中心神为最高统帅，魂魄、意志都是在心神统领之下进行的各有分工的精神活动。这些活动虽有分工，但在心神的主导下又相互联系或制约。因此神、魂、魄、意、志分而言之为五，但合而言之仅为"心神"。张介宾（张景岳）说："人身之神，唯心所主……外如魂魄志意五神五志之类，孰匪元神所化而统乎一心。"中医心理学认为人的精神活动虽有分工，但都属于"心主神明"的范畴，在心神的主导下相互联系、制约。我们以恐惧情绪为例，心身之间会相互影响，当一个人突然面对恐惧的事物，心理和情绪会产生急剧变化，引发一系列的生理反应，比如，立刻会呼吸急促、出冷汗、脸色发白、肌肉颤抖、两腿发软等等，这种情况人们都能理解，这是恐惧引起的生理变化，而相反的情况，就不是每个人都能轻易理解的了，即生理引起心理和情绪变化。

比如，过度换气诱发恐惧情绪的实验，实验目的是，让有惊恐障碍的患者，验证并确信主动控制呼吸的方法可以缓解惊恐。实验过程是，对于有过惊恐发作经历的患者，自己将恐惧情绪从低到高主观分级，在实验室内，让实验者做到心态平和，有安全感并且没有任何恐惧情绪，此时，让实验者主动加快呼吸的频率，如一秒钟一次，呼吸变得浅而快，持续一分钟到三分钟，同时让其观察自己的内心恐惧级别，一般会在三分钟之内，实验者的恐惧等级会明显示上升，甚至出现惊恐发作之前的表现。

实验的原理是，因为呼吸频率快，体内二氧化碳被过度地排出，这就会造成血液中的二氧化碳严重不足。而二氧化碳对维持体内的酸碱平衡有着重要的意义，过低就会引起碱中毒，出现与惊恐发作相似的感受。通过实验，参与者了解到，呼吸加快的生理现象，可以引发惊恐的感受，而缓慢的呼吸同样可以治疗惊恐的感受，这就是缓慢呼吸放松法和纸袋呼吸法缓解恐惧心理的原理。以上两方面充分说明，心理与生理，生理与心理，可以明显地相互作用。那么，那关于疾病的问题，是生理疾病还是心理疾病？这个问题就很好回答了，答案是，既是生理的，也是心理的，生理和心理的一体的，等同的，不能截然分开的。

有些人由于个人认识问题，比较抵触药物治疗，有些轻、中度抑郁患者，在精神科医生的建议下，进行心理咨询和心理治疗达到痊愈，这种例子非常多。事实上，不光是心理疾病，包括身体上的疾病，通过心理学的方法，也有治愈的案例。

网络或者媒体都曾报道过，有些人得了绝症，特别伤心，机缘下经过某些心灵的启迪后，患者的内心思维发生改变，既然痛苦已无法改变，那么，为何我不快乐逍遥地过好每一天，每一时刻。或者发大愿，愿以我现在的痛苦，代替我的父母、孩子、家人等不再受苦，以至于，愿全天下所有人的痛苦由我来代受，让他们得到最究竟的安乐幸福。过一段时间，到医院去检查的时候，这个病根本没有了。这不是传说，类似的例子，可以求证的，现实中听说有很多。这是在理性、安静状态下的一种真实的思维活动，也是一种修行的方法，也许并不涉及任何医学和生理学，完全在心理学的范围内。事实上，这是一种极度仁慈自己、利他的伟大思想，这种修法，基础是真正升起这种坚定的信念（理性而言，这种想法或愿望，当然是不可能实现的，似乎是宗教性的，而这种强大的内心活动，会产生作用，值得深思和理性研究）。

　　这种修法，虽然只是一种心理活动过程，但是真正深入、长期体验的患者或学者们会知道，这并非只是"想一想"而已，在真正安静下来，在无为的状态中，进入这种思维，并发自内心的体验之后，身体会有各种各样的反应，比如在真正对他人生起慈心和悲心的时候，可能会不由自主地、发自内心地痛哭流泪，而这种状态，体验者会知道，这不是脆弱，不是痛苦，而是心变得柔软、广大，似乎包容万物，而这之后的心情和身体感受，却是极度愉悦、轻松自在的。是一种大道慈悲，利益万物的与自然万物融合一体的感觉。这些纯粹的心理学范围内的方法，之所以有巨大身体治疗的作用，从心理学角度去看，是积极、正向、深度的情感和觉知体验在起作用，这完全符合心身一元的理论。

（二）西医心理学

　　西方心理学是在研究心和身的性质及其相互关系的基础上产生的。具体说来，是关于心理的实质是什么，心和身在本质上是一样的东西还是两种完全对立的东西的问题。其关键是如何看待心理的实质。心身问题是心理学、精神病学、心身医学、神经科学及哲学等学科共同关心的问题。从心理学来讲，心身问题可表现为心脑问题、心理与生理的关系问题或心理活动与高级神经活动的关系问题等形式。由于物质世界可见可触，人们更容易相信物质的决定力量，而对心灵能量报以怀疑的态度。在 17 世纪的西方，以唯物为宗的科学得到全面发展，西方医学受到笛卡尔"心物二元论"影响，否定人的心理与生理行为相互关联。比如 18 世纪法国哲学家、医生拉美特里在《人是机器》一书中，就运用大量当时医学、生理学和解剖学的科学材料，论证人的心灵对人的机体组织特别是对人脑的依赖关系。

　　他认为，人的身体状况毫无例外地决定人的心灵状况，人的机体组织则是像钟表那样的由机械规律支配的自动机器。这些观点都成为西方医学的共识。20 世纪中叶后，由于脑科学和心理学的发展，并由于马克思主义哲学在心身问题上的正确观点，逐渐出现了一些朝唯物一元论方向发展的心身理论。20 世纪 80 年代中期，医学实践有了新的发现。一门全新的心理神经免疫学逐步建立起来。从小白鼠到人体的一系列实验表明，心理活动或念头可以引起内分泌系统、神经系统的变化，从而带来身体真正的生理反应。

简单地说，令人愉悦的事情可以提高你的免疫力，而忧伤愤怒的情绪会降低你的生命能量，运用意念就可以改变你的健康，身体和心灵可以相互影响的古老猜测在科学实验中得到了证明。布朗斯坦从这门新兴医学中得到启发，他认识到数百年来西方医学教育把心灵和肉体视为两体的观念是错误的，这直接促使了他对自愈系统的探索。

布朗斯坦在书中写道："当你理解了你心理的力量，以及它的积极的和消极的作用力，你就不会再浪费宝贵的时间和精力，为你的疾病和不健康去责备外在力量，包括命运、坏的基因、邪恶的微生物、污染的环境或者别人。"从这个意义上讲，你的情绪决定着你的健康，你的意识决定了你的未来，我们都是自己命运的创造者。现今大部分的心理学家都普遍坚持"身心一元论"。也就是说身心是统一的，人的心理活动是生理活动的产物，一切心理功能都是脑的功能。所以说要想好好研究人的心理活动，就一定要把相应的生理机制搞清楚。

可想而知，生理学对于心理学是多么重要。因为心身一元，所以只治疗身体，可以治好心理疾病；同理，只针对心理进行治疗，同样会对身体产生积极作用；那么，生理与心理同时治疗，是更好的解决之道。心理治疗中很多用药物、生理方面的治疗取得痊愈的例子，很有趣的是，在治愈后，很多患者会不约而同认识到，心理因素在防止复发方面的重要作用。从生理方面、心理方面以及从两个方面结合，都能达到临床治愈的效果，而二者结合会有更佳的效果，这充分说明心身一元论。部分心理学理论：NLP神经语言程序学有12条前提假设，其中第4条：只有感官经验塑造出来的世界，没有绝对的真实世界。SFBT焦点解决短期治疗强调："现实"并不是一个存在于人意识之外的世界，而是作为观察者的人的精神产品。这些理论也完全符合"心身一元论"。

三、"心身一元论"在舞蹈领域中的应用和普及

在人类创造出语言和文字之前，舞蹈在原始人的生命中是至高无上的。然而人类文明越是向前发展，舞蹈遭受的误解越多。从之前的"神圣不可侵犯"沦为供人"娱乐赏玩"的境地。这就不禁让人提出疑问，舞蹈的根在哪里，舞蹈的本质是什么。心身一元论的提出，使所有的疑问变得清晰。身心的一致性是舞蹈艺术源远流长的根本，身心一元化是舞蹈艺术得以生生不息的不竭动力和本质性体现，身心一元论的提出为舞蹈审美和舞蹈艺术教育标经立纬。当今社会舞蹈的普及程度越来越高，

但流传于世的好作品却少之又少，这是舞蹈表演者的局限。之所以称之为表演艺术，是能给观者带去良好的审美体验，而舞者必须做到"身心一元"，才能呈现出肢体与心灵相互交融的好作品。以舞蹈美学的视角作为切入点，对"身心一元论"在舞蹈本体、舞蹈审美中的问题进行探讨，分析其价值和意义，并将该理论运用于舞蹈训练、舞蹈表演及舞蹈审美中，不仅使舞者注入作品灵魂，且满足观者审美需求从而达到共鸣。舞蹈的本质是肉体与灵魂的高度统一，打破肉体与灵魂的界限，我们以身心一元论的角度来看舞蹈欣赏与舞蹈教育，可以发现二者是不可分割的，相互融合的。舞蹈欣赏即舞蹈的意识，而舞蹈教育即身体，只有以二者高度统一为核心原则，才能明白中国人在几千年前就形成了自己的舞蹈哲学，道家称谓"天人合一、道法自然"。当今已有众多的文章向我们揭示了"心身一元论"在舞蹈美学中的重要性。

综上所述，文中的传统经典或理论体系，都能支持心身一元论的思想，从三个方面的举例阐释，不难看出这一思想理论现今在很多方面得到科学应用与普及。树立"心身一元论"，对我们生活所有的方面都会有积极的指导意义。"心身一元论"在老子思想中有充分的阐述，也是老子"道德经"给予我们的宝贵智慧！

道点北斗　日月自如

——"老子五千言"的文化智慧及传承运用

李晓红　金万学 *

内容提要：紫气东来，尹喜拜师，方留传之于世的"老子五千言"——道德经。美好的传说传递着中华民族对文化智慧生生不息的追求理念。面对"老子五千言"玄妙的文字组合，如何破解和理悟老子传递给我们的文化和智慧，两千年来误读者数不胜数。资料显示，自先秦以来，耗其一生标注"老子五千言"标点者已近三千人，这都是当其时代的绝顶聪明之人！谨以此文向诸位前辈致敬！吾辈将一如既往地继续探寻这个似乎在人类头顶上放了"明珠"而旋即无踪的人，继续探寻"老子五千言"给我们留下的"无"的永恒之"道"，继续探寻如何用此"道"来理悟"老子五千言"的文化智慧。

关键词：道　文化智慧　动态人生学　传承运用

本文拟从以下几个方面和大家共同探讨"老子五千言"的文化智慧及其传承运用。

一、个人己见怎么读"老子五千言"

老子，姓李名耳，约公元前 571 年出生，曾做过周朝守藏室官员（一说柱下史）。其为官之所在，前朝的文字书籍无所不有，老子阅读之苦、阅读之幸无以考证，但老子悟道之传道之途则可以感受——"上士闻道，勤而行之；中士闻道，若存若亡；下士闻道，大笑之。不笑，不足以为道。"[②] 从这些文字中，我们可以品味出老子传道

---

　　* 李晓红（1966—），女，山西临汾人，山西大学马克思主义学院副教授，北京大学哲学系访问学者，中国马克思主义哲学史学会理事，研究方向：动态人生学、马克思主义理论；金万学（1964—），男，辽宁沈阳人，动态人生学文化研究室负责人，研究方向：动态人生学、《道德经》文化及应用研究。

　　② （春秋）老聃著，张光裕编著：《老子（附庄子）》，北京：燕山出版社，2000 年，第 37 页。

的阅历和认知，道之超然，老子觉醒。

于是，老子出关去了，不知所踪，之后才有了"紫气东来"尹喜拜师的传说。按照地理位置考证，尹喜应该是散关令，其老家是在甘肃的临洮。据传，尹喜见到老子后，鼎助老子完成了五千言的竹简，旋即和老子相携出关云游，抑或和老子一起回临洮传道。临洮岳麓山至今保存有老子飞升地，每年三月祭拜老子，李氏族人众多等等，由此或许可以找寻到老子出关后之去处。

老子出关时留下来的"老子五千言"，或许因为竹简保存得不易，当然也有后传者标点文字不清之因，致"老子五千言"版本现存多种。

笔者认为，"老子五千言"不可不读，但万不可诵读，也不能当书读，更不能视其为"经"读，应以不读之读读之……老子是在人类头顶上放了"明珠"而旋即无踪的人。不玄，人类每个人都可读，只是一定要把"老子五千言"认全了去读，玄门自开。

笔者认为，"老子五千言"之读，必力求破除窠臼，以"道之无"在虚极守静之状态中悟之。

下面，我们和大家分享著名学者林语堂先生阅读"老子五千言"的收获，以此来理悟"老子五千言"带给我们的文化智慧。

二、林语堂先生怎样读"老子五千言"

林语堂先生著有一本《圣哲的智慧》[1]。2002 年出版的《圣哲的智慧》是继《孔子的智慧》和《老子的智慧》之后的合订本。其中《孔子的智慧》是 1938 年出版的，《老子的智慧》是 1949 年出版的，这两本书的出版时间竟然间隔了十一年！这意味着，林语堂先生在《孔子的智慧》出版后，整整花费了十一年的时间，精心准备和不断积累才出版了《老子的智慧》，由此，我们可以深深感到一代学人林语堂先生治学的严谨和认真。

林语堂先生应该是以王弼版《道德经》来分析研究和讲述"老子五千言"的智慧的。林语堂先生并没有打乱《道德经》八十一章的分段，却做了将《道德经》八十一章"七分"的工作。具体是把"老子五千言"分为道之德、道之训、道之体、力量之源、生活的准则、政治论、箴言七个部分论述了"老子五千言"的智慧。

林语堂先生认为，"老子的隽语，像粉碎的宝石，不需装饰便可自闪光耀"[2]。他认为，了解老子最好配合庄子来读："因此，从七万多字的《庄子》一书中选择精华，

---

① 林语堂：《圣哲的智慧》，西安：陕西师范大学出版社，2002 年。

② 林语堂：《圣哲的智慧》，第 181 页。

便不难说明老子思想的意蕴了，但一般人却很少做这种尝试。"① 显然，林老先生要做的尝试是非常用心的。林先生七分《道德经》，以"道之德、道之训、道之体"开篇；道之德是第一章至第六章；道之训是第七章至第十三章；道之体是第十四章至二十五章；力量之源是二十六章至四十章；生活的准则是四十一章至五十六章；政治论是五十七章至七十五章；箴言是七十六章至八十一章。林先生努力尝试去解读老子智慧并用"七分法"打破了"老子五千言"以往的"道经和德经"的分法，认为德是"道之德"；然林先生没有继续打破窠臼，把八十一章再重新分一分章节，但是把"道"的三分"道之德、道之训、道之体"用来开篇，已经比一般的"老子五千言"的解读类书籍之可读性提高了很多。

魏晋的何晏、王弼等人打破窠臼，来得更简单，直接从"老子五千言"里拿出几个核心文字就开辟了一个思潮，那就是"玄学"。

老子之道于魏晋，成为玄学之根，在于王弼等人，"玄之又玄，众妙之门"②，玄为道，道的核心是无。魏晋玄学之显，是"老子五千言"道的理念济世发展的一个重要路标。王弼也谈庄子，但庄子这时地位更高，是"易老庄"三玄之一，从这个层面讲，《老子》《庄子》《易经》是玄之三极。那么，《老子》讲道，讲无，讲无中生有、无为无不为；《易经》讲方园人事，八八六十四卦，天道地道人道三合一；《庄子》洋洋洒洒七万字，滔滔不绝振聋发聩，"天地与我并生，而万物与我为一"③，庄子《齐物论》谈的是生命之外的永恒，庄子之道乃黑格尔思想之"魂"。王弼说：玄，谓之深者也；玄学是研究幽深玄远问题的学说。玄学即"玄远之学，"无""自然"和"无为"是核心理念。何晏与王弼等人倡导玄学，以为天地万物皆以无为本，无也者，开物成务，无往不存者也，认为"道"或"无"能够创造一切，"无"是最根本的，"有"靠"无"才能存在。

那么，怎样理解林语堂先生所讲的老子智慧？怎么理解"无"？怎么理解"道"，老子两千多年前通过"老子五千言"意在给我们传递什么？

三、老子的"老子五千言"可能在传递什么

老子可能在传递什么，或许我们可以换一种角度思考，那就是"老子在想什么"下面或许是老子悟道的几个场景：

1. 和我们一样，当然是立姿而"仰望星空"。白天也好，夜晚也好，仰望星空应该是"慧者"的入门，孤独的老子也不例外。立而仰望星空，卧而与大地相融，星

---

① 林语堂：《圣哲的智慧》，第 181—182 页。
② （春秋）老聃著，张光裕编著：《老子（附庄子）》，第 11 页。
③ （春秋）老聃著，张光裕编著：《老子（附庄子）》，第 93 页。

空也不再是"仰望"，致虚极盘膝而静；星空，大地，孤独的"慧者老子"会想到生命，会想到孤独的人类，会想到万事万物万理，会想到宇宙，会想到智慧的永恒；致虚极，守静笃，万物并作，吾乃"慧者老子"！"慧者老子"作为一个人类独特的个体在虚极态中而与万事万物万理相融，虚极而无，静而寻点无踪，虚极守静寻吾之点而"道"生，这应该是"慧者老子"修行的一景（捕捉两千年前之场景不易，文字表述得匮乏也感无奈）。虚极守静吾之点，道也；虚极点无，道动无中寻点，"三动一静入虚实，点化回圆万理生，万物情生智慧清……"①道动而生，道何以动？何以生？道为何，何为道？"有物混成，先天地生。寂兮寥兮，独立而不改，周行而不殆，可以为天下母。吾不知其名，强字之曰'道'，强为之名曰'大'。"②"道之为物，惟恍惟惚。惚兮恍兮，其中有象；恍兮惚兮，其中有物；窈兮冥兮，其中有精；其精甚真，其中有信。"③道，先天地生；非要比高低上下，道"可以为天下母"，先天地生，天地与"道"没有可比性。茫茫星空，修行之路致虚极，守静笃，万物并作，吾悟道而融；星空之中"北斗七星"闪烁，道动而融，生一。渺小的人类个体点融人类，孤独而渺小的人类点融日月，智慧人类日月明，日月生态体系维持着人类的存亡，道动而生，"道生一，一生二，二生三，三生万物"④。这是老子对宇宙之理"道"的终极探讨，人类对"道"的永恒追寻，就是人类智慧的永恒积累，是人类生生不息的积累：虚极而静，道出生一。

2. 立而仰望星空，卧而与大地相融，盘膝而致虚极，守静，悟道生而一，一生二，二生三，三生万物。生命有限，道之永恒。"上善若水。水善利万物而不争。"⑤"谷神不死，是谓玄牝。玄牝之门，是谓天地根。绵绵若存，用之不勤。"⑥"古之善为士者，微妙玄通，深不可识。夫唯不可识，故强为之容：豫兮，若冬涉川；犹兮，若畏四邻；俨兮，其若客；涣兮，若冰之将释；敦兮，其若朴；旷兮，其若谷；混兮，其若浊；澹兮，其若海；飂兮，若无止。孰能浊以静之徐清？孰能安以动之徐生？"⑦"知人者智，自知者明。胜人者有力，自胜者强。知足者富，强行者有志。不失其所者久，死而不亡者寿。"⑧对生命的探寻，对生命价值的比喻"水"；对宇宙之理"愚"的冲击为"为学日益，为道日损。损之又损，以至于无为，无为而无不

---

① 李晓红：《九态三步——人生的自导成长》，北京：中国商业出版社，2009年，第22页。
② （春秋）老聃著，张光裕编著：《老子（附庄子）》，第27页。
③ （春秋）老聃著，张光裕编著：《老子（附庄子）》，第24页。
④ （春秋）老聃著，张光裕编著：《老子（附庄子）》，第38页。
⑤ （春秋）老聃著，张光裕编著：《老子（附庄子）》，第15页。
⑥ （春秋）老聃著，张光裕编著：《老子（附庄子）》，第14页。
⑦ （春秋）老聃著，张光裕编著：《老子（附庄子）》，第20页。
⑧ （春秋）老聃著，张光裕编著：《老子（附庄子）》，第32页。

为"①。对情绪幸福的化解感慨"孰能浊以静之徐清？孰能安以动之徐生？"②涤荡在这些文字里的场景，感知着，汇聚着，流淌着，静静地回味……智慧人类追寻永恒的冲动，触动着智慧的各个活力点；满满的虚，似被天地所囿，何以破？满则通虚，虚极悟道，道生无，无中生有；虚极而静，笃之，万物为吾回则通，大虚务大实，大实归虚，万事万物万理三实归虚；三合一道通回无，无中生有，一分为三合而无，为一；一生二，二生三，三生万物。老子，这个在人类头顶上放了"明珠"而旋即无踪的人，的的确确生活在过去，生活在大约 2600 年前，在为我们指点迷津。生命有限，道之永恒。

3. 大地方圆，日月自如，道，先天地生，独立不改，周行而不殆。生一，生二，生三，三生万物，万事万物万理，在"道"的驱动下，我们个体、民族乃至人类越来越智慧，在"道"的指引下，我们个体、民族乃至人类更知道在日月体系中如何相融而不是自我毁灭。

"重为轻根，静为躁君……轻则失根，躁则失君。"③"天下之至柔，驰骋天下之至坚。无有入无间，吾是以知无为之有益。不言之教，无为之益，天下希及之。"④"道可道，非常道，名可名，非常名。无名，天地之始，有名，万物之母。故，常无欲，以观其妙；常有欲，以观其徼。此两者同，出而异名，同谓之玄，玄之又玄，众妙之门；"智慧出，有大伪；"⑤"有物混成，先天地生。寂兮寥兮，独立而不改，周行而不殆，可以为天下母。吾不知其名，强字之曰'道'"⑥。人类日月生态体系，吾之识一，大而巨巨而无形；吾之识二，小而细细而微微而无踪；吾之识三，人居大地，日月自如。人类日月生态体系，"道"之存，为人类生生不息，道无处不在。老子悟道此场景，窠臼之破，道也，无中生有，无为无不为。

"老子在想什么……"，其场景不胜枚举。想到了，明白了，于是就悟"道"了。孤独的人类，孤独的我们和赖以生存的星球——地球，"有物混成，先天地生"，星空之上，北斗显，大地方圆，日月自如。老子在想什么，老子可能在传递什么？其实就是"道"。"道"是人类个体乃至人类的智慧，需要我们生生不息地追寻，人类永恒的智慧汇聚成点，即"道"也。"天长地久，天地所以能长且久者，以其不自生，故能长生。"⑦老子悟道后在传道中的经历："上士闻道，勤而行之；中士闻道，若存

---

① （春秋）老聃著，张光裕编著：《老子（附庄子）》，第41页。
② （春秋）老聃著，张光裕编著：《老子（附庄子）》，第20页。
③ （春秋）老聃著，张光裕编著：《老子（附庄子）》，第27—28页。
④ （春秋）老聃著，张光裕编著：《老子（附庄子）》，第38页。
⑤ （春秋）老聃著，张光裕编著：《老子（附庄子）》，第22页。
⑥ （春秋）老聃著，张光裕编著：《老子（附庄子）》，第27页。
⑦ （春秋）老聃著，张光裕编著：《老子（附庄子）》，第14页。

若亡；下士闻道，大笑之。不笑，不足以为道。"① 也许正是这些经历，老子选徒也是慎之又慎，才有了出关后的尹喜。或许，老子通过其五千言阐述了"中华民族智慧"乃至"人类智慧"是如何构成的。

"道"是核心之点，"道"如果理解为智慧："道生一，一生二，二生三，三生万物。万物负阴而抱阳，冲气以为和。"② 于是，人类认识和积累的初始过程开始了，一点，一点，一维，二维，三维，三而合一生万物，人类的认识也从无边的大地意识到了日月地的生态环境，看到了星辰和无际的宇宙，知道了四维，悟到了五维虚极实归，最终形成了智慧的积累。"反者，道之动；弱者，道之用。天下万物生于有，有生于无。"③ 意即"无"乃智慧之道，反之动无之用，无中生有，万物生于有，三生万物，有则三，三合一乃道之动，初始为道之动，道生一也，二生三，三生万物。道反之动无之用，生万物。智慧之无有所悟，道生一反之动，智慧积累虚实清。

迄今为止，人类的发展是无限的，"道"在人类头顶上"明珠"的作用也是永恒的。老子"道"文化的深入研究和发展是我们中华民族实现伟大复兴的必要组成部分，老子"道"文化的践行是我们每个研究老子"道"的文化工作者肩负的责任和使命。

四、文以载道，动态人生学致力于传承运用"道"

文化是什么？目前对于"文化"的定义，已经多达两百多种。文化，被越理越乱了。笔者愚见，文化指的是人类区别于宇宙中他类的根源性标志，是人类在日月生态体系中对构建理想社会自由、自觉、自省的永恒追求，是人类智慧的积累传承。由此也决定了人类个体是文化的载体，每个人类个体肩负着文化使命。文明以止，人文也，观乎人文，以化成天下，即"文以载道"，即"以文教化"。

"动态人生学"是研究人类个体生死之间文化、智慧和生命价值方圆拓展过程的学问。"动态人生学"提出十大文化理念，其中关于其第一大理念——自导成长理念的论述于 2009 年 5 月正式出版学术专著《九态三步——人生的自导成长》，该书于 2009 年荣获山西省"百（部）篇工程"二等奖，这同时标志着"动态人生学"的正式问世。"动态人生学"于 2011 年 9 月同时走进山西两所大学，成为两所大学的公共选修课，十余年来，"动态人生学"文化理念已经影响了近万名学子的成长成才。

动态人生学是一套言简意赅的人生理论体系，旨在引导生命个体的成长，使其人生价值智慧化。"动态人生学"提出十大基本文化理念：（1）九态三步（自导成长理

---

① （春秋）老聃著，张光裕编著：《老子（附庄子）》，第 37 页。
② （春秋）老聃著，张光裕编著：《老子（附庄子）》，第 38 页。
③ （春秋）老聃著，张光裕编著：《老子（附庄子）》，第 36—37 页。

念）；（2）九能三用（能力理念）；（3）九相三境（动态中目标定位理念）；（4）"三态九分"（成才、价值理念）；（5）人生即文化——"感谢文化理念"；（6）人生张力理念；（7）文化三根源理念；（8）智慧五观点理念；（9）三境球理念；（10）人生多景图。我们每个人都在探寻生命和生活的意义，每个人都有着对美好生活的憧憬，每个人主体意识的增强，都是对自己的生存状态及其命运的反思，实质上是"自由、自觉、自省"的人生智慧在其个人身上的体现。我们每个人都应该终其一生进行自我教育，人生是不断积累、不断超越、不断修正的过程。

"动态人生学"在诞生时，在教学实践中，在研究成长中，以及在其文化传承中不断发展和完善，整个过程均从"老子五千言"里获益匪浅，亦深感中华民族的文化智慧如何应对当今社会的日新月异的任务迫在眉睫。"重为轻根，静为躁君。"[1]"道"文化的意义越来越重要了；"文以载道"，"以文教化"，"动静文聚裂"，约2600年前的老子"道"文化"无为而无不为"。人才器大，大器晚成，大成若缺，大盈若冲，大直若屈，大巧若拙，大辩若讷！大为逝、远、反，道也。理悟、理悟、再理悟，其中清淤愚无之能效，"淡中知真味"。

动态人生学展现的人生多景乃身化之显，理方虚动、实文清谢而生，是静中化而显之景。"动静文聚裂"，人生多景其中五景"读书行路——方中点；五彩缤纷——镜里花；浮功名利——身方园；家福源爱——生祥云；智慧活力——水万理。"[2]

五、老子的道，中华智慧源远流长

道点北斗日月自如，三动一静入虚实，点化回圆万理生，万物情生智慧清。诗曰："去时凡胎凡骨重，得道身轻体亦轻。举世无人肯立志，立志修玄玄自明。"[3]老子曰：玄之又玄，众妙之门。

上善若水，水善利万物而不争；道生一，一生二，二生三，三生万物，生生不息，万物负阴而抱阳，冲气以为和。人类目前困境，清为本，人类之慧术智何去何从。

道点北斗日月自如，人类已经进入到第二生态体系"日月地生态体系"，如何理解"老子五千言"之老子的智慧，并将老子智慧运用在世界万事万物的发展中，是当代老学研究中较为迫切的任务，更是我们研究"老子五千言"者的责任和使命。

老子博古论今，将中华智慧乃至人类智慧冠以先天地生之"道"，微妙玄通，融万事万物万理合一，融时空于一体，虚静而无，智慧之生"无"，虚实动静，"无为

---

①　（春秋）老聃著，张光裕编著：《老子（附庄子）》，第27页。
②　李晓红：《九态三步——人生的自导成长》，第231—232页。
③　李晓红：《九态三步——人生的自导成长》，第23页。

无不为"。老子"道"文化，中华之智慧源远流长，水善利万物而不争。

道点北斗，日月自如……

优秀传统文化教育与高校思政课教学融合研究

——以《道德经》融入"毛泽东思想和中国特色社会主义理论体系概论"课教学为例

程根宝 *

内容提要:《道德经》和"毛泽东思想和中国特色社会主义理论体系概论"课在内容上相通。教师应遵循契合性、理解性和创新性的原则,通过情境教学等多种教学方法实施《道德经》和"概论"课的融合,以达到增强"概论"课教学效果和进行优秀传统文化教育的目的。

关键词: 传统文化教育 《道德经》融合

当前,国家高度重视高校思想政治课教学,也大力倡导优秀传统文化教育。《道德经》是古代的思想文化名著,"毛泽东思想和中国特色社会主义理论体系概论"课(以下简称:"概论"课)是思想政治理论课程,二者融合可促进"概论"课教学也可传播优秀传统文化。

一、融合内容

(一)与市场经济理论的融合

亚当·斯密在《国富论》中首次系统描述市场经济的运行理论。亚当·斯密认为,个人利益是人从事经济活动的唯一动力,参与经济活动的人就是"经济人"。在社会经济活动中,市场这个看不见的无形的手在自发地发挥作用,促使资源在"经济人"之间流动分配,促进经济财富增长。政府担当"守夜人"角色,保障自由经营和合

---

* 程根宝(1967—),男,安徽马鞍山人,安徽省马鞍山市师范高等专科学校思政教学部教师,副教授,研究方向:优秀传统文化与高校思想政治理论课教学融合研究。

法竞争。亚当·斯密的市场经济理论影响巨大，是人类文明的优秀成果。新中国成立后，因为种种原因走上了计划经济的发展道路。1978 年十一届三中全会之后，中国开始走上改革开放的道路，学习借鉴人类文明的一切优秀成果是改革开放的重要内容。1992 年，党的十四大提出社会主义市场经济体制改革的目标，到 20 世纪末，我国的社会主义市场经济体制初步确立。2012 年，党的十八大提出，要让市场在资源配置中发挥决定性作用和更好地发挥政府作用。

"道常无为而无不为"[1]《道德经》第 37 章，以下只注章"我无为而民自化，我好静而民自正，我无事而民自富，我无欲而民自朴"（第 57 章）。"无为"不是不作为，是指不违背规律的作为，是不强为、乱为和妄为。"无为"中包含"有为"，"有为"是"无为"前提下的"有为"。"无为"之于社会主义市场经济理论，就是要求确保市场在资源配置中发挥决定性作用。原来的计划经济模式是政府强势"有为"，这种"有为"不是我们现在说的"有为"。那时的政府"有为"是政府相关部门制定和发布经济计划的指令。人民群众被动消极执行计划和命令，因而生产积极性不高，生产效率也不高。今日社会主义市场经济也包括政府"有为"，今日政府"有为"是"无为"前提下的"有为"，是指政府要发挥更好作用，比如法治政府建设、政府对经济发展的引导和发挥宏观调控作用等。也就是说，今日政府"有为"的内涵已经大不同于改革开放以前的政府"有为"了。今日社会主义市场经济体制的运行过程中，坚持政府"无为"的理念就是要确保市场在资源配置中发挥决定性作用，坚持"有为"理念就是要更好地发挥政府作用，也就说今日政府既要"无为"又要"有为"。

（二）与生态文明理论的融合

当前，保护资源和环境刻不容缓。习近平总书记指出，绿水青山就是金山银山。生态环境破坏与西方哲学思想有关。西方哲学把世界分为人类主体与自然客体两个部分，而且认为主体客体对立，主体凌驾于客体之上，客体为主体服务。正是在这种思想的指引下，人类主体肆意征服自然客体，自然环境遭到了严重的破坏。《道德经》"人法地，地法天，天法道，道法自然"（第 25 章），意思是，人生活在自然之中，人的行为要效法自然。在老子的思维方式中，人与自然融为一体，没有所谓主客体之分。这一思维方式明显优越于西方主客二分的思维方式。人与自然和谐相处的思想也优越于人类中心主义的思想。"道法自然"，人与自然和谐共存，这是未来

---

[1] 陈成咤:《经典之旅——从〈老子〉到无尽的〈道德经〉》，桂林：广西师范大学出版社，2018年。

人与自然相处的理想方式。

人性贪婪，老子早有认识。"五色令人目盲，五音令人耳聋，五味令人口爽，驰骋畋猎令人心发狂。"（第 12 章）牺牲环境的发展体现了人类欲望膨胀下的急功近利。老子认为，人需要学会"知足之足"（第 46 章），学会"见素抱朴，少私寡欲"（第 19 章），就是人要知道满足、抱持真理和减少欲望。人类不应该牺牲环境和未来换取一时的发展和享乐。人应该返朴归真进入一种最低限度消耗自然资源的状态和境界。"保此道者，不欲盈；夫唯不盈，故能蔽不新成。"（第 15 章）"不盈"就是控制过极失当，就是进入不要过分消耗自然资源的状态。资源消耗在自然环境的承受能力以内，人与自然环境就能和谐共存，人类的绿色可持续发展就可以实现。

（三）与党的建设理论的融合

习近平总书记在 2013 年 6 月 18 日《在党的群众路线教育实践活动工作会议上的讲话》引用"是以圣人去甚、去奢、去泰"（第 29 章），告诫党员干部不要脱离群众，不要奢侈享乐，不要搞官僚主义等，要把虚骄奢华的心理和行为去掉，要养成质朴务实的习惯，达到"为天下谷，常德乃足，复归于朴。朴散则为器，圣人用之，则为官长"（第 28 章）的境界。2007 年 2 月 5 日在《主仆关系不容颠倒》的讲话中引用"圣人无常心，以百姓之心为心"（第 49 章）。当下，一些干部以主人自居，大搞政绩工程，与真正的主人人民群众之间缺乏联系与沟通。习总书记的讲话就是提醒干部身上要少一些私心，多一些公心。干部要设身处地想人民群众所想，为人民群众解决实际问题，这才是以人民群众心为心，才能真正做好"为人民服务"的公仆。

2008 年 5 月 27 日，习近平总书记在《领导干部要认认真真学习、老老实实做人、干干净净干事》的讲话中引用"祸莫大于不知足，咎莫大于欲得，故知足之足常足矣"（第 46 章），意思是领导干部要有自省意识和慎权意识，做人做事要实在干净，不能虚妄贪腐。2013 年 1 月 22 日，在中央纪委第二次全体会议上的讲话《科学有效防治腐败　把反腐倡廉引向深入》中讲到要坚持勤俭办一切事业时引用："吾有三宝，一曰慈、二曰俭，三曰不敢为天下先。"（第 67 章）意思是科学有效防止腐败，要求广大党员干部要有慈善俭约之心，要有廉洁奉公之行。《道德经》的这些关于知足、俭朴和廉洁奉公的思想观念与党的宗旨、作风等高度一致，这也是习近平总书记在党建讲话中屡屡引用《道德经》的原因所在。

（四）与治国理政思想的融合

1958 年 6 月，毛泽东提出，1958 年全年的钢产量要比 1957 年翻一番。随后"大跃进"运动开始了。与此同时，以"一大二公"为特征的人民公社化运动也发动起来了。这种不顾实际情况、急于求成的运动很快就收获了三年经济困难的苦果。"文化大革命"运动的发动有别的更主要的动机，但要求短时间内迅速革去在中国延续了两千多年的传统文化的命也是目的之一。应该说中国传统文化中有精华也有糟粕。即使是糟粕居多，但文化的改变能否通过疾风暴雨式的革命运动来实现，那也是要打上问号的。"飘风不终朝，骤雨不终日。"（第 23 章）"企者不立，跨者不行。"（第 24 章）说的是急迫不长久、欲速则不达的道理，这为反思"大跃进"运动和"文化大革命"运动提供了很好的理论依据。

2013 年 3 月 19 日习近平总书记接受金砖国家媒体联合采访时引用"治大国，若烹小鲜"（第 60 章）来说明治国理政的道理，意思是说治理大国就像烹制小鱼一样要谨慎小心。鱼儿虽小，也有五脏六腑，需要清理洗净等；治国理政也一样，要做好政策出台前的准备工作，要做具体的调查研究，还要把握政策出台的时机等。还有烹制小鱼时不能胡乱翻动，要把握火候等；治理国家也不能随意瞎折腾，不能朝令夕改，要兼顾各方利益，改革措施要循序渐进等。"治大国若烹小鲜"的理论很生动很形象，也便于理解。把古代经典政治理论运用于解释现实政治生活是习近平治国理政思想的一大创新，也反映了习近平新时代中国特色社会主义理论体系的日益成熟和不断完备。

二、融合原则

优秀传统文化教育与思政理论课教学的融合需要遵循一些原则。结合"概论"课和《道德经》的内容特点，二者融合的具体原则有契合性、理解性和创新性。

（一）契合性

优秀传统文化教育与思政理论课教学的融合首先要有契合性，契合就是符合，契合性是指"概论"课中的内容与道德经中的思想二者的符合。

"概论"课中很多思想内容与《道德经》思想相契合。例如，生态文明建设理论与"道法自然""见素抱朴""少私寡欲""知足之足"等思想契合；党的"全心全意为人民服务""以人民为中心"等理论与"是以圣人常善救人，故无弃人"（第 27 章）相契合；党和政府在社会分配中强调公平的原则和"精准扶贫"政策与"天之道，损有余而补不足；人之道，则不然，损不足以奉有余。孰能有余以奉天下？唯有道者"（第 77 章）相契合；习总书记提出的人类命运共同体理论与"故大国以下小国，则取小国；小国以下大国，则取大国"（第 61 章）相契合；党和政府奉行的和平外交政策与"以道佐人主者，不以兵强天下。其事好还"（第 30 章）、"夫佳兵者，不祥之器，物或恶之，故有道者不处"（第 31 章）相契合等。

《道德经》提出修德的人生目标。"善建者不拔,善抱者不脱,子孙以祭祀不辍。修之于身,其德乃真;修之于家,其德乃余;修之于乡,其德乃长;修之于国,其德乃丰;修之于天下,其德乃普。故以身观身,以家观家,以乡观乡,以国观国,以天下观天下。吾何以知天下然哉?以此。"(第54章)人生顺道而修德,好品德是人生的根基。通过修炼而拥有高尚道德的人在家可以齐家,在天下可以治天下。"概论"课中当代大学生的德育目标是成为社会主义"四有"新人,"四有"指有"理想、有道德、有文化、有纪律"。社会主义核心价值观中的"爱国、诚信、敬业、友善"是公民道德规范。因此,无论是"四有"新人,还是社会主义核心价值观中的道德规范,它们和《道德经》的修德思想都是契合的。

(二)理解性

优秀传统文化教育与思政理论课教学的融合其次要有理解性。理解就是从道理上了解。《道德经》中的许多思想内容能够帮助理解"概论"课中党的相关方针路线和政策理论等。《道德经》是古代哲学思想名著,语言文字简约,道理历久弥真。用《道德经》中的道理来了解新时代党和政府的政策理论是再好不过的了。党的政策理论既然可以在《道德经》中找到依据,这也说明党的这些政策理论的正确性。这样,我们既深刻讲解了党和国家的政策理论,又同时加强了优秀传统文化教育。比如,"概论"中讲新民主主义革命理论的形成时,说新民主主义革命理论是在实践中从没有到有、从很少经验到较多经验、从不成熟到成熟这样一个形成过程。这个形成过程就可以用《道德经》中的"合抱之木,生于毫末;九层之台,起于累土;千里之行,始于足下"(第64章)来加强理解。这几句话中的道理还可以用来解释新中国成立七十年来中国共产党领导中国人民踏实苦干、坚持不懈所取得的辉煌成就。

用"三十辐共一毂,当其无,有车之用。埏埴以为器,当其无,有器之用。凿户牖以为室,当其无,有室之用。故有之以为利,无之以为用"(第11章)理解社会主义市场经济理论就很恰当并且生动。在社会主义市场经济体制中,更好地发挥政府作用是"有",相当于车的轮子、陶器的黏土和房屋的墙壁,否则就不是社会主义性质的市场经济了。"无"就是自由的空间,就是让市场在资源配置中发挥决定性作用,否则就不是市场经济了。"有"是本体,"无"是功用。"有""无"合为一体,社会主义市场经济体制的性质与功用就完备了。

老子说:"民之饥,以其上食税之多,是以饥。民之难治,以其上之有为,是以难治。民之轻死,以其上求生之厚,是以轻死。"(第75章)意思是:人民为什么贫困,是因为统治者收税太多。人民为什么难治理,是因为统治者瞎折腾。人民为什么轻生冒死,是因为统治者搜刮过甚。老子的意思是统治者要善待人民。改革开放以来，党和政府为减轻农民负担出台了许多惠民政策，为让"下岗"工人再就业采取了很多措施，2006年全国范围内取消农业税，农民逐步享受医疗、养老等惠民政策等。党和政府为什么这么做，就是因为党的宗旨是"为人民服务"，就是因为社会主义制度以它的人民性和公平性为特征。这样，老子善待人民的思想可以帮助理解党的"为人民服务"的宗旨。

（三）创新性

优秀传统文化教育与思政理论课教学的融合要有创新性。创新是指以现有思维模式提出有别于常规思路的见解为导向，利用现有的知识等，本着某种需求，而创造新的事物和方法等的行为。通过对《道德经》与"概论"课内容的融合，使"概论"课中一些重大政策理论获得新颖别致又恰当合理的解释，这就是创新。"道生一，一生二，二生三，三生万物"（第42章）用来解释马克思主义产生和马克思主义中国化历程及成果就比较生动。"道"是19世纪上半期西欧资本主义社会中工人阶级革命运动的内在规律，"一"就是马克思主义思想；"二"就是在中国特有的社会环境中，中国共产党领导的新民主主义革命、社会主义革命和建设的实践与理论的不断发展过程；"三"就是中国共产党的创立、毛泽东思想的产生发展和中国特色社会主义理论体系的产生与发展等，"万物"就是新中国的成立、中国社会主义制度的确立和中国共产党领导中国人民在经济、政治、军事和文化教育等各个方面所取得的伟大成就等。这样解释是符合《道德经》和"概论"课原理的，是对"概论"课程内容的一种创新性解释。

用"无为"解释"全面从严治党"和反对形式主义。党的十八大以来，"全面从严治党"战略深入贯彻，对党员干部的要求愈加严格。党员干部有许多不许：不许滥用权力、不许任人唯亲、不许拉帮结派、不许官商勾结等。这些不许就是要求官员既要做好"为人民服务"的服务工作，又要在上述这些事情上无所作为。"无为而无不为"（第37章），官员在私利方面"无为"，在"为人民服务"方面要有"有为"。那些搞各种形式主义、违背党的纪律胡乱作为的党员干部都不是"有为"，是与党的"全面从严治党"战略的背道而驰的强为、乱为和妄为。"无为"的创新性解释就是党员干部既要无所作为，又要有所作为，这样党的"全面从严治党"战略就有了更丰富的内涵和更明晰的行为准则。

三、融合方法

（一）换位思考法

高校思政课教学中的换位思考法，是指教师引导学生扮演政治人物。学生在心理上想象自己处于当时的舞台上，承担政治人物的社会角色，扮演他们的言行举止，理解政治人物的政策行为的教学法。让学生扮演政治人物，通过换位思考的方法，获得特定情境下的心理体验和感受，这和《道德经》"行不言之教"（第2章）中主体自我悟道立德的思路是一样的。这种教学方法可以在潜移默化中逐渐培养学生独立感悟和分析方阵政策的思维能力，进而可以培养学生面对复杂政治情境的分析判断能力。

《道德经》"为无为"思想中就有换位思考的精神，"为无为"就是以"无为"的态度去有所作为。上位者顺应规律去作为，不要无事生非和强行作为。一般情况下，上位者总是愿意"有为"的，这种"有为"可能并不是为了百姓。"为无为"的精神，就是上位者通过换位思考，看老百姓喜欢什么和不喜欢什么，为老百姓喜欢的就去为，为老百姓不喜欢的就不去为。毛泽东思想的灵魂之一是群众路线，群众路线强调从群众中来，到群众中去，密切联系群众，一切为了群众。习近平新时代中国特色社会主义理论强调"以人民为中心""反对形式主义"和"反对官僚主义"等，都强调上位者要想人民之所想，急人民之所急，不可搞形式主义、官僚主义等。

换位思考教学是一种顺应规律的教学方法。需要精心设计过程：教师要设计并提出问题、学生认真准备和课堂回答问题、教师或学生点评总结等。在一些重大政策理论问题的教学过程中，可以采用这种教学方式，来促进学生对问题的理解。例如，教师在讲解1953年党中央"过渡时期总路线"决定国家向社会主义社会过渡这一问题，要求同学们把自己置于当时的社会背景下，思考党中央做出这个重大决定的理由。中国共产党中央是顺应自身纲领和时代条件做出的决策。党的纲领体现的是社会发展规律，党的最高纲领是实现共产主义，社会主义社会是共产主义社会的第一阶段。"过渡时期总路线"中，中国共产党向社会主义社会过渡的决策，反映了中国已经具备步入社会主义的条件，而且也需要尽快融入社会主义阵营来对抗美国为首的资本主义阵营。

（二）讨论教学法

高校思政理论课教学中的讨论教学法，就是教师提出问题并引导学生各自发表见解，来探究思想政治理论中的"道"与"德"的教学方法。高校思政课教学中使用讨论教学法有助于增强大学生的主体意识，有助于大学生学会在公开场合表达观点、锻炼语言和培育思维能力，也有助于大学生在讨论中完善或修正原来的认识。高校思政课中的许多热点问题都可以拿来讨论，传统文化中的问题也可以进行讨论。

"概论"教学中一些重点教学内容如社会主义市场经济理论等，这些问题如果只是教师讲解，学生的理解不一定很深入，教师可以设计问题让学生讨论。通过讨论，教师引导学生在不知不觉中深化认识。比如《国富论》中市场经济思想的核心是"自由"，《道德经》中经邦治国的核心思想是"无为而治"。问题：什么是"自由"的市场经济？"无为而治"什么意思？二者之间有没有联系？通过讨论，学生了解了社会主义市场经济不同于资本主义市场经济，社会主义市场经济既有政府"无为而治"的精神理念，又有政府"有为"而治的法治原则和更好地发挥政府作用。这样，学生的思维被打开，知识面拓宽了，对问题的认识深入了，创新意识和能力也增强了。

讨论式教学法的成效，教学目标的实现，跟问题设计和准备工作密切相关。问题提前告知学生，学生查阅著作，听讲座，写感受，形成认识。教师也要对问题深入研究，还要准备讨论方法的选择。大课堂讨论，要把控节奏，引导方向，反馈讨论情况。可以是有组长分组讨论，由组长反馈情况。也可以是无组长小组讨论，推选组员反馈情况。不同的讨论法有不同的效果，无论哪种都需要教师的正确引导。讨论过程中，尽量教师引导，学生辩论，目的是学生自主探索和解决问题。要对积极参与讨论的同学予以肯定和表扬，对有独到见解的同学予以鼓励，对普遍存在的错误认识要及时纠正。

（三）情境教学法

高校思政理论课教学中的情境教学法，就是通过生动形象的教学情境，增强学生的主体体验，调动学生的学习积极性，帮助学生记忆理解教学目标的教学法。换句话说，情境教学是教师顺应教学规律创立情境，并引导学生感"道"立"德"的过程。

"图难于其易，为大于其细。天下难事，必作于易；天下大事，必作于细。"（第63章）这段话的意思是做事要顺应规律并从最简单和最容易的事情做起。"为无为，则无不治"就是顺应规律则没有做不好的事情，高校思政课教学中也要从小事做起，从容易的地方开始。情景教学就是这个思路：把复杂深刻的道理用简单明白的情境展示呈现出来。具体做法：通过图片、视频创设情境，通过语言描述创设情境，通过实物创设情境等，达到课堂生动活泼、学生乐学和教师乐教的效果。"概论"课中的很多内容都可以与视频结合来讲解，这样更方便理解课程内容。如改革开放前后人们生活状况的比较等。教师还可以通过语言描述创设生动形象的情境来说明深刻的道理。如，通过形象理解毛泽东诗词来讲述以毛泽东为代表的中国共产党人从事新民主主义革命、社会主义革命和建设的政策理论等。"道"内在于万物,"道"是一种自然而然的符合规律的力量,以毛泽东为代表的共产党人正是掌握了中国革命和建设的内在的"道"的力量,才能取得革命和建设的成功。

社会实践也是一种"行不言之教"中主体自我教育的情境教学,是"道"的一种存在形式,是教师顺应学生心理和教育规律开展教学的一种教学活动,是对课堂理论教学的有效补充和自然延伸。去博物馆开展实践活动,置身于历史时空和各种文物之中,感受和想象古人的生产和生活方式,感受古代劳动人民的勤劳勇敢和创造精神,感受古代劳动人民创造的辉煌灿烂的成就,获得一种精神自豪和文化自信。去烈士墓和纪念碑前,开展缅怀悼念革命先烈、知悉先烈的光辉事迹、感受先烈为国牺牲的奉献精神、了解新中国和今天人民幸福生活的来之不易等红色教育。参加社会实践是大学生读万卷书行万里路的表现形式,是大学生主体自我在客体世界中的悟"道"立"德"的活动过程,也是教师利用广大的社会资源提升教学实效的具体举措。

以《道德经》融入"概论"教学,是优秀传统文化与思政课理论传播双赢的过程。这个过程中,思政课理论变得有趣了,学生对思政课理论的理解和接受变得容易了,《道德经》思想和精神也获得了传播的平台。

论"以道治国"的现实性研究

——基于对太极八卦"无为而治"的论述

陈永佳 *

内容提要：道家的政治主张是崇尚"无为而治"，并不是"碌碌无为、毫无作为"，而是强调"无为而无所不为"，在尊重自然天道规律的基础上才来"有为"，如果不能做到以"顺天应人"的自然规律而治理国家，那就是"妄为"，妄为的最大危害就是造成国内矛盾尖锐，造成阶级斗争，而这又违背了道家的"上善若水故不争"的指导思想。道家治国理念不仅能作为中国众多盛世崛起的思想理论基础，而且，笔者认为，西方的"民主、平等、自由"的现代化治国理念都可以用道家经典书籍《易经》中的八卦图案来解释和推理。

关键词：以道治国　现实性研究　无为而治

引言

"道家"思想是中华民族的思想支柱，是中华优秀传统文化的根源，更是治国理政，兴起国富民强盛世的有力根基。从远古时代的伏羲、黄帝、老子一脉相承的道家文化思想是东方智慧的结晶，更是全人类的精神财富。

历朝历代中的盛世之象，其实都是推崇"黄老思想"才会出现。例如上古时代"舜"推行无为而治、西汉的"文景之治"、东汉"光武中兴"、唐朝的"贞观之治"等，都是在"黄老思想"无为而治的基础上所形成的盛世。为此，笔者认为哪怕是在现代，"无为而治"依然可以成为治国理政的最崇高理念和借鉴的典范，也是实现中华民族伟大复兴的根本所在，更是让中华思想弘扬于世界每个角落的动力源泉。

* 陈永佳（1983—），男，广东揭西人，本科学历，战国策国际战略研究院，创始人。研究方向：国际问题和经济。

一、何谓道?

(一)道字的解释

"道"是"导"(導)的本字。道,金文 ![] (行,四通的大路) +![] (首,代表观察、思考、选择) +![] (止,行走),表示在岔路口帮助迷路者领路。有的金文![] 加"又"![] (抓),表示拉住迷路者的手引路。有的金文![] 则加"又"加"爪"![] ,同时加"曰"![] (说明),表示领路者且牵且讲,帮助迷路者弄清方向。造字本义:动词,当向导,给不知方向的人引路。[①]

图一:"道"字的演变历史

在道家思想中,"道"代表自然律,是道家世界观的核心;"德"代表顺应自然律的法则,是道家方法论的核心。东汉语言学家许慎在《说文解字》中有言:"道,所行道也。从辵,从首。一达谓之道。"由此可见,"道"的基本意义就是代表一种思想,一种方法,可以引领迷路者选择方向。其深层意义就是:思想的领航者,道德的实践者和做人的准则。

到底什么是道?就连孔子都有这种感叹:"朝闻道,夕死可矣!"(《论语·里仁第四篇》)。这句话中"道"指的是宇宙间的一切法则、道理。

(二)古典书籍中对"道"的解释

《老子·第二十五章》"人法地,地法天,天法道,道法自然。"人与地、天、道这四者是一个统一的整体,而道是宇宙中最高的准则。"道常无名,朴"。道是没有名字可以形容的,返璞归真是其真正的含义。《老子·第一章》有言:"道可道,非常道;名可名,非常名。"如果这个规律能被说出来,它就不是永恒的规律。这里的"道",就是事物发展的自然规律。

《易经·系辞上》:"一阴一阳之谓道,继之者善也,成之者性也。"

《孙子兵法·计篇》:"道者,令民与上同意也,故可以与之死,可以与之生,而民不畏危。"这里的道就是民众与君主"命运共同体"的构筑,是一种规则,是一种

[①] 道字解释象形字典网, http://www.vividict.com/WordInfo.aspx?id=3272, 2019 年 12 月 20 日。

准则，统一标准，统一思想，统一意见。

《庄子·在宥》："何谓道？有天道，有人道。无为而尊者，天道也；有为而累者，人道也。主者，天道也；臣，人道也。天道之于人道，相去远矣，不可不察也。"

《庄子·知北游》中的典故"道在屎溺"：东郭子问于庄子曰："所谓道，恶乎在？"庄子曰："无所不在。"东郭子曰："期而后可。"庄子曰："在蝼蚁。"曰："何其下邪？"曰："在稊稗。"曰："何其愈下邪？"曰："在瓦甓。"曰："何其愈甚邪？"曰："在屎溺。"东郭子不应。

庄子在此把"道"隐藏在屎溺，是要说明"道"的无处不在。越从低微的事物上推求，就越能看出"道"的真实情况。

《孟子·公孙丑下》："天时不如地利，地利不如人和……得道者多助，失道者寡助。"其中的"道"，就是民意，就是民心所向。能得到民众的支持，天下人都顺从他，而如果得不到民众的支持，那么天下人都会背叛他。

《荀子·君道》："道者，何也？曰：君之所道也。君者，何也？曰：能群也。"道是指君主所要尊崇的准则，而君就是可以团结他人的人。而在《荀子·儒效》中："道者，非天之道，非地之道，人之所道也，君子之所道也。"这里的道不是天体运行规律，也不是地壳的变化规律，而是人们所尊崇的礼义法则，君子所遵循的原则。

《韩非子·解老》中这样评价道教的道："道者，万物之所（以）然也。万理之所稽也。理者成物之文也。道者万物之所以成也。故曰道，理之者也。"

《吕氏春秋·大乐》："道也者，至精也，不可为形，不可为名，强为之名，谓之太一。"

综上所述，"道"就是无处不在、无时无刻都围绕在我们之中的物体，就是"天地人"三者合一的一个整体，是大自然中的一种基本规律，不以人类的意志而转移，更不能让人类随意的破坏这种千百年流传下来的自然规律。天有"天道"，就是这种日月星辰、风雨雷电的自然运转规律；地有"地道"，植物生于土地，也有其生长规律，不能人为地揠苗助长，要按照四季的变化、日月星辰的变化才能种植农作物；人有"人道"，就是民意，更是民心所向，"得道者多助，失道者寡助"（《孟子·公孙丑章句下》）就是这个道理。

（三）"太极"的解释

太极即是阐明宇宙从无极而太极，以至万物化生的过程。其中的太极即为天地未开、混沌未分阴阳之前的状态。《易经·系辞》："是故易有太极，是生两仪。"

1. 太极的原始含义

太极是中国传统思想文化史上的一个重要概念。就迄今所见文献来看，初见于

《庄子·大宗师》："大道,在太极之上而不为高;在六极之下而不为深;先天地而不为久;长于上古而不为老。"这里的"太极"是指宇宙最初浑然一体的元气。

战国时代道家另一位代表人物列御寇在《列子》中谈到太易、太始、太初、太素、太极,宇宙五阶段说法。

汉代儒生所著的《孝经纬·钩命决》中也有记载:"天地未分之前,有太易、有太初、有太始、有太素、有太极,是为五运。"

唐代孔颖达的著作《周易正义》中写道:"太极谓天地未分之前,元气混而为一,即是太初、太一也。"

宋代儒学大师周敦颐《太极图说》:"无极而太极,太极动而生阳,动极而静,静而生阴,静极复动,一动一静,互为其根,分阴分阳。两仪立焉。"这把《老子》、《庄子》中提到的无极一词注入了理学含义,也就把无极的概念与太极联系在一起。

2.道是太极的象征,太极是道的初始状态

易有太极是生两仪,根据在下的理解"太极"最先出现在易传中。老子说:"有物混成,先天地生。寂兮寥兮,独立而不改,周行而不殆,可以为天地母。吾不知其名,字之曰道。"(《道德经·第二五章》)

而在朱熹语录《朱子语类·卷七五》中有言:"太极只是一个浑沦底道理,里面包含阴阳、刚柔、奇耦,无所不有。"清朝王夫之在《张子正蒙注·太和》有曰:"道者,天地人物之通理,即所谓太极也。"

太极是道的形象。道是动态的,无极太极相互转化。就像一个木匠,不停地造出各种物件。万物造于太一,出于太极。太极就是太一,就是道,不过老子以后,太极相当于一。《道德经·第四十二章》:"道生一、一生二、二生三、三生万物。"对应于《易经·系辞》中的:"易有太极,是生两仪。两仪生四象,四象生八卦"的太极。老子《道德经》里没讲过"太极"这两个字,太极是《易经》的讲法。

道教的图腾,就是太极。何为太极?就是无边无际,无穷无尽,无中生有,无踪无影也。依我看,能描述"太极"的,就是一个字:"无"。道就是太极,太极就是无。道生一,就是太极生一,就是"无"生一。"无中生有,有又复无",乃是宇宙永恒的运动规律!是故,老庄的"无为而治",并不是没有理论根据的。

二、道家"无为而治"的治国理念

(一)正确理解"无为而治"

"无为而治"出自《道德经》,是道家的治国理念。也是老子对君王的告诫,不与民争。如他所提出的"治大国,若烹小鲜"(《道德经·第六十章》)、"道常无为而无不为"（《道德经·第三七章》），这些都表明了治国要遵从于"道"，要懂得无为之道来治国。做到了这些，治国就如"烹小鲜"一般简单。

中国人最喜欢谈政治，那什么是政治？基本上没人能够说清楚政治是什么？而笔者的定义很简单："如何处理和协调好统治者与被统治者之间的关系，就叫作政治！"因为《易经·系辞上》中有言："一阴一阳之谓道！"在人，阴代表女人，阳，代表男人；在国，被统治者为阴，统治者为阳！因此，可以推论："政治即道，道即政治！"

1."无为"的解释

什么是无为？从字面上看，无为似乎是无所作为、消极无为的意思，其实这是望文生义，从而偏离了老子的本义。对此，英国著名科学史家、汉学家李约瑟博士就曾指出："所有的翻译家和评注家都把'为'字原原本本地译成行动（action），于是道家最大的口号无为就变成了没有行动，我相信大部分的汉学家在这一点上都错了。无为，在最初原始科学的道家思想中，是指避免违反自然的行动。"李约瑟的理解无疑是正确的，他真正读懂了《道德经》一书。[①]

2."无为"是不妄为

老子所说的无为，绝不是什么也不做。他说过："天下难事必作于易，天下大事必作于细"，"为之于未有，治之于未乱"。这里的"必作""为""治"都是有为的意思。"无为"并非是无所作为，而是以无为而有为。

老子在《道德经·第五十七章》中认为"我无为，而民自化；我好静，而民自正；我无事，而民自富；我无欲，而民自朴"，而且强调"无为无所不为"。"无为而治"并不是什么也不做，而是不过多的干预、充分发挥万民的创造力，做到自我实现，走向崇高与辉煌。

3.提出"无为而治"的时代背景

春秋战国时期，五霸相争、七雄相斗，战争不断，社会动荡不安。面对动荡的社会局面，思想家们纷纷提出治国安民的大政方略：儒家则主张以德治国；名家倡导礼治；法家则提倡法治；唯独道家老子提出无为而治。作为献给统治阶级的治国理念，无为而治对中国封建社会产生了深远的影响。而且在新时代依然散发出独特的魅力。

---

① 白奚道：《家的自然主义与现实生活》，《自然和谐发展——弘扬老子文化国际研讨会论文集》，中州古籍出版社，2006年，第44页。

（二）争与不争的智慧

1."争与不争"儒道双方各不相同

儒家思想处处都表现为"争"。与天争的有：如荀子的"制天命而用之"（《荀子·天论》)、"人强胜天"（《逸周书·文传》）等；与地争的有：开荒于"愚公移山"之上，拓土于"精卫填海"之中；人与人也是争，孔子曰："学而优则仕"，让多少人为了功名利禄而在科举制度的独木桥中争得你死我活。

而道家却不主张"争"。例如老子提倡"辅万物自然而不敢为"，庄子提出"天地与我并生，而万物与我为一"的思想，反对用人为的力量随意地改变自然和破坏自然。

2."不争"中的智慧哲学

"君子不争故无与之争"出自《道德经》中的一篇《江海能为百谷王》。唯有不争的处事态度，天下才会没有人能与之抗衡。老子通过大江大海能容纳百川的道理，阐明了若要成为圣人和王者，必须有广阔的胸襟，只有以民为先，处于民下，天下的人才会乐于推崇，尊为圣人和王者，以这种不争的处事态度，得到了民心，所以天下没有人能与之抗争。

老子在《道德经·第八章》曰："上善若水，水善利万物而不争，居众人之所恶，故几于道矣！"

3.其实孔子也有"不争"的理念

《论语·八佾》中有一句话："君子不争……其争也君子。"孔子对这个"争"是不赞同的。现代人不容易理解孔子的思想，可能更倾向于接受"斗争"的理念。但孔子《论语·子路》中也是主张"和"的："君子和而不同，小人同而不和。"在他看来，君子和而不争，小人才因信奉"斗争"而"不和"。

4."互害型"社会是社会阶层斗争所造成的

第一，争导致"互害型"社会的形成。有人认为"斗争"是"其乐无穷"的，但那也不过是你自己"其乐无穷"，对别人来讲，则是"其痛无比"。因为你要争斗的话，就一定伤害别人，占有和剥夺别人的东西。你个人的幸福一定建立在大众的痛苦基础之上！

社会形态到底有多少种？在我看来仅仅只有两种，一种是互助型社会，另外一种是互害型社会！如果人人都争，那么就会形成"谁争到谁就是成功者"。但是这个社会的资源是有限的，而且中国人又这么多，最后就会演变成为一种典型的互害型社会：例如这个长生生物的董事长用卖假疫苗赚来的黑心钱，去买了一套房，谁知道这套房是豆腐渣工程；而这个开发商赚来的黑心钱又去4S店买了一辆奔驰车，但是后来才发觉这辆车是泡过水的翻新车；这个4S店的老板又用黑心钱投到了P2P理财公司，结果这个公司因为资金链断裂，倒闭跑路了……就这样，恶性循环周而复始、没有尽头！

第二，"互害型"社会产生的根源就是"妄为"。是什么造成了"互害型"社会的这种局面，表面上是人性良知的缺失，道德的沦丧，但背后的根源究竟是什么？是不择手段，还是"泡沫经济越吹越大，让世人变得急功近利"？抑或是"媒体调查记者都消失了，我们失去了最后的守夜人"？

答案是"不受制约的权力"以及"缺乏有效监督的制度"！权力不受制约，表现在两个方面，一是不作为，该管的不管；二是乱作为，不该管的偏要管。由于权力不受制约，权力就会去寻租，结果就是官商勾结、权钱交易，甚至是权色交易等。

某些部门的不作为和乱作为，直接导致了社会治理的溃败。不管是问题疫苗、有毒奶粉，还是金融诈骗等，无不如此。不作为，尤其是权钱交易后的故意不作为，等于是放任不良商家和骗子胡作非为；而乱作为，比如吃拿卡要、滥收税费，等于是逼迫商家和个人犯法，如偷税漏税、以次充好。

上述"不作为和乱作为"长期泛滥，也就是"妄为"现象越严重，就会让坏人和骗子占尽好处，而守法经营者失去生存空间。长此以往，劣币不断驱逐良币，社会良知消耗殆尽，最终形成全民互相伤害的局面。我们需要把"权力关进笼子"，让权力真正为人民服务；相应的，制度方面也要尽快完善，"一个好的制度能使坏人变好，而一个坏的制度能使好人变坏"！ ①

（三）人治与法治

人治的根本就是"专制"，因为专制的目的就是要让自己的私利最大化，而要让自己的私利最大化的做法就是要构筑起自己的"权力集团"，甚至是构筑起自己的"利益集团"，而维护这种利益集团存在的方式就是极权统治。

1.无为而治是法治而不是人治

老子所说的"无为而治"是以法治国，而非人治；人过多地干预社会秩序则乱，法治则井然有序。"无为而治"对于帝王个人准则而言，即是清心洞察、知人善任，将合适的人才摆在合适的岗位上，具体事情分摊给臣下去做，不必事必躬亲。

道家对于专制有着非常深刻的认识和见解，在《庄子·应帝王篇》中提到那种认为"君人者以己出经式仪度，人孰敢不听而化诸"的说法之荒谬。而注释过《庄子》的郭象更是把专制的后果阐述得淋漓尽致："己与天下，相因而成者也。今以一己而

---

① 股市刀锋：《震惊！互害型社会已形成，背后的根源是什么？》，http://t.10jqka.com.cn/pid_96746407.shtml，2018 年 7 月 24 日。

专制天下，则天下塞矣，己岂通哉！故一身既不成，而万方有余丧矣。"（《庄子·在宥篇注》）

专制也就是把自己的私心强加于天下，而天下的人心各有不同，因此，这样的结果自然就是"天下塞"，无论君主或者百姓都处在扭曲的非本真的状态之中，造成统治阶级与被统治阶级的矛盾增加。而在儒家孔子口中也有："己所不欲，勿施于人。"（《论语·颜渊篇》）在强加给别人的时候，也是让别人最痛苦的时候。矛盾的最大化当然就会油然而生。

2. 无为而治是对"妄为而治"的批判

不乱干预，瞎指挥。老子在《道德经·第二十五章》认为："人法地，地法天，天法道，道法自然"，"侯王若能守之，万物以自宾"（《道德经·第三十二章》）、"孰能有余补不足，唯有道者"（《道德经·第七十七章》）。

这里强调的是统治者不要乱指挥，瞎指挥，按照事物客观发展规律，遵守法律法规执行就好了。

庄子则进一步指出，大道复杂多变，很难认识清楚，所以不乱干预是最好的治国方法。道教的另一部古籍《黄老帛书》中也有一段对话：说高阳问力黑："天地已成，黔首乃生。莫循天德，谋相覆倾。吾甚患之，为之若何？"力黑对曰："勿忧勿患，天制固然。"可见黄老道家也主张尊重自然客观规律不乱干预，顺其自然就好了。

《黄帝四经》中的"案法而治"。这是黄老道家和法家的共同主张。比如黄老道家代表人物慎到曾说："官不私亲，法不遗爱，上下无事，唯法所在。"而《黄老帛书》也说："道生法。法者，引得失以绳，而明曲直者也。故执道者，生法而弗敢犯也，法立而弗敢废也。故能自引以绳，然后见知天下而不惑矣。"法家经典《韩非子·孤愤》中也说道："人臣循令而从事，案法而治官，非谓重人也。"

3. 无为与妄为天壤之别

汉武帝妄为的事例充分展现了无为和妄为的区别。汉武帝胡作非为，把文景之治多年积累的国力，短短几十年就耗干了，西汉王朝由盛转衰。杨鹏在《汉武帝是如何摧毁民营经济的》一文中说："汉武帝破坏传统主要有三个：一是他摧毁民营经济；二是他破坏法制；三是他穷兵黩武，拖垮了国家。"[①]

首先将盐、铁、酒等重要行业强行收归官营，由官府对重要物资的运输和贸易进行垄断。据汉书记载，官营后生产的镰刀割不动草，官府就摊派。掠民。对民营工商业征收重税，责令民营商人自报财产。鼓励告密，被告发者，没收财物一半。于是告密一发不可收拾，《汉书》上说，"中家以上大抵皆遇告"，中等财产以上家庭

① 杨鹏：《汉武帝是如何摧毁民营经济的》，《经理人内参》2005 年第 3 期。

都被告发了，结果是中等以上的工商业家庭全都破产了。这些都是"与民争利"，造成阶级矛盾恶化，让好端端的"文景之治"被疯狂破坏得一败涂地。

其次，是挥霍无度。通过告密没收"得民财以亿计"，大量挥霍，盖宫殿和游苑，大搞祭祀活动，四处巡游天下，"取好女数千人，以填后宫"。与汉文帝主张的节欲崇俭、与民休息的观念背道而驰，严重违背了黄老之术的"无为而治"治国理念。

再次，废除刑律。推行"春秋决狱"，就是按孔子所作的著作《春秋》作为定刑判决的依据，随意性极大，官员上下其手，冤假错案满天飞。可以说是从道家的"法治社会"到了封建儒家的"人治社会"。

最后，穷兵黩武。公元前128年，在汉武帝28岁时，年轻气盛，开始派大军主动进攻匈奴，从此拉开了与匈奴30余年的战争，初期汉军取胜，中期双方有胜有败，后期全军战败，龙城飞将李广利兵败投降匈奴。此后汉不复出兵。

《汉书》上说，"天下虚耗，人复相食"，全国人口死亡过半。司马光在《资治通鉴》中说汉武帝："穷奢极欲，繁刑重敛，内侈宫室，外事四夷，信惑鬼神，巡游无度，使百姓疲敝，起为盗贼。"

汉武帝同时也是唯一一个向人民谢罪的帝王，他在《轮台罪己诏》中说："朕即位以来，所为狂悖，使天下愁苦，不可追悔。自今事有伤害百姓，糜费天下者，悉罢之。"强调"当今务在禁苛暴，止擅赋，力本农"，这是说，当今的任务是停止朝廷苛暴的政策，不准再随便征税，全力从事农业生产，回到与民休息的政策中来。

能颁布一道向全国人民谢罪的诏书，证明汉武帝还是有值得人民尊敬的地方，因为他还是有自知之明的，至少犯了错误能够承认，并且为自己的错误而自责，改正，这是难能可贵的。尤其是在封建统治社会，皇帝是极权统治的标志。谁敢说他的不是，那就是要掉脑袋的。最怕的就是统治者不知道自己所犯的错误，而且别人指出错误还将其处死，甚至灭族，就像商纣王那样的昏君，自有武王来替天行道。

汉初统治者鉴于秦亡的教训及汉初社会经济的残败，将黄老之术中的无为而治、节欲崇俭、与民休息的观念转化成一系列有利于社会经济发展的政策。黄老之术反对穷奢极欲，提倡"卑宫室而高道德，恶衣服而勤仁义"，因而，汉初推崇黄老的几位皇帝都十分俭朴。最具代表性的是汉文帝，他"即位二十三年，宫室苑囿车骑服御无所增益"，"身衣弋绨，所幸慎夫人衣不曳地，帷帐无文绣，以示敦朴为天下先"。文帝在营建自己的陵墓时，还明确告诉后人不许起坟，不得以金银作装饰，陪葬品都用瓦器。

三、西方的民主治国理念源自中国的《易经·八卦》

西方的那套所谓的意识形态，治国理念，例如"民主、平等、自由、博爱"等，如果要溯源的话，在其最经典的作品《圣经》中，都未能表现出来。何况是其他古代的希腊思想家。而真正在现代社会流行开来的治国理念，就是西方近代的文艺复兴和启蒙运动。而笔者认为，在启蒙运动中，来自东方的"圣经"《易经》对他们的思想家起到了很大的启发作用，尤其是那套所谓的"民主"思想治国理念。在《圣经》中得不到完美阐述，却能在《易经》中得到完美解释。这是中华民族的智慧在西方开花结果的象征。

德国著名的哲学家黑格尔说："《易经》代表了中国人的智慧，我一生中最大的遗憾就是没有完全学透中国的《易经》。"

英国著名科学家李约瑟博士在他的巨著《中国科学技术史》一书中，盛赞古代中国是"世界文明的摇篮"，并将《周易》称为"万有概念宝库"。他曾经总结出中国有 26 种重大发明，传入欧洲以后，推动了西方的产业革命。

（一）民主思想

1."民主"一词中国早已有之

中国商朝著名丞相伊尹早在 3600 多年前就向商朝第四位君主太甲忠告"民主"事宜了。"民主"一词出自《尚书·咸有一德》："后非民罔使，民非后罔事，无自广以狭人。匹夫匹妇不获，自尽民主罔与成厥功。"意思是君非民，网罗是为了使用；民非君，网罗是为了事务。无论谁，无自广以狭人。也就是不必对自己阔绰，对别人狭隘，对别人吝啬。匹夫匹妇不收获，想着收获；各自尽自己的主张，相互网罗参与成其所要做的事情，然后人人有所获。

后来西方的希腊式的民主演变、发展，直到现代的"民主"。民主本质上世界通用的观念，现代民主起源于西方，但是当时的中国民主又不同于现在西方的民主思想。其中主要表现在中国古代民主思想并不符合中国古代社会"农耕模式"的社会状态，因为大一统的"罢黜百家，独尊儒术"更适合当时的中国国家治理模式；而西方的民主思想主要是在人类进入了工业现代化时代所进行的国家管理模式、社会治理的大变革时代所进行的制度创新模式。

2.太极八卦如何体现"民主"？

太极生阴阳两仪。在天："阴"代表月亮，"阳"代表太阳；在人：阴代表女人，"阳"代表男人；在国："阴"代表被统治者，是民；"阳"代表统治者，是主。也就是说八卦图案中的太极阴阳循环就代表着民与主的关系。

阴阳蛇的相互交替，代表着民与主是一种"命运共同体"的表征，谁都离不开谁，谁也不愿意离开谁，必须是患难与共，同甘共苦，才能让家庭、集体、民族、国家世世代代繁衍下来，才能把国家治理得井然有序。这就是"水则载舟，水则覆舟"（《荀子·哀公》），这里的水就代表着民，舟就代表着主，民与主相互影响，相互依存，相互依靠的关系。

图二：八卦中"民与主"的关系

而阴阳蛇中的两只眼睛代表什么呢？都代表着有监督的意味。民与主都有眼睛进行监督。如果统治者没有把民众的利益放在第一位，而是把自己的私利放在第一位，那么民众就可以行使其监督权，进行批评，甚至进行弹劾；而民众有过错，统治者也可以行使国家机器对民众进行监督，如果管教不听，就动用法律武器来维护国家的尊严。

而阴阳蛇中"阴中有阳""阳中有阴"又该如何解释？阴中有阳就是总统（统治者）是由民众中选举出来的，因此，总统也是民众中的一员，而不是特殊的身份，更不是什么神、天子之类虚无缥缈的神话人物；阳中有阴就是统治者中不能都是任人唯亲，而是要进行合理合法公正的程序，从民众中选拔人才，为国家治理做出贡献。

（二）平等思想

1. 世界上最早的男女平等口号是中国南宋时提出

世界上最早提出男女平等的口号：南宋袁采在其著作《世范》中，"女子可怜宜加爱""孤女寡妇，安全居处""男女本应平等对待""妇人年老宜善待"等章节有大量关爱女性进步的观点与主张。"男女本应平等对待"恐怕是世界上最早提出男女平等的口号。

2. 太极八卦中如何体现平等思想

这里的"平等"是有序的平等，是有限的平等，是相对的平等，而不是无序的、无限的以及绝对的平等。"人人平等"这种十全十美的平等理念只能在理想社会中的幻想中可以实现。在太极八卦中，两仪的阴阳蛇是平等关系；四象也是平等关系；八卦是平等关系；六十四卦是平等关系！

图三：两仪四象中的"平等"思想关系

太极八卦中的"两仪"，也就是阴阳蛇是平等的关系。因为阴阳蛇相互交替形成了一个以S型为界限的圆形图案，对称、平衡、完美无瑕。而阴中有阳，阳中有阴，这就是平等关系。如果在一个国家中，就是统治者与被统治者是平等关系，没有谁能够凌驾于社会规则之中，成为社会规则中的例外，即使是总统也不能无视这种规则的约束。

太极八卦中的"四象"，是平等关系。太阳、少阴、太阴和少阳这四者是平等关系。如果以方位来说，就是东南西北，如果是四季来说就是春夏秋冬。这些都是基本的平等关系。就一个国家而言，这是中央里的臣与臣之间是平等关系，也就是文臣武将是平等关系。以此类推，太极八卦中的"八卦"，也是平等关系。再次演变出来的"六十四卦"也是一种平等关系！

（三）自由思想

中国道家思想家庄子的《逍遥游》等名篇为"自由"奠定了思想理论基础。西晋陈寿在《三国志·吴书·朱桓传》的"节度不得自由"；东汉史学家班固在《汉书·五行志》中就有言"樊崇等立刘盆子为天子，然视之如小儿，百事自由，初不恤录也"；汉朝郑玄在《周礼》注有"去止不敢自由"之说。到宋朝时，"自由"已成为流行俗语。然而，中国长期处于封建君主专制统治之下，广大人民是少有自由的，中国历史上还不像古希腊、古罗马那样出现过"自由民"的阶级。

　　而在西方，自由（Liberty）一词，在马礼逊《字典》（1822）中，译为"自主之理"，在麦都思《英汉字典》（1847）中，被译为"自主，自主之权，任意擅专，自由得意"。以中文"自由"二字解释 Liberty 自此开始。在罗存德的《英华字典》（1866）中，被解释为"自主，自由，治己之权，自操之权，自主之理"，并加了 natural liberty（任从心意）、civil liberty（法中任行）、political liberty（国治己之权）等具体解释。①

　　那么，太极八卦中如何体现"自由"思想呢？

　　在太极八卦中，各个卦之间又可以进行重新排列组合：例如天泽组合为履卦；泽天组合为夬卦；天风组合为姤卦；风天组合为小畜卦；火天组合为大有卦……以此类推，可以得出 64 卦。因此，这还不能表达出太极八卦暗含着"自由"的思想？但是这个自由思想的表达，是有其规律性和遵循规则的，而不是随意排列，为所欲为的。

　　正如西方启蒙运动的伟大思想家卢梭在《社会契约论》对自由的解释："人生而自由，却无处不在枷锁中"，他要告诉世人这个道理："你是自由的，但永远都戴着社会给你定制的枷锁。"而这个"枷锁"就是规则，规律和规范，按照卢梭的本意就是"契约精神"。

图四：八卦图案中的"自由"理念

---

　　① 熊月之：《晚清几个政治词汇的翻译与使用》，http://www.aisixiang.com/data/17465.html，2008 年 1 月 26 日。

（四）西方"三权分立"思想《易经》早已有之

西方启蒙运动思想家孟德斯鸠在《论法的精神》中，把国家权力分为立法权、行政权和司法权三种。这种思想是西方民主国家政治制度的建立原则，是不同的国家机关掌握不同的权力，有着各自的权限，不能相互干涉而是相互制约以保持平衡。不过，早在几千年前的中国典籍《易经》之中，其实就蕴含着"三权分立"的思想。

1."三权分立"思想并非西方特有

《易经》中的"三才分立"思想：

图五:《易经》中"三才分立"思想

《易经》中的"三才"：指的是天、地、人。语出《易传·系辞下》："有天道焉，有人道焉，有地道焉。兼三才而两之，故六。六者非它也，三才之道也。"《三字经》："三才者，天地人。三光者，日月星。"

《易经·说卦》："是以立天之道，曰阴与阳；立地之道，曰柔与刚；立人之道，曰仁与义；兼三才而两之，故《易》六画而成卦。"

老子在《道德经》中的"三生万物"思想，实质上也是"三才"生万物的思想。

而在《孟子·公孙丑下》又引申为："天时不如地利，地利不如人和。"

在《易经》中有代表三权分立思想的三个卦："第五十五卦 -- 丰卦，代表司法审判权；第二十一卦 -- 噬嗑卦，代表立法权；第二十二卦 -- 贲卦，代表行政权。"①

图六:《易经》中代表三权分立的三个卦象

① 叶东:《易经中的三权分立思想》，http://blog.ceconlinebbs.com/BLOG_ARTICLE_227421.HTM，2015 年 3 月 27 日。

《丰卦·大象传》："君子以折狱致刑；"《噬嗑卦·大象传》："先王以明罚敕（chi）法；"《贲卦·大象传》："君子以明庶政，无敢折狱。"丰卦大象传、贲卦大象传开头是君子，噬嗑卦的开头是先王。先王要高于君子。噬嗑卦代表最高权力机构，是专门来立法的。也就是说：法一旦定下来，任何人都得按照法律办事，不得违背。行政部门要依法行政，司法部门依法审判。

2.《易经》中代表"三权分立"思想的卦象解释

首先是代表司法审判权的《丰卦》：

图七：代表司法审判权的《丰卦》

《易经·丰卦·大象传》曰："雷电皆至，丰。君子以折狱致刑。"而《象辞》中又曰"本卦上卦为震，震为雷；下卦为离，离为电。"其中"折狱"一词的解释为判决诉讼案件，其实就是司法审判，可以通过司法机关的审判在判定一个人有没有罪。如果无罪，就要让当事人恢复自由；如果有罪，就要判刑。这就是"折"的意思。

有没有罪的依据正是立法机关制定的法律。《丰卦》的上卦是震，下卦是离。震代表动，就是审判的象征；而离代表火，是光明的象征，就是立法部门制定的游戏规则。如果行政部门去干涉司法部门的审判，那么司法部门的审判依照的就不是立法部门制定的游戏规则了，而是各种人情世故、资本或者暗箱操作的违规行为了。没有游戏规则的保障，社会自然就会乱套。

其次是代表立法权的《噬嗑卦》：

图八：代表立法权的《噬嗑卦》

《易经·噬嗑卦·大象传》中曰："电雷，噬嗑。先王以明罚敕法。"立法是要制定社会规则规范。正所谓法理正则治，不正则乱；法律过紧则虐，过松则侥。法是恶的利器，善的凶器，国法用于惩恶扬善则正，冤枉无辜则不正。

其上卦为离，下卦为震。离代表电，象征着光明。也就是说文明社会与野蛮世界的差别就在于有没有统一的游戏规则——"法"。震为雷，代表动，但你不能乱动，要根据游戏规则来动。谁都乱动，这个世界就乱套了。离又代表南方，坎代表北方。过去皇帝都是坐北朝南，而大臣则相反。说明高层领导首先必须带头按照统一的游戏规则办事（依法办事，以身作则）。如果领导不首先遵守规则（法律），下面的大臣都跟着做，正所谓"上梁不正下梁歪"。

最后是代表行政权的《贲卦》：

图九：代表行政权的《贲卦》

《易经·贲卦·大象传》中曰："山下有火，贲。君子以明庶政，无敢折狱。"

日月为"明"，是为阴阳交替，代表着永恒不变的大道规律。老子在《道德经·三十三章》中有曰："知人者智，自知者明。"一个人最大的"明"就是明白自己的定位。而行政部门的"明"就是庶政。"庶政"就是要求行政部门做好关于普通大众的行政事务。"君子以明庶政"就是行使行政权，做好自己分内的事情就行了，也就是为人民服务的工作。不能去干预立法机关以及司法机关的事务，这样社会治理就会有条不紊地进行，"无为而治"也就落到实处了。

四、结语

道家中"无为而治"的治国理念是要求统治者最大限度地尊重老百姓的意愿，并给他们留出最大限度的自由空间，包括思想空间和生活空间。无为，就是只保留最必要，最高效的政府功能，而将不必要的政府部门进行大刀阔斧的斩断，更是将不必要、不适当的干涉和控制行为减少到最低限度，让社会依靠本身自有的创造能力和调谐功能而自发地达到最佳状态。

无为就能够自然，自然就是最佳的状态、最合理的状态。而所谓最佳的状态、最合理的状态，所包含着三层意思：发挥出最大的能量以获得最高的效率；所付出的代价最小；保持着最合理的发展速度以及最长久的持续性。

老学争鸣

道家老子关于宇宙本原的哲学预判及其
对现代宇宙学研究的启示

李惠生[*]

内容提要： 有什么样的本原论就有什么样的宇宙论。老子在《道德经》第四十一章提出：天下万物生于有，有生于无。这是道家老子在 2500 年前做出的对宇宙本原及其演化问题的哲学预判。本文通过对老子"有"与"无"内涵的分析，认为老子的"无"即现代科学所谓"真空"，"有生于无"就是老子对"宇宙诞生于真空"的预言。老子对宇宙本原的哲学预判可以为现代宇宙学提供完全不同于"大爆炸宇宙论"与"爆胀宇宙论"的研究思路，从而建立新的宇宙学——大道宇宙学。

关键词： 道德经　宇宙本原论　道　真空　大道宇宙学

在东方古国中国，道家老子对宇宙（天下万物）本原及演化问题有一个著名的哲学判断：天下万物生于有，有生于无。厘清这个判断的内涵，对现代宇宙学的研究有重大的启示意义。

一、道家老子对宇宙本原及演化问题的哲学预判

"天下万物生于有，有生于无。"是道家老子对宇宙本原及演化问题的哲学预判。老子在"道德经"第一章中曰："无，名天地之始；有，名万物之母。故恒无，欲以观其妙；恒有，欲以观其徼。此两者同出而异名，同谓之玄。玄之又玄，众妙之门。"[①] 在此，老子开宗明义地告诫后人："无"与"有"此两者同出于道而异其名，"无"是道作为"天地之始"的名，"有"是道作为"万物之母"的名。从"恒无"视角可观察"天地之始"的玄妙，从"恒有"视角可观察"万物之母"的边际。"无"

---

[*] 李惠生（1949—）年生，福建福州人，中专学历，工程师，老子道学文化研究会道商与企业家委员会会员，研究方向："道德经"科学内涵。

① 安伦：《老子指真》，北京：社会科学文献出版社，2016 年，第 15 页。

与"有"同出于道而有不同的称谓。明白"无"与"有""玄之又玄"的内涵，就可以打开天地万物"众妙之门"。

何谓"有"？"有"即有形、有色、有声、有象万物的母名。老子大约生于公元前570年，距今已有2590年。二千年前，古人观察天地万物只能用肉眼，从天上可看到银河星辰、太阳和月亮；从地上可看到金、木、水、火、土及各类生物。万物皆有形，有色、有声、有象、有名，都归于"有"这个形而下者之母名。哪"有"从何而来？依老子之见来自"无"，"无"即无形、无色、无声、无象却可作为"天地之始"即形而上者之总名。

何谓"无"？厦门大学新闻传播学院谢清果教授在《无：道家内向传播的独特操作范式》①一文指出：从语言的角度看，《老子》中的"无"有三种用法：一是表示"没有"，这是作为普通动词意义的"无"，如"无名""无欲""无为""无离""无疵""无知""无物""无形""无事""无味""无执""无失"等等，这类用法中的"无"，有些可以用"不"来代替，意思一样。二是指虚无，这是形而下"器"意义上的"无"，泛指与各种"有"相对的空间："三十辐，共一毂，当其无，有车之用。埏埴以为器，当其无，有器之用。凿户牖以为室，当其无，有室之用。故有之以为利，无之以为用。"（第十一章）三是特指宇宙的本原，是形而上"道"意义上的"无"："天下万物生于有，有生于无。"老子肯定"有生于无"，"道"既是"有"，也是"无"，并且明确指出作为宇宙本原的"无"是一种客观存在的物质形态："有物混成，先天地生。寂兮寥兮！独立而不改，周行而不殆。可以为天下母。吾不知其名，字之曰道，强为之名曰大。"（第二十五章）在这里，老子不但肯定"无"是物，而且告诉人们，他就是根据"无"这种物的形态，认识万物的初始的。根据谢清果教授的看法，老子所言的"无"是以"虚无"的空间形式存在的物质形态。这种虚无的空间究竟是一种什么物质形态？我们能否从《道德经》中找到答案？老子在第五章曰：天地之间，其犹橐籥乎！虚而不屈，动而愈出。古人所称"天地之间"相当于"日—地"空间。"日—地"之间"虚无"的空间是什么物质形态？老子一定注意到日升日落，月明月晦的循环往复现象。他比喻这个现象就像拉风箱一样，他彼时虽不知这个现象是万有引力的作用。但他明确指出这个"虚无"空间的两个重要特征：一、虚而不屈：因为空虚而不弯曲；二、动而愈出：一旦发动就持续不停（摩擦力为零）。现在我们知道符合这两个特征的空间只有真空。因此，"有生于无"可解读为老子这位东方哲人想通过"橐籥"告诉后人：宇宙（天地万物）皆起源于

---

① 谢清果：《无：道家内向传播的操作范式》，《老子学刊》（第六辑），武汉：长江出版社，2015年，第56页。

"无"——真空。这是两千年前道家老子对宇宙（天地万物）本原及演化问题做出的哲学预判！

二、"宇宙起源于真空"的哲学预判对现代宇宙学研究的启示

老子"天下万物生于有，有生于无"——"宇宙起源于真空"的哲学预判对现代宇宙学研究有以下启示：

启示一：宇宙的本原是真空。宇宙的本原（初始物质形态）是什么？这是研究宇宙起源和演化的首要问题。因为有什么样的本原论，就会有什么样的宇宙论。关于宇宙的本原（初始物质形态）目前有两种说法，分别由两种宇宙论表述：一种说法宇宙本原是"奇点"，由大爆炸宇宙论表述；另一种说法认为宇宙本原是"伪真空"，由"大爆炸宇宙论"的修正论——"暴胀宇宙论"表述。"大爆炸宇宙论"以爱因斯坦广义相对论为理论依据，是为解释哈勃"星系红移"现象而提出的一种宇宙论。这个理论认为宇宙中所有可观测天体和物体原先都在引力作用下集中在"奇点"上。"奇点"隐藏着无限大的能量，由于尚不知道的原因，"奇点"发生了"大爆炸"，"大爆炸"释放的能量逐渐演化出可观测宇宙所有的天体和物体。"奇点"也是宇宙时间和空间的始点，可见"大爆炸宇宙论"是以"奇点"为宇宙的本原。由于"大爆炸宇宙论"能够说明 3K 微波背景辐射及氢元素丰度等几个重大物理现象，该理论已被西方科学家广为接受。但由于这个宇宙论无法说明宇宙空间平坦性及"视界"问题，自从 1946 年由美籍俄国物理学家乔治·伽莫夫提出"大爆炸宇宙论"以来质疑声不断。

1980 年，美国麻省理工学院阿兰·古斯等人提出修正型的"大爆炸宇宙论"——"暴胀宇宙论"。该宇宙论认为宇宙诞生时只有 10^{-33} 厘米大小，暴胀发生在"大爆炸"后 10^{-36}–10^{-33} 秒之间即所谓"伪真空"时期，在 10^{-30} 秒时间里宇宙空间增长了 10^{26} 倍，从而把空间拉开，这样也解决了"视界"疑难。"暴胀宇宙论"显然是主张宇宙本原是"伪真空"，[1]"实真空"也是"伪真空"的产物（笔者注："伪真空"也有译为"假真空"，"实真空"也有译为"真真空"。"假真空"与"真真空"的区别在于："假真空"是体系能量密度极高的状态，"真真空"是体系能量密度最低的基态——引自"百度"'假真空条'）。"但暴胀理论也有自己的难题。首先，对于引发暴胀所必需的神秘排斥性能量场——'胀子'场，我们一无所知。我们甚至不知道现有的暗能量是否与引致暴胀的真空能量有所联系。另外引发暴胀需要极端的初始条件——换句话说，要用暴胀解决均匀性问题，我们必须先假设同等小概率的初始条件问题已经

---

① ［英］弗兰克·克洛斯：《虚空》，羊奕伟译，重庆：重庆大学出版社，2016 年，第 156 页。

被解决了！其次宇宙未必有暴胀模型预测的那么'平'；'威尔金森'微波各向异性探测器（WMAP）卫星测绘了宇宙遗留辐射，并于 2003 年 2 月及 2006 年 4 月以极高精度绘出了若干宇宙参数的数值；卫星收集的最新数据显示，空间曲率是的正的，对应曲率半径仅是目前可观测宇宙半径的 2.5 倍。这样一来，大部分暴胀模型都陷入了困境。然而由于可以自由选择胀子的形式，这一理论里有如此多的自由参数，理论物理学家们甚至不费吹灰之力就能修正他们的方案。他们设想一个'小尺度暴胀'，描述恰当大小的空间，同时依旧能解决均匀性问题。最后，尤为重要的是暴胀没有解决经典相对论性宇宙学中最严重的问题——初始奇点的存在。由于我们的宇宙处于膨胀当中，时间不能往过去方向无限延伸。将宇宙历史的影片倒放的话，可观测宇宙内的所有星系会互相靠近，直到聚集在一个无穷小点上，这就是奇点。奇点的体积为零，所以能量密度、温度和时空曲率都变成无限大。奇点便是我们追溯宇宙来龙去脉时要面对的终极灾难。它是时空的开端，是令一切关于时间和空间的理论都归于谬误的疆域。"①

与以上两种宇宙本原论不同，老子主张宇宙本原是真空，他在《道德经》里极其神奇地也极其超前地提出检验真空的标准："听之不闻"，"听之不足闻"。之所以"听之不闻"与"听之不足闻"是因为真空中没有传递声波的介质。现有三条重要例证：一、月球空间是真空。人在月球上即使面对面讲话也听不见，所以登月宇航员之间必须使用无线电设备通话；二、太阳系空间是真空。只有真空才可以隔断太阳上发出的声波传到地球，从而保护了地球上生灵。天体物理学家告诉我们，太阳上一个"日眴"可以产生相当于几百万颗氢弹爆炸当量的能量，如果"日—地"之间不是真空，只要经过十四年这些能量就会变成声波传到地球，这样一来，地球上所有生灵早已覆灭，也不会存在人类这个高等生物。三、天文学家已经证实可观测宇宙"绝大多数的空间还是真空状态，尚且十分寒冷"。② 笔者由此认为因为宇宙本原是真空，所以才有所谓"宇宙学原理"。这是因为真空中每一个点都是平权的，所以宇宙空间才能出现平直性、均匀性和各向同性，宇宙空间的平直性应是本然的现象，与"暴胀宇宙论"无关，所以"伪真空"也不能作为宇宙的本原。笔者由此进一步意识到把"奇点"作为本原的"大爆炸宇宙论"及把"伪真空"作为本原的"暴胀宇宙论"已使西方宇宙学的研究走了弯路。宇宙科学家应该认真审视老子"有生于无"的哲学预判及其启示，从而建立以真空为本原的新宇宙论与新宇宙学。

① ［法］让－皮埃尔·卢米涅：《黑洞与暗能量》，卢炬甫余超等译，北京：中国邮电出版社，2017年，第 406 页。

② ［美］大卫·克里斯蒂安：《时间导图——大历史导论》，晏可佳译，上海：上海社会科学院出版社，2007 年，第 65 页。

　　启示二：以真空为本原的新宇宙论应同时着眼于宇宙宏观与微观两个世界，说明他们的相互关系。老子曰："大道泛兮，其可左右。万物恃之而生而不辞，功成而不有。衣养万物而不为主，可名于小。万物归焉而不为主，可名为大。"因为宏观天体（"可名为大"者）都是由某种微粒（"可名于小"者）组成，不能说明微观粒子怎样生成，也无法说明宏观天体怎样形成。历史上，英国天文学家、剑桥大学天文学教授弗雷德·霍伊尔在 1948 年与邦迪，戈尔德联合提出"稳恒态宇宙论"，主张宇宙是稳恒的，在空间和时间上都是无限的，结构上也是稳定的。宇宙所以是恒定的，因为宇宙空间不断有新的原子和新的星系生成，补充了扩张的空间。这个宇宙论提出时对公众很有吸引力，据说也曾得到爱因斯坦的青睐。但由于霍伊尔他们无法说明新的原子和新星系是如何生成，最终导致"稳恒态宇宙论"逐渐被人们遗忘。同理，以真空为本原的新宇宙论若能立足于世，也必须说明物质微粒如何从真空中生成。

　　真空有多种定义："正电子"理论提出者英国理论物理学家、诺贝尔物理学奖得主保罗·狄拉克认为真空是"电子海"，正电子是"电子"生成后留下"空穴"的产物。在量子力学里，真空定义为"基态量子场"，即最低的能态。怎样从真空生成微观粒子是建立新宇宙论的关键问题。这里要借助霍金大师"黑洞蒸发"理论，"黑洞蒸发"有一个等价解释即"真空极化"。世界知名的天体物理学家和黑洞专家，法国让-皮埃尔·卢米涅在《黑洞与暗能量》一书中指出：在量子力学里，真空并不意味没有任何场、粒子或能量。量子真空是一种能量最低的状态，它只是被称作"真空"而已，实际上能量严格为零的状态是不可能存在的。时间和能量的不确定性原理解释了为什么"真空不空"。由于质量与能量等价，真空中的能量涨落可以导致基本粒子的生成。在 10^{-21} 秒的时间内，一对正负电子可以自发地出现和消失。质量更大的粒子对也可以在真空中涌现，但是按照不确定性原理，它们只能存活更短的时间。真空中产生正反质子对平均存活的时间只有正负电子对的二千分之一。在不存在任何力的量子真空里，粒子对不断地产生和湮灭。所以平均说来，没有任何粒子和反粒子真正地产生和消灭，它们也不能被直接观测到，故而被称为虚粒子对。设想一个力场作用在真空上，如电场。当一对正负电子组成的虚粒子对在真空中出现时，它们会被电场沿着相反方向分离。如果电场足够强，它们就会分离足够远，无法再相互碰撞和湮灭。这时的虚粒子就成了实粒子——真空被极化了。[①] 根据笔者对让皮埃尔·卢米涅以上论述的理解，从原理上看，所有微观粒子都可以在真空中通过

---

　　① （法）让-皮埃尔·卢米涅：《黑洞与暗能量》，卢炬甫、余超译，北京：中国邮电出版社，2017年，第 263 页。

"极化"的方式生成。为此，我们只要弄清以这种"极化"方式产生的各种微观粒子在什么样宏观引力条件下聚集起来，就能说明宇宙中各种宏观天体是怎样生成的。

启示三："道生一，一生二，二生三，三生万物"是道家老子为我们描述的宇宙层次演化路线。

若干年前，笔者在研究中发现，宏观空间中天体（物体）与微观空间中粒子存在层次对应关系，这说明两者在演化上存在同步性，而且与老子在《道德经》第42章描述"道生一，一生二，二生三，三生万物"四个层次顺序是相吻合的。图示如下：

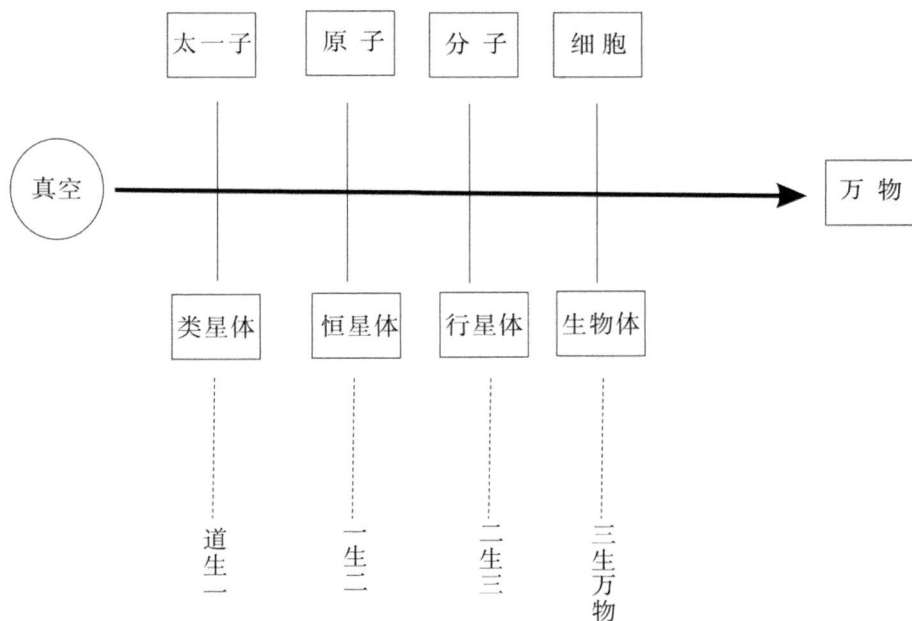

"道生万物"层次演化路线图

老子在《道德经》第41章指出："天下万物生于有，有生于无。"紧接着在第42章又指出："道生一，一生二，二生三，三生万物，万物负阴而抱阳，冲气以为和。"如果我们把"有生于无"称为老子的本原论，则可把"道生一，一生二，二生三，三生万物"即"道生万物"论称为老子的宇宙论。这个宇宙论把真空作为宇宙的本原和始点，宇宙中各种天体和物体沿着"道生一，一生二，二生三，三生万物"的层次顺序演化。简释如下：

第一，"道生一"是宇宙演化即物质运动的第一层次。

"道生一"是道从"无"生"有"的第一层次。此"一"代表什么物质形态？这是理解老子"道生万物"宇宙论的关键一环，必须明确。

笔者在《试论道的三种形态》①一文中提出"一"是一个过渡的物质形态，是道从"无"向"有"运动的中介环节。老子非常重视"一"在"道生万物"过程中的地位和作用。他在第 39 章中说："昔之得一者，天得一以清，地得一以宁，神得一以灵，谷得一以盈，万物得一以生，王侯得一以为天下正。其致之也，天无以清将恐裂，地无以宁将恐废，神无以灵将恐歇，谷无以盈将恐竭，万物无以生将恐灭，侯王无以正将恐蹶。"从"万物得一以生"，"万物无以生将恐灭"这两句断言可以看出"一"在"道"中的重要地位和作用。庄子在《天地篇》中说："泰初有无，无有无名；一之所起，有一而未形。"②又在《天下篇》中说："建之以常无有，主之以太一。"③根据久已有之，约定俗成的原则笔者把"一"称为"太一"，把"一"这个中介环节物态称为"太一态"。

"太一"代表"道生万物"的第一层次物态。宏观上代表真空中产生的第一层次天体，可称为"太一体"。微观上代表从真空中产生的最早期粒子，以"太一子"名之。"太一子"仅代表它是宇宙中最早产生的粒子，而不是指存在一种叫"太一子"的粒子。比如在"基本粒子表"中长寿命的电子（e）和质子（p）（质子半衰期大于 10^{35} 年）这些正物质粒子都属于宇宙中最早产生的"太一子"。

与"太一子"层次对应的在宇宙中最早出现宏观天体是什么？根据可观测宇宙中天体与地球的距离与其生成年龄的线性关系，距离越远说明其生成时间越早年龄越长。20 世纪 60 年代，宇宙中发现一种天体叫"类星体"（也称类星射电源），看上去只有普通恒星大小，却有极大的光度，它甚至可以超过一整个星系发出的光度（最早发现的类星体是 3C273，距我们 30 亿光年，它持续地发出等同一千个星系的亮光，但它实际看上去只有一个点源，因此体积必须很小，测量显示其直径小于一光年，一光年大小却能发出一千个星系的光度，代表着"类星体"具有极大的能量）。查"百度"得知距离地球最近的"类星体"叫马卡良 231（markarian 231）与地球距离已达六亿光年。2016 年已测的距离地球最远的"类星体"其红移量已达 8，④即距地球 131 亿光年（按"大爆炸宇宙模型"测算宇宙诞生于 137 亿年前）。"大多数'类星体'可以追溯到星系形成与演化的极早期，大多数天文学家认为'类星体'其实只是遥远星系活动强烈的明亮核心，这些星系过于遥远以至星系本身无法被看到。"⑤

---

① 李惠生：《试论道的三种形态》，《道学研究》2015 年第 1 期第 91 页。
② 陈庆惠：《老子庄子直解》，浙江文艺出版社，1998 年，第 166 页。
③ 陈庆惠：《老子庄子直解》，第 399 页。
④ ［美］埃里克·蔡森，史蒂夫·麦克米伦：《今日天文》，高健、詹想译，北京：机械工业出版社，2016 年，第 49 页。
⑤ ［美］埃里克·蔡森，史蒂夫·麦克米伦：《今日天文》，第 57 页。

显而易见，能够与"太一子"微粒对应的层次宏观天体只有"类星体"。它们处于"道生万物"层次演化路线图的第一层次，"类星体"也称为"太一体"。

第二，"一生二"是宇宙演化即物质运动的第二层次。

北宋理学家邵雍之子邵伯温说："道生一，一为太极。"理学家张行成在《皇极经世观物外篇衍义》一书中说："太极者，太一也。"北宋周敦颐在《太极图说》中说："无极生太极，太极动而生阳，动极生静，静而生阴，静极复动，一动一静，互为其根，分阴分阳，两仪立焉。"

"一生二"即"太极生两仪"，两仪即阴阳，"一生二"即为从"太一体"（类星体）中生成的具有阴阳两性物质共存的物体。"一生二"在老子看来是生"天"的层次（古人认识的"天"并未超过银河系范围）。天上有什么？除了广袤的空间和星际物质，天上主要实物代表是恒星，"一生二"层次亦可理解为恒星生成的层次。那么，恒星是不是阴阳两性物质的共存体？恒星物理学确定恒星物体是等离子体，即由分开存在的阴电子和阳离子（质子）组成的电中性物体。由于电子所带阴电荷与质子所带阳电荷相等，故恒星整体上呈电中性即等离子性，恒星确是阴阳两种电性物质的共存体。恒星中电子居外围形成所谓"黑子团"——电子团，质子居中心，并正进行"质子—质子"链式热核反应，不断放出光子。因为恒星质量以阳性质子为主，所以太阳才叫"太阳"。

恒星上的电子和质子（中子）这些正物质粒子是从哪里来？是否来自"太一体"（类星体）？这是证明"一生二"之关键。我们从量子场论中知道，正、反粒子对从真空极化中产生的几率是一样，可为何我们现在只看到由阴电子和阳质子组成的正物质，而没有看到由阳电子（反电子）和阴质子组成的反物质。正、反物质的区别在于原子结构。普通物质原子也就是所谓正物质原子，核心是质子和中子组成带正电荷的原子核（氢原子核只有一个质子），外"壳"则是由电子组成的"电子云"，其电性分布正如老子所言"负阴而抱阳"。反物质原子则相反，在外"壳"上的是阳电子（反电子），在核里是阴质子（反质子），这样构成的原子即是"负阳而抱阴"的反原子。为了说明我们所在世界为何是正物质世界，西方宇宙科学家提出两种解释：一种解释说在宇宙的某些地方存在着由反物质组成的反星系；还有一种解释说宇宙诞生时产生的正物质比反物质多了一点点（约多十亿分之一），物质与反物质湮灭后，剩下的物质就构成了现在的宇宙。"我们的宇宙是由微量剩余的非均衡物质构成。"[1]前一种说法是无法证实的（因为人类无法进入反物质世界），后一种说法也未得到试验证实（目前人类还无法重演宇宙诞生时的状态）。而老子"一生二"思想则

---

① 朱清时、姜岩：《东方科学文化的复兴》，北京：科技出版社，2004年，第231页。

为我们提供了第三种可能性，即恒星上的电子和质子来自"太一体"（类星体）。因为"太一体"（类星体）中存在一种有利于正物质的对称和平衡破缺机制，就是只允许存在阴电子和阳质子而不允许存在阳电子和阴质子。这个机制存在的理论依据即中国的"太极理论"。根据太极理论："动而生阳，静而生阴。"又根据老子的哲学思想，阴在阳前，静在动先。这意味着虽然阴阳电子对从真空中产生的几率相同，但在"太一体"（类星体）中阴电子比阳电子可先机存在（保存）。当"太一体"（类星体）中阴、阳电子生成后，该机制不允许阳电子与阴电子同时存在，否则两者相遇即刻湮灭，由此造成严重后果是因不"得一"而"万物无以生将恐灭"了。因此，当阳电子产生后须将它所带阳电荷转移到质子（质子是带正电荷的中子）身上，质子与电子因质量不相等，故无法湮灭，两者才得以保留下来。这种可能性是否存在呢？前面我们把"类星体"作为"太一体"的候选对象，正是因为"类星体"活动向我们透露了这种信息。天文学家观测到很多"类星体"都有双瓣结构，双瓣是由"类星体"向两极发射出的喷流所形成的，双瓣都是强射电源（类星体正是作为类星射电源发现的），说明双瓣上正进行着同步加速辐射，这种"同步辐射"本质是什么？前面我们知道，"类星体"即活动星系核，世界知名天体物理学家和黑洞专家法国让－皮埃尔·卢米涅说："活动星系核在几乎所有波长上都可观测到，从射电波段直到 γ 射线波段……活动星系核的辐射是非热辐射，最直接的例子就是射电星系的同步辐射，即以接近光速运动的电子被磁场制动时所发出的辐射。"[1]这不正好证明"类星体"是制造高能电子和质子的母体吗？

由此判断，"一生二"即是阴阳两种电性物质产生的层次，组成恒星和原子的电子与质子都来自"类星体"（太一体），恒星与原子属同一层次。"玄牝之门，是谓天地根。"正是在"一生二"层次中，"天"从"道"中独立出来。

"二生三"是宇宙演化即物质运动的第三层次。

"三"指什么，以往注释者看法各异：一种认为"三"是指三个东西，如"天、地、人"三材或阴、阳、和三气；另一种认为是阴阳两性物质交和产生的第三种物质。笔者同意后一种看法。"一生二"是"天"产生层次，也是恒星和原子产生的层次，"二生三"则是"地"产生层次，也是行星和分子产生的层次。此话怎讲？老子说"有物混成，先天地生，"可见"地"在"天"之后生，"地"即地球，现在我们知道地球仅是太阳系八大行星之一。如果恒星代表"天"，则行星代表"地"。现在我们又知道，行星上能保持其物质（不论固态、液态还是气态）的物理性质和化学性质的最小微粒是分子。关于这个论点恩格斯在《自然辩证法》一书中这样说："按

---

① ［法］让－皮埃尔·卢米涅：《黑洞与暗能量》，第 352 页。

照现在在物理学和化学占统治地位的观点，地球上的质量即力学所研究的物体，都是由分子构成的，而分子是最小的微粒，如果不破坏所研究的物体物理的和化学的同一性，便不能再分割它。"[1] 因此行星这一类天体实际上是分子类物体。行星与分子属同一层次，分子不正是阴阳两性物质交和产生的第三种物质吗？化学科学告诉我们，分子以原子为结构微粒，在行星上，除惰性元素及部分金属元素仍以单原子（单质）形式存在外，其他各种原子都在离子键、共价键、金属键和氢键作用下成为化合物分子。最简单的氢分子（H2）由两个氢原子组成，最复杂的分子如生物分子（如DNA）可以有几百万至上亿个原子组成。没有原子中电子和质子这两种对立电性粒子存在，分子是无法产生的。以上就是我们认为"二生三"层次是行星和分子产生层次的理由。中国先人认为天为阳物，地为阴物。地的阴性，从表面上看是因为行星不发光只吸收光所致，而根本原因还在于行星物质的分子结构特性。化学家告诉我们，元素的化学性质主要由原子外层电子结构决定的，外层电子在分子形成中起主导作用。电子主阴，所以地球一类行星（还有卫星、彗星等）其物质属性与太阳一类恒星正相反，属阴性，这就是"地为阴物"的由来。

按照老子"二生三"思想，"地"由"天"所生，即行星这类天体应是从恒星上生成出来的，具体如何生成，尚不得知。不过，"康德—拉普拉斯星云说"可提供参考。

"三生万物"是宇宙演化即物质运动的第四层次。

"三"怎样生出万物，以往人们都觉得费解，一旦我们把"三"这个层次定为分子层次，一切疑惑都迎刃而解。2003 年，子非鱼先生发表其大作——《物演通论》，在这本书里他提出一个观点，即物质种类衍存是按"层位跃迁。"[2] 如原子和分子虽只差一个层位，但其种类数量大异。如天然原子只有 92 种，而由 92 种天然原子化合成的分子却有数千万种。物质种类正是在分子层次登上"万"的台阶，"三生万物"道理在此，此亦足见老子确有先见之明。在"三生万物"层次，也是老子确定"地"生"人"的层次。"地"怎样生"人"，老子没有详言，但人的生成在"三生万物"层次则是无疑。北大朱伯崑教授认为："在中国古代农业社会，'万物'一词主要指动植物说的。"[3] 老子在《道德经》中说："故飘风不终朝，骤雨不终日。孰为此者？天地。天地尚不能久，而况于人乎？"周敦颐在《太极图说》中说："二气交感，化

①　恩格斯：《自然辩证法》，《马克思恩格斯选集》（第三卷），北京：人民出版社，1972 年，第 566 页。

②　子非鱼：《物演通论》，西安：陕西人民出版社，2009 年，第 23 页。

③　陈鼓应：《道家文化研究》（第 14 辑），北京：三联书店，1998 年，第 133 页。

生万物，万物生生而变化无穷焉。唯人也得其秀而最灵。"①北宋邵雍说："天地尚由道而生，况其人与物乎？人者，物之至灵者也。"②看来，人在万物之列并作为生物最高的代表这一点，古今人看法基本一致。人这个物种对普通物质来说是一个层次大跃迁，其大致的演化轮廓是人类在近、现代才初步弄清楚。因此，在"地"与"人"这两个层次之间许多缺失的环节要依靠现代生物科学来链接。简要地说，在天地阴阳共同作用下，在"上善若水"的环境中产生了碳氢有机分子，有机分子生成生物分子，生物分子生成单细胞，单细胞生成多细胞，有了细胞才有真正意义上的生物，所以细胞与生物属同一层次。生物分成原核生物和真核生物，真核生物进化出真菌、植物和动物。动物进化出无脊椎动物，有脊椎爬行动物，哺乳类动物，灵长类动物，古猿，猿人以至有思维能力的智人。显而易见，"三生万物"层次不仅是多样化无机物突增的层次，更是高度复杂的有机物和生物种类暴发的层次。这个层次的最高标志是生命的诞生和"物之至灵者"——人的出现。当"人猿相揖别"③时，宇宙中天、地、人三界演化才告结束。"道生万物"才完成一个"从无生有，从一生二，从二生三，从三生万物"的周期演化全过程。以上是笔者对老子"道生万物论"的解读和阐释，尽管在这个阐释中有一些推理和猜测的成分以及尚未填补的演化空间，但这个宇宙论的理论自洽性和逻辑合理性是毋庸置疑的！

三、结语

笔者认为：有什么样的本原论就有什么样的宇宙论。本原论上的误差必然造成宇宙论的诸多疑难和不真实，"大爆炸宇宙论"与"暴胀宇宙论"即是如此。道家老子以无与伦比的智慧早于二千五百年前就做出哲学预判：天下万物生于有，有生于无。"有生于无"就是他的本原论，并依此建立他的宇宙论——"道生万物论"。本文讨论了这个宇宙论的核心观点：一、主张宇宙起源于真空，宇宙演化是以真空为本原的物质运动；二、主张宇宙在空间上是无限的："其大无外，其小无内"；④三、主张宇宙在时间上是永恒的："道乃久，没身不殆"；四、主张万物与真空的关系："譬道之于天下，犹川谷之于江海"；五、主张宏观天体与微观粒子是按"道生一，一生二，二生三，三生万物"这四大层次同步演化的；六、主张只有在"太一"层次上才生成正物质。这是一个既古老又新颖的宇宙演化理论，是中华先哲道家老子为我们开辟的一条正确认识世界的道路，其前瞻性正日益为现代科学所证实，我们

① 《中国哲学史教学资料选辑》（下册），北京：中华书局，1982年，第3页。
② （宋）邵雍：《皇极经世》，北京：九州出版社2003年，第468页。
③ 田秉锷：《毛泽东诗词鉴赏》，上海：三联书店，2012年。
④ 陈庆惠：《老子庄子直解》，杭州：浙江文艺出版社，第402页。

作为中国学者可以依照老子"道生万物"的核心观点，建立起新的宇宙学——大道宇宙学。

老子《道德经》成书于沛泽

朱天祥*

内容提要：关于老子《道德经》成书，一般都是根据《史记》记载，是老子西行出关之时，受到函谷关关令尹喜要求而写。并由此形成楼观道，留下紫气东来等传奇故事。但是从文字解析、历史上道家人物分布以及一些历史事件等信息综合、客观分析，《道德经》真正成书的地方应该在今天的沛县，而不是函谷关或者大散关，并从沛县开启新的历史篇章。

关键词：道德经　道家人物　沛泽

关于老子《道德经》成书，一般认为是在函谷关。根据《史记》记载，老子西行出关之时，应"关令尹喜"要求而写。并由此形成楼观道，留下紫气东来等传奇故事。如果说老子《道德经》成书在沛泽，首先要排除《道德经》的成书不是在函谷关。继而分析为什么是在沛县写作的《道德经》。

一、老子成书并非在函谷关

老子修道德，其学以自隐无名为务。居周久之，见周之衰，乃遂去。至关，关令尹喜曰：'子将隐矣，强为我著书。'于是老子乃著书上下篇，言道德之意五千余言而去，莫知其所终。（《史记·老子韩非列传》）

关于这段话的理解，一直都认为是老子受到关令尹的强迫，不写一本书不让出关。仔细品读，诸多问题值得思考，因而对这个理解产生必要的怀疑：

1. 见周之衰，这个周是周国还是周天下？

当时老子所感受的衰应该是周天下的衰，周国之衰，还是天下中心，还能维护

---

*　朱天祥（1984—），男，江苏沛县人。电子信息工程专业毕业后先后从事电子和机械设计工作。研究方向：2007年开始接触《道德经》，十多年来一直深入研究，以通信原理研究《道德经》行文。

天下和谐。周天下的衰，对天下影响力减弱，直接导致后来的天下混战，周国灭亡。

2. 周衰与老子出关有何关系？

那么老子为什么要出关呢？有学者认为老子出关是为了周王朝勘地脉，以便于延续周天下。从历史看，老子勘的不是周天下的地脉，而是神州大地的地脉。老子是寻找解决天下安平太的方法。这个方法在周国找不到，所以老子离开周国，在列国周游。

3. 老子出关是从哪里出发的？

老子出关的出发地从《史记》语境里面看，应该是洛阳，或者说周国。但是从各类典籍，各地传说和古迹看，老子辞官之后应该是先去的东部家乡，之后才西行，然后出关。

4. 老子辞官到出关之间的时间是不是算隐？

老子在这期间都做了什么？是不是隐居的状态？为什么关令尹说老子将隐？只有一个可能，老子虽然离开官场，但是依然活跃在社会上，授业讲学，而离开东部去西部，则可以理解为停止这些社会实践。所以关令尹说老子将隐。

5. 古人著书多为官方形式，为什么关令尹想起来让老子"著书"，他为什么能确定老子一定有能力"著书"？

诸子百家之前基本都是官学，著书立学基本都是官方性质的。即使有个人作品也很少，或许就是个人完成官方学说著作，不需要组织很多人，类似今天的国家科研课题。而像《吕氏春秋》《淮南子》之类的书籍，依然是官方性质的组织行为。那么是什么原因让关令尹想起来找老子要一本他个人写作的书？老子是不是随便写点东西凑成一本书就可以打发他了？这个事情很是蹊跷。只有一个可能，关令尹知道老子当时手里有写作好的书，而且就是要老子手里的这本书。

6. 老子是否必须出关？老子不给关令尹书，是不是就一定不能出关？

老子很需要出关，但是未必一定出关，或者一定某个时间出关，老子也完全有借口说自己没有书，没能力写书，甚至写点一般的东西来应付他。作为中央政府出来的官员，不可能在一个关口受到这样特殊要求的逼迫而不能出关的。

7. 关令尹是逼迫老子"著书"还是乞求老子"著书"？

关键理解在于"关令尹喜"四个字。传统认为"关"是关口，一般指函谷关；"令"是职务，是关的最高长官；"尹"是姓喜是名。而笔者认为，尹是名，喜是动词，通"嬉"或者"嘻"，是一种讨好的老子的表情状态。为什么要讨好老子。因为老子和关令尹素未谋面，彼此不认识，不可能随便把书给他的。即使有传说关令尹是老子弟子，那也是后来的事情，不可能在出关之前。所以，关令尹对于老子应该是有十足的尊重，才有可能得到真正想要的东西。因此关令尹不是逼迫老子而是乞求。

所以，老子最终给了关令尹书，是因为他当时态度诚恳，而且老子的书也已经写好了，在那里只需要誊写一遍。这样的时间成本老子是可以接受的。根据本人和书友抄写《道德经》经验，如果是以当时文字，老子本人重新誊写，花费的时间大概也要十天以上。

8. 最关键的一个"著"字，本义不是创新写作，那是什么意思？

关键在于对于"著"这个字的理解。通过对比几个类似的字，详细解析：

者：《说文白部》："者，别事词也。"古代者的主要用法的用在动词、形容词、词组或者句子后，称代需要重述的人、事、物、时间、处所、原因等，不单用。①

如记者、学者、与会者等都是复数性质的词汇，代表很多数量的一类人；衍生字如诸位，表示在场的很多人；睹，大家都看到了，有目共睹；箸，筷子，两支，为复数。

著：显著、显出、写作、著作。本做箸，指筷子。②

相关词汇如著书立说、著作、名著、巨著、著名。都有一定的知名度才能称得上著，所以著有显著，显出的意思，而写作的意思应该是引申义。

乍：徐中舒《甲骨文字典》认为乍为作之初文，义为做衣。……商周青铜器铭文中作皆用乍，本义为制作，创造。③

作：本义指制作卜龟，制作卜龟是占卜的开始，故这一字形含有起始、制作、刮削、灼裂等多种意思。④

作：兴起、发作、创作，写作、作品、进行。⑤

从以上解析来看，"作"有着明显的创新，创造，从无到有的过程特性。如作品、作家、作者、作为，都具有一定原创性的含义。强调的是作品的归属权和创新性。这个特性不会因为作品本身的受众度而丧失。所以老子是《道德经》的作者，而不

① 人民教育出版社辞书研究中心：《汉字源流精解字典》，北京：人民教育出版社，2015年，第815页。

② 《汉字源流精解字典》，第843页。

③ 《汉字源流精解字典》，第803页。

④ 谷衍奎：《汉字源流字典》北京：华夏出版社，2003，第283页。

⑤ 《汉字源流精解字典》，第863页。

是著者。老子与《道德经》的关系是从《道德经》成书的那一刻起就决定的了，跟后来有多少人读到《道德经》没有必然关系。

而著则是作者将自己作品"复制"传抄给他人。强调的是传播性、受众度。有了受众度，作品才能称得上"著作"，作者才能称得上"著名"。

作者自己传播作品，称为著书，那么别人传播作者的作品，我们可以成为抄、写。

抄：掠夺，搜查，没收、誊写、把别人写的东西照写下来当做自己写的。①

所以抄是指誊写，照原文写，要求与原来作品的一致性。这个过程要尽量还原，哪怕是很多不理解甚至是认为错误的内容。强调的是作品抄录、复制的过程。

写：《说文·宀部》："写，置物也。"……义为放置，移置。由移置引申为两个系列。一个是输送，输出……另一个是由移置又引申为使用某种手段仿制物形、图像……（辨析）写，书。唐代以前书写用书字，少用写字。唐代以后写逐渐代替书，表书写，书则多用来表示书籍、书信。②

将某一内容以某种方式在另外一个载体上表现出来，如写字、写作、写意。强调的是载体上的表现的过程和方式。比如王羲之换鹅的故事：

性好鹅……又山阴有一道士，养好鹅，之往观焉，意甚悦，固求市之。道士云："为写《道德经》，当举群相送耳。"羲之欣然写毕，笼鹅而归，甚以为乐。（《晋书》卷八十〈王羲之列传〉）

综上所述，老子是在别的地方将《道德经》写作完成，并且将书有传给他人，而关令尹得知了这个消息。在老子出关的时候，关令尹自然不愿意放过这个机会，将老子挽留，百般讨好，软磨硬泡，最终让老子将《道德经》也"复写"了一份给他。

既然老子成书不在出关时候，那么老子成书的地方应该是哪里呢？我们要先思考另外一个问题，就是老子为何要作书？

---

① 《汉字源流精解字典》，第 67 页。
② 《汉字源流精解字典》，第 696 页。

二、老子为何作书?

要理解老子为什么作《道德经》一书,首先需要知道老子经历了什么? 是什么原因让他有作书的想法,又是什么让他有个人作书的能力?

(一)看老子为官期间发生了什么

老子在周天子那里是守藏史,负责管理档案典籍,工作量不会过多,因此有时间阅读天下典籍,或者这也是其工作内容之一。所以老子在当时而言,可以称得上活典籍。周景王时期就天子失位,诸侯征战,天下大乱,之后内部争夺王位,王子朝携典籍奔楚,最后下落不明。老子从守藏史改为征藏史。这个变动,很多人认为是因为老子负责管理图书,既然丢失了,应该为其负责,所以贬为征藏史。而笔者认为,是因为老子本人对于天下典籍的熟读,能够分清作品的优劣真伪。所以才做了征藏史,这个变动未必是降职,也可能是平级或者升职,但是可以推测,老子做的时间不久,之后告老还乡。还乡之后孔子推荐书籍,而老子拒绝。拒绝的理由就是这些书没有用,既不能解决当下问题,也不能解决长久问题。但是天下需要解决战乱的局面,如何解决当下战乱的局面? 如何解决后世战乱的局面? 如何维护战乱之后的和平? 这些问题,老子都应该有所思考。

(二)看老子辞官之后发生了什么

老子对周王朝失去信心之后辞官回乡,但这不是他放弃拯救天下,而是另外一种拯救天下的探索。所以,他最可能做的就是和孔子一样,在家乡讲学授业。所以东部老子故里有讲经台。而且有可能老子讲学的地方不止一处,但是最终都以失败告终。首先,老子学说是帝王之学,如何让一个普通人成为帝王,这不是只依靠知识、技能、思维方式等柔性资源就能实现的,更重要的是特定的时代和特定个性的人去实践;而孔子之学则是治世之道,跟孔子学习,小可以安身立命,依靠礼制养家糊口,大则可以为官显身,依靠权力成就一番事业。

因此,真正懂得老子并且愿意跟他学习的人凤毛麟角,大多数人不能理解。在这种情况下,老子必须考虑如何将自己的学说传承下去,以便于后世之人有能力、有机遇可以平定天下,给予万民康乐大道。

(三)老子最后的决定是什么

面对历史问题,老子选择了两个途径以保证自己的学说可以传承下去,第一个就是作书,将自己的学说写成一部书,即使自己离世,后人也可以通过文字了解自己的学说。真正的书,即使五百年之后,人们也可以从中受益,老子《道德经》就是这样一本书；第二个就是广泛授徒，虽然老子办培训班不如孔子，但是在因材施教、专业探讨方面老子有深厚的资历。所以老子在授徒方面不择地域，不择领域，只要诚心好学，老子都会不断引导。阳子居、孔子、关令尹都是这样的情况下所教授的学生。当然这些学生都有可能得到了老子《道德经》一书。也有可能因为人的思想和其他等原因，他们所获得的未必是全本，可能有个别位置的缺失或者不同。但这并不会影响老子思想的传承。这也是老子所说的"大成若缺其用不弊"（《道德经》第四十五章）。

三、成书地点可能在哪里？

既然找到了老子写书的原因，那么也可以推测出老子写书的时间和地点。

（一）老子写作在洛阳

老子写作《道德经》有个说法是在洛阳，也就是工作单位里面。据说是老子应周景王要求而写的，因为政变没有推行。后来在其他地方进行完善。这个说法不能完全否定，但是也存在疑点：当时老子在周天子那里是什么地位，如果是政府行为，老子是否为第一人选？

大史掌国之六典，小史掌邦国之志，内史掌书王命，外史掌书使乎四方，左史记言，右史记事。（刘知几：《史通·史官建置》）。

老子者……周守藏室之史也（《史记·老子韩非列传》）。

由闻周之徵藏史有老聃者，免而归居，夫子欲藏书，则试往因焉。（《庄子·天道》）

春秋时期，"君举必书"，有大史、小史、内史、外史、左史、右史等史官。从各种史料来看，老子当时身份有守藏史、征藏史和柱下史，在史官中并非很高地位。即使老子学问很高，而当时能做到太史的人，相关素养也不会很低，而且他们还是很多人构成的一个团队。如果真的是周天子想要制定、执行新的政策，最可能的是找当时的太史主持相关工作。当然不排除老子也有参与其中。老子博学之名既然可以传到鲁国孔子那里，那么周围同事必然也对其学识是认同的，只是学识与官职之间没有必然联系。

于朝野之上不求官职，褐衣怀玉，这是老子的大隐。

（二）老子写作在故里

在故里应该主要以讲学为主，讲学多以古人典籍内容为主，用当时的思想去解读。孔子、墨子等学术著作都是其弟子完成，所以在这个时间里，老子应该不会去打算作书。在孔子有句话，"述而不作；信而好古；窃比于我老彭。"（《论语·述而》），可能说的就是对比老子作为史官的职业素养，就是尽可能客观地记录历史，而不带有主观东西。

（三）老子写作在隐居地摘药山

山东省安丘市西南的柘山镇摘药山，传说老子曾在此山采过药，故名"摘药山"。因老子曾在此山采药制丹的传说，并在此写成了开创中国哲学思想先河的《道德经》的上部《道经》，因此，民间有"老子隐居摘药山，写成经书大半部"之说。这个是传说，没有较早史料记载，但是也说明，老子不是在函谷关完成《道德经》的说法一直存在。

（四）老子写作在隐居地沛泽

《庄子》中记载：

孔子行年五十有一而不闻道，乃南之沛见老聃。……孔子不出三月，复见，曰："丘得之矣。乌鹊孺，鱼傅沫，细要者化，有弟而兄啼。久矣，夫丘不与化为人！不与化为人，安能化人。"老子曰："可，丘得之矣！"（《庄子·天运》）

阳子居南之沛，老聃西游于秦。（《庄子·寓言》）

说明老子有在沛县隐居，孔子不仅拜访而且待了很长时间。孔子生于公元前551年，年龄五十，按虚岁大概是公元前502年。而老子隐居跟王子朝之乱有关。公元前516年，王子朝及召氏之族、毛伯得、尹文公等携周之典籍奔楚。此后老子做征藏史直至辞官还乡。老子年长孔子约20岁，孔子50老子70，假设老子隐退在60岁，那么到公元前502年为止，大致有10年时间是在沛县度过的，很有可能后续还继续在沛县居住一段时间。在10年中写作《道德经》要比在几天内写作《道德经》可能性大得多。

值得注意的是，沛泽地形和其他传说的地形有着本质差异。其他传说无论是东部的摘药山还是西部的老君山，无论是函谷关还是大散关，都是高山。而沛泽是水域，现在的微山湖是北方最大的淡水湖。当时的沛泽水域面积可能更大。"智者乐水，仁者乐山；"（《论语》雍也篇）《道德经》中极为重要的应该思想就是讲水，讲善下。

所以老子应该较为喜欢沛泽，隐居于沛也是理所当然。

老子隐居于沛不只是因为这里水多，更主要的是这里是重要的商业中心。以沛县现在县城为中心，距离徐州 66 公里、淮北 85 公里、亳州 142 公里、商丘 119 公里、菏泽 142 公里、济宁 85 公里、曲阜 95 公里、临沂 135 公里。在这方圆之间囊括了中国先秦时期尤其是三代以前诸多历史名城。在这些城市中间，且拥有大量水域，在古代交通不便的情况下，是难得的水上运输通道，各地之间的经济往来多从沛泽经过，必然为当地的经济、信息、物质带来大量资源。老子在这里不只是能得到充足的物质需求，而且可以得到广泛而及时的天下形势。因为有着便利的信息来源，也为老子写作以及为后期传世提供思路。

这些外部环境为老子隐居写作提供了便利和资源。但是他本人也应该有一定的能力承担这些资源消耗。这其中，其弟子阳子居可以为他提供良好的物质经济条件。在这种条件下，老子有足够的条件写出《道德经》这样顶级篇章。《道德经》一书有很强的逻辑关系和宏大的篇章结构，即使老子学历深厚，天赋异禀，短时间内完成这样的书也是相当难的。但是在沛县隐居期间，他有足够的条件来写书，而且会随着时间的推移，不断地调整和完善。

沛泽不但是绝好的隐居之地，可以安心写作，也是绝妙的传道之地。这里人来人往信息发达，给他带来各地信息，也可以将自己的知识通过往来客带到其他地方；作为交通要地，水上大宗交易市场，往来之人皆是在社会上有一定的经济能力或者智慧才干的人，老子可以通过因势利导，教化众人，并在中间选择合适的人做弟子。

于闹市之中和光同尘、著书立说，这是老子的中隐。

四、历史中隐含真相

很多事情看似不相关，但背后却有着极其密切的关系，这个关系应该就是历史的真相。还原真相，才能更深刻的读懂历史。从历史上重要的道家人物，也可以了解到，老子曾经在沛泽隐居期间做了很多的工作。也可以推测，他在西行之前，必然将《道德经》写作完成，传于弟子并世代相传。

如果《道德经》一书在函谷关成书，只有关令尹一人所有，那么应该是自西向东传播，西部影响力应该更大，出现的道家人物更多，但是事实确是相反。我们今天所看到的传世本（河上公与王弼本），都是起源在东部地区，而不是传说中的西部函谷关。历史上重要的道家人物也是在东部地区。

我们可以看下历史上道家相关人物的地址，大多都在离沛泽一百公里左右的地方。

表 1　历史上道家人物籍贯

代表人物	籍贯	年代
老子	鹿邑	公元前 571—471 年
文子	民权县	公元前 550—？年
关令尹	甘肃天水人	公元前？—？年
阳子居	魏国人，定居沛	公元前 540—？年
列子	郑州市	公元前 450—375 年
庄子	民权 / 蒙城 / 东明	公元前 369—286、275 年
杨朱	魏国，定居沛	公元前 395—335 年 / 前 450—370 年
尸佼	山西曲沃县 / 山东	公元前 390—330 年
彭蒙	齐国人	约公元前 370—310 年
田骈	齐国人	约公元前 370—290 年
吕不韦	河南滑县	公元前 292—235 年
刘邦集团	沛丰	公元前 256—195 年
河上公	齐地琅琊	汉文帝时期
刘安	淮南	公元前 179—122 年
张道陵	丰县	公元 34—156 年
王弼	鱼台 / 金乡	公元 226—249 年

　　这个表格以时间为顺序排列。可以看出，文子和阳子居都是与老子同时代的人，其中文子有书流传下来。文子是离老子故里鹿邑比较近，而阳子居是跟老子一起住在沛。老子在沛的生活起居皆为其弟子阳子居所提供。作为老子入室弟子。《道德经》必然会传给他。所以作为老子弟子，文子和阳子居都有可能得到《道德经》并得到老子亲自指导。他们这套应该是最后的定稿版本，因为阳子居是老子的弟子，需要他去传承老子学术。

　　第二个人应该是老莱子。老莱子，与老子仅一字之差。《史记》中有所记载，被世人误解可能是老子，但在《史记》中确实的记载老莱子著书十五篇，言道家之用。从庄子记载来看，孔子对老莱子也非常敬重。应该可以说明，老子、老莱子和孔子三人相互都认识，且老子和老莱子都是地位和影响力高于孔子的当世长者，同为道家，如果老子写书，老莱子也应该一套。这套目的不是单纯让老莱子学习参考，更重要的意义应该是保存备份，以免阳子居一脉中断。毕竟繁华之地，人心浮动，能传承多少代人，谁也难料。

　　第三个人应该是孔子。或许很诧异，孔子会读《道德经》？只是当时未必叫作《道德经》而已。庄子记载，孔子拜访老子多次，最后在老子指点下得道。《论语》记载孔子晚年好易，韦编三绝，此三绝有学者称，可能就是孔子门徒对老子《道德经》的称谓，而出土的郭店老子就是以"绝"字开头。从《论语》中也可以看到很多句子要表达的思想其实和《道德经》是一致的，只是换个说法而已。至于孔门为什么没有将《老子》一书流传下来，甚至后期只字不提，可能性较多，这里就不一一揣测了。

第四个人应该是关令尹。当然也有其他人，只是淹没于历史之中。从记载来看，只有关令尹这里公开宣布得到老子《道德经》一书。其他人为什么不说？中国文化传承向来秘传，就怕传非其人，也避免不必要的打扰，和光同尘的在俗世间修行。也可以推测，其他得到老子书的人，极有可能都是他的入室弟子。反证关令尹并未正式拜师于老子。而这些弟子因为地域和秉性不同，也就和孔子一样，得到的是删减的或者调整过顺序或者文字的。除此之外，因为弟子地域文化、秉性、学习重点等不同外，有必要进行一些调整，以便于他们学习。还有一个可能就是故意制造混乱，让弟子通过各种方式和思考，真正吃透此书，才能根据自己的学识，对于其顺序重新定义。也就是说《道德经》一书是活的，不是固定不变的，只要适合当下，就是对的。自然，因为时代久远，战争动乱等原因造成的文章和文字错乱也是在所难免的。

老子西游于秦，带去了《道德经》，有了紫气东来的故事。老子隐居于沛，留下了《道德经》，也应该有紫气东生的历史。紫气在中国历史上是帝王之气。两百多年之后，老子所西游的秦地成为天下一极，消灭六国，一统天下，成就千古一帝秦始皇；秦始皇死后天下大乱，沛县一带的刘邦集团取得天下，建立大汉王朝，以道治国，实践天下太平。汉朝虽然消失千年，但是今天仍然有汉人、汉字、汉语、汉服等一系列汉文化继续流传。沛泽周边所出现的刘邦、张道陵、王弼都以《道德经》为基础，分别在政治、宗教、文化上建立了不朽功绩。这一系列的历史事件的背后或许就是历史的真正面貌，而这跟老子《道德经》有着不能割裂的关系。

老子西行出关之后，不知所踪，这就是老子的小隐。老子有治世之才，能为君子之事，于朝于野，隐而不显，所以司马迁称其"隐君子"。